2017

宁夏经济蓝皮书

BLUE BOOK OF NINGXIA'S ECONOMY

宁夏社会科学院蓝皮书系列
丛书主编 张 廉

2017
宁夏经济蓝皮书
BLUE BOOK OF NINGXIA'S ECONOMY

主 编
段庆林 杨巧红

黄河出版传媒集团
宁夏人民出版社

图书在版编目(CIP)数据

2017宁夏经济蓝皮书 / 段庆林，杨巧红主编. —银川：宁夏人民出版社，2016.12

（宁夏社会科学院蓝皮书系列 / 张廉主编）

ISBN 978-7-227-06583-8

Ⅰ.①2… Ⅱ.①段…②杨… Ⅲ.①区域经济发展—研究报告—宁夏—2017 Ⅳ.①F127.43

中国版本图书馆CIP数据核字(2016)第315286号

宁夏社会科学院蓝皮书系列 张 廉 主编
2017宁夏经济蓝皮书 段庆林 杨巧红 主编

责任编辑 白 雪 周淑芸
封面设计 张 宁
责任印制 肖 艳

黄河出版传媒集团
宁夏人民出版社 出版发行

出 版 人 王杨宝
地　　址 宁夏银川市北京东路139号出版大厦(750001)
网　　址 http://www.nxpph.com http://www.yrpubm.com
网上书店 http://shop126547358.taobao.com http://www.hh-book.com
电子信箱 nxrmcbs@126.com renminshe@yrpubm.com
邮购电话 0951-5019391 5052104
经　　销 全国新华书店
印刷装订 宁夏精捷彩色印务有限公司
印刷委托书号 (宁)0003894

开本 720 mm×980 mm 1/16
印张 23.25 字数 300千字
版次 2016年12月第1版
印次 2016年12月第1次印刷
书号 ISBN 978-7-227-06583-8
定价 58.00元

目　录

总报告

综合战略篇

分析预测篇

改革开放篇

专题研究篇

产业经济篇

区域发展篇

总报告

ZONGBAOGAO

宁夏经济新方位研究

——2016—2017 年宁夏经济形势分析与预测总报告

段庆林

十八大以来，中央做出经济发展进入新常态的科学判断，提出创新、协调、绿色、开放、共享的新发展理念，开启了供给侧结构性改革的新实践，以新的有力作为标注着中国经济的新方位。[①]当前我国经济面临的突出矛盾和问题是重大结构性失衡，矛盾的主要方面在供给侧，供给侧结构性改革是新政策体系的主线。供给侧结构性改革是从提高供给质量出发，用改革的办法推进结构调整，矫正要素配置扭曲，扩大有效供给，提高供给结构对需求变化的适应性和灵活性，提高全要素生产率，更好满足广大人民群众的需要，促进经济社会持续健康发展。[②]

2016 年是“十三五”开局之年，也是全面建设小康社会决胜阶段的开局之年、供给侧结构性改革的开局之年，还是脱贫攻坚开局之年。[③]各项工

作者简介:段庆林,宁夏社会科学院副院长,研究员,宁夏回族自治区人民政府特殊津贴专家。研究方向:宁夏重大经济社会发展战略、“一带一路”战略、中阿经贸关系、内陆开放型经济、西北区域经济、中国农村经济等。

①田俊荣等:《中国经济新方位》,《人民日报》2016 年 12 月 14 日。

②《七问供给侧结构性改革——权威人士谈当前经济怎么看怎么干》,《人民日报》2016 年 1 月 4 日。

③尚前名,王仁贵:《这才是 2016 中国的大逻辑》,《瞭望》2016 年第 51 期。

作成效显著，年初担心的经济下行压力较大问题，各项经济指标已经开始向好；年初担忧的房地产库存过高，年中也演化成为房地产市场泡沫。我们应该看到，尽管经济动力转换和结构优化加快，但经济增长主要依靠房价和煤价上涨拉动，产能过剩和需求结构升级的矛盾仍然突出，转型升级依然是长期任务。

国内外机构对2017年中国经济增长的估计较为乐观，中国经济经历6年的回调，目前已经接近筑底阶段，市场出清还需要一个过程。12月9日，中共中央政治局召开会议分析研究2017年经济工作，认为2017年是供给侧结构性改革的深化之年，稳中求进总基调是治国理政的重要原则，宏观调控将继续采取积极的财政政策和稳健中性的货币政策组合。应该以提高发展质量和效益为中心，深入推进“三去一降一补”，重点围绕稳增长、促改革、调结构、惠民生、防风险等方面进行。

2016年，宁夏各级政府紧紧围绕“去产能、去库存、去杠杆、降成本、补短板”五大重点任务，各项工作取得显著成绩。

一、 宁夏经济新常态形势分析

(一) 世界经济危机及其对我国及宁夏的影响

改革开放以来，我国基本经历了三次世界经济危机。

1989—1991年治理整顿时期。随着1987年美国股市崩盘，1989年底日本股市暴跌，加上1989年政治风波以后西方对中国的经济制裁。我国价格双轨制改革失败，总需求超过总供给，工农业关系比例严重失调，全国发生抢购潮和严重的通货膨胀。中央开始实施治理整顿政策，采取财政金融“双紧政策”，主要采取压缩社会总需求和整顿流通秩序的方式，但很快又陷入市场疲软，开始清理三角债。直到1992年邓小平南方谈话，重新明确了我国市场化改革开放方向，开始实施沿边开放和内陆开放，中国经济在外商直接投资和下海潮中开始新一轮复苏。

1997—2001年亚洲金融危机时期。1997年7月2日，泰国宣布实行浮动汇率制，引发一场遍及东南亚的金融风暴，并迅速蔓延到马来西亚、新加坡、日本、韩国和中国等地，打破了亚洲经济高速发展的景象。中国承诺人民币不贬值，抵御了亚洲金融危机对大陆和香港的冲击。中国还开始实施反经济周期政策，1998 年实施住房货币化分配改革，1999 年出台西部大开发政策，2005 年开始实施新农村建设。特别是 2001 年中国加入 WTO 以后外向型经济迅速发展，带动了中西部地区能源和重化工业发展，中国经济在内需和外需双重拉动下出现了将近 10 年的高速增长。

2008 年至今的全球金融危机时期。美国长期实行赤字财政政策、高消费政策和出口管制政策，虚拟经济与实体经济严重脱节，形成房地产泡沫和互联网泡沫。2007 年开始出现房贷危机，2008 年随着房利美和房地美股价暴跌，雷曼兄弟控股公司破产，金融危机开始向欧洲和日本等地区蔓延。美国次贷危机后，中国政府立即出台了 4 万亿刺激经济计划，但发现却助长了房地产泡沫。十八大以来，中央采取不刺激政策，开始实施加强“五位一体”建设。2016 年初，正式确定实施供给侧结构性改革，把“去产能、去库存、去杠杆、降成本、补短板”作为经济工作重点任务。

表 1　中国改革开放以来经历的三次世界经济危机情况

时　间	经济危机	反周期理论	主要宏观经济政策
1989—1991 年	美日金融危机		1.1992 年邓小平南方谈话 2.沿边开放和内陆开放 3.治理整顿和清理三角债
1997—2001 年	亚洲金融风暴	凯恩斯主义、货币主义	1.西部大开发等 2.新农村建设 3.房改政策
2008 年至今	全球金融危机	新供给主义	1.供给侧结构性改革 2.“五位一体”，特别是生态文明建设 3.“一带一路”和企业“走出去”

（二）需求侧面临危机

2008 年开始的全球金融危机至今没有复苏迹象，中国经济依然处于底部确认阶段。但这次经济危机对中国而言却有着不同的意味。

一是全球化逆转。1978 年，中国开始通过改革开放融入以美国为主的现代国际体系，特别是 2001 年加入 WTO 后成为经济全球化最大的获益者。2008 年以后，WTO 长期难以达成谈判结果，而区域经济一体化成为新趋势，美国企图利用 TPP、TIPP 等形成以其盟友为核心的新体系和新规则，地方保护主义盛行，欧美经济危机打击了中国进出口贸易。中国则提出

"一带一路"愿景来加强与新兴经济体的一体化。中国企业和投资大规模"走出去"，但短期内还难以获利。

二是消费难当大任。每当经济危机之际，总是寄希望于扩大内需，甚至提出经济增长从投资拉动型向消费拉动型转型。居民消费已经从排浪式向个性化分化，从生存型消费向发展型消费升级，从物质型消费向服务型消费转型，从传统型消费向新业态消费过渡，消费对中国供给体系提出更高要求。居民的消费热点，如旅游、购房、教育、医疗等，越来越拉动着国外经济增长。政府消费过去实际上包含一部分合理的职工福利，中央"八项规定"在群众中改善了干部形象，并且部分转化为社会保障和扶贫资金，但没有完全转化为职工收入和消费，主要沉淀在单位账户，对餐饮业等冲击较大。

三是不刺激政策倒逼改革。1989 年国际经济危机以后，我国借鉴西方经验初步确立了现代宏观调控体系。在凯恩斯主义、货币主义政策影响下，我国成功地应对了 1997 年亚洲金融风暴。2008 年国际金融危机后，美国应对政策措施主要包括：金融监管、国有化、高管限薪、扶助就业、降息、退税、注入资金、收购股权、提供贷款、政府接管公司等。欧盟采取大规模经济刺激计划，内含扩大公共开支、减税和降息等提振实体经济的三大举措。美欧日等主要经济体均采取了量化宽松政策。而十八大后中国却拒绝采取大规模经济刺激计划。从关注短期增长的凯恩斯主义和货币主义，转向了更加关注长期增长和结构转型的新供给主义，通过短期危机倒逼改革和开放。

2008 年开始的国际金融危机，首先影响的是宁夏进出口情况，2009 年进出口额下降 36.2%，而当时宁夏的投资和消费在传统增长模式下依然高速增长。2011 年，全社会消费品零售额增长速度比上年下降了 4.3 个百分点，2013 年中央"八项规定"出台后，消费增长速度又下降了 3.9 个百分点，2014 年全社会固定资产投资增长速度下降 7.7 个百分点，2015 年更是下降到 10.4%。宁夏进出口额在 2013 年、2014 年因异地法人外贸企业统计范围变化而呈现出高速增长，实际上已经开始大幅度萎缩，2015 年更是下降 30.3%。宁夏需求侧"三驾马车"均出现了下降趋势，致使经济增长速度逐步降低。

表2　宁夏需求侧“三驾马车”增长率

年　份	GDP 增长率(%)	全社会固定资产投资增长率(%)	全社会消费品零售总额增长率(%)	进出口额增长率(%)
2001	10.10	21.8	9.6	21.0
2002	10.24	17.9	10	-16.9
2003	12.66	37.9	11.0	47.4
2004	11.20	19.7	11.0	39.1
2005	10.90	16.8	13.1	6.4
2006	12.70	15.8	12.6	48.8
2007	12.70	20.7	12.7	10.2
2008	12.60	38.1	12.7	18.9
2009	11.90	30.3	19.6	-36.2
2010	13.50	30.9	15.3	63.2
2011	12.10	12.9	12.3	16.6
2012	11.50	27.5	13.8	-3
2013	9.80	27.1	9.9	45.2
2014	8.00	19.4	9.3	69.0
2015	8.00	10.4	7.0	-30.3

宁夏经济已经进入新常态，稳增长仍然是2017年的主要目标，是开展其他工作的前提，在中央十九大和自治区第十二届党代会即将召开之际，稳是主基调，稳是大局。宁夏特别是山区工业化水平依然较低，人均资本存量远远低于发达国家和沿海地区，消费不足以单独拉动经济增长。中国和宁夏经济将保持中高速增长。不能把供给侧改革与需求管理对立起来。应该积极培育大消费和消费升级热点，寻求“一带一路”新兴市场，扩展发展新空间所形成的新投资方向，从而打造宁夏经济发展的新“三驾马车”。

二、对当前宁夏经济供给侧问题的新认识

权威人士认为：当前中国经济周期性矛盾和结构性矛盾并存，但主要矛盾已转化成结构性问题。必须在适度扩大总需求和调整需求结构的同时，着力加强供给侧结构性改革，把改善供给结构作为我们的主攻方向，实现

由低水平供需平衡向高水平供需平衡跃升。①

当前我国供给体系存在的主要问题是：一是供给体系的中低端产品过剩，高端产品供给不足，供需存在结构性矛盾。二是我国长期外向型经济供给结构，受到国际金融危机影响出口疲软，供给体系与扩大内需、开辟新市场存在结构性矛盾。三是劳动力等企业生产成本提高过快，而科技等对经济贡献率还仍然较低，有陷入中等收入陷阱风险。四是随着收入阶层分化，过去排浪式消费已经转化为多样化需求，供给结构难以适应。五是投资拉动型经济遭遇投资效益下降，政府投融资体系面临改革，私营投资规避风险，供需新平衡动力不足。

供给侧改革应该围绕劳动力、土地、资本、创新等四大供给侧要素进行改革。

（一）劳动力

我国人口红利正在消失，劳动力供给开始紧缺，劳动力价格过快上涨打击着劳动密集型产业。

由于20岁左右进入劳动年龄，将扩大或者收缩国民经济劳动力投入的规模，进而对投资和消费产生一系列影响。通过图1我们发现，全国1975—1995年人口自然增长率与1995—2015年GDP增长率具有高度相关关系。而宁夏从1993年以后也具有这种相关关系。表明劳动力投入是经济增长的重要影响因素。人口自然增长率下降是近年来宁夏经济增长率降低的影响因素之一。

宁夏总人口从2000年的554万人增加到2015年的667万人，但人口自然增长率在逐步下降。特别是2013年宁夏劳动力资源达到最大值494万人后，已经开始绝对减少，实际从业人员人数也开始有减少迹象。即使在目前经济不够景气之际，一些工厂和餐饮业也很难招到农民工，新一代农民工追求体面的职业，就业市场供给减少，更加速了劳动力成本快速上升，不利于劳动密集型产业发展。工厂机器换人成为趋势，服务行业的中老年

① 《七问供给侧结构性改革——权威人士谈当前经济怎么看怎么干》，《人民日报》2016年1月4日。

就业比重会逐步上升。

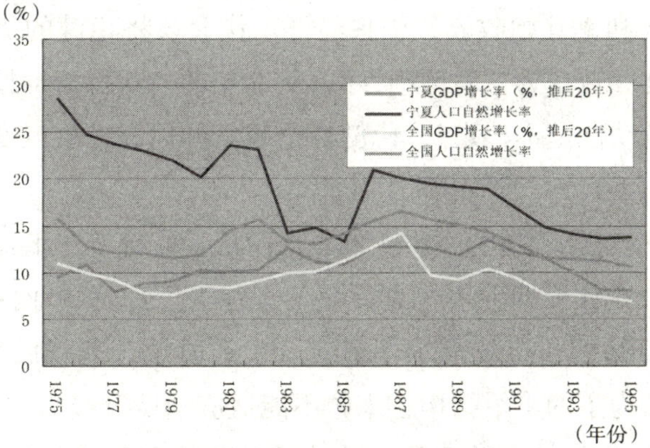

图 1　宁夏 GDP 与人口自然增长率的关系

表 3　宁夏人口和劳动力变化情况

年 份	总人口（万人）	人口自然增长率（‰）	劳动力资源（万人）	劳动力自然增长率（‰）	劳动力占总人口比例	从业人员人数（万人）	从业人员占总人口（%）	从业人员占劳动力资源（%）
2000	554	11.9	380.9	48.4	68.7	276	49.7	72.1
2005	596	11.0	416.1	10.7	69.8	300	50.3	72.0
2008	617	9.7	432.3	11.0	69.9	304	49.2	70.3
2009	625	9.7	437.9	13.0	70.0	329	52.5	75.0
2010	633	9.0	473.6	8.2	74.8	326	51.5	68.8
2011	639	9.0	478.5	10.4	74.8	340	53.1	71.0
2012	647	8.9	487.9	19.6	75.4	345	53.2	70.6
2013	654	8.6	494.0	12.5	75.5	351	53.7	71.1
2014	661	8.6	435.0	10.3	65.5	351	53.0	80.1
2015	667	8.0	439.0	11.4	65.8	350	52.3	79.7

资料来源:《宁夏统计年鉴》(1998—2015 年)整理。

解决劳动力供给问题，一是人口政策。目前已经放开二胎生育政策，应该尽快全面放开人口生育限制。二是户籍制度改革。三是新型城镇化。四是加强人力资源投资。五是发展现代服务业，缓解就业压力。

（二）资本

我国广义货币量 M2 从 2001 年的 1.58 万亿元增加到 151.95 万亿元，增长约 96 倍。过去，人民币对外以美元为锚通过外汇占款渠道发了大量基础货币，对内房地产交易活跃通过货币乘数创造信用货币。十八大以后这两个货币放水过程双收缩，但市场上资本存量依然巨大。从2016年9月以来，货币市场利率开始收紧，中央经济工作会议将稳健的货币政策从上年的“灵活适度”转变为“稳健中性”，从上年的“保持流动性合理充裕”转变为“维持流动性基本稳定”，稳健货币政策的内涵发生巨变，流动性拐点可能出现。

“钱太多”对各阶层的影响。低收入阶层，吃穿等最低需求有保障，尤其是青年人没有体面职业不愿意就业，一些工厂和餐饮业招不到工人，造成劳动力供给结构与市场需求不适应。中产阶层，有钱后改善生活质量，以中低档产品为主的供给结构越来越不能适应消费升级需求。高收入阶层，充分利用人民币高估，积极在全球配置资产，企业走出去兼并优质资产，家庭通过购房、孩子上学、旅游、购物等追求高品质生活。资本外流可能导致国内产业空心化。由于供需结构矛盾，企业缺乏创新和产业升级能力，致使大量资金没有获得合理回报的投资方向，涌入房地产市场和股票市场试图保值增值。“钱太多”可能是产能过剩、库存过剩、高杠杆率和成本高的原因，也是投资边际效益下降的重要原因。

宁夏投资效益系数从2001年的1.212提高到2007年的1.814，然后受国际金融危机影响迅速下降，在4万亿经济刺激计划拉动下，2011年恢复到2.178，但随后下降到2015年的0.481，即目前新增加1元，全社会固定资产投资额只能获得不到半毛钱的GDP增加额。

表4　宁夏投资效益系数

年　份	系　数	年　份	系　数
2001	1.212	2009	0.574
2002	1.134	2010	0.973
2003	0.781	2011	2.178
2004	1.465	2012	0.525
2005	1.180	2013	0.391
2006	1.608	2014	0.360
2007	1.814	2015	0.481
2008	1.202		

资料来源：根据《宁夏统计年鉴》计算。

在全社会固定资产投资的效益和速度双下降形势下，投资来源结构开始发生显著变化。中央对宁夏投资占宁夏投资总额比重从 2010 年的 26.8%下降到 2015 年的 12.3%，中央已经通过投融资体制改革硬化了地方政府投资责任。国有经济投资比重从 2008 年的 35.2%下降到 2012 年的 26.2%，又提高到 2015 年的 34.5%。从不刺激政策到微刺激政策，目前高铁等基础设施投资在快速增加。2008—2015 年，有限责任公司投资比重从 37.1%下降到 20.7%，私营投资比重从 19.2%提高到 2013 年的 41.5%，又下降到 2015 年的 39%。在 2016 年上半年全国民间投资断崖式下降之际，宁夏民间投资仍然保持了 29.6%的增速，实属难能可贵。

投资可以划分为工业投资、房地产投资和基础设施投资三大类。2008—2015 年，工业投资额从 424.7 亿元增加到 1648.2 亿元，年均名义递增 21.4%，占总投资比重却从 57.7%降低到 46.7%。产能过剩使得工业投资比重下降，但 2015 年对电力、热力投资大幅度增加使比重比上年略有提高。而房地产投资额从 134.3 亿元增加到 822.7 亿元，年均递增 30%，比重从 2008 年的 18.3%提高到 2013 年的 28.9%，又下降到 2015 年的 23.3%。基础设施投资从 2008 年的 176.8 亿元增加到 2015 年的 1062 亿元，年均递增 29.2%。基础设施占总投资比重呈现出 2007—2011 年和 2012—2015 年两个逐步提高的阶段。投资仍然是拉动宁夏经济增长的主要因素，一是要积极争取国家基础设施投资，做好项目库储备，积极拓展基础设施建设空间。二是要在扩大项目投资上下真功夫。围绕特色优势产业，加大产业链招商。

如何优化资本配置效率是关键。一是降低显性成本，提高资本回报。继续推进资源品价格改革，尤其是电力成本等，降低企业原材料成本；实施减税降费和加速折旧，降低企业财税成本；推进利率市场化，结合降息降低企业财务成本；实施养老保险体系改革，降低企业人力成本。二是淘汰落后产能，提升资本效率。坚持去产能方向，坚决淘汰高污染、高能耗、低产出的落后产能，逐步提高产业集中度，提高在特色优势产业的话语权。三是深化要素改革，激发投资活力。深化国有企业改革，探索公私合营模式（PPP）；改革融资体制，促进直接融资发展，使市场在资源配置中起决定性作用。

（三）创新

创新是引领发展的第一动力。供给侧改革应该把创新作为突破口，通过创新提升全要素生产率。

2008—2015 年，宁夏资源密集型产业占 GDP 比重从 19.7%下降到 16%，劳动密集型产业比重从 47.1%提高到 58.3%，资本密集型产业比重从 32.4%下降到 25.8%，技术密集型产业比重从 0.8%下降到 0.7%。宁夏高技术产业比重微乎其微。

表 5　宁夏按各要素密集型产业变化情况

单位：亿元，%

	2008 年		2015 年	
	增加值	构　成	增加值	构　成
地区生产总值	1203.9	100.0	2911.8	100.0
一、资源密集型产业	237.1	19.7	466.1	16.0
1.农业	118.9	9.9	237.8	8.2
2.采矿业（重工业Ⅱ）	118.2	9.8	228.3	7.8
（1）煤炭开采与洗选业	114.7	9.5	194.9	6.7
（2）石油天然气开采业	1.4	0.1	1.8	0.1
二、劳动密集型产业	567.1	47.1	1697.0	58.3
1.轻工业Ⅰ(规模以上）	72.0	6.0	173.8	6.0
2.规模以下工业	10.4	0.9	29.4	1.0
3.建筑业	103.0	8.6	399.98	13.7
4.生活性服务业	147.6	12.3	336.7	11.6
房地产业	38.9	3.2	97.05	3.3
5.生产性服务业Ⅰ	115.8	9.6	425.0	14.6
金融	64.8	5.4	256.38	8.8
6.公共部门	118.4	9.8	332.12	11.4
三、资金密集型产业	390.5	32.4	750.7	25.8
1.重工业Ⅰ（规模以上）	297.2	24.7	550.0	18.9
（1）化学工业Ⅰ	58.2	4.8	127.5	4.4
（2）电力工业Ⅰ（火电水电）	88.8	7.4	184.8	6.3
2.生产性服务业Ⅱ（交运邮）	93.3	7.7	200.66	6.9
四、技术密集型产业	9.2	0.8	20	0.7
1.医药制造业	6.8	0.6	13.8	0.5
2.航空航天制造业		0.0	1.9	0.1
3.电子及通信设备制造业		0.0	0	0.0
4.电子计算机及办公设备制造业		0.0	0	0.0

续表

	2008年		2015年	
	增加值	构 成	增加值	构 成
5.医疗设备及仪器仪表制造业	2.4	0.2	4.3	0.1
6.信息化学品制造业				

资料来源：根据《宁夏统计年鉴》计算。公共部门包括公共管理、文体、教育、卫生、社会管理、水利、环保等。

近些年来，宁夏产业结构变化突出表现在以煤电化为代表的重工业比重下降，而轻工业比重上升。2008—2015年，宁夏重工业产值占工业总产值比重从84.2%下降到80.4%，以如意、恒丰等为代表的棉麻生态纺织企业投资宁夏，与宁夏羊绒工业一起形成纺纱、织布、成衣等产业集群。装备制造业方面，小巨人机床、舍弗勒汽车轴承、共享铸钢水轮机等产品打入欧洲高端市场，共享3D设备铸造等达到国际先进水平。盐池中民投新能源综合示范园是全球最大的单体光伏发电项目。还有宁东基地的新能源、固态锂电池、生物基纤维等项目，中卫的云计算基地，银川的iBi中心，产业转型升级成效开始显现。

宁夏产业发展要注意三个问题。一是建筑业和房地产业比重大幅度提高，二是金融业比重大幅度提高，三是电商园区、城市综合体建设热潮。应警惕虚拟经济泡沫，切实支持实体经济发展。

(四) 土地

中国农村、农业、农民为国家工业化提供了大量原始积累。社会主义建设时期主要通过工农业产品交换剪刀差。20世纪80年代，随着联产承包变革，剪刀差方式难以为继，政府开始收取使用费，导致农民负担问题突出。1994年分税制，特别是1998年房改后，土地财政开始成为地方政府推动基础设施建设和城市化、工业化进程的主要资金来源。充分利用土地国家所有制和集体所有制，将土地增值收益作为城市化、工业化的原始资本。在"经营城市"中房价和低价成为不同城市发展潜力的"股价"，"土地财政"具有融资性质。

应该正确评价土地财政的功过。宁夏曾经是吃饭财政，许多战略不能落实。后来利用土地财政、资源换投资、城投公司等抓手，才实现了经济快速增长。目前，财政收入增长缓慢而财政支出刚性增加，政府对资源的动员能力依然是重要的治理能力。在推进治理体系和治理能力现代化过程中，应该充分借鉴改革开放以来渐进式改革的经验。“土地财政”尽管存在拉大贫富差距、占用大量资源、金融风险等弊端，但从“土地财政”到“税收财政”、从间接税为主向直接税为主转变，应该采取“积小改为大改”[①]方式，每一次改革对象只占整个社会的很小部分，尽量把改革成本分解到数十年城市化进程中。

“土地财政”的升级与退出。一是区分房地产的投资市场（商品房）和消费市场（保障房），在投资市场防止泡沫破裂，在消费市场确保居者有其屋。二是在消费市场采取保障房“广覆盖”“先租后售”[②]等方式。“广覆盖”即所有无房户均可以以成本价格获得首套小户型住宅。“先租后售”则允许保障房住满一定时间后，可以购买具有完整产权的住宅。从过去“土地财政”通过补贴低价来直接补贴企业，转变为“先租后售”通过补贴劳动力间接补贴企业。解决人的城市化，并使居者有其屋，缩小财产差距。三是在房地产投资市场上控制数量放开价格，在消费市场上控制价格增加数量。[③]将商品房和保障房规模挂钩，并控制商品房供地规模，防止房地产市场崩盘。

土地制度改革是农村改革的核心问题。土地制度改革的核心方向是提高土地的使用效率。近日，中央出台了《关于完善农村土地所有权承包权经营权分置办法的意见》，提出“要积极开展土地承包权有偿退出、土地经营权抵押贷款、土地经营权入股农业产业化经营等试点”，农民进城后，不仅可以享受城市居民的教育资源、医疗保障、就业机制等公共服务，还依然享有土地承包权、宅基地使用权、集体收益分配权等。近些年，城市化进程减慢，并非户籍制度制约，主要是农村居民比城市居民具有土地等更多的社会保障。2015年，宁夏城镇化率已经达到55.23%，其中山区工业化率、城镇化率较低，银川、石嘴山市比重较高，对提高城镇化率不应该具有太高期望。“望得见山，看得见水，记得住乡愁”，也是城乡居民追求的

①②③赵燕菁：《土地财政：历史、逻辑与抉择》，《中国经济学人》公众号。

更高生活目标。放活农村土地经营权流转意味着未来廉价的农村，土地用地供给瓶颈将打开，也有助于抑制地产泡沫，加速房地产去库存。

推进城乡要素平等交换和公共资源均衡配置。改革开放以来，我国农村劳动力、土地、资金从农村向城市单向流动。农村成为老人、妇女、儿童留守家园，农业经营规模也难以扩大，一些偏远农村甚至出现凋敝状态。促进城乡要素双向流动，一是推动公共服务均等化。增加对交通、水利、医疗、教育、文化等投入，结合美丽乡村、全域旅游等建设，开展新农村建设。二是精英下乡。稳妥推进农村宅基地改革试点。我国过去有官员叶落归根的乡贤文化传统，应该允许退休干部职工返乡继承直系亲属耕地、宅基地等财产以及居住的权利，重建新乡贤文化。鼓励农民工返乡创业，鼓励技术、金融、商贸等人才到农村企业就业。三是适当控制资本下乡。近些年，资本下乡从事农业经营对提高农产品供给贡献较多，但其对小农经济的挤压等负面效应也不应该忽视。我国经历多次世界经济危机都没有出现社会动荡，农村家庭经营制度起到举足轻重的作用。确保失业农民工能够返回农村依靠土地保障，是我国农村土地制度改革必须遵循的底线。与长治久安相比，农业规模效益微不足道，何况日本、韩国等依然是小农经济。应该坚持农村基本经济制度，并鼓励综合性农民合作组织发展。

三、宁夏经济面临的三大新矛盾分析

中央政府把 “三去一降一补”(去产能、去库存、去杠杆、降成本、补短板）作为2016年供给侧结构性改革的重要任务。经过将近一年的努力已经取得显著成效。宁夏面对国际国内经济新形势变化，也面临新形势、新选择。

（一）煤炭等大宗商品价格上涨与如何去产能

煤炭、钢铁产业去产能是2016年全国的重点经济任务，但上半年我国煤炭去产能仅完成任务的29%，5月底财政部出台《工业企业结构调整专项奖补资金管理办法》，8月中旬国家发改委出台《关于煤炭行业去产能专项执法行动开展情况的通报》，要求在11月底完成全年任务，9月底，国家发改委已经向26家违规煤企下达限期整改通知。结果去产能加速，到9

月底就完成了80%的煤炭去产能任务。由于年终需求回暖，产量不足，截至10月24日，国内市场的钢材和煤炭价格比年初分别上涨了32%和55%以上。国家发改委也由于担忧冬季煤炭供应不足、价格过快上涨，转而要求进一步释放先进产能。未来去产能政策何去何从成为难点。

煤电化是宁夏传统主导产业。2015年，宁夏煤炭、电力、冶金、化工等原材料和重化工行业占比在80%以上。煤炭和电力过剩是经济紧缩时期的暂时现象，虽然中国能源消费结构需要优化，将大力发展新能源，但中国以煤炭为主的能源生产结构短期内不会根本改变，未来随着经济增长，对能源需求增加也是大趋势。煤炭去产能依据机械化程度、资源利用率、安全指标、能耗和环保、产品质量等标准。宁夏在21世纪初就已经完成煤炭行业整合，产业集中度高，神华集团主导的宁煤企业技术水平较高，产业集中度明显高于许多煤炭主产区。从近期全国煤矿安全事故频发来看，保护煤炭先进产能应该引起重视。煤炭行业去产能，不能陷入计划经济老路，不能简单采取行政手段，应该充分发挥市场在资源配置中的决定性作用。人为关闭“无效供给”致使价格上涨，也将不利于宁夏高载能企业降低成本。2017年，宁夏去产能不能仅仅关注煤炭和钢铁领域，去产能要扩围，要通过市场化和法治化的办法，紧紧抓住处置僵尸企业来达到去产能的目的。

（二）房地产政策调整：保增长、调结构与去杠杆

房地产业对建材、家电、家具、装修等产业具有较强的关联性，对居民消费、地方政府收入与投资等也有重要影响，是2016年经济反弹的重要支持。

2015年，宁夏房地产投资下降3.2%，商品房销售面积下降25.7%，商品房销售额下降19.3%，商品房待售面积达到1207万平方米。2016年，全国一线城市房价暴涨，带动宁夏房地产市场复苏。前三季度，宁夏房地产投资额、商品房销售面积、销售额分别比上年同期增长26%、11.7%、6.5%。

目前，房地产资产价格泡沫化已经成为中国经济重要的风险点，尤其是一线城市房价暴涨具有不可持续性。7月，中共中央政治局会议提出：“降成本的重点是增加劳动力市场灵活性，抑制资产泡沫和降低宏观税负。”

最近国家在分析研究当前经济形势和经济工作时，又一次将“注重抑制资产泡沫和防范经济金融风险”作为货币政策的重要目标。目前，许多城市已经重启限购限贷等调控政策。

我国房地产市场长期在保增长和调控之间玩跷跷板，关键是天量发钞和收紧银根。目前，房地产市场主要矛盾是资源集中于一、二线城市诱致购买力向少数大城市集中，而大城市却采取限制人口流入、严格限制土地供应的政策。中央经济工作会议首次提出“坚持房子是用来住的、不是用来炒的定位”，加快建立房地产市场基础性制度和长效机制，保持稳健中性的货币政策，房价上涨压力过大的城市要合理增加土地供应，特大城市加快疏散部分城市功能。既要抑制房地产泡沫，又要防止出现大起大落，促进房地产市场平稳健康发展。要认识到房价过快增长是对城市竞争力的削弱， 特别是资产泡沫化对实体经济的打击。

中央重点支持解决三、四线城市库存过多的问题。宁夏房地产市场中过去一半以上购买力来自周边地区居民，随着煤炭价格暴跌，购买力已经大幅度萎缩，存在大量房地产库存。宁夏必须把去库存同农业人口市民化、棚户区改造、保障性住房建设、建立住房租赁市场等更好地结合起来。应该通过改善与大城市互联互通水平和教育、医疗等公共服务水平，来增强对农业转移人口的吸引力。尽管一些地方经过旧城改造、棚户区改造货币化安置等创造了一定的需求，消化了一部分库存，但去库存、防风险依然是主要方向。房地产市场已经开始整体降温，甚至出现拐点也是未来大概率事件，房产作为增值和保值工具存在风险。房地产是中国经济的一个“调节阀”，必须保持保增长、防风险、调结构的平衡。近 5 年内，宁夏固原市除了原州区之外，其他县都是总人口持续减少。缺乏产业支撑，人口不断流出的地区，慎提大县城建设，不要追求县城的“大”字上，要重在改善基础设施和民生。

防风险是 2017 年关注的焦点。防风险不仅仅限于房地产领域。2017 年去杠杆要在控制总杠杆率基础上，把降低企业杠杆率作为重中之重。支持企业市场化、法治化的债转股，加大股权融资力度，加强对企业自身债务杠杆的约束等。

（三）人民币汇率影响：投资“走出去”与商品“走出去”

2005 年，中国开始实施以市场供求为基础、参考一篮子货币进行调节、有管理的浮动汇率制度。美元对人民币汇率从 2004 年的 8.277 降低到 2014 年的 6.143，2015 年开始平均价升值到 6.398，2016 年 11 月 3 日汇率是 6.759。

人民币汇率是影响中国经济的重要调节工具之一。充分利用人民币汇率较高之际，积极鼓励企业对外直接投资，有利于“一带一路”战略的全球化布局，加快对国外优质资产兼并。目前，我国外贸形势严峻，人民币汇率适度贬值，也有利于鼓励外贸企业出口。中央经济工作会议提出要在增强汇率弹性同时，保持人民币在合理均衡水平上基本稳定。预计 2017 年人民币汇率仍有贬值空间，贬值有利于降低出口企业压力。从传统国际收支及购买力平价来看，人民币汇率不存在大幅贬值的基础。

2016 年前三季度，出口额全国下降 7.5%，宁夏下降 25.7%；进口额全国下降 8.2%，宁夏增长 28.4%，出口形势依然严峻。应充分利用人民币贬值给外贸企业提供的发展空间，坚持全方位开放，积极承接产业转移，更好地发展优进优出的对外贸易。

近年来，我国迅速从资本净输入国变成了资本净输出国。宁夏必须把握从产品贸易向投资服务贸易迈进的战略机遇。宁夏企业“走出去”也已经形成中国—阿曼产业园、中国—沙特产业园、迪拜中阿食品产业园等平台，鼓励宁夏相关企业转移产能，充分利用国际国内两种资源两个市场，如中东石油采掘成本较低，靠近清真食品穆斯林用品市场等。应该注意企业“走出去”的风险，防止本土产业空洞化，积极做好对外投资和对外贸易的有机统一。

四、宁夏供给侧结构性改革的政策建议

供给侧改革是改革开放的新实践，最终目的是满足需求，主攻方向是提高供给质量，根本途径是深化改革。中央首次明确了供给侧改革的逻辑，供给侧改革的根本目的不是供给侧而是需求端，是需求刺激打造经济升级版。必须充分使市场在资源配置中起决定性作用和更好发挥政府的作用，

牢固树立创新、协调、绿色、开放、共享的新发展理念，重点关注补短板和降成本，把创新驱动、转换动力、优化结构、转型升级作为重点，更多地依靠市场手段处理去产能、去库存、去杠杆任务。

（一）把补短板作为宁夏供给侧结构性改革的主攻方向

所谓短板就是长期积累的复杂利益关系的主要矛盾，就是制约经济社会发展的矛盾的主要方面。补短板就是扩大有效供给。新供给主义经济学提倡“供给自动创造自身需求”，通过刺激新供给来创造新需求是供给侧改革的基本出发点。并在供给与需求新均衡变动中，实现经济转型升级和产业结构优化等供给侧改革的宏观目标。

一是补基础设施的短板。针对内陆开放型经济发展中存在的密度、距离、分割三大劣势，实施空间发展规划，把宁夏按照一个大城市规划建设，努力提高沿黄经济区的经济和人口密度，努力实现基本公共服务均等化。围绕交通、水利等制约宁夏经济发展的突出问题，做好项目库建设，在扩大项目投资上下真功夫，加快高铁、城市综合管廊、农村配电网建设改造、光纤入户、集中式充换电站、高速公路等基础设施建设。充分利用国家实施积极财政政策的机遇，积极争取加大对特困地区支持力度。积极争取中宁—固原城际铁路建设、兰州—固原—庆阳客运专线建设，尽快改善贫困地区与西兰银大城市之间的互联互通条件，激活山区发展活力。

二是补产业升级的短板。产业发展水平低是欠发达地区最大的短板。宁夏工业依能倚重的局面还没有根本扭转。要补齐战略性新兴产业短板。积极实施创新发展战略，发展高端制造业、新材料、电子信息产业、大数据和智能制造等，在高新技术产业发展上有大突破。补齐现代服务业发展短板。积极发展全域旅游、现代金融等产业，特别是现代生产性服务业，加快三次产业融合发展。

着力振兴实体经济。实体经济是强国之本、富民之基，必须坚持以提高质量和核心竞争力为中心，坚持创新驱动发展，努力扩大高质量的产品和服务有效供给。

坚定不移地加快宁东基地发展。宁夏应该充分发挥比较优势，煤炭、电力等基础型产业应该积极争取市场，保护先进产能，改变单纯卖煤路径依赖，加大电力体制改革。煤化工、金属铝等产业应该积极延伸产业链。煤炭和电力等能源只是短期经济波动下需求减缓，应该深化煤电体制改革，为实体经济降低成本。积极延伸新型煤化工等产业链。

积极寻求新主导产业。宁夏在电子信息产业方面较弱，应该积极围绕工业4.0实现产业发展的“弯道超车”，加强产业自动化、智能化、网络化。积极承接沿海地区产业转移，特别是轻纺等劳动密集型产业和电子信息等高新技术产业，尽量延长产业链。加快形成一批新业态、新模式、新产品，加速动力转化。

走循环经济之路。像大地化工那样通过企业内部循环经济降低成本，或者建设生态工业园区，在园区之内形成大循环，实现减量化、再利用和零排放。

走产业集群之路。围绕特色优势产业，如羊绒产业和生态纺织业、精细化工产业、铝镁新材料型材等，实施强链、补链、延链、融链工程，加强产业配套，强化设计研发和市场营销等薄弱环节。

走品牌化之路。牢固树立品牌意识，弘扬工匠精神，努力提高产品质量、技术标准、品牌认可度和企业诚信度，以品牌化求竞争力。

走全方位务实开放之路。积极吸纳发达国家先进技术，开辟欧美市场；融入“一带一路”，稳妥推进跨境中阿产业园区建设，加强国际产能合作。最后，宁夏近年来招商引资工作有所松懈，一些地方缺乏新项目新投资，应该恢复招商局，从干部全员招商向产业链选商转变。

深入推进农业供给侧结构性改革。把增加绿色优质农产品供给放在突出位置。深化“三权分置”土地改革，把农村一、二、三产业融合作为产业链整合的重点，培育新型农业经营服务主体。加大对农村环境突出问题的综合治理力度。稳妥推进粮食等重要农产品价格形成机制。积极发展酿酒葡萄、枸杞等特色农业，形成品牌化经营，广辟农民增收渠道。

三是补共享发展的短板。补短板既要补硬短板，也要补软短板，重视补制度短板。经济过剩在一定程度上是分配关系失衡的结果，我们必须坚持共享发展理念，促进包容性增长和社会和谐。全面建成小康社会是中国共产党的庄严承诺，要积极实施扶贫攻坚工程，努力解决区域性绝对贫困，也应该积极关注城市贫困问题，提高社会保障水平。破解农民增收“天花板”制约问题。解决农民收入问题，根本上还是需要工业化带动农民就业，增加农业补贴，反哺新农村建设。依靠发展特色农业、旅游产业、劳务输出，以及深化农村改革等。

（二）把生产要素市场改革作为供给侧结构性改革的主战场

供给侧结构性改革，是通过对制约生产要素优化配置的体制改革，放松供给约束，从而降低生产成本，打破生产和销售的僵局，让市场通过成本价格传导机制快速消化过剩产品，逐步恢复市场供需均衡，并通过生产要素从无效供给向有效供给转移来优化供给结构。

降成本是供给侧改革重要任务。8 月，国务院出台《降低实体经济企业成本工作方案》，从税费负担、融资成本、制度性交易成本、人工成本等 8 个方面降低成本。一是放松高行政成本约束。深化“放管服”改革，加快社会信用体系建设，着力降低制度性交易成本。简政放权、放管结合、优化服务同步推进。二是放松高税费成本约束。全面推开营改增试点，落实好研发费用加计扣除政策，扩大行政事业性收费免征范围，取消减免一批政府性基金，扩大小微企业免征范围。三是放松高要素成本约束。打破地域分割和行业垄断，放开竞争性环节价格。积极开展电力直接交易，合理降低企业用电成本。降低企业用地成本和物流成本。2016 年中央经济工作会议去掉了“降低财务成本”的说法，意味着将不会采取货币宽松、债市走牛等措施降低融资成本。

宁夏已经选择宁东基地、银川经济技术开发区、石嘴山市经济技术开发区等园区，正在打造 6 个低成本化园区。一是通过改革降低行政审批、各项评估、税费等成本。以混合所有制改革为突破口深化国企国资改革，加强产权保护制度建设，稳妥推进财税和金融体制改革。二是通过产业集群和集聚，发展循环经济，羊绒工业、生态纺织业应该向研发设计和市场网络等产业链上下游延伸，争取通过全产业链来降低成本。三是通过兼并重组、提高技术水平、鼓励市场竞争来降低成本。

（三）把“五大发展理念”贯穿到供给侧结构性改革之中

去产能、去库存、去杠杆涉及转变发展方式问题。2001—2012 年，中国经济借助加入WTO后，世界市场迅速扩大，工业化和城市化进程大幅度提高，而2008年以后传统市场急剧萎缩，中国在维持欧美传统市场同时，积极开辟“一带一路”新兴市场。

我国目前处于社会主义初级阶段，但经济发展已经从低收入阶段进入中等收入阶段。经济新常态出现新问题。一是发展目标转变问题。从让一部分人先富起来到共同富裕。在中国模式中，政府对资源动员能力被认为是核心，张五常教授也认为县际竞争是中国经济奇迹的主要原因。过去在坚持发展是硬道理的战略思想下，却往往使得GDP主义盛行，权力与资本结合，偏离政府共同富裕的目标，现在需要共建共享发展成果。二是发展动力转换问题。从高速增长转为中高速增长。过去面向欧美市场的劳动密集型等产业已经越来越丧失比较优势，必须增加面向新兴市场的有效供给。从中低端分工中努力降低成本来生存到追求中高端分工地位中以创新价值来获利。通过创新驱动发展重新确立比较优势，消化无效产能，加速产业转型升级。三是发展模式转变问题。发展面临中等收入陷阱，既在低收入国家面前逐步丧失劳动力等成本优势，又难以迅速在高新技术方面与发达国家竞争。资源环境压力接近极限也是传统增长模式难以为继的原因之一，必须将生态成本、环境成本纳入产品成本。四是发展协调性失衡问题。宁夏突出的是山川协调问题和城乡协调问题。新发展理念科学地回应了重大发展问题。

创新发展方面。创新是引领发展的第一动力，是转变发展方式的驱动力。既要实施创新驱动发展战略，加快构建产业新体系；也要重视加快形成有利于创新发展的新体制。创新发展的核心是科技创新，必须把提高内生发展动力作为重点。技术创新与制度创新并重。目前中央已经出台许多政策，但宁夏转发和落地比较滞后，存在政策“看得见、摸不着”现象。

协调发展方面。协调是持续健康发展的内在要求。目前国民经济发展严重不平衡，必须改变过去非均衡发展战略。应该做好宁夏空间规划（多规合一）试点工作，构建空间规划体系。协调区域发展，加大对贫困山区公共服务和基础设施投资。统筹城乡发展，促进新型城镇化、工业化、信息化、农业现代化同步发展。降低对投资拉动的过分依赖，深化收入分配改革，逐步扩大消费，“三驾马车”协调拉动经济增长。三次产业，改变倚重依能结构，积极发展高新技术产业、轻纺产业、第三产业、现代农业等。

绿色发展方面。绿色是永续发展的必要条件和人民对美好生活追求的重要体现。中央已经首批选择生态基础较好、资源环境承载能力较强的福建省、江西省和贵州省作为国家生态文明试验区。宁夏争取设立国家生态文明试验区，应该立足于建设节水型社会和推动低碳循环发展等特色。绿色发展是发展方式和生活方式的转变，宁夏应该重点发展生态工业园区，通过循环经济实现减量化和零排放。强调人与自然和谐共生，树立绿水青山也是金山银山理念，把生态环境作为财富。

开放发展方面。开放是国家繁荣发展的必由之路。我国开放已经从面向发达国家的从属地位到面向“一带一路”的主导地位的转变，宁夏已经在跨境中外产业园区方面找到了融入“一带一路”的契合点，应该充分用好宁夏内陆开放型经济试验区和中阿博览会这两个金字招牌，培育对外开放新优势，充分利用国际国内两种资源两个市场，以大开放促大发展。

共享发展方面。共享是中国特色社会主义的本质要求。必须坚持以人民为中心的理念，以共建促共享。实现基本公共服务均等化，努力通过教育等实现机会平等。加强社会保障制度建设，通过精准扶贫，促进贫困地区与全国同步建成小康社会。逐步改变宁夏城乡居民收入与经济增长不同步现象，缩小收入差距，使各阶层群众能够有获得感。

（四）把抓关键主体作为加快供给侧结构性改革的“牛鼻子”

十八大以后淡化 GDP 主义，把全面建成小康社会作为第一个百年目标，全面落实经济建设、政治建设、文化建设、社会建设、生态文明建设“五位一体”总体布局。并提出创新、协调、绿色、开放、共享五大发展理念。强调目标多元化、发展协调性无疑是正确选择，近年来提出“五位一体”“五大发展理念”“全面深化改革”，强化了改革的顶层设计，但实施过程中必须防止改革空转，抓住改革发展的“牛鼻子”，以重点带动全局，“既抓重点领域、重点任务、重要试点，又抓关键主体、关键环节、关键节点”[①]。

供给侧结构性改革是当前中国经济工作的“牛鼻子”。办好中国的事情，关键在党，而人又是决定因素。在抓关键主体方面：

一是充分发挥领导干部这个关键少数的作用。目前，发展的各种红利在减少，而工作难度和职业风险在增加，对各级干部激励不足。有的面对新形势不知如何去干，有的怕风险缺乏担当，有的得过且过。应该建立容错机制，鼓励大胆试、大胆闯，允许改革失误。

二是充分发挥企业家推动发展的主力军作用。企业家是宁夏稀缺人才，他们最懂市场规律，能够敏锐把握投资机会。现在经济紧缩时期，企业家承担着很大压力，应该稳定企业家信心，在困难时期更应该关心企业发展。过去钱权交易害了一些干部，现在干部见了老板躲着走，应该建立正常的新型政商关系。保护企业家精神，支持企业家专心创新创业。

三是充分发挥科技人才的特殊作用。创新驱动发展需要科技人才发挥主体作用。现在科研工作已经市场化运作了，而科研管理制度还基本停留在计划经济时代。在全国科技创新大会上，李克强总理强调“在选人用人、成果处理、薪酬分配等方面，给科研院所和高校开展科研更大自主权，让科研人员少一些羁绊束缚和杂事干扰”。中共中央办公厅、国务院办公厅已经出台《关于进一步完善中央财政科研项目资金管理等政策的若干意见》《关于实行以增加知识价值为导向分配政策的若干意见》，一些地方政府也前后出台了类似的政策，旨在激发科研人员积极性。宁夏应该尽快出台地方相关配套政策。

四是必须最大限度地形成改革发展的社会共识。当前的改革特别是在国有企业改革、农村土地制度改革等许多重大理论实践问题上并没有形成社会共识。必须坚持包容性增长和共享式发展理念，不能只盯着老百姓的钱袋子，让老百姓承担过多的改革成本，应该更好地凝聚发展的合力。

---

①习近平:《全面贯彻党的十八届六中全会精神　抓好改革重点落实改革任务》,新华网,2016年11月1日。

综合战略篇

ZONGHE ZHANLUE PIAN

宁夏空间规划（多规合一）改革试点研究报告

白　华　吴灵捷　梁多勇

开展空间规划（多规合一）试点，是中央着眼于“四个全面”战略布局和“五位一体”总体布局做出的重大决策部署。习近平总书记强调：“规划科学是最大的效益，规划失误是最大的失误，规划折腾是最大的忌讳。”2016年4月，中央召开深改领导小组会议，研究决定同意宁夏开展空间规划省级试点，这是继海南省之后，中央在全国开展空间规划（多规合一）试点的第二个省区，也是宁夏唯一的一项中央级、全省域改革试点工作。

一、“三规合一”是空间规划的最早雏形

2013年11月，党的十八届三中全会通过《中共中央关于全面深化改革若干重大问题的决定》，提出“建立空间规划体系，划定生产、生活、生态空间开发管制界限，落实用途管制”。2013年12月，习近平总书记在中

作者简介：白华，自治区党委副秘书长、政策研究室主任、深化改革领导小组办公室专职副主任；吴灵捷，自治区党委政策研究室社会发展处处长、自治区空间规划改革试点工作领导小组办公室政策法规组副组长；梁多勇，自治区党委政策研究室社会发展处副主任科员。

央城镇化工作会议上强调，“建立空间规划体系，推进规划体制改革，加快规划立法工作”，这为初步建立空间规划体系指明了方向。

2014 年 8 月，宁夏为落实中央精神，着力解决目前“多规”中存在的矛盾和问题，提高对土地和空间资源整体管控能力，促进城乡空间布局优化，全面启动“三规合一”工作，通过整合国民经济社会发展需求、国土资源保护需求、城市功能完善需求，采取对项目梳理、建设图斑调整、项目落地实施等措施，消除规划差异，将各自为政的规划管控进行 “合一”安排，达成“目标、指标、坐标”的三统一，提高对土地和空间资源的整体管控能力，形成规划合力。

在推进“三规合一”的时候，又发现了不少的问题和矛盾， “三规合一”不仅是 3 个规划整合的问题，还涉及其他类规划，与其他规划也存在互相“打架”、重叠、交叉现象，因此中央又提出了“多规合一”。2014 年 12 月，习近平总书记在中央经济工作会议上提出：“推进城镇化健康发展，是优化经济发展空间格局的重要内容，要有历史耐心，不要急于求成，要加快规划体制改革，健全空间规划体系，积极推进市县‘多规合一’。”从而掀起了“多规合一”的序幕。

随后，国家发改委、国土资源部、环境保护部、住房和城乡建设部等四部委联合发出通知，在厦门、浙江德清县等 28 个市县开展“多规合一”试点工作，探索经济社会发展规划、城乡规划、土地利用规划、生态环境保护等规划“多规合一”的具体思路和实践，探索完善市县空间规划体系，建立相关规划衔接协调机制。

2015 年 6 月，习近平总书记主持第十三次深改会议，研究同意海南省开展第一家省域“多规合一”改革试点，从而开启了从“三规合一”到“多规合一”的深度改革之门。会议要求空间规划试点工作要大胆探索，发挥好试点对规划全局性改革的示范、突破、带动作用。李克强总理、张高丽副总理等中央领导，特别关注空间规划试点工作，听取了海南省“多规合一”试点汇报，深入实地视察，并做了重要指示。可见，中央对“多规合一”试点是很重视的，是很关注的。

二、生态文明是空间规划的出发点和落脚点

2015 年 9 月，中共中央、国务院印发《生态文明体制改革总体方案》。首先，提出了构建以空间治理和空间结构优化为主要内容，全国统一、相互衔接、分级管理的空间规划体系，着力解决空间规划重叠冲突、部门职责交叉重复、地方规划朝令夕改等问题。其次，提出了推进市县“多规合一”，根据主体功能定位和省级空间规划要求，划定生产空间、生活空间、生态空间，明确城镇建设区、工业区、农村居民点等开发边界，以及耕地、林地、草原、河流、湖泊、湿地等保护边界，加强对城市地下空间的规划。最后，提出了整合目前各部门相关的各类空间规划，编制统一的空间规划。实现规划全覆盖。生态文明体制改革总体方案提出的“多规合一”，为空间规划改革进一步指明了道路和方向。

空间规划（多规合一）是区域空间发展的指南，是可持续发展的空间蓝图，是各类开发建设活动的基本依据。空间规划可分为国家、省、市县（设区的市空间规划范围为市辖区）三级，研究建立统一规范的空间规划机制，不仅是规划技术和编制方法的改变，更是规划体制机制的深刻变革，是实现新型城镇化、落实“五位一体”发展要求的重要抓手，也是完善治理体系、提高治理能力的重要支撑。

空间规划主要是以行政边界为规划区界限，包括三层含义：一是全空间，即空间规划具有全地域性，不仅涉及城镇建设区域，还包含广大农村地区，以及大量非建设用地。二是全要素，即空间规划要考虑全地域范围内土地、经济、社会、生态等发展要素，实现空间发展与资源承载、产业驱动、基础保障、生态保护的有机结合和系统性布局。三是全方位，即空间规划是以物质空间利用为手段，从建设要素到非建设要素、从微观到宏观进行有机整合和系统规划的新方法。

三、空间规划与其他规划的关系

空间规划是最高层次、最全面、最系统的规划，它是所有规划中的上位规划，具有基础性、宏观性、长期性。《宁夏空间发展战略规划》较空间

规划来讲，则是低一个层次的规划，它是一个战略性、框架性规划，它隶属于空间规划。《宁夏空间发展战略规划》解决了全区城乡功能、产业发展、基础设施、生态环境的总体布局，明确了发展的大格局，但没有落实到具体地块上，操作起来没有具体标准。空间发展战略规划需要不断完善和具体化、发展和提升，经过提升可以升级到空间规划的层次；空间规划经过精简、细化，具体到战略层面后，即成为空间发展战略规划。

“多规合一”是空间规划的手段，是编制“空间规划”的必然途径；而“空间规划”是目标，是“多规合一”的重要载体，是“多规合一”的“一”，是一本规划的重要表现形式。编制“空间规划”，就是采用“多规合一”这一手段，通过理顺规划体系，统筹“多规”，达成共识，形成行政辖区范围内“一本规划”。“空间规划”，并不是指通过空间规划，取代其他所有的规划，而是要运用“多规合一”的协同工作方法，明确其他规划在空间管制上的可作为和不可作为的内容与范围。

宁夏空间规划改革试点，是为了认真贯彻落实国务院印发的《生态文明体制改革总体方案》，是以理顺规划管理体制机制为主攻方向，以主体功能区规划为基础，以资源承载为上限，以控制线体系为抓手，统筹经济社会发展、城乡建设、土地利用、生态环境保护和重大基础设施等各类空间性规划，将多个规划科学合理地整合到一起，以“多规合一”划定的“控制线”，如建设用地规模、建设用地增长边界、生态、基本农田、产业区块和基础设施空间走廊等，作为产业发展、基础设施建设和生态环境保护的红线和底线的，推进空间规划体系创新和规划管理体制改革，构建一体化、高效率的空间管控体系。解决空间发展的定位、方向、规模、布局等一系列问题，实现多规合一的目标。实现空间治理和空间结构优化，建立起系统完整的生态文明制度体系，形成覆盖全域的规划文本和较高精度的规划图，是自治区空间发展的指南，是可持续发展的蓝图，是各类开发建设活动的依据。

四、空间规划改革面临的主要问题与矛盾

（一）法律法规方面的问题

规划多、规划乱、规划实施难，既有执行层面的原因，也有规划本身的问题，但最根本的是法规和体制层面的问题。据不完全统计，国家层面涉及规划编制的法律法规超过60余部，80%的规划都是依据相关法规来的，法律法规之间的矛盾是造成规划矛盾的根本原因所在。

一是规划期限不同。国民经济和社会发展规划期限为5年，土地利用总体规划期限为15年，城乡规划期限为20年，规划期限普遍存在差异，规划目标很难一致。因此，没有国家授权，“多规”在编制期限上难以“合一”。

二是编制主体和程序方面的矛盾。依据法律规定，各类规划都有不同的编制主体和编制审批程序，横向不沟通、纵向不对接，由于规划编制主体众多，审批主体不一，造成规划层级不清、缺规少规、重复编制等现象严重，规划“打架”问题十分突出，规划难以落地，对经济社会发展、城镇化建设、生态环境保护等产生了非常不利的影响。“十二五”以来，宁夏共编制空间类规划1300余项，但实施不足20%。

三是规划范围不同。土地利用总体规划、林业规划、环境保护规划等规划范围基本实现了全域覆盖，城乡规划的范围一般不覆盖全域。

四是规划内容及审批要求不同。不同行业对规划的管控内容、编制深度、审批层级都有不同的规定，大多都有相对成熟的编制、审查、审批办法，省级层面难以擅自更改。因此，宁夏在推进空间规划（多规合一）改革实践中，需要全国人大、国务院或有关部委授权，才能解决上述诸多问题。

（二）规划标准方面的问题

一是坐标体系不同。各类规划所采用的坐标系统分别由对应部委统一确定，坐标系统之间存在较大差异，规划信息共享、叠加分析存在一定的技术障碍。

二是用地分类标准不同。空间性规划涉及的土地利用规划、城乡规划、林业规划分别有不同的用地分类标准，由不同的部委牵头制定。不同规划

用地分类标准差异大，规划范围和管控重点各不相同，坐标体系多种多样，造成规划之间内容上难以统一。全区城乡规划和产业园区规划与土地利用总体规划的建设用地差异达到 2607 平方公里，占全区土地面积的 5%；土地利用总体规划与林业用地的现状林地面积差异达 10770 平方公里，占全区土地面积的 20.7%。海南共发现各类规划确定的生态保护红线、耕地、建设用地、林地等互有冲突的矛盾、重叠图斑 72.1 万块，图斑矛盾面积 1587 平方公里。

三是入库标准不同。土地利用总体规划有全国统一的入库标准，城乡规划以及林业、环境保护、交通、水利等规划没有统一的数据成果标准，难以实现“一张图”管理和监督，规划信息共享、叠加分析和差异比对也存在障碍。各类法律法规关于规划坐标体系、分类体系、入库标准等方面存在矛盾，造成规划“打架”问题十分突出，规划难以落地，对经济社会发展、城镇化建设、生态环境保护等产生了不利的影响。推进“多规合一”，需要国家有关部委同意宁夏探索统一空间规划编制标准、用地分类标准、成果入库标准，进行空间规划编制管理。

（三）规划实施方面存在的问题

规划之间不考虑衔接，造成规划数量庞大、层次不清、体系不明、重叠交叉。

一是规划体系庞大。“十二五”以来，宁夏已编和在编规划有 1300 多项，仅贺兰山东麓葡萄产业带的规划就有 40 多个，临港经济区面积不大，但规划就有 20 多个。规划虽多，但由于缺乏统一标准和要求，部门之间的规划各自为政、多头重复，互相打架现象严重。

二是规划领域缺位。促进区域化一体化发展的跨区域性规划不足，详细规划与城市设计严重缺陷，如产业布局规划、市政基础设施规划、历史文化街区保护等专项空间规划缺乏。

三是规划实施性差。由于规划审查、论证和批准全过程，基本上由一个部门完成，缺乏监督和约束，规划的随意性也很强，大量的规划严重脱离实际，难以实施。据统计，在众多的规划中，10%的规划完成之后，即束之高阁，只有不足 20%的规划能够落地实施。

四是规划随意变更。在法律授权的范围内，各部门、市县各有一套规划体系，大部分规划都是自己编制、自己审查、自己执行、自己监督，规划编制主体既是“裁判员”，又是“运动员”，造成规划之间互不衔接，规划的科学性难以保障，规划实施自由度较大。在发展冲动和政绩形象的影响下，个别地方领导随意调整规划，往往是“领导一换，规划就变”。

五是规划无序扩张。在土地财政带来的巨大利益支配下，有些地方政府基本不考虑人口资源环境承载能力，过高预期城市发展速度，大规模进行基础设施建设，重视“画格子”，忽视“填空子”。规划沦为地方政府的获利工具，争取项目是“敲门砖”，拒绝项目是“挡箭牌”，不中意时又成为“绊脚石”，往往被扔到一边。

五、构建科学完善的空间规划体系，形成覆盖全域的空间规划一张蓝图

通过一年的改革试点，在构建科学完善的规划体系、衔接顺畅的规划管理体系、覆盖全域的规划信息化体系、高效便捷的建设项目行政审批体系、行之有效的空间规划配套政策法规体系上做出积极贡献，形成可复制、可推广、可借鉴的空间规划“宁夏经验”。

（一）革除旧制，构建科学完善的空间规划体系

一是编制顶层空间规划。宁夏是全国第二个开展省域空间规划（多规合一）的改革试点省域，要贯彻落实中央“五位一体”总体布局和“四个全面”战略布局，坚持“创新、协调、绿色、开放、共享”五大发展理念，遵循“因地制宜、创新发展，城乡一体、协调发展，生态优先、绿色发展，战略思维、开放发展，以人为本、共享发展”的编制原则，以《宁夏空间发展战略规划》为引领，以主体功能区规划为基础，统筹经济社会发展、城乡建设、土地利用、生态环境保护和重大基础设施等各类空间性规划，对省域空间在发展目标、生态保护、开发布局、资源利用、设施布局等方面做出的战略性和全局性的总体安排与部署，纲举目张地管控、约束和指导各类规划，形成一本规划、一张蓝图。统筹布局空间资源，在统一的空间规划平台上，统筹生态空间、生产空间和生活空间布局，制定合理的省

域空间保护与发展的总体结构，划定共同遵守的生态红线和开发边界，明确清晰的资源消耗上限、环境质量底线和资源利用底线。

二是编制市县空间规划。依据自治区空间规划确定的功能定位和管控要求，整合各类规划，通过自治区、市县联动编制，在统一的空间规划平台上、统一的坐标系统下，以自治区空间规划为基础，明确用地唯一属性，为空间用地用途管制及开发保护奠定基础，逐步形成一个市县、一个规划、一张蓝图，构建自治区、市县两级空间规划管控体系，促进空间规划在“一张图”上有效衔接，解决规划编制标准不一、重复编制、重叠冲突等问题，力争为国家在统一规划标准、建立空间规划体系上形成示范。

三是整合空间规划事权。地级市可设立规划管理委员会，明确办事机构和职责。试点县整合规划编制事权，由一个部门组织编制空间规划。自治区、市、县成立由专业人员和有关专家代表组成的空间规划评议委员会，开展空间规划评议工作。可以以一个市为试点，探索开展规划编制管理执法综合改革。在空间规划审查批准上，自治区和市县空间规划编制完成后，可先由本级规划评议委员会论证，而后由自治区规划管理委员会组织审查，交由本级政府审议，最后交由本级人大或其常委会批准，并向全社会公开公布。市县空间规划同时要向自治区政府备案。

（二）创新体制，构建衔接顺畅的规划管控体系

一是设定规划边界。强化对空间规划的宏观配置和统一界定，综合确定保护空间规划的范围，科学划定“三区三线”（三区：城镇空间、农业空间、生态空间；三线：生态保护红线、永久基本农田红线、城镇开发边界），建立“三区三线”空间管控体系，明确“三区三线”划定与部门规划衔接原则，划定适宜建设区、限制建设区、禁止建设区与“三区三线”的关系，明确产业和重大基础设施布局，预留发展空间，实现生态空间山清水秀、生活空间依据适度、生产空间集约高效。明确“三区三线”管制以及空间功能引导具体要求，为各有关部门规划衔接和协同管理提供依据，为国家在健全规划管理体制、提高空间管控能力上形成示范。

二是设立管理机构。成立综合性规划管理协调机构，负责规划立项管理、统筹协调、审议发布、监督实施及评估修订等工作，逐步形成工作规范、流程清晰、管理严格、规划科学的空间规划管理工作体系，为科学规划、合理审批提供组织机构保障。探索规划体制机制改革路径，设计规划编制、实施、监督既相对独立又相互制约的规划管理机制，并适时推进符合空间规划管控要求的政府机构改革，探索同一空间规划管理方式和评估调整修改制度。

三是设置公开制度。通过制订编制计划及制定管理办法、资源评价、审查批准等制度，推进规划管理体制改革，规范规划编制审批程序，进一步完善法律、行政、民主、公众公开监督制度。积极扩大社会参与度，采取多种方式，征求各方面意见，并在网络和其他媒体公布规划草案与文本，充分听取专家学者、人大代表、政协委员和干部群众的意见建议，增强规划的科学性和有效性，解决规划信息不对等、监督乏力等问题。

（三）搭建平台，构建覆盖全域的规划信息化体系

一是系统开发。要将空间规划信息化建设作为审批流程改革工作的重中之重。建设项目审批信息管理系统、“多规合一”业务协同平台、各部门审批系统和建设项目审批电子监察系统的“四位一体”信息共享联动体系，大大提高部门之间沟通协调效率，提高政务中心和效能部门的审批监督效率，为构建高效便捷跨部门的空间规划审批管理平台奠定信息化智能化基础。依托信息化智能化信息平台，各部门实现公开信息、共享信息。实现透明审批、限时审批、综合审批和网上审批。审批管理方式的转变，进一步理顺了政府与各部门空间管控、审批职能上的关系，为实现行政审批体制改革探索有益的经验。

二是信息共享。建设全区统一的规划管理信息系统和空间规划数据库，利用规划管理信息系统开展空间规划编制、审查、实施、监督等工作，解决规划协同调整不足、信息数据互为前置、监督手段落后、基层规划队伍力量薄弱等问题，实现空间规划数据互联互通、共享共用、联动调整，“一张图”管理。发改、国土、住建、环保等有关部门要及时做好信息系统与规划管理信息系统的对接。自治区政务服务中心要完善政务云系统，将规划管理信息系统接入到市县政务服务审批系统，搭建横向覆盖自治区各有关部门、纵向连接市县的全区规划信息管理平台，实现各类规划信息共享，为国家在规划信息统筹、规划建设管理上形成示范。

三是标准数据。按照统一的规划坐标数据标准、入库数据标准，将规划数据重新修改整理入库，新编规划必须纳入规划系统管理，及时更新好数据库。建立规划信息系统日常维护管理制度和后期升级维护工作机制，制定信息系统使用管理制度，严格按照保密规定，做好数据安全防护保护工作，防止数据失泄密发生。

（四）优化流程，构建高效便捷的建设项目行政审批体系

一是强化顶层设计。空间规划行政审批改革横向涉及几十个审批部门和服务单位，纵向涉及自治区、市、县三级政府，要对建设领域各审批管理部门的审批流程、审批权限、办理方式进行重新设计安排，将审批改革措施落到实处。这就需要顶层的科学设计和全面统筹，以战略思维、全局思维统筹调动各部门加以推进。

二是强化简政放权。在确保规划协同一致的前提下，精简下放产业、基础设施项目审批权限。对于市场能够有效调节、行业能够自律管理的事项，一律依法取消审批；对于政府需要获得信息、开展行业引导、制定产业政策、维护公共利益的事项，改为备案管理；对于暂时不能取消审批，但通过事中事后监管能够纠正不符合审批条件的行为，实行告知承诺制；对暂时不能取消审批，也不适合告知承诺制的事项，简化办事流程、公开办事程序，提高透明度和可预期性。对涉及国家安全、公共安全和生态环保等特定活动，坚持底线思维，加强风险控制，强化市场准入管理。

三是强化审批改革。五市成立行政审批服务局，县（市、区）政务服务中心设立“多规合一”行政审批窗口。围绕“一证通”目标，各部门以“六条控制线”和各级各类规划的刚性约束内容为基础依据，在生态环保、耕地保护、产业布局等方面制定项目审批要素指标，项目不突破要素指标和刚性约束内容即可通过审核，由行政审批服务局或“多规合一”行政审批窗口发放合规性审查意见。全面优化建设项目行政审批流程，依托全区行政审批系统和规划信息管理平台，促进行政审批权的相对集中，变按部门收件为按流程收件，同一阶段尽量合并审批事项，建立“单一窗口”报审、“一张表”审查、网上并联审批、信息实时共享的报审模式和机制。

（五）完善机制，构建行之有效的政策法规保障体系

首先，建立完善地方的法律法规制度。对照空间规划体系，全面梳理涉及的现行政策法规，需要调整地方立法的，提请有立法权的机关按照法定程序审议修改；需要暂时调整或者暂时停止适用法律部分规定的，依据《立法法》有关规定申请全国人大常委会授权。制定控制线管理规定、“多规合一”行政审批制度改革办法等配套法规，完善责任认定追究办法，建立审批成果金融、审计、司法等互认制度，保障“一证通”行政审批改革合法合规。

其次，建立科学合理的利益补偿机制。

一是梳理出目前财政转移支付、税收等政策及指标体系，按照空间规划的定位，建立起与之相适应的利益补偿机制，特别是对不能开发建设的重点生态功能区和贫困地区，要加大补贴力度，探索建立地区间生态环境横向援助机制。

二是加大对各市县、各园区招商引资和产业园区建设工作的统筹协调，以协同机制创新牵引城市协同发展。同时，建立合理的税收分享、经济核算办法。

三是适时开展拆违行动，并建立长效机制，确保空间规划顺利落地实施。

再次，建立合理的差异化考核激励机制。依照空间规划确定的空间布局、功能分区和产业定位，制定差异化的经济增长、民生改善、招商引资、生态建设等考核指标，设定各有侧重、目标导向明确的指标考核。科学调整自治区效能目标考核体系，引导各市县错位发展、分工协作。建立涵盖自治区、市、县三级考核体系的绩效考核平台。

最后，建立严厉地问责查处红线机制。

一是突出问责查处的严肃性、惩处性和震慑性。强化党委对空间规划的主要领导，充分发挥党委领导经济社会发展的重要作用，发挥党委、政府的主体责任、监督部门的惩处责任，层层压责，人人担责，确保空间规划落地生根。要强化对一把手的监督约束，严防一把手以权干涉规划、以权压法。建立起从上到下的问责机制，设定问责的情形、问责的形式、问责的程序、问责的实施等，制定出台问责办法。

二是突出监督考核的全面性、针对性和整改性。建立完善自治区人大监督自治区各部门、市县空间规划落实的机制，5个地级市人大监督所属市、县空间规划落实机制。各级党委建立空间规划督察巡查制度，监督规划落实情况。自治区相关部门建立查证机制，监督行业规划落实。

三是突出综合执法的规范性、纠偏性和长效性。整合执法资源，设立规划综合执法机构，安排执法人员，对规划项目定期核查，对违反规划及法律法规的行为严肃查处。建立保障有力的行政处罚自由裁量权，使执法人员在执法过程中有具体的衡量标准。建立健全行政执法和刑事司法衔接机制，加强同纪检监察机关、公安机关、检察机关、审判机关案件移送、案情通报、信息共享，实现行政和处罚无缝对接。

空间规划改革试点，是一项复杂、系统、长远的创新工程，要以统筹规划和规划统筹为核心，以“多规合一”为抓手，通过改革试点，建立科学合理的空间规划体系和空间治理体系，从体制机制创新上，着力解决改革中带有根本性、全局性、长期性的问题，完善建立涉及顶层保障、部门协调、监督监管等规章制度，加快推进空间规划成果的制度化、法制化、长效化，使空间规划的实施，有法律法规制度保障，实现“一张蓝图绘到底，一个规划管到底”。

中国东西部扶贫协作的典范

——闽宁模式探析

续建军　张耀武

消除贫困、改善民生、逐步实现共同富裕，是社会主义的本质要求，是中国共产党的重要使命。1996 年 5 月，福建、宁夏两省区党委、政府根据中央“两个大局”的战略思想和开展东西部扶贫协作的决策部署，全面展开了闽宁对口扶贫协作工作。20 年来，闽宁两省区把对口扶贫协作作为一项重大的政治任务，不断创新思路，扎实推进务实协作，真帮实扶，在长期的探索实践中，逐步形成了“联席推进、结对帮扶、产业带动、互学互助、社会参与”的对口扶贫协作机制，有力地促进了宁夏中南部地区的经济发展、社会进步和民族团结，使宁夏中南部地区的经济社会发生了脱胎换骨的变化。

一、“两个大局”战略思想引领东西部扶贫协作

“两个大局”的战略思想，是邓小平同志在 1988 年提出的，一个大局就是东部沿海地区要加快对外开放，使之先发展起来，从而带动内地更好

作者简介：续建军，自治区扶贫开发办公室发展规划处处长，农业推广硕士。研究方向：贫困地区区域发展、农村扶贫开发。张耀武，宁夏社会科学院分院联络办公室主任，综合经济研究所研究员。主要研究方向：农村经济、区域经济、扶贫开发。

地发展，中西部地区要顾全这个大局；另一个大局就是当发展到一定时期，比如20世纪末全国达到小康水平时，就要拿出更多力量帮助中西部地区加快发展，东部沿海地区也要服从这个大局。“两个大局”是中国共产党执政为民的重要体现，是中国特色社会主义理论的重要组成，是邓小平同志关于实现共同富裕的战略部署，是全面建成小康社会的重大布局，是促进区域协调发展的重要战略，是推进东西部扶贫协作的根本指针。闽宁两省区党委、政府始终坚持贯彻落实“两个大局”的战略思想，充分发挥党政主导的政治优势，坚持 “优势互补、互惠互利、长期协作、共同发展”的基本原则，建立了闽宁对口扶贫协作党政联席会议制度，确保了对口扶贫协作年年有新举措、年年有新成效。

习近平同志在闽宁对口扶贫协作之初，就高瞻远瞩地指出，福建省地处东南沿海，宁夏位于祖国大西北，两省区虽远隔千山万水，但改革开放和经济建设都是中国社会主义现代化建设宏伟事业的重要组成部分，理应相互支持和帮助。闽宁对口扶贫协作是一项政治任务，我们要坚决完成。在1998年第三次闽宁对口扶贫协作联席会议上，习近平同志强调，闽宁对口扶贫协作要以基本解决贫困人口的温饱问题为重点，以产业协作为基础，进一步加大企业和社会力量扶贫协作的规模与力度，切实抓好教育、科技和人才的扶贫协作。在2002年第六次闽宁对口扶贫联席会议上，习近平同志又提出，要在巩固现有扶贫成果的基础上，根据新时期扶贫开发的特点，调动各方面力量，创新帮扶机制，拓宽合作领域，扩大协作规模，增强帮扶力度，推进闽宁对口扶贫协作再上新台阶。习近平同志到中央工作后，仍然牵挂着闽宁对口扶贫协作，2008年4月来宁夏视察时强调，要以改善民生为重点，进一步加大扶贫开发力度。这些重要指示充分体现了“两个大局”的战略思想，是推动闽宁对口扶贫协作的重要指导思想，使远隔千山万水的福建与宁夏两省区肩并肩、心连心，携手奔小康，创造出了中国东西部扶贫协作的典范——闽宁模式。

二、“五项协作机制”创新驱动东西部扶贫协作

20年来，闽宁两省区党政领导一届接着一届抓、一任接着一任干，始

终遵循中央扶贫攻坚的大政方针，强化协作推进，不断完善“联席推进、结对帮扶、产业带动、互学互助、社会参与”五大对口扶贫协作机制，有力地推进了闽宁对口扶贫协作工作，有效改善了宁夏中南部地区的贫困落后面貌。

（一）坚持联席推进机制，明确目标责任

闽宁两省区把党政主导、联席推动作为闽宁对口扶贫协作的有力抓手，紧紧围绕扶贫开发这条主线，每年召开一次由党委、政府主要领导参加的省际联席会议，及时总结交流帮扶经验，研究解决重大帮扶问题，协商制定具体帮扶举措，督促协商成果落地见效。20年来，联席会议在宁夏和福建两省区轮流召开，从未间断，每次联席会议都能根据宁夏所需、福建所能，进行紧密对接，提出工作要求，确定工作重点，明确落实责任。联席会议制度的建立和长期坚持，使闽宁对口扶贫协作的路子越走越宽，帮扶的效果越来越好，群众得到的实惠越来越多。充分发挥两省区党委、政府的牵头和主导作用，推进对口扶贫协作制度化、长效化，是着力解决贫困地区事关长远发展最直接最紧迫的问题，是对口扶贫协作不断取得实实在在成效的关键举措。

（二）坚持结对帮扶机制，推进精准扶贫

“小康不小康，关键看老乡，关键看贫困老乡能不能脱贫。”闽宁两省区党委、政府始终坚持把这一要求作为对口扶贫协作的最终落脚点，采取有针对性的帮扶措施，努力缩小贫困地区与发达省区的差距。在对口扶贫协作中，两省区充分发挥党委、政府的牵头和主导作用，实行市、县结对帮扶，明确扶贫协作的目标任务和责任，落实精准帮扶举措，一年接着一年干、一任接着一任抓落实。20年来，福建省的30多个县（市、区）轮流与宁夏中南部9个贫困县（区）结成帮扶对子，福州市、泉州市、南平市分别与银川市、吴忠市、石嘴山市缔结为友好城市。结对帮扶县（市、区）始终聚焦制约当地发展的短板，精准发力，点对点、一对一帮扶，从项目、资金、技术、人才等方面给予宁夏中南部9个贫困县（区）多层次、全方位的帮助，取得了让老百姓看得见、摸得着的实实在在的效果。帮扶对象清楚、目标明确、责任具体、举措精准，是务实推进对口扶贫协作以点带面、务求实效的精准发力之策。

（三）坚持产业带动机制，带动稳定脱贫

生产力水平低下是制约贫困地区发展的主要因素，发展是解决贫困地区贫困问题的基础和关键，要想拔掉穷根子，最根本的还是要在加快发展上做文章。在实施闽宁对口扶贫协作过程中，两省区始终坚持把发展特色产业作为增强自身“造血”功能、提高自我发展能力的根本举措，坚持以市场为导向，以产业协作为基础，通过共建扶贫产业园、搭建合作交流平台等方式，促进贫困地区优势资源开发，带动贫困人口长期稳定脱贫，走出了一条企业合作、产业扶贫、项目带动的“造血”式扶贫之路。发挥互补优势、深化产业合作、强化产业带动，是推进东西对口扶贫协作、根本改变贫困地区落后面貌的根本之策。

（四）坚持互学互助机制，转变观念意识

摆脱贫困不单单是摆脱物质上的贫困，更重要的是要摆脱思想意识和观念的“贫困”。在对口扶贫协作中，宁夏干部群众积极学习福建干部群众的先进理念、致富思路和过硬作风；福建干部牢记省委、政府“为同一个事业，尽同一种责任，树同一个形象”的嘱托，尊重帮扶对象的主体地位，紧紧围绕贫困群众的需求在发展上想办法、在民生上办实事。闽宁对口扶贫协作的20年，既是福建的人才、资金、技术、经验、市场要素植入宁夏发展“肌体”的过程，也是对宁夏干部群众思想观念“洗礼”的过程。通过大量选派宁夏贫困地区干部赴闽挂职锻炼，组织群众考察学习培训，转变了宁夏贫困地区干部群众的思想观念，树立了脱贫致富的信心和斗志，开阔了视野，拓展了思路，加快了自我发展的步伐。推进贫困人口摆脱思想意识和观念的贫困，增强自我脱贫的观念和意识，是推进东西对口扶贫协作、带领群众最终摆脱贫困的精神动力。

（五）坚持社会参与机制，形成强大全力

俗话说：“人心齐，泰山移。”脱贫致富仅仅依靠政府扶持和贫困对象自身发展是远远不够的，必须更加广泛、更加有效地动员和凝聚社会力量的广泛参与。闽宁两省区在推进对口扶贫协作中，始终坚持弘扬社会主义核心价值观，注重发扬中华民族扶贫济困的传统美德，充分调动社会各方面的积极性，形成全社会参与的帮扶格局。20 年来，福建省通过积极搭建社会参与平台，培育多元社会扶贫主体，引导和鼓励社会团体、民间组织、爱心人士通过科技帮扶、公益慈善、投资置业等方式，无偿援助各类资金13.43 亿元，积极参与援助宁夏贫困地区的各界人士超过 10 万人次。通过建立社会帮扶激励机制和媒体联系互动机制，开展两地特色文化交流，大力宣传对口扶贫协作中的典型事迹和先进人物，对用心用情用力开展帮扶的组织和个人，定期进行表彰奖励，充分调动了社会各方面力量参与社会扶贫的积极性。营造了良好的社会力量参与扶贫协作的浓厚氛围。充分发挥社会扶贫主体的独特优势，唤起全社会帮贫济困的热情，动员社会各方面共同参与，是深入开展对口扶贫协作、实现脱贫攻坚目标的强大合力。

三、“四条协作主线”推进东西部扶贫协作

（一）以消除贫困为核心，努力提高城乡居民收入

1996 年，福建、宁夏两省区开展东西部扶贫协作，时任福建省委副书记习近平同志担任对口帮扶宁夏领导小组组长，直接组织实施闽宁对口扶贫协作。习近平同志先后 5 次出席闽宁对口扶贫协作联席会议，3 次发表重要讲话，两次到宁夏实地考察指导，形成了系统的闽宁对口扶贫协作工作思路，为闽宁对口扶贫协作指明了方向。在 1998 年第三次联席会议上，习近平同志强调，闽宁对口扶贫协作要以基本解决贫困人口的温饱问题为重点，以产业协作为基础，进一步加大企业和社会力量扶贫协作的规模和力度，切实抓好教育、科技和人才的扶贫协作。20 年来，宁夏地区生产总值增长了 16.6 倍；城镇常住居民人均可支配收入增长 6.6 倍，农村常住居民人均可支配收入增长 7 倍。“苦瘠甲天下”的西海固地区生产总值增长了 21.3 倍，农村常住居民人均可支配收入增长 11 倍，城乡面貌显著变化，群众生活水平显著提高。

（二）以增加项目投资为抓手，带动特色优势产业发展

闽宁两省区注重开放优势和产业优势互补，推动市场化合作。宁夏主动加强与海西经济区的合作，不断深化与福建在经贸、社会事业等方面的全方位协作与交流，进一步提升了对外开放水平。福建依托宁夏土地、光

热、电力、劳动力等资源优势，推动一些传统产业向宁夏转移，新兴产业与宁夏合作发展，加快向西开放步伐，支持宁夏建设闽宁产业城，帮扶宁夏建成了西吉、隆德、盐池、红寺堡闽宁产业园和吴忠市太阳山镇沙泉村千亩设施农业示范基地等重要的产业平台。“5·18”海峡两岸经贸交易会、“6·18”中国·海峡项目成果交易会、“9·8”中国国际投资贸易洽谈会、中阿博览会等商贸活动成为闽宁企业合作的重要平台。近年来，福建企业在宁投资以每年30%的速度递增。目前，在宁企业（商户）达5600多户，8万多闽籍人员在宁从业，累计投资800多亿元，带动当地就业5万多人。宁夏企业也加快“走出去”的步伐，宁夏哈纳斯集团在福建投资110亿元的莆田国家级天然气战略储备基地项目，已列入福建省“十三五”规划。项目落地始终是闽宁对口扶贫协作的工作抓手。在闽宁对口扶贫协作第一次联席会议上，两省区就明确提出“实行帮扶工作目标管理”，强调“要督促落实双方有关部门、市、县和企业达成的扶贫项目”。福建先后累计帮助宁夏发展马铃薯、硒砂瓜、中草药等优势特色种植82.6万亩，草畜养殖7.5万头（只），完成人工种草42万亩。菌草技术扶贫是闽宁对口帮扶的特色项目，也是适合宁夏贫困地区投资小、见效快、辐射广的到村到户项目。福建省一直致力于菌草技术向宁夏本土化发展，在贫困地区种菇致富的农民都亲切地称菌草为“闽宁草”。目前，福建在宁夏9个县（区）建立了食用菌示范点，发展菇农1.7万户。彭阳县经过十几年的发展，建成宁夏规模最大的食用菌生产示范基地，实现年产值4000万元以上。宁夏（西吉）闽宁产业园在福建省的帮助下，结合实际，重点布局发展马铃薯、胡萝卜、西芹等优质果蔬和清真牛羊肉为主的特色农产品精深加工项目。2015年，园区建设了精炼胡麻油、芹菜汁、三粉等5个企业项目，年底累计实现产值2.5亿元。一大批闽宁对口产业协作项目的实施，使许多贫困群众逐步走上了致富的道路。

（三）以加强生态建设为基础，大力改善生存发展条件

贫困地区发展生产的最大制约因素是自然环境。由于历史、人口、观念等多种因素使人和环境陷入到发展与破坏的矛盾之中。西海固地区长期为水所困，福建省紧紧盯住这一瓶颈，大力实施“生命工程”，累计帮助宁夏贫困地区打井窖2万眼，解决了30万人、10余万头大家畜的饮水困难；建成高标准梯田22.5万亩，将跑水、跑肥、跑土的“三跑”坡地变成保水、保肥、保土的“三保”梯田；用好天上水、留住地表水、挖掘地下水，结合覆膜保墒集雨补灌，发展旱作节水农业，使作物单产提高15%～30%；推行山、水、田、林、路一体化综合治理，综合治理20多条小流域，水土流失得到显著遏制；坚持退耕还林草和防沙治沙，实现了荒漠化逆转的历史性转变和“人进沙退”的可喜局面。先后支持实施了吊庄移民、扶贫扬黄灌溉工程移民、易地扶贫搬迁移民和生态移民等移民工程，累计搬迁安置移民114万人，使宁夏中南部地区人类生存条件得到了有效改善。

（四）以增强内生动力为根本，持续提高贫困劳动力职业技能水平

20年来，福建在给予宁夏贫困地区物质帮扶的同时，更是带来了福建人民改革发展的新思想新理念，促进了宁夏干部群众思想观念的转变，“宁愿苦干、不愿苦熬”成为宁夏贫困地区干部群众的精神写照。两省区在结对帮扶中注重内因驱动，教育引导贫困群众树立“只要有信心，黄土变成金”的观念，加大对贫困群众就业创业能力培训，让贫困群众依靠辛勤劳动改变贫困落后面貌。通过大力实施“阳光工程”和“雨露计划”，持续开展劳动技能培训和劳务输出，累计培训各类劳务人员17万人，宁夏在福建建立5个劳务基地和3个劳务工作站，4万多人在福建实现稳定就业，年均劳务收入超过10亿元，贫困家庭可支配收入的40%来自劳务。宁夏西吉县农民蒙忠鹏十几年前在福建莆田一家电子公司打工，并牵头从西吉往福州输送务工人员。2004年他带着在福建所见所闻所学回乡创业，经过多年打拼，于2012年筹资100多万元办起了“小秋杂粮”专业合作社，如今，合作社年加工杂粮1500吨，辐射周边5个乡镇2000多户农民，有效带动了当地农户脱贫致富。

四、闽宁扶贫协作模式结出的丰硕成果

闽宁对口扶贫协作20年来，为宁夏植入了改革发展的先进理念，带来了敢拼才会赢的福建精神，为提升宁夏中南部地区贫困群众的自我发展能力，改善宁夏中南部地区生产生活条件，带动宁夏中南部地区新型工业和

现代农业发展，促进民族团结、社会和谐稳定，加快宁夏扶贫攻坚进程做出了重要贡献，被国务院扶贫办称为中国东西部扶贫协作的典范，对促进深化东西部扶贫协作发挥了良好的示范引领作用。特别是闽宁镇探索出了一条康庄大道，宝贵经验正在向全国推广。近日，国务院印发的《"十三五"脱贫攻坚规划》提出，要以闽宁协作模式为样板，建立东西部扶贫协作精准扶贫对接机制。

（一）植入了内生式发展的扶贫理念

一个地区的改变首先是人的思维观念的改变，需要融入快速发展的时代潮流，需要观念和意识的进步。西部地区和东部地区互助学习，既是物质世界的互联互通，也是精神世界的激荡碰撞。闽宁对口扶贫协作20年来，通过干部交流、人才培训、经贸往来和人流、物流、信息流的交流互动，为宁夏带来了沿海地区改革发展的先进理念和福建人民爱拼才会赢的精神财富，这是福建省对宁夏产生的最重要的影响，是加快宁夏扶贫攻坚进程、促进贫困群众形成自我发展能力的重要力量和内源动力。

（二）实现了"输血"式到"造血"式扶贫的历史性转变

闽宁协作启动之初，闽宁两省区就前瞻性地将对口扶贫协作定位为开发式扶贫，把闽宁协作战略性地置于高起点之上，引入产业化、市场化思路，成功破解了"输血"式扶贫机制向"造血"式扶贫机制转变的难题，为持续20年的闽宁对口扶贫协作奠定了坚实基础，也为贫困地区持续发展提供了强大动力。闽宁协作从菌草产业起步，通过金融、创业、培训、教育等系列措施激励和带动群众自我发展，把产业深入村镇，深入土地，对接全国乃至全球市场。农民的素质提高了，观念更新了，眼界开阔了，门路变多了，劳动致富已经成为新风尚，一大批贫困劳动力走上了创业的道路，一批昔日放羊娃成了如今的致富带头人。不但充分地开发了贫瘠的黄土高原，更最大限度地释放了蕴藏在群众心中的创造力和内生动力。

（三）加快了扶贫攻坚和脱贫致富的实践进程

20年来，宁夏贫困地区的生产方式、生活方式发生了翻天覆地的变化，当地群众的收入大幅增加，发展能力不断增强，拔除了西海固千百年来的贫困之根。闽宁协作从援建基础设施入手，紧密配合宁夏"双百"扶贫、千村扶贫、百万贫困人口扶贫攻坚、精准扶贫精准脱贫各阶段扶贫开发工作，在落实贫困村“五通八有”中发挥了重要作用，促进西海固地区农民收入稳定增长，贫困人口大幅下降，加快了贫困群众脱贫致富步伐。

（四）促进了民族团结进步与社会和谐稳定

发展是硬道理，是解决所有问题的基础，也是解决民族地区贫困与和谐的关键。20年来，福建援宁扶贫干部通过扶持脱贫支柱产业、支医支教、援建学校、改造危房、修建公路、培育闽宁示范村等组合措施，带动了当地经济发展和民生改善，促进了回汉各族人民的团结。西海固回汉群众与福建干部建立了深厚情谊，宁夏经济社会获得长足发展，群众收入成倍增长。基于“发展”这一共同诉求，宁夏回汉各族人民感受到了时代的巨变，融入到了共同创造幸福生活的时代潮流，脱贫致富奔小康征程中，回汉群众互帮互助蔚然成风，民族团结进步、社会和谐稳定日趋巩固。

（五）积累了中国东西部扶贫协作的宝贵经验

减贫是人类社会的共同事业，也是人类社会的共同难题。中国扶贫开发是世界减贫事业的重要组成部分。中国减贫事业取得的伟大成就，为世界减贫事业做出了中国贡献，为世界减贫事业提供了中国经验。闽宁两省区始终坚持“优势互补、互惠互利、长期协作、共同发展”的原则，强化扶贫协作顶层设计，创新扶贫协作形式，提升产业扶贫协作层次，不断完善对口扶贫协作机制，为全国东西部扶贫协作实践树立了成功典范、探索了成功经验，对中国特色大扶贫格局的形成和发展发挥了积极作用，为开拓中国特色扶贫开发理论积累了宝贵经验。

五、把握重点方向，全面提升对口扶贫协作效益

闽宁对口扶贫协作已经站在了新的历史起点上，进入了全面深化、全面提高的新阶段。闽宁两省区将全面贯彻落实中央扶贫开发会议、银川会议和习近平总书记精准扶贫、精准脱贫系列重要讲话精神，继续深化闽宁对口扶贫协作，打造闽宁对口扶贫协作升级版，向贫困“堡垒”发起最后“总攻”。抓住国家实施“一带一路”战略机遇，推动福建海峡西岸经济区建设与宁夏内陆开放型经济试验区建设融合发展，在更广阔的平台上牵手

合作，实现共同发展、互利共赢，为中国东西部扶贫协作的进一步发展做出新的贡献，按照宁夏“三年集中攻坚，两年巩固提高，力争提前脱贫”的脱贫攻坚目标，促进全面建成小康社会。

（一）进一步坚持“五项机制”，全面提升协作水平

在总结闽宁对口扶贫协作20年工作基础上，闽宁两省区共商“十三五”扶贫协作方向，提出了进一步坚持联席会议制度，突出县区落实会议精神的主体责任；进一步坚持市县结对帮扶，把携手奔小康向乡镇和行政村延伸；进一步坚持干部交流挂职锻炼，重点落实精准扶贫项目；进一步坚持部门合作，广泛深入推进社会扶贫；进一步坚持市场导向与企业合作，促进产业对接、互利共赢等五项机制，坚持促进共同发展的东西部协作成功之路。2016年7月，闽宁对口扶贫协作第二十次联席会议在银川召开，会议提出继续把改善民生放在首位，把对口扶贫的重点向民生、向基层、向困难群众倾斜；进一步拓展产业协作，优势互补，强强联合，实现资源整合、品牌共建、市场共拓；发挥好“一带一路”平台的作用，协力拓展阿拉伯国家市场，在对外招商和国际经贸上加强合作；探索更多务实的举措，形成各方面力量推进的大扶贫格局。从2016年起，福建每年财政援宁资金将增加到 5000万元。为了庆祝闽宁协作20年，还将一次性增加3000万元支持宁夏。福建省也已被确定为2017年在宁夏举办的中阿博览会主题省。会议共征集各类签约项目41个，投资总额240.9亿元。

（二）进一步实施精准帮扶，全面建成小康社会

继续建立精准对接机制，使帮扶资金主要用于建档立卡贫困村、贫困户，引导他们发展生产，劳动致富。支持壮大农民合作经济组织和扶贫支柱产业，突出产业发展在带动脱贫方面的作用。开展资产收益扶贫试点，探索扶贫资金效益考评方式。开展企业管理培训和扶贫技能培训，提高致富带头人和贫困群众的脱贫致富本领。探索劳务协作统一规划、多点培训、分头安置方式，畅通合作渠道，扩大劳务输出规模，重点组织建档立卡贫困家庭青年到福建省务工就业。

（三）进一步拓展协作空间，积极融入“一带一路”战略

主动抢抓“一带一路”战略机遇，加强两省区在陆上、海上、空中和网上丝绸之路方面的交流合作。以中国（福建）自由贸易试验区和宁夏内陆开放型经济试验区建设为契机，协同推进，共同发展。以“9·8”中国际投资贸易洽谈会和中阿博览会为载体，共同向“一带一路”沿线国家推介两省区的优势资源和特色产品，相互提供招商引资、经贸合作的便利条件，支持闽宁企业组团开拓中东清真食品和穆斯林用品市场。以海峡旅游博览会为平台，落实海峡两岸旅游圆桌会议精神和“八闽亲人塞上游”等相关政策措施，宣传推介宁夏旅游产品，培育台湾—福建—宁夏旅游精品线路，推动建立闽宁海上丝绸之路和陆上丝绸之路旅游推广联盟，拓展协作空间。

（四）进一步深化产业对接，共同走向互利共赢

进一步创优投资发展环境，引进一批闽台等地区技术含量高、市场空间大、劳动密集型的企业入驻闽宁产业园区，发挥福建援宁挂职干部、宁夏福建商会、福建企业家的桥梁纽带作用，引导福建省企业、民间资本到闽宁产业园区和生态移民安置区、特色产业基地投资兴业。制定优惠政策，鼓励支持福建企业对宁夏特色优势农副产品的研发、深加工和市场推广项目，鼓励支持福建企业积极参与节水农业示范、穆斯林用品等项目的研发、加工和市场推广项目，鼓励支持闽宁企业对文化创意、动漫游戏、民俗文化等文化产业的合作开发。深化闽宁产业对接，形成扶贫支柱产业集群，为宁夏贫困地区产业升级和福建省向西部有序转移产业提供合作空间。

（五）进一步推动社会扶贫，形成脱贫攻坚强大合力

进一步动员闽宁两地的社会力量帮扶，形成脱贫攻坚的强大合力。两省区将加大金融合作力度，推动金融服务机构跨区域发展。福建省将进一步开展对宁夏贫困地区的支医支教帮扶，福建省属高校将向宁夏进一步扩大跨省招生计划，两省区职业教育联合办学规模将进一步扩大，闽宁中小学校结对、高校宽领域交流合作、福建科技人才到宁夏创业和福建社会资本赴宁夏开办医疗服务机构等都将进一步发展。两省区妇联关爱贫困回族女童、女企业家互访和妇女人才培训的项目和两省区共青团闽宁少年夏令营、干部培训、支教团服务、“微心愿”认领等活动将进一步开展，“雨露百事通”“诺益帮”手机 APP 软件等活动将在建档立卡贫困户结对帮扶的信息服务中发挥积极作用。

参考文献

[1]国务院扶贫开发领导小组办公室，福建省人民政府，宁夏回族自治区人民政府.中国特色扶贫开发战略思想的成功实践——闽宁对口扶贫协作二十年特刊，2016(7)

[2]邓小平.中央要有权威.邓小平文选(第三卷).1993:277～278

[3]习近平.中央扶贫开发工作会议上发表的重要讲话.2015-11-28

[4]习近平.在宁夏永宁县闽宁镇原隆村考察时的讲话.2016-7-19

[5]国务院.十三五"脱贫攻坚规划(国发〔2016〕64号).2016-11-23

[6]董玲.西海固扶贫攻坚战.银川：阳光出版社，2012:12

宁夏实施“弯道超车”战略产业支撑研究

王林伶

“弯道超车”是驾驶或赛事方面的术语，它的主旨要义是抢抓机遇、加快发展，本质要求是弘扬积极有为的精神状态。在经济波动的困难时期，往往孕育着新的发展机遇，谁抓住了机遇，谁就赢得了主动、赢得了优势，才能又好又快地实现后发赶超。因此，“弯道超车”较量的是思想观念的超越、体制机制的超越、视野的超越、信心的超越、对时机的把握和技术装备的支撑。

一、宁夏“弯道超车”战略的提出

习近平总书记在宁夏参加东西部扶贫协作座谈会时强调：“西部地区在科技创新方面同样可以拔得头筹、占得先机，实现弯道超车。”在自治区十一届人大六次会议开幕式上，自治区党委书记李建华针对“弯道超车”指出：我们必须紧盯全面小康这个目标，深入研究谋划，要增强“超车”的意识，选准“超车”的路径，实现弯道超车。自治区主席咸辉在参加自治区十一届人大六次会议固原市代表团学习讨论时也指出，要始终把发展

作者简介：王林伶，宁夏社会科学院综合经济研究所助理研究员。主要研究方向：中阿经贸关系与人文地理、区域经济与产业经济、资源规划与可持续发展研究。

作为第一要务，立足实际，抢抓机遇，乘势而上，挖掘潜力，力争实现“弯道超车”，力促经济繁荣发展，在与全国同步建成全面小康社会的征程上取得新的更大的成绩。

弯道超车首先是思想上的解放和观念上的创新，解放思想是发展中国特色社会主义事业的一大法宝。解放思想的空间有多大，发展舞台的空间就有多广。要在思想的解放中求得发展，在观念的更新中实现突破，就要尊重群众的首创精神，大胆探索、先行先试、多多鼓励、与时俱进。要大兴创新之风，以奋发有为的信心，在竞争中抢抓机遇，争取主动，用开阔的眼界、创新的思路、开放的办法，解决宁夏发展中的新困难、新问题，来推动宁夏的大发展。

二、宁夏实施“弯道超车”战略产业支撑依据与选择

“弯道超车”既讲速度又讲策略，还要讲支撑基础。“超车”路径如何选择、怎么走？这是最为关键的抉择。在学习习近平总书记来宁夏视察讲话精神时，发现答案就在其中。总书记强调，科技创新“面向经济主战场”“掌握科技竞争先机”，这个“先机”就是宁夏实现“弯道超车”的关键所在。在国家“互联网+”的大战略背景下，电子信息制造业、软件、信息服务业及大数据、物联网、移动互联网和云计算等新技术，为“弯道超车”提供了重大机遇。一方面，银川大数据中心建设、银川智慧城市建设、iBi育成中心、中卫云计算基地建设，以及依托大数据中心的医疗、物流、“旅游+互联网”等新业态正在宁夏迅速崛起，这些依靠科技创新的实践，必将成为宁夏“弯道超车”强有力的驱动力。另一方面，神华宁煤400万吨煤制油、共享铸钢、吴忠仪器仪表、西北轴承等品牌与企业在相关领域取得过单项冠军，为宁夏“弯道超车”提供了现实的物质基础条件。

著名经济学家林毅夫认为，当前中国的产业可以分成5种不同类型，即追赶型产业（汽车、高端装备业、高端材料）、领先型产业（白色家电、高铁、造船）、退出型产业（劳动密集型出口加工业、钢筋水泥、平板玻璃、电解铝等建材行业）、弯道超车型产业（大数据、信息、通讯产业的软件、手机）、战略性产业（大飞机、航天、超级计算机）。2015年5月，国

务院分布的《中国制造2025》规划中明确了十大重点领域：新一代信息技术、高档数控机床和机器人、航空航天装备、海洋工程装备及高技术船舶、先进轨道交通装备、节能与新能源汽车、电力装备、农机装备、新材料、生物医药及高性能医疗机械等战略重点，以推动优势和战略产业快速发展。

对接国家《制造业单项冠军企业培育提升专项行动实施方案》，围绕重点领域，实施宁夏单项冠军企业培育提升专项行动，引导有条件、有潜力的企业向单项冠军方向发展，必将为宁夏“弯道超车”提供导向性目标与基础。同时，根据国家《工业“四基”发展目录》，依托吴忠仪表、共享铸钢、西北轴承、神华宁煤、中色（宁夏）东方、银川iBi育成中心等重点企业和园区，将这些发展，基础好、带动能力强、重大工程需求迫切的“四基”[①]产品技术，通过完善宁夏共性基础技术研发、检验检测、标准制修订、知识产权服务、金融服务、技术信息发布等功能，引导产业资源共享、重点协同突破，加快创新成果工程化、产业化和推广应用，宁夏就会形成若干家国内具有较强影响力的龙头企业与品牌产品，奠定宁夏在关键材料、核心部件、优势产业上实现“弯道超车”。

通过综合考察宁夏目前各产业的层级及类型，可以作为“十三五”时期乃至今后一段时期内赶超类的产业为：新一代信息技术、先进装备制造、新材料、现代煤化工、现代纺织、生物工程、特色食品、旅游业与现代物流业等八大优势战略性产业，形成创新驱动、高端引领、结构优化、特色鲜明的产业结构体系，推动宁夏实现“弯道超车”，赶超发展。

三、宁夏实施“弯道超车”战略产业支撑建议

（一）新一代信息技术产业

1.构建信息产业体系

依托宁夏中关村科技产业园和银川iBi育成中心两个产业基地，加快发展云设施、云应用、大数据和产业融合“四大板块”。加快建成100万台服务器规模的大数据中心，初步形成以云计算、大数据为核心的信息经济格

①“四基”指关键基础材料、核心基础零部件（元器件）、先进基础工艺、产业技术基础。

局。形成政府主要领导小组协调机制，合力推动信息产业与其他行业融合发展。加快推进全区固定宽带家庭普及率和移动宽带用户普及率分别达到75%和90%。搭建全区统一的政府服务门户，一盘棋推进政务民生信息化建设，深化政务、社保、信用、扶贫等“8+N朵云”的覆盖广度和应用深度，建立完善统一的大数据服务平台，推进政府信息公开、资源共享和数据开放，为公众提供跨部门、一站式的便捷信息服务，力争2020年全区信息产业产值达到1350亿元，努力把宁夏打造成为国家西北大数据中心和西部云计算高地，使宁夏成为全国重要的信息网络枢纽、云服务输出地和大数据资源集聚地。

2.把大数据与云计算产业打造成支柱产业

重点发展大数据分析与挖掘、云计算与应用服务、云存储与安全、云计算软件产品、信息与网络安全等，突破云计算虚拟化、云安全、云服务体系结构、云计算负载均衡、分布式数据存储、数据交换、大规模数据管理等关键核心技术，整合现有资源，建设智慧工业公共服务平台。

一是加快推进光纤宽带网络和新一代移动通信网络在全区城乡普及，不断扩大宽带网络覆盖范围，实施“光网城市、提速降费”计划，推进宽带网络光纤化改造，促进网间互联互通，降低网络资费，使互联网成为各行业、各领域、各区域都能使用，人、机、物泛在互联的基础设施。分步实施出省带宽改造和扩容，加快建设基于IPv6（互联网协议第6版）的下一代高速宽带网络，提升网络承载综合业务的性能，实现全区企业、公司、办公、住宅全光纤覆盖，平均网络速率达50M以上。

二是加快中卫西部云计算基地、银川滨河数据中心集群建设，培育若干家有影响力的跨境电商企业，打造国家级数据存储灾备中心，加快实施中阿网上丝绸之路经济合作试验区宁夏枢纽工程。基本建成联通中阿的网上信息高速公路，建成中阿技术合作、互联网金融和网络文化资源等各中心，推动中阿贸易、信息、科技、金融等领域的全方位交流合作，构建立足宁夏、面向阿盟、辐射全国的“宁夏枢纽”，使宁夏成为“中国制造”“中国品牌”“中国科技”走向阿拉伯国家和“一带一路”沿线国家的重要载体。

三是以政府数据开放为引领，推动数据的规范生产、集中汇聚、分类共享、全面应用、集成再造，推动大数据产业云应用快速发展。

四是要对大数据与云计算进行规划与布局，既要布局高端产业、高端企业，要有规模效应，引领作用；也要防止一哄而上低层次、低水平、遍地开花的现象，要树立“一盘棋”指导意识，指导大数据企业坚持协同发展、差异化发展，以自主创新品牌为依托，提高企业竞争力。银川市依托iBi育成中心以发展软件研发、服务外包、游戏动漫、数据处理等信息服务产业，依托大数据应用示范基地发展集成电路、数字终端、电子元器件等电子信息制造。中卫市依托宁夏中关村科技产业园，建设服务全国的枢纽型云计算及大数据产业基地，打造国家数据安全储备基地，吸引高端制造业厂商，围绕数据中心建设配套发展先进装备制造产业与制造服务业。石嘴山市重点发展面向新材料、新能源、化工、装备制造、生物医药等工业行业企业的云应用服务，建设工业软件和智能硬件产业园。吴忠市重点发展以纺织、智能仪器仪表、机械基础件、中国小商品及清真食品、穆斯林用品为主的电子商务产业。固原市重点发展生态经济、特色农产品电子商务产业，建设农村电商精准扶贫试验区。

（二）新材料产业

1.碳基材料

碳基材料主要指以无烟煤和石英砂等为原料生产的含碳材料，主要初级制品有碳化硅、活性炭、碳素等，新型碳材料主要有富勒烯、碳纳米管、纳米金刚石、石墨烯、碳纤维、核石墨、储能用炭材料、玻璃炭等。由于碳复合材料单位重量比金属轻、强度比金属高、抗疲劳和断裂性能好，已经被广泛应用到航空航天、航海、交通、能源、环保、汽车、医疗、建筑等领域，还几乎深入到民生的每个角落。更多高碳材料的应用，使得生活将更加低碳化，市场对碳材料的需求将更加旺盛。

依托优质的太西煤资源优势、规模优势、市场优势、技术优势拓展宁夏碳基材料产业发展能力，支持建立碳材料研发中心与碳材料检测中心，带动全区相关产业加速发展，建成碳材料产业基地（石嘴山市）。以滨河碳化硅、宁平碳素、宁夏国富石墨烯有限公司、埃肯碳素等骨干企业，发展电极石墨—石墨热场—光伏材料、高品质硅基材料—有机硅—硅橡胶等高科技产业链。在碳化硅方面，发展亚微米级碳化硅粉的规模化生产，扩大碳化硅结合多种氮化物耐热耐磨陶瓷、碳化硅高端陶瓷、碳化硅韧料等产品产能。在活性炭方面，重点开发自来水净化、空气净化、烟气脱硫脱硝、催化剂载体以及活性炭制品。在石墨方面，支持高性能石墨烯、富勒烯的研发及产业化，加强在燃料电池、太阳能电池、锂离子电池、电容器等领域的产业化应用，积极对接国家石墨烯产业联合创新中心建设，支持石墨烯产业研发。石墨烯是在光、电、热、力等方面具有优异性能，极具应用潜力、可广泛服务于经济社会发展的新材料。在能源装备、交通运输、航空航天、海工装备、医疗民生等产品上已呈现良好应用前景。发展石墨烯产业，对带动相关下游产业技术进步、提升创新能力、加快转型升级、激活潜在消费等有着重要的现实意义，为宁夏调整产业结构和转型发展开辟了新方向。

以 2015 年为年份单位进行粗略估算，宁夏坑口太西煤价格约为 500 元/吨；若经过筛洗后价格约为 1200 元 / 吨；若通过深加工变为 98%的黑碳化硅平均价格约为 5500 元 / 吨（1.3 吨太西煤通过冶炼可以得到 1 吨碳化硅）；若通过深加工变为石墨烯平均价格约为 1 万元 / 吨；若再深加工变为碳纤维价格为 7 万元 / 吨 ~ 12 万元 / 吨。宁夏太西煤年开采量约为 550 万吨，若只将其中的 200 万吨通过深加工变为碳化硅或石墨烯材料，价值将达到 200 亿元，这样宁夏就会新出现若干个百亿产业。

2. 多元合金与特种合金

一是在钽铌铍钛稀有金属新材料方面，依托中色（宁夏）东方，在高纯钽铌靶材、电容器、电子、精密陶瓷、电声光器件、硬质合金、航空航天、生物医学和超导工业领域的延伸及应用，促进产学研用合作，加快科技创新成果转化，把宁夏建设成为国家重要的钽铌铍钛稀有金属新材料生产研发基地。

二是在铝镁新材料方面，依托锦宁巨科、惠冶镁业等龙头企业，重点开发铝及铝合金板带热连轧、冷连轧技术，板带快速铸轧、电磁铸轧技术，引进开发铝板带、高档铝箔等铝材深度加工技术。加快镁合金材料在通用航空及航天、交通运输、3C 产业、国防军工、光学仪器、家用电器等领域的广泛应用。

三是在锰镍新材料方面，依托福华冶金、吉元冶金、科通冶金等骨干企业，开展技术研发和自主创新，不断提升硅系、锰系、镍系、硅钙合金冶炼技术，保持国内市场占有率与竞争力。同时，发展稀土合金、钒、钨、钛合金等复合型多元合金炉料，延伸发展孕育剂、球化剂、蠕化剂、包芯线等下游产品，推进产品多元化发展。

四是在钢铁金属材料方面，要依托宁钢集团、申银特钢等龙头企业，大力实施技术升级改造，加强新产品研发，推动产品结构升级，向轨道钢材与高铁钢材拓展，从单一品种大批量生产模式向多品种定制化的生产模式转型。

（三）先进装备制造业

1.智能仪器仪表

依托吴忠仪表龙头企业带动引领作用，在化工专业控制阀、智能调节阀、高性能球形阀、减压阀、安全阀、电子式电能表、智能水表、智能燃气表等方面提高产品控制精度和产品寿命，加大智能仪器仪表标准的研制，推动企业实施智能制造、精密制造、智能控制等关键工艺水平。以智能化、集成化、网络化为目标，发展应用于军工、航空航天、海工装备、轨道交通等领域先进智能仪器仪表，推动仪器仪表产品换代升级。以吴忠金积工业园区为载体，建设工业自动化仪表研发基地与智能仪器仪表产业园区。不断扩大产品的销售区域，使产品在中东和北非等油气市场占有一定的份额。

2.高档数控机床及机器人

依托维尔铸造、小巨人等龙头企业重点发展高速精密加工中心、多轴联动加工中心、复合加工中心、高速精密数控车床、3D 打印设备、焊接机器人、装配机器人、喷涂机器人、地面输送机器人等高档数控机床与机器人。同时，组建数控机床和工业机器人战略联盟，建立协同创新机制，加强智能控制、高性能驱动等方面关键核心技术的研发突破，探索制定数控机床和工业机器人总线接口标准，率先为国内汽车、机械、军工、航空等重点领域提供由单一设备向成套设备、智能化、自动化生产线转变，培育多个企业发展差异化、接续性、补链性产品，形成智能数控装备研发系统集成、产品链、产业链、智能化工厂交钥匙示范工程。

3.高端铸造与机械基础件

依托共享装备、维尔铸造等龙头企业，加快发展配套国内发电设备、汽车、航空装备、矿山机械等领域的轻量化高端铸件。利用3D打印技术和智能铸造，提高产品质量和铸造精度，降低能耗，推动企业实施智能制造和绿色制造，形成智能设计、智能铸造装备和集成成套智能铸造生产线。依托西北轴承、宁夏杭萧轴承、勤昌轴承等龙头企业，重点发展化工、轨道交通、电力、船舶海工、汽车等领域先进轴承及液压元器件、密封件、液压油缸、高强度紧固件等通用设备。以银川经济技术开发区和青铜峡汽车零部件园区为载体，打造宁夏特色的轴承产业集群。

4.新能源装备与电工电器

在新能源装备方面，依托隆基硅材料、银星新能源等龙头企业，重点发展太阳能级晶体硅材料、蓝宝石晶体材料、碳化硅等半导体材料。锂电池正极材料与储能装备，新能源汽车设备，节能型高铁牵引变压器，风力发电设备，太阳能光伏发电装备。以科研创新带动新能源材料及发电设备，加快光伏并网发电核心装备、零部件的开发和光伏电站群控、智能微网、大规模储能等关键技术的研发突破，打造形成关键技术—核心装备—系统集成的光伏发电产业链。在电工电器方面，依托卧龙变压器、维尔铸造、银利电器和力成电气等龙头企业引领带动作用，发挥高铁牵引变压器在国内市场占有率较高的优势，积极承揽高速铁路电力系统成套工程项目，带动宁夏高低压开关柜、变压器、高压线缆等产品进入高铁领域和国家电网，扩大在国家电网的市场份额，提高产品可靠性和智能化水平。

（四）现代煤化工产业

依托宁东能源化工基地、神华宁煤、宝丰能源、中石化长城能化等龙头企业引领带动作用，加大技术创新和技术改造力度，大力延伸现代煤化工产业链，统筹能源、水资源和环境容量，高效清洁利用煤炭资源，推动煤化工产业绿色化、精深化、集聚化、规模化发展，建设国家级宁东现代煤化工基地。重点发展煤制油、煤制烯烃、甲醇、聚碳酸酯、乙烯—醋酸乙烯共聚物（EVA）、聚酰胺（PA）、聚丙烯腈（PAN）纤维等下游产品，碳纤维、芳纶、超高分子量聚乙烯纤维等高性能纤维产业实施煤制油领跑者计划，建成400万吨煤炭间接液化示范项目，打造世界煤制油高地，把宁东基地建设成为千万吨级大型现代煤化工基地。积极引进国外先进技术和大型企业，着力推进产业联合、产业融合、产业耦合联产，加强不同技术间的耦合集成，推广应用先进煤气化技术、先进化工合成技术、关键核心装备技术和终端产品差异化技术，提升能源转化效率，形成煤化工、石油化工、现代纺织产业链，提高产业综合竞争力。

（五）现代纺织业

依托石嘴山市的恒达纺织、贺兰县的如意生态纺织园区、滨河新区的纺织园区、灵武市的羊绒工业园区、吴忠市的恒丰纺织园区、同心县的羊绒纺织等园区形成纺织业集群。加大实验室、科研机构研发力度与服务研发设计平台建设，加大营销力度，创造国际知名品牌，以特色化、精品化、系列化为方向，打造原料—纱线—面料—成衣生产线，应用于航空航天、生物医疗、卫生、土工建筑、文体与休闲等大众基础纺织、高端产业纺织和装饰用纺织用品的全产业链纺织工业体系。打造国际重要的羊绒产业核心区，建设纺织、棉纺、麻纺、化纤、服装等现代纺织产业集群。

（六）生物工程产业

1.化学制药与生物制剂

依托启元药业、丽珠制药、康亚药业、金太阳药业等龙头企业，延伸原料药产业链，在红霉素、四环素等传统优势原料药规模化生产的基础上，加快新产品开发，重点推进化学原料药的升级换代，提升化学制剂新产品的研发创新能力及仿制药的研发能力，加快维生素及抗生素类原料药及衍生物发展，实现产业的转型升级，向特色原料药、高端原料药方向发展，提高产品附加值，提升产业竞争力。同时，吸引区外优秀生物制剂及医疗器械企业入驻，进行生物制剂、基因工程疫苗的研制与应用，培育发展医疗器械。

2.中药产业

利用当地药材资源，推进枸杞、甘草、肉苁蓉、秦艽等中药材深加工产业化，加快对以宁夏特色中药材为原料的新药研究与开发，提升基地规范化种植水平，提高原药材质量。以多维药业、唐明制药、启元国药、金太阳药业等龙头企业为基础，依托宁夏国药协同创新中心、康亚药业院士工作站等，加强中（回）药提取、分离、纯化等关键生产技术以及质量标准的研究，大力发展中药饮片、中药提取物和配方颗粒药物等中药产品。

（七）特色食品业

1.葡萄酒

坚持走“小酒庄、大产区”的发展路子，建设东方葡萄酒之都。以培育品牌、提升品质、标准制定、注重营销、开拓市场、完善质量监督、人才队伍建设等为支撑体系；以推进葡萄规模化种植和结构调整为重点，加强新技术的应用与新品种的选育、引进和栽培，加快葡萄文化长廊、特色葡萄列级酒庄建设，重点发展全汁发酵干型中高档葡萄酒、酒庄酒，积极开发各种类型、各种包装、各种计量的高、中、低档葡萄酒，大力发展葡萄籽油精华素胶囊、葡萄糖浆、葡萄汁饮料、果酒等深加工产品。形成一、二、三产业融合发展，年产值超过“双百”亿元，实现农户、企业、游客共赢共享。

2.枸杞

利用宁夏枸杞“药食同源”的品质优势与“中宁枸杞”地理标志的品牌优势，依托百瑞源、宁夏红、沃福百瑞等龙头企业，重点发展有机枸杞、枸杞休闲食品、枸杞咖啡、枸杞叶（芽）茶、枸杞酒、枸杞功能性膳食品等。大力发展枸杞籽油、枸杞油、膳食纤维、枸杞速溶粉、枸杞保健品、枸杞化妆品等深加工系列产品。支持建立中国枸杞研究中心，开展枸杞新品种选育、良种苗木繁育，鼓励发展药用、加工、鲜食枸杞新品种，制定自治区和国家级枸杞制品生产与质量标准，推广枸杞病虫害绿色综合防治技术，提升枸杞加工原料质量。

（八）旅游业与现代物流业

1.旅游业

科学整合旅游资源、线路、产品，构建“一核三廊六板块”全域旅游发展新格局。将大银川都市区建成宁夏全域旅游核心区，打造贺兰山东麓、黄河金岸和清水河流域旅游廊道，培育葡萄文化旅游板块、东部环线边塞旅游板块、沙湖度假休闲板块、腾格里沙漠休闲运动板块、塞上回乡文化体验板块、大六盘红色旅游生态度假板块。大力发展乡村旅游，建设旅游特色村、星级农家乐和一批特色旅游小镇，实施乡村旅游扶贫工程，全面推进六盘山旅游扶贫试验区建设。鼓励发展自驾游、商务考察游、阳光温泉、婚庆度假等新业态旅游产品，建设国际旅游休闲度假区、国际汽车露营基地、沙漠运动基地。提升旅游公共服务水平，构建高标准、全覆盖、无缝衔接的旅游交通体系，完善游客集散中心，整治景区周边环境，建设旅游数据中心和移动智能服务平台，促进智慧旅游发展，形成年旅游总收入“双百”亿元，使旅游业成为宁夏国民经济的支柱产业。

2.现代物流业

努力开辟我国西向出境快速通道，加快推进北京、呼和浩特、兰州、西安以及霍尔果斯口岸等方向的高速铁路通道建设，打造空港为牵引，陆港为支撑，航空、铁路、公路多位一体的高效快速通道。加快仓储物流网络体系建设，推动制造业与物流业联动发展，构建多节点的现代化综合物流中心、中转基地、制造业物流园区、第三方物流，以及农产品、药品、食品物流基础设施现代化建设，推进实现制造业供应链数据监控和物流流程监控，构建物流信息化服务平台与智慧物流体系。以银川综合保税区为平台，建设国际航空物流中心，大力发展临港产业，实现空港联动一体化；以石嘴山陆路口岸、中宁无水港为依托，加快建设中阿物流园、保税物流中心、国际建材城等，将宁夏打造成西部地区极具影响力的区域性物流中心。

参考文献

[1]王林伶.弯道超车实现宁夏发展再升级[N].宁夏日报.2016-10-12

[2]中国制造 2025.至诚财经网,[EB/OL].http://www.zhicheng.com/20150525.html

[3]工业强基 2016 专项行动实施方案.[EB/OL].http://www.dxddcx.com/201604.html

[4]中国制造 2025 宁夏行动纲要.国际能源网,[EB/OL].http://www.in-en.com.shtml

[5]宁夏"十三五"规划纲要.[EB/OL].http://www.nxrd.gov.cn/20160118.html

分析预测篇

FENXI YUCE PIAN

2016—2017年宁夏国民经济总体运行情况分析与预测

徐秀梅　马宏德　季　翔

2016年以来，面对错综复杂的区内外发展环境和经济下行压力，自治区党委、政府带领全区上下，深入贯彻落实党的十八大和十八届三中、四中、五中、六中全会及习近平总书记、李克强总理来宁视察重要讲话精神，以稳中求进为工作总基调，坚持新发展理念，主动把握和引领经济发展新常态，在统筹推进供给侧结构性改革的同时，全面做好稳增长、促改革、调结构、惠民生、防风险各项工作，全区经济呈现“总体平稳、稳中有进、稳中向好”的运行态势，主要经济指标平稳增长，转方式调结构稳步推进，人民生活水平不断提高。

一、2016年宁夏经济运行的主要特点

（一）产业发展形势良好，经济运行逐季提速

2016年以来，面对经济发展中的诸多困难，自治区党委、政府紧抓战略性、长远性、全局性问题，主动作为，精准施策，有效应对各种风险挑

作者简介：徐秀梅，宁夏统计局党组副书记、副局长，新闻发言人，高级统计师；马宏德，宁夏统计局国民经济综合统计处处长，高级统计师；季翔，宁夏统计局国民经济综合统计处主任科员。

战，实现了全区经济企稳回升。初步核算，前三季度，全区实现地区生产总值2120.31亿元，按可比价格计算，同比增长8.0%，增速分别比一季度、上半年加快1.1个百分点和0.1个百分点，比全国高1.3个百分点。其中，第一产业实现增加值150.57亿元，增长4.4%；第二产业实现增加值1031.21亿元，增长7.6%；第三产业实现增加值938.53亿元，增长9.0%。

（二）农业生产保持稳定，特色农业快速发展

2016年以来，各地紧紧围绕发展“一高三特”现代农业，重点推进“1+4”特色优势产业，不断优化结构、提升质量，实现了农业的平稳发展。2016年，宁夏粮食生产实现“十三连丰”，总产达370.6万吨。前三季度，实现农林牧渔业总产值323.6亿元，同比增长4.3%。其中，种植业总产值199.2亿元，增长4.1%；林业总产值8.1亿元，增长0.1%；牧业总产值89.1亿元，增长4.4%；渔业总产值11.8亿元，增长10.8%；农林牧渔服务业总产值15.4亿元，增长4.2%。经济作物稳步增长。全区蔬菜产量441.7万吨，增长4.3%；瓜果产量189.0万吨，增长3.0%；园林水果产量58.4万吨，增长2.9%；枸杞产量7.2万吨，增长9.1%；葡萄产量16.6万吨，增长7.5%。养殖、水产业平稳发展。全区牛出栏49.4万头，增长6.0%；羊出栏444.7万只，增长3.8%；猪出栏73.9万头，增长5.1%；牛奶产量103.6万吨，增长1.4%；家禽出栏816.1万只，增长3.2%；禽蛋产量6.6万吨，增长11.0%；水产品产量13.1万吨，增长9.8%。

（三）工业经济平稳增长，重点行业贡献突出

进入下半年，全区“工业新10条”等稳增长政策持续发力，工业经济平稳运行。2016年1—11月，全区规模以上工业实现增加值931.4亿元，同比增长7.5%，增速比全国高1.5个百分点。重工业生产加快。全区重工业实现增加值750.8亿元，增长6.0%，增速比1—10月加快0.3个百分点；轻工业实现增加值180.6亿元，增长14.6%，增速比重工业快8.6个百分点。大中型工业保持稳定。全区大中型工业实现增加值717.8亿元，增长7.3%，增速与1—10月持平。非公有工业增势良好。全区非公有工业实现增加值413.9亿元，增长12.2%，增速比全区平均水平高4.7个百分点。十大主导产业继续保持“六增四降”态势。其中煤炭行业增加值增长17.4%，化工增长 12.4%，有色增长 2.7%，轻纺增长 14.4%，医药增长 25.8%，其他工业行业增长 13.3%。主要工业产品产量保持增长，其中乳制品产量增长 19.4%，化学药品原药增长 27.6%，橡胶轮胎外胎增长 1.15 倍，水泥增长 11.3%，滚动轴承增长 13.0%，工业自动调节仪表与控制系统增长 25.2%。

（四）固定资产投资波动增长，民间投资较快增长

2016 年以来，宁夏投资受经济环境、宏观政策等因素影响，波动较大，但“6+4”“三重一改”等重大项目进展良好，有利支撑了全区投资的稳定增长。1—11 月，全区固定资产投资 3402.45 亿元，同比增长 9.2%，增速比全国高 0.9 个百分点。三项产业投资比重不断提高。全区第一产业投资 134.79 亿元，增长 19.7%；第二产业投资 1489.08 亿元，增长 2.7%；第三产业投资 1778.58 亿元，增长 14.6%，占投资的比重由上年同期的 49.8%提高到 52.3%。民间投资较快增长。全区民间投资 1873.13 亿元，增长 14.5%，增速比全区平均水平高 5.3 个百分点，占全区投资比重的 55.1%，比上年同期提高 2.6 个百分点。基础设施投资快速增长。全区基础设施投资 640.15 亿元，增长 25.1%，增速比 1—10 月加快 3.3 个百分点。房地产市场平稳运行。全区房地产开发投资 668.00 亿元，增长 16.3%，增速比全国高 9.8 个百分点。商品房销售面积 840.15 万平方米，增长 16.2%。其中，住宅销售面积 730.29 万平方米，增长 20.1%。商品房销售额 354.33 亿元，增长 9.6%。其中住宅销售额 286.99 亿元，增长 16.3%。

（五）居民消费缓中有升，国际贸易低位徘徊

2016 年前三季度，宁夏“十大扩消费行动”逐步实施，社会消费品零售总额缓中有升，实现零售总额 613.1 亿元，同比增长 7.2%，增速比上半年加快 0.2 个百分点，比全国低 3.2 个百分点。其中，城镇消费品零售额 563.0 亿元，增长 6.7%；乡村消费品零售额 50.1 亿元，增长 12.8%。四大产业呈现“三增一降”态势。全区批发业实现零售额 100.2 亿元，增长 8.7%；零售业实现零售额 404.4 亿元，增长 5.9%；住宿业实现零售额 6.1 亿元，下降 0.5%；餐饮业实现零售额 102.4 亿元，增长 11.5%。

进出口总额继续下降。据银川海关统计显示，2016 年 1—11 月，宁夏外贸实现进出口总额207.5亿元人民币，同比下降3.2%。其中出口160.6亿元，下降6.6%；进口46.9亿元，增长10.3%。累计实现贸易顺差113.7亿元。

（六）供给侧改革稳步推进，产业结构不断优化

2016年以来，宁夏坚定不移地推进供给侧结构性改革，改革效果初步显现，经济结构进一步优化。

“三去一降一补”取得实效。1—10月，全区规模以上工业产成品存货同比下降6.6%，比上年同期减少19.5亿元；银行业金融机构一般贷款加权平均利率为6.18%，比上年同期下降0.98个百分点；规模以上工业每百元主营业务收入中的成本为84.79元，比上年同期下降1.04元，比全国低1.07元。

产业结构不断优化。全区三次产业结构由2015年前三季度的7.7：49.6：42.7调整为2016年前三季度7.1：48.6：44.3，第三产业比重上升1.6个百分点，对经济增长的贡献由40.5%提高到48.4%。1—11月，现代纺织、农副食品加工等产业快速发展，轻工业占规模以上工业增加值的比重为19.4%，比2015年1—11月提高了1.5个百分点；高耗能工业比重不断下降，六大高耗能工业增加值比重由2015年1—11月的52.4%下降至51.9%。

（七）质量效益稳中有好，居民收入增长加快

财政收支稳步增长。据财政部门统计显示，2016年1—11月，全区完成一般公共预算总收入575.56亿元，同比增长5.8%，增速比1—10月加快0.7个百分点。其中，地方一般公共预算收入342.63亿元，增长8.0%，增速与1—10月持平。在地方公共财政预算收入中，完成各项税收收入224.17亿元，下降1.9%。其中增值税增长1.25倍，营业税下降48.9%，企业所得税增长2.4%。全区一般公共预算支出1101.79亿元，增长9.9%，增速比1—10月回落1.5个百分点。其中一般公共服务支出增长23.5%，公共安全支出增长27.3%，教育支出增长10.7%，科学技术支出增长9.6%，社会保障和就业支出增长8.1%，医疗卫生与计划生育支出增长13.9%，节能环保支出下降8.8%，城乡社区支出增长37.7%。

金融信贷平稳运行。据金融部门统计显示，2016 年 1—11 月，全区金融机构人民币各项存款余额 5365 亿元，同比增长 11.2%，增速比 1—10 月回落 2.5 个百分点。其中住户存款增长 10.9%，企业存款增长 17.2%。人民币各项贷款余额 5640 亿元，增长 11.4%，增速比 1—10 月加快 1.1 个百分点。其中，短期贷款 1861 亿元，增长 5.1%；中长期贷款 3373 亿元，增长 13.5%。

居民收入增长加快。据宁夏调查总队监测调查，2016 年前三季度，全区城镇常住居民人均可支配收入 19334 元，同比名义增长 7.0%，增速比上半年加快 0.5 个百分点，比全国低 0.8 个百分点；农村常住居民人均可支配收入 6284 元，同比名义增长 7.6%，增速比上半年加快 0.8 个百分点，比全国低 0.8 个百分点。

居民消费价格保持平稳。据宁夏调查总队监测调查，2016 年 1—11 月，全区居民消费价格总水平比上年同期上涨 1.4%，涨幅比 1—10 月高 0.1 个百分点，比全国低 0.6 个百分点。11 月，居民消费价格总水平同比上涨 2.3%，其中城市和农村分别上涨 2.6%和 1.5%，食品价格上涨 3.1%，非食品价格上涨 2.1%，消费品价格上涨 1.8%，服务价格上涨 3.4%。

居民就业形势良好。据人力资源和社会保障部门统计显示，2016 年前三季度，全区城镇新增就业 7.32 万人，提前并超额完成全年目标任务；城镇登记失业率 4.02%，低于 4.5%的控制目标。

（八）先行指标逐月向好，积极因素不断增多

工业生产者价格较快回升。2016 年 11 月，全区工业生产者出厂价格同比上涨 8.2%，涨幅比 10 月高 4.3 个百分点，比全国高 4.9 个百分点；购进价格同比上涨 7.3%，涨幅比 10 月高 5.7 个百分点，比全国高 3.8 个百分点。1—11 月，全区工业生产者出厂价格同比下降 1.9%，降幅比 1—10 月收窄 1.0 个百分点；购进价格同比下降 4.4%，降幅比 1—10 月收窄 1.1 个百分点。

全社会用电量由负转正。2016 年 1—11 月，全区社会用电量 803.01 亿千瓦时，同比增长 0.4%，增速由 1—10 月的下降 0.8%转正，其中工业用电量 723.14 亿千瓦时，下降 0.3%，降幅比 1—10 月收窄 1.2 个百分点。

铁路运输降幅收窄。2016 年 1—11 月，全区交通运输货运量 39112.12 万吨，同比增长 1.1%，增速比 1—10 月份加快 0.5 个百分点。其中铁路货运量 5160.22 万吨，下降 0.2%，降幅比 1—10 月收窄 3.3 个百分点。货物周转量 7462571.51 万吨公里，增长 2.0%，增速比 1—10 月加快 2.4 个百分点，其中，铁路货物周转量 2157646.88 万吨公里，下降 2.3%，降幅比 1—10 月收窄 0.6 个百分点。

企业效益逐月好转。2016 年 1—10 月，全区规模以上工业实现利润总额 79.2 亿元，同比增长 16.0%，增速比 1—9 月加快 14.7 个百分点，比全国高 7.4 个百分点。其中制造业实现利润总额 54.7 亿元，增长 84.9%。

新产业、新业态和新的经济增长点正在加快发展。2016 年 1—11 月，全区战略性新兴产业领域的废弃资源综合利用业增加值同比增长 52.4%、医药制造业增长 25.8%、仪器仪表制造业增长 9.9%。水电、风电、太阳能等清洁能源生产继续加快，1—11 月，清洁能源发电量增长 26.0%，占全区工业发电量的比重从上年同期的 12.0%提高到 15.2%。“互联网 +”及相关产业快速发展。1—10 月，全区软件和信息技术服务业营业收入增长 29.3%；邮电业务总量增长 85.3%；快递业务量增长 46.1%，快递业务收入增长 21.7%；电信业务总量增长 91.6%；互联网宽带接入用户增长 26.9%；移动互联网接入流量增长 1.69 倍。

二、经济运行中存在的主要问题

从 2016 年全区经济运行情况看，经济运行平稳向好的态势较为明显。但国内外发展环境错综复杂，不稳定、不确定的因素依然较多，长期积累的一些结构性矛盾还比较突出，持续向好的基础还有待进一步夯实。

（一）工业增长的基础还不稳固

一是企业产销衔接情况不容乐观。2016 年 1—11 月，全区规模以上工业企业产品销售率仅为 93.9%，比全国低 3.7 个百分点，比 98%的合理水平低 4.1 个百分点，居全国第 29 位。

二是停减产情况依然严重。截止到 11 月末，全区规模以上工业企业中停产企业 116 户，减产企业 473 户，停产、减产面高达 47.5%。

三是企业亏损情况较为严重。1—10月，全区规模以上工业企业亏损面达31.1%，亏损企业亏损总额达63.3亿元，其中冶金（亏损面61.9%）、煤炭（亏损面59.1%）行业亏损面超过50%。

四是电力、冶金、机械、建材四大产业仍然负增长。1—11月，全区电力行业增加值下降7.3%，冶金下降0.4%，双双自2015年2月开始连续22个月负增长；建材下降1.6%，自2015年3月开始连续21个月负增长；机械下降1.9%，自9月开始由正转负，已连续下降3个月。

（二）工业投资下滑对投资的影响较大

当前，占全区投资近一半的工业投资继续呈现低速增长态势，2016年1—11月，完成投资1487.75亿元，同比增长3.5%，增速比全区平均水平低5.7个百分点，比上年同期回落12.9个百分点，占全区投资的比重比2015年1—11月下降2.4个百分点。其中，采矿业投资在2015年1—11月下降35.2%的基础上继续下降49.7%；电力、燃气及水的生产和供应业投资增长4.6%，增速比2015年1—11月回落51.9个百分点。工业投资增速的回落，不但对2016年投资有影响，而且还将对今后工业生产增量产生不利影响。

（三）资金紧张的局面依然严峻

一是工业企业流动资金日益紧张。2016年1—10月，全区规模以上工业应收账款587.4亿元，同比增长13.5%，增速比1—9月加快3.0个百分点，比全国高4.1个百分点；应收账款平均回收期为57.4天，同比增加6.2天，比全国规模以上工业应收账款平均回收期慢19.3天，企业应收账款回收慢，流动资金压力逐渐增大。

二是固定资产投资的资金也偏紧。1—11月，全区固定资产投资本年自筹资金下降10.5%，占本年资金来源的比重从2015年1—11月的51.3%下降至47.6%；各项应付款达到977.3亿元，增长34.5%，其中应付工程款523.0亿元，增长46.1%。

三是较高房地产库存也占用了企业大量资金。截止11月末，全区商品房待售面积1218.42万平方米，增长7.3%，其中住宅待售面积698.63万平方米，增长1.0%。

（四）经济发展分化特征进一步显现

一是区域发展明显分化。2016 年前三季度，全区 22 个县（市、区）地区生产总值增速最高和最低之间相差 9.3 个百分点。1—11 月，投资增速相差 49.2 个百分点，规模以上工业增速相差 25.8 个百分点。有 5 个县（市、区）固定资产投资负增长，2 个县（市、区）规模以上工业负增长。二是经济走势也明显分化。一些高度依赖资源开发和产业结构单一的地区，经济增长乏力，有 10 个县（市、区）经济增长低于全区平均水平。行业发展也明显分化，轻纺、煤炭、医药等产业保持较快增长，电力、冶金、机械、建材持续下降。分化情况表明，在新旧动能转换的新形势下，稳增长、稳收入的任务异常艰巨，稍有懈怠，就可能出现大的波动和反复。

三、对 2017 年经济走势的判断

展望 2017 年，区内外发展环境虽然错综复杂，但宁夏经济发展仍具备不少有利条件和积极因素。从国际看，全球经济将继续维持温和增长态势，增速有望从 2016 年的 2.5%提高到 2.8%，但仍低于潜在水平，地缘政治关系复杂多变，全球政策分化持续，全球化和去全球化力量博弈进一步加剧，尤其是美联储加快升息步伐和特朗普当选美国总统，将给美国乃至全球经济、贸易和国际政治格局带来重大的不确定性，下行风险不容忽视。

从国内看，我国将继续保持稳中求进的工作总基调，新常态、新理念深入人心，供给侧结构性改革积极推进，创新驱动能力不断增强，“大众创业、万众创新”正不断激发微观主体活力，2016 年以来经济运行中出现的产业转型升级、发展动能转换等趋势性积极变化将进一步延续，有利于 2017 年经济保持平稳增长。但经济运行中的矛盾和问题仍需高度重视，结构性矛盾依然突出，新老问题交织叠加，供给侧结构性改革的任务艰巨繁重，新旧动能转换仍需一定的时间和空间，部分领域困难和风险可能进一步显现，地区、产业、企业间分化发展，经济发展新常态特征更加明显。预计全国经济总体上将继续稳定发展态势，国内生产总值增长 6.5%左右。

从区内看，宁夏出台的各项稳增长、促改革、调结构、惠民生、防风险的政策效应仍将发挥积极作用，供给侧结构性改革和转型升级势头良好，

新型煤化工、现代纺织、“互联网+”等新产业、新业态和新的经济增长点正在加快发展，重点投资项目建设加快推进，都为促进经济持续健康发展提供了内生动力。但山川、城乡经济发展不平衡、不协调，扶贫攻坚任务艰巨，实体经济经营的压力大、困难多，科技创新驱动力还比较弱，经济下行压力有增无减，稍有懈怠，经济发展就会出现波动和反复。

综合以上分析，2017年，随着宏观环境的不断改善，宁夏经济运行中有利因素将增多，只要我们着力提质增效、转型升级、改善民生，加快新常态下经济发展动力转换，经济就有望继续保持总体平稳、稳中有进、稳中向好的发展态势。

四、促进经济平稳健康发展的几点建议

2017年是实施“十三五”规划的重要一年，是供给侧结构性改革的深化之年。因此，全区经济工作必须以提高发展质量和效益为中心，按照“宏观政策要稳、产业政策要准、微观政策要活、改革政策要实、社会政策要托底”的总体思路，着力以深化改革的办法稳增长、促发展，着力以调整结构的举措补短板、添后劲，着力以改善民生的成效增福祉、加动能，不断培育发展动力、厚植发展优势，确保全区经济平稳健康发展。

一是加快改革措施落地生效，为实体经济发展拓展空间。要全面推进中央和自治区各项改革政策措施的落实，及时出台实施细则和办法，使政策执行更加灵活、更加可行、更加到位。加大调研力度，跟踪掌握各项改革措施贯彻落实情况，针对企业的所需所盼，及时跟进研究和完善政策措施，发挥改革效应，实现改革政策与企业互动，促进企业与地方经济的共同发展。要继续推进简政放权，全面清理非行政许可审批事项，规范企业投资前置审批及中介服务环节，为企业发展创造公平环境。将定向降准、扩大支农支小再贷款等政策落到实处，鼓励发展适应中小企业融资需求的民营银行及其他金融机构，化解目前银行业局部存在的“惧贷惜贷”现象，为中小微企业提供更多直接融资渠道。

二是加强工业经济运行调节，实现产业提质增效。要突出重点企业，激存量、扩增量。对骨干企业，要重点扶持；对规模以下企业，要鼓励和

支持他们兼并联合，尽快达到入统规模；对已投产达效、满足条件的工业项目，要抓紧申报入统。要加强监测分析，抓运行、提质量。有关部门要密切关注工业经济运行中的新情况新问题，及时提出针对性建议；要鼓励实施创新驱动战略，加快转型升级步伐，大力研发新技术、新工艺、新产品，延长产业链，提高附加值。要推进工业园区发展，强措施、上总量。各级工业园区要进一步完善基础设施、提高承载能力，给项目落地创造条件，着力吸纳高质量的大项目进驻，提升产业发展水平，为工业经济提供有效的支撑。

三是抢抓投资缓解经济下行压力，夯实经济向好基础。投资项目建设一直以来是宁夏稳增长的有力抓手。要集中力量新开一批公共服务、资源环境、农业水利、交通运输等重点领域建设项目，积极谋划一批促进产业结构优化升级的特色项目，提高投资对产业发展的拉动作用。要用足用好政府可用资金，足额落实地方配套资金，强化政府资金对全区投资的撬动作用，确保政府投资项目完成年度投资计划。要支持民间投资健康发展，破解当前民资“进不来、不愿进”难题，突出重点领域，制定配套政策，大力推广 PPP 模式，建立推荐目录，设立项目基金，优化回报机制设计，让社会资本愿意投、敢于投、放心投，实行“国民共进”。要结合宁夏实际加强和改善房地产市场的宏观调控，加快建立和完善保持房地产市场健康发展的长效机制，推进房地产投资持续稳定增长。

四是促进消费扩大内需，增强经济发展内生动力。要加快建立促进消费增长的长效机制。大力发展互联网经济等新型消费业态，重点发展电子商务，建设一批商品销售类、消费服务类和跨境贸易类电子商务平台，促进线上消费。积极培育银川 iBi 育成中心等项目，鼓励发展现代文化产业和服务业。加快推进跨境电商及免税店建设，实现境外消费的回流。要加快发展全域旅游。加快旅游与文化、工业、农业以及体育、商贸等融合，开发一批全天候、全方位、体验型旅游产品，推出更多独特旅游商品，拉长产业链，把“塞上江南·神奇宁夏”品牌打得更响。

五是多措并举标本兼治，切实保障民生福祉。全区经济持续健康发展的出发点和落脚点都是民生福祉的不断提高。要大力拓宽就业渠道。在贯彻落实现有就业政策的基础上，开发更多就业岗位，引导高校毕业生到中小企业、非公经济和基层就业，鼓励“大众创业、万众创新”，落实创业培训补贴、小额担保贷款及贴息、税费减免等政策。要提高普通职工工资水平、低保人员标准、养老保险标准和农民务工收入，实现居民收入的增长与经济发展同步。要以新型城镇化建设为契机，切实提高教育、医疗、住房和社会保障等基本公共服务水平，不断增进人民群众福祉。要保护好绿水青山，进一步实现生态环境的改善和修复，补齐宁夏生态短板，全力打造“美丽宁夏”。

2016—2017年宁夏农业及农村经济运行情况分析与预测

韩治泰　王洪波　王岚海　王静戟

2016年以来，在国内外经济环境复杂多变的大背景下，宁夏上下认真贯彻落实中央和自治区农村工作会议精神，深化农业农村改革，按照“一特三高”现代农业发展的总体要求，推进农业供给侧结构性改革，释放农村改革活力，克服诸多不利影响，农业农村经济继续保持了较好的增长态势，为宁夏经济增长做出了贡献。

一、2016年宁夏农业农村经济保持了较好的增长势头

农业综合实力进一步提升。宁夏完成粮食播种面积1162.5万亩，比上年增加6.9万亩，粮食总产预计达到370万吨左右，有望实现“十三连丰”，进一步厚实了农业综合生产能力。目前，宁夏奶牛存栏58.9万头，肉牛、肉羊饲养量达到218.6万头、1426.9万只，同比分别增长3.3%、3.3%和2.2%；肉、蛋、奶产量分别达到38.1万吨、7.6万吨和146万吨，同比分别增长5%、3.4%和5.3%。预计全年奶牛存栏达到59万头，肉牛、肉羊饲养量分别达到260万头、1760万只，草畜产业成为农业增产的骨干力量。

作者简介：韩治泰，自治区政府研究室办公室主任；王洪波，自治区农牧厅办公室主任；王岚海，自治区水利厅办公室主任；王静戟，自治区林业厅办公室主任。

宁夏蔬菜生产面积 196.1 万亩，增长 0.4%，预计全年瓜菜种植面积达到 310 万亩。草畜、瓜菜、枸杞、葡萄产业稳步发展，特色产业占农业总产值比重达到 86.5%。农村土地承包经营权确权登记颁证已发放证书 85.7 万户，占计划数的 91.8%，走在全国前列；草原承包确权登记试点工作取得初步成效。根据自治区调查总队监测分析，前三季度农村居民人均可支配收入同比增长 7.6%，农业增加值增长 4.4%。

支农招商政策创新达到了新高度。综合运用直接补贴、贷款担保、贷款风险补偿、贷款贴息、实物租赁、产业基金、农业保险 7 种扶持方式，增强政策支持的针对性和精准性。加强农业招商引资工作，组织召开了中国（宁夏）奶业优化升级研讨会，婴幼儿配方奶粉研发中心在银川揭牌。积极推动安格斯肉牛良种繁育生产基地落户宁夏。2016 年，落实中央和自治区各类农业项目资金 32.57 亿元，其中中央资金 25.64 亿元。全区涉农贷款余额 1731.99 亿元，同比增长 4.14%。全区农业招商引资落实项目 189 个，到位资金 151 亿元，有力支撑了产业发展。

特色优势产业发展提档升级。扎实推进农业结构调整，优质粮食产业适度调减，籽粒玉米、青贮玉米和小杂粮面积扩大，恢复灌区小麦面积，大力发展高效节水农业。建设绿色高产高效模式示范片 20 个，开展整县创建 8 个，建设马铃薯一级种薯基地 10 万亩，推广马铃薯主食化专用品种 2.78 万亩。草畜产业加大良种繁育、标准化规模养殖、基础母畜扩群增量和饲草料基地建设，“粮改饲”试点县扩大到 5 个，利通区和贺兰县列入国家奶牛养殖大县种养结合整县推进试点。蔬菜产业深入实施增供增收“双百工程”，积极开展标准园创建，建成 200 亩以上的蔬菜规模化园区 570 个，建设永久性蔬菜基地 60 个。

农业科技创新步伐速度加快。进一步调整优化产业指导组、技术服务组、产业协会“两组一会”，开展 10 项关键技术研发和 20 项农业先进实用技术推广，遴选发布 138 个主推品种、119 项主推技术。创建 40 个农业社会化综合服务站，开展技术指导、农资超市、测土配方、统防统治、农机作业、信息服务六大功能的全程化社会服务。培训新型职业农民 1.6 万人，建设农民田间学校 20 所。认真落实农机购置补贴政策，实施农机深松整地和秸秆粉碎深翻还田作业面积115万亩，建设农机化示范园区30个，建设农机社会化服务组织19个。认真实施“阳光沐浴工程”，全面完成20万户“阳光沐浴”工程安装任务。

农村一、二、三产业融合发展。实施“龙头企业带动工程”，支持一批龙头企业改造升级，全区新增5家涉农企业“新三板”挂牌交易，新增41家在宁夏股权托管交易中心挂牌。加快发展农产品加工业，建设马铃薯、蔬菜冷藏窖（库）500个，枸杞烘干房250座，农产品加工转化率达到62%。推动农业“走出去、引进来”，跟踪落实中阿博览会农业合作成果，由宁夏金福来羊产业承建的中国援助毛里塔尼亚的畜牧示范中心基建工程已完工，与台湾在枸杞种植、“无抗鸡蛋”养殖等领域开展技术合作。加强农产品产销对接，组织区内100余家企业到福建、广东等地举办宁夏特色优质农产品推介展销活动，参展企业签订订单7760万元。邀请北京、上海等地全国知名蔬菜经销商走进宁夏开展产销对接，复制推广供港蔬菜产销模式，建立供沪、供粤、供渝蔬菜基地，签订产销合同10多亿元。积极发展休闲农业，休闲农庄发展到650个，创建自治区级休闲农业示范农庄30个。

“一控两减三基本” 全面落实。加强禁牧封育工作，认真实施新一轮草原生态保护奖补政策，完成补播改良任务34万亩。加快发展旱作节水农业，新增滴灌、喷灌、管灌等高效节水灌溉面积30万亩，落实覆膜保墒旱作节水农业170万亩。全面推广节地、节肥、节能、节药技术，实施化肥农药“零增长”行动，推广测土配方施肥913万亩，绿色防控618万亩，开展银北盐碱地农艺改良20.2万亩。加强畜禽粪污污染治理与秸秆资源化利用，畜禽粪污资源化利用率达到85%，主要农作物秸秆利用率达到80%。加大农用残膜回收力度，已建设残膜回收网点217个，农用残膜回收率达到87%。加大重大动物疫病防控力度，动物疫情形势稳定。

农业农村改革稳步推进。认真贯彻落实深化农村改革精神，全力推进重点农村改革任务。宁夏农村土地承包经营权确权1566.9万亩，占应确权面积的96.4%。在盐池县青山乡开展了草原确权承包登记试点工作。平罗等8个县区农村产权流转服务中心已经建成，平罗等5个县区全面开展了农村土地承包经营权抵押试点工作。在全区选择 25 个城中村、城郊村先行开展农村集体资产股份权能改革试点。在贺兰县、平罗县、原州区等县区开展农村土地股份合作社试点，成立了 40 个土地股份合作社。培育壮大新型经营主体，家庭农场、农民合作社分别达到 2096 家和 5105 家。全区家庭承包耕地流转总面积 296 万亩，占家庭承包经营耕地面积的 26.7%。

促进农民增收成效显现。全面落实自治区党委、政府关于促农增收的各项措施，大力推进特色产业提质增效，积极发展农产品加工和休闲农业，以促进一、二、三产融合发展增加农民经营性收入；引导支持各类政府投资建设项目在同等条件下优先使用本地农民工，以稳定和扩大就业增加农民工资性收入；以落实强农惠农政策增加农民转移性收入；以深化农村综合改革增加农民财产性收入。

二、水利为农业农村经济发展提供了强力支撑

水利投资争取再创历史新高。提前完成全年水利投资目标任务。截至 2016 年 10 月底，宁夏水利投资达 61.69 亿元，比上年水利投资 50.52 亿元多 11.17 亿元，比上年同期 48.32 亿元增长了 28%，连续 3 年保持大幅增长，再创历史新高。有效发挥了拉内需、促发展的积极作用。

中部干旱带脱贫水源工程落地实施。概算总投资 10.5 亿元的 7 座新建水库前期工作以超常规速度推进，提前 4 个月完成前期工作。总投资 12.3 亿元的盐环定扬黄更新改造工程，已于 2016 年 9 月底正式开工建设，进一步夯实了农业发展的基础。

中南部城乡饮水安全工程建成达效。水源工程建设基本完成，已通过通水前的各阶段性验收及专项初验，向固原市区开始供水。连通工程中的西吉县、彭阳县、原州区、海原县 4 个县区主体工程已全部建设完成，已有 47 万群众提前供水受益，年底全面建成并发挥效益。工程建设取得了任务增加、工期提前、质量良好、投资受控、安全生产无重大事故的显著成效。

一、二、三产业各业用水安全保障。全面应对春灌用水指标少 4.95 亿立方米的缺水严峻形势，与有关部门和市县密切配合，全面打好抗旱保灌攻坚战。多方筹措负修资金，抓好沿黄取水口设备设施维修保养，科学合

理做好水量统筹调配，确保了860多万亩农田均衡灌溉和艾依河等湖泊湿地生态用水安全，为农业农村发展和全年粮食丰收奠定了坚实基础。不断完善宁东、太阳山等八大供水工程功能，积极应对经济下行压力，供水同比增长8%，保障了宁东等工业园区和固原等城市用水安全。

防洪抢险救灾减灾能力得到新提高。积极应对超强厄尔尼诺等极端天气频发情况，较常年提前一个月召开全区防汛抗旱会议，层层压实各级防汛责任。修订黄河宁夏段防御洪水应急预案、银川市城市防洪应急预案，做到组织、队伍、通讯、预案、机械、物资"六落实"。全区应对不同量级洪水过程107场次，强化局地24次强降雨冰雹过程防洪救灾处置，最大限度地减少了洪旱灾害损失。

三、林业为农业农村经济发展助力添彩

着力打造宁夏农林业第一品牌。突出高品质和地域特色，培育宁夏枸杞等原产地产品品牌。实施宁夏枸杞品牌战略研究，开展宁夏枸杞"知名品牌、优质基地"评选活动，推进按标生产、按标流通、按标上市，全力打造国际级产业、全球性品牌；与宁夏网虫股份有限公司和中科院天津工业生物研究所、中国优质农产品开发服务协会，在"互联网+"、枸杞功能性产品科技创新与研发平台建设等方面开展深入合作，推进宁夏枸杞一、二、三产业深度融合。开展"中宁枸杞"注册商标专用权保护行动，完成"宁夏枸杞"域名注册。

绿色生命资源保护进一步加强。采取有力措施，层层压实责任，下达管护资金10974万元，完成天保工程营造林20.6万亩，1530.8万亩森林资源得到有效管护，全区6879名国有林场职工全部纳入天保工程社会保险范围，完成对全区天然林资源保护工程建设目标、任务、资金、责任"四到县"考核。

绿色生态环境建设工程持续实施。深入贯彻落实《三北工程"十三五"规划》要求，指导工程县区科学编制工程作业设计，及时下达建设任务。截至目前，宁夏已完成2016年度三北防护林工程建设任务43万亩。经过努力，预计2017年宁夏三北防护林建设投资在2016年基础上将增加30%。

新一轮生态恢复建设工程加快推进。目前，全面完成2015年国家下达宁夏新一轮退耕还林20万亩建设任务和县级自查验收工作。2016年，国家下达宁夏新一轮退耕还林任务15万亩，目前，已有10个县区将任务落实到乡村、地块，9个县区已开展了营造林建设并完成造林面积8.1万亩。

湿地产权确权试点工作进展顺利。制定了《宁夏湿地产权确权试点工作实施方案》，召开了全区湿地产权确权试点工作动员会暨技术培训会，共确权湿地面积47839公顷，做到数据准确、资料完整、权属清楚，建立湿地确权登记系统。目前，湿地产权确权试点改革全面完成，得到国家林业局的充分肯定。

生态移民迁出区生态修复全面完成《规划》和《年度实施方案》，充分发挥牵头抓总的作用，召开生态移民迁出区生态修复联席会议，加大督察力度。截至目前，宁夏完成人工生态修复83.64万亩，占年度计划任务的109.7%，其中林业工程32.85万亩，占年度计划任务的124.6%；完成投资19156.1万元。

集体林权制度基础改革效果显著。大力扶持壮大新型林业经营主体，多渠道吸引社会及金融资本投资林业，完善金融机构对林业投资信贷机制，推动金融服务林业。继续扩大非基本农田葡萄确权试点，开展非基本农田枸杞、红枣确权试点和集体林地所有权、承包权和经营权分置改革试点。进一步规范林权流转，强化林权用途监管。截至目前，实现林业贷款31亿元，其中林权抵押贷款3.5亿元。扶持发展以林下种植、养殖、森林景观等为主的林下经济397.6万亩，实现产值近20亿元。新增林业专业大户126户、家庭林场108家、农民专业合作社80个，流转集体林地22.6万亩。

湿地保护恢复范围面积进一步扩大。2016年审批了两处自治区级湿地公园，申报了彭阳县茹河国家级湿地公园（试点）1处，涉及湿地保护面积1.4万亩。目前，宁夏建立湿地型自然保护区4个、国家级湿地公园13个、自治区级湿地公园11个，基本形成了以湿地型自然保护区、湿地公园为主，湿地保护小区为补充的湿地保护体系。

四、存在的主要问题

2016年，农业水利形势总体较好，但也存在一些突出问题。

一是农民增收难度加大。受经济下行压力加大影响，农民工资性收入占农民收入的比重下降，完成全年农村居民人均可支配收入增长9.5%左右的目标任务十分艰巨。

二是部分农产品市场价格波动。玉米等农产品价格持续低位运行，对农民增收造成一定影响。

三是农村一、二、三产融合发展不够，农产品生产、加工、流通、消费脱节，产业链条不完整，从流通到加工缺少在全国有影响力的大品牌、大龙头带动，“宁”字号特色优质农产品品牌影响力有待进一步扩大。

四是综合运用贷款担保、风险补偿、贴息等市场化手段撬动金融支农工作进展缓慢，一定程度上影响了特色优势产业发展和新型经营主体培育。

五是严重缺水仍是今后一个时期宁夏经济社会发展的最大约束，一方面黄河来水呈减少趋势，另一方面用水需求刚性增长，供需水矛盾日益突出。

六是水利设施条件薄弱仍是宁夏基础设施建设的明显短板，水资源调控能力还不够强，效益还不能充分发挥。

七是水生态水环境形势严峻仍是影响可持续发展的关键因素，河流生态功能衰减，农业面源污染加重，河湖沟渠水污染不容乐观。

八是节水投入不足、节水机制不够完善仍是制约提高用水效率效益的突出难点，全社会节水氛围尚未形成。

九是水利社会服务管理不够仍是影响水利工程效益充分发挥的主要问题，重建设轻管理、重项目轻效益、重短期轻长远的现象还未根本扭转。

五、2017年农业农村工作预测与思路

深入学习贯彻党的十八届六中全会、习近平总书记来宁视察重要讲话精神，牢固树立“五大发展理念”，坚持“一特三高”，聚焦特色优势产业，向精品农业、精深加工、精细管理、精准扶持发力，走出一条符合宁夏实际的产出高效、产品安全、资源节约、环境友好的现代农业发展之路，为

"四个宁夏"建设奠定坚实基础。

（一）创新政策执行方式，切实落实强农惠农富农政策

全面落实自治区党委、政府关于促农发展政策，细化任务，精准发力。综合运用直接补贴等7种扶持方式，建立多元化强农惠农投入机制，对特色优势产业关键环节进行精准扶持。同时，整合财政资金，打破部门界限，捆绑使用，切块下达，精准发挥强农惠农政策作用。

（二）不断提质增效扩收，做优做强农业特色产业

紧盯"一特三高"，加快构建适应现代农业发展要求的产业体系。坚持稳定面积、调整结构、优化品质、提高单产，在北部引黄灌区重点示范推广"复种两熟"、高产创建、绿色增产技术模式，推进优质粮食产业。充分发挥宁夏气候优势，重点推进蔬菜标准园创建和永久性蔬菜基地建设，新品种、新装备、新技术综合配套，实现设施蔬菜、露地蔬菜、供港蔬菜协调发展。积极发展甘草、适水、农作物制种、小杂粮、油料、硒砂瓜、生猪等地方特色产业，真正把特色产业做成农业农村经济的骨干。

（三）依托创新驱动，增强农业科技支撑能力

实施农业科技提升工程，加快构建适应现代农业发展要求的生产服务体系。加大对生物育种、农机装备、生态环保、节本增效等领域和环节的科技攻关。加大农业高层次人才培养引进力度，加强基层农技推广服务体系建设，加快培育新型职业农民，真正使科技成为农业农村经济腾飞的翅膀。

（四）着力推动链条全程构建，促进农村一、二、三产业融合发展

培育壮大龙头企业，支持企业通过多种形式，建立企农利益紧密联结机制，打造集研发、种植、加工、营销、文化、生态于一体的现代农业全产业链。创建一批农产品加工示范园区。加强农产品综合市场建设，推动多种形式的农产品直销。培育区域公用品牌、企业品牌和产品品牌，做靓特色农产品品牌。积极发展生态农业、循环农业、休闲农业和乡村旅游，拓展农业功能，提升农业综合竞争能力。

（五）坚持绿色发展理念，实现农业资源保护和可持续利用

实施"沃土净土工程"，推进高标准基本农田建设、中低产田改造、银北盐碱地改良等项目，推广秸秆还田、深松耕、商品有机肥、土壤调理剂等应用，提升耕地质量。大力发展高效节水农业，实施化肥农药零增长行动，积极开展畜禽粪污、农膜、农作物秸秆基本资源化利用，推广绿色增产模式，有效治理耕地污染，提高资源利用率。

（六）拓展外向发展渠道，升级农业对外合作交流

认真贯彻自治区加快开放宁夏建设的意见，借助中阿博览会、回商大会、与枸杞有关系列活动等平台，大力推进农业“引进来、走出去”。以中阿农业技术转移中心为载体，加强与国内国外农业合作交流，拓展与“一带一路”沿线国家农业交流与合作，深化省际农业交流合作机制，开辟农业对外交流合作新路。

（七）精准聚力、依力发力，实现特色产业扶贫

认真落实自治区党委、政府关于贫困地区发展特色产业促进精准脱贫指导意见，围绕“三年集中攻坚，两年巩固提高，力争提前脱贫”的目标任务，实施特色产业精准扶贫工程，通过发展壮大特色优势产业，带动贫困人口脱贫。

（八）着眼水利事业大局，统筹搭建各业发展水脉络

按照自治区特色优势产业布局，继续抢抓国家加大水利工程建设的历史机遇，努力推进大柳树工程、南水北调西线工程等战略工程前期工作，力争尽早开工，为全区经济社会长远发展打牢坚实根基。

（九）攻坚重点核心工程，打牢基本水利工程根基

立足现代农业产业发展，抓好灌区现代化改造工程前期工作，启动宁夏中部干旱贫困片区西线供水工程，为推进区域特色优势产业崛起提供命脉支撑。

（十）全面推行高效节水，着力破解各业发展水困境

扎实开展“四大节水行动”，全面推进农业、工业、城市、生活节水。加大区情水情教育，培育全社会节水、惜水、爱水的良好风尚。走出一条以农业节水促进各业发展的宁夏特色的现代节水之路。

（十一）增强抗旱保灌能力，切实保障各业发展水需求

加强沿黄工农业取水口、山区库井灌区的统一调度，统筹解决工业、农业、生态等各业用水需求。加强联系沟通，促进农业种植结构调整，压减高耗水作物。进行水利设备设施维修保养，确保遇旱能正常启用，努力保障全区 860 万亩农田及湖泊湿地生态用水安全，为全年粮食丰收打下坚实基础。抓好工业城市供水体系建设和运行，确保全区工业基地和各类城市供水安全。

（十二）全面深化各项改革，不断增强农业农村发展活力

深入推进各项农村改革，鼓励农民以土地承包经营权入股组建土地股份合作社，发展产业化经营，建立新型农业经营机制。发展多种形式的适度规模经营。加大新型经营主体培育力度，提升农业产业规模化经营水平。

2016—2017 年宁夏工业经济运行情况分析与预测

周　涛

2016 年以来，在自治区党委、政府的坚强领导下，面对国内外错综复杂的经济发展环境，全区工业经济积极适应新常态，以“五大发展理念”为引领，积极应对经济下行压力与结构性矛盾凸显的挑战，坚持稳中求进的工作总基调，采取有力措施，强力落实“工业 10 条”政策，继续推进结构调整，激发市场活力，扎实推动供给侧结构性改革，促进了全区工业经济回升趋稳，规模以上工业经济总体呈现稳中向好、稳中有增、稳中有进的积极态势，实现了“十三五”规划的平稳开局。

2016 年 1—11 月，全区规模以上工业实现增加值 931.4 亿元，按可比价格计算，同比增长 7.5%，比全国高 1.5 个百分点，全国排名第 14 位，西部第 7 位，西北第 2 位。

一、规模以上工业经济运行情况

2016 年以来，全区规模以上工业呈现一季度回升转正，二季度回升企稳，三季度保持稳定增长，总体呈现稳中向好、稳中有增、稳中有进的积极态势。

作者简介：周涛，宁夏统计局工业处，统计师。

（一）轻工业保持快速增长

2016年以来，在如意、恒丰纺织，中银、嘉源羊绒加工，伊利、蒙牛乳制品加工，昊王、兴唐大米加工等一批轻工企业的引领下，轻工业始终保持较快增长势头。1—11月，全区规模以上轻工业实现增加值180.6亿元，同比增长14.6%，比全部规模以上工业增加值增速快7.1个百分点，对整体工业增长的拉动作用进一步增强。

（二）重工业增长稳步加快

2016年年初，重工业出现断崖式下降，对全区工业经济产生重大影响。自治区党委、政府审时度势，深入调查研究，准确研判形势，及时出台“工业10条”，强力促进重工业转正、回升、平稳增长，为工业经济整体平稳增长提供了坚实的政策支持。1—11月，全区规模以上重工业实现增加值750.8亿元，同比增长6.0%，比1—3月、1—6月和1—9月分别加快了5.8个、0.2个和0.2个百分点，对保持工业稳定增长发挥了重要支撑作用。

（三）大中型工业企业增长逐月加快

大中型工业企业是宁夏工业经济主力军，增加值占全部规模以上工业增加值的77%，在全区工业经济中举足轻重。大中型工业较快发展不仅支撑了全区工业经济发展的基础，更为推发展促转型发挥了重要作用。1—11月，规模以上大中型工业企业实现增加值717.8亿元，同比增长7.3%，比1—3月和1—9月分别加快了6.0个和0.1个百分点，大中型工业企业增长的逐月加快，为全区工业经济企稳回升起到了关键作用。

（四）非公有工业保持高速增长

面对市场疲弱和经济下行的压力，宁夏宝丰能源集团股份有限公司、宁夏大地循环发展股份有限公司、宁夏天元锰业有限公司、宁夏晟晏实业集团能源循环经济有限公司等一批非公工业企业，转危为机，进行低成本扩张，实现循环发展，科学管理降低成本，保持非凡的活力。1—11月，规模以上非公有工业实现增加值413.9亿元，同比增长12.2%，始终保持较快增长。其中，私营企业实现增加值229.3亿元，同比增长11.5%。非公有工业企业高速增长，是2016年宁夏工业发展的一大亮点。

（五）工业各行业运行持续向好

1—11月，全区工业十大产业保持了增长和回升态势。其中，煤炭行业同比增长17.4%，化工行业同比增长12.4%，轻纺行业同比增长14.4%，医药行业同比增长25.8%，其他行业同比增长13.3%，有色行业同比增长2.7%；电力行业同比下降7.3%，冶金行业同比下降0.4%，建材行业同比下降1.6%，机械行业同比下降1.9%，四行业虽然处在下行区间，但电力、冶金和机械的降幅分别比1—10月收窄1.4个百分点、0.4个百分点和0.7个百分点。3个主要行业的生产运行不断好转，为全区工业经济平稳运行贡献巨大。

（六）工业经济效益持续向好

1—10月，全区规模以上工业实现利润总额（盈亏相抵后，下同）79.2亿元，同比增长16.0%，增速比1—9月加快14.7个百分点，比1—6月加快17.6个百分点，保持持续上升态势。其中，大中型工业实现利润总额44.5亿元，同比增长17.1%，与1—9月利润总额同比下降4.7%相比增盈显著；小微型工业实现利润总额34.7亿元，同比增长14.6%，增速比1—9月加快4.9个百分点。1—10月，全区规模以上工业实现利润总额增速比全国平均水平高7.4个百分点，列全国第8位。在全国31个省（自治区、直辖市）中，有26个地区利润总额同比增长，5个地区同比下降；在西北五省（市、区）中，陕西规模以上工业利润总额同比增长4.1%，甘肃同比扭亏增盈112.6亿元，青海、新疆同比分别下降29.3%、7.7%。

（七）重点工业产品增长面超过一半

1—11月，在监测的40种主要重点产品产量中，有23种增长，17种下降，保持增长的产品占到57.5%。其中，轮胎增长1.2倍，单晶硅增长81.1%，化学农药原药增长50.0%，味精增长39.9%，硫酸增长35.2%，电工仪器仪表增长34.2%，化学药品原药增长27.6%，工业自动调节仪表与控制系统增长25.2%，乳制品增长19.4%，葡萄酒增长15.0%，活性炭增长14.3%，轴承增长13.0%，水泥增长11.3%，精甲醇增长4.5%，电石增长2.8%，初级形态塑料增长0.6%。铁合金下降0.6%，石墨及碳素制品下降4.8%，农用化肥下降5.0%，原铝下降14.7%，机制纸及纸板下降16.9%，钢材下降16.9%，变压器下降18.6%，金属切屑机床下降24.1%。

（八）五市工业平稳增长

1—11月，全区5个地级市工业全部保持平稳增长，银川市和吴忠市增速高于全区平均水平，规模以上工业增加值分别增长8.5%和9.3%；而结构倚重依能的石嘴山市增长5.8%，中卫市增长4.3%，固原市增长2.2%，增长速度相对较为缓慢。

二、工业结构调整取得积极进展

当前，全区工业经济运行平稳，保持稳步增长态势，同时结构调整继续向积极方向推进。

（一）轻工业发展不断加快，比重提高拉动增强

2016年以来，全区规模以上轻工业一直保持高速增长，对整个工业的拉动持续发力。1—11月，全区规模以上轻工业同比增长14.6%，继续保持高速增长的良好态势，对规模以上工业增长的贡献率达到34.5%，比上年提高3.7个百分点。轻工业占全区规模以上工业增加值的比重为19.4%，比上年提高1.5个百分点。

（二）六大高耗能工业比重持续下降

1—11月，全区六大高耗能工业增加值同比增长2.6%，比去年回落2.1个百分点；六大高耗能工业增加值占全部规模以上工业增加值的比重为51.9%，比上年降低了0.7个百分点。

（三）非公有工业对工业经济的贡献持续上升

1—11月，全区规模以上非公有制工业完成增加值同比增长12.2%，比上年增速加快1.6个百分点，对全区规模以上工业增加值增长的贡献高达68.1%，占全区规模以上工业增加值的比重达到44.4%，比上年提高0.7个百分点。

（四）战略性新兴产业增长较快

1—11月，全区规模以上工业中大类行业中，归战略性新兴产业领域的医药制造业同比增长25.8%，仪器仪表制造业同比增长9.9%，废弃资源综合利用业同比增长52.4%，增速均高于或大幅高于全区规模以上工业平均增速。同时，全区新能源发电高速增长，风力发电同比增长 34.2%，光伏发电同比增长 24.6%，远远高于火电的增长。

三、工业运行存在的突出问题不容忽视

尽管全区规模以上工业继续保持稳定增长的积极态势，但影响工业经济运行的问题依然比较突出，需要各级政府和经济管理部门高度关注，从宏观政策引导和微观刺激两个方面花大力气加以解决。

（一）企业停产、减产影响较大

2016 年以来，全区规模以上工业停产、减产企业比重始终偏高，停产、减产同比净减少的产值逐月增加，对全区规模以上工业的增长产生了严重的不利影响。11 月，1240 家规模以上工业企业中停减产面接近五成，累计净减少的工业总产值超过 300 亿元。其中，停产企业 115 家，占全部规模以上工业企业的 9.3%，净减少工业总产值 63.5 亿元；有 472 家企业同比产值下降，占全部规模以上工业企业的 38.0%，净减少工业总产值 246.8 亿元，对当前规模以上工业整体增长的不利影响并未减弱。

（二）企业运营质量需要进一步提高

1—10 月，1240 家规模以上工业企业中亏损企业 385 个，亏损面为 31.0%，亏损企业亏损额 63.3 亿元，户均亏损 1600 万元，高于全国平均水平。同时，企业增产不增收的矛盾依然突出。1—10 月，全区规模以上工业实现主营业务收入 2801.8 亿元，同比增长 1.5%，比工业增加值增长速度低 6.0 个百分点，生产和收入不同步。企业资金回笼压力加大。1—10 月，全区规模以上工业应收账款 587.4 亿元，同比增长 13.5%，平均回收期为 57.4 天，同比增加 6.2 天，比全国规模以上工业应收账款平均回收期慢 19.3 天，企业应收账款回收慢，流动资金压力较大。

（三）部分工业行业持续下降局面需关注

1—11 月，全区规模以上电力工业同比下降 7.3%，冶金工业下降 0.4%，建材工业下降 1.6%，继续保持年初以来的下降态势；有色行业自 8 月转正以来微增，机械行业二、三季度正增长后 9 月起又转为下降态势，工业行业继续保持了“六增四降”的局面。四行业工业增加值占全部规模

以上工业增加值的比重高达30.6%，下拉规模以上工业下降1.6个百分点。

（四）投资下降，工业未来预期不佳

2016年以来，受内外需疲弱、产能过剩、企业利润下降等诸多因素影响，全区工业投资增速以1—2月下降8.5%开局后逐步攀升，1—5月升至19.6%的最高点逐月回落，1—6月、1—7月和1—8月分别增长18.7%、13.8%和10.3%，呈逐步回落态势。1—11月，全区完成工业投资1487.8亿元，同比增长3.5%，低于全区投资增速5.7个百分点，比上年回落12.2个百分点。工业投资增长势微，影响全区工业未来增长的预期。

四、2017年预判

当前，全国规模以上工业连续数月保持6.0%的增长速度，工业经济阶段性筑底企稳迹象明显，工业经济运行总体保持平稳态势。但也要看到，国内外经济正在发生深刻而复杂的变化，世界经济增长乏力，动能不足的矛盾依然突出，国内外市场需求仍然偏弱，贸易保护主义肆虐，“三去一降一补”任务艰巨、难度加大，结构调整的阵痛显现，传统产业转型升级需要时间积累和空间腾挪，工业企业提质增效的困难仍然不少，工业生产增速加快的动力依然不足。

目前，全区工业经济保持了平稳增长，但下行风险同时并存，企业生产经营中的困难并未减少，工业经济保持稳步增长的难度不小。同时宁夏工业结构中传统产业占比较大，2017年是以供给侧结构性改革为重点的全面深化改革攻坚克难的关键节点期，国家去产能（钢铁、煤炭、水泥）工作将继续强力推进，会对宁夏煤炭、电力、冶金、建材、有色等主要行业产生一定影响，工业存量增长艰难。同时2016年全区规模以上工业增加值将突破1000亿元，基数的高启将使2017年增长的压力逐月加大。

从工业项目来看，2017年比较明确且规模较大的只有宁煤集团400万吨煤制油和往浙江高压供电两大项目，在一定程度上会拉动宁夏煤电产业的生产，会对2017年规模以上工业的增长形成有力支撑。但这两个项目能否顺利运行，长期投入生产，受宏观经济政策和运行态势影响甚大。

综合分析，2017年影响工业经济运行的不确定性因素依然存在，工业经济增长的基础还不巩固，工业经济增长的支撑动力还不强劲，工业企业生产的波动性可能持续，所以规模以上工业的增长速度不会有大幅的波动，继续保持平稳运行适度增长态势的可能性较大。

五、几点建议

2016年以来，规模以上工业大幅度起伏，剧烈波动，能够保持目前稳定增长的态势来之不易，支持工业经济保增长的各项政策和各种措施及时给力，力促全年规模以上工业稳定增长。同时，宁夏工业发展长期依靠高投入、高消耗，发展方式粗放，结构不合理，资源环境约束愈加紧迫，部分地区工业发展深层次矛盾和问题集中，企业生产对政策的依赖性不断增强等问题集中突出，解决不好这些矛盾和问题，不仅会影响宁夏工业健康发展，而且会给整个经济发展带来不利影响，必须要从发展战略的高度予以客观认识和科学审视。各级党委、政府和工业经济管理部门，要着力推进工业发展制度环境建设，加强战略谋划和顶层设计，加强促进工业发展的制度建设，加强工业发展重大问题研究谋划，瞄准重点领域和方向，提高品牌竞争力、产业集中度，促进全产业链整体升级。加强工业园区的建设力度和提高科学管理水平，健全跨区域和跨产业合作机制，引导地区间产业合作和有序转移，促进产业集聚、集群发展，切实防止盲目扩张和重复建设，优化产业空间结构，切实提高宁夏各工业产业核心竞争力和经济效益，增强工业可持续发展能力。统筹好增长和发展的关系，各地确定增长的目标要科学可行，给工业经济发展留有时间和空间，通过不断地发展、优化、进步来确保工业经济在合理区间稳步增长，促进宁夏经济各产业间的共同发展和良性互动，需在以下三方面多做考虑。

（一）力促转型升级调结构

以落实《中国制造2025》和宁夏“十三五”规划，加快推进科技成果工程化、产业化，促进新兴产业发展壮大。推进宁夏高耗能工业向精细化、高端化延伸转化，同时加快羊绒、纺织产品及深加工为主导的轻纺织工业的培育和优化。加强淘汰冶金、有色、建材等领域落后、过剩产能，推动传统产业技术改造升级，不断增强工业企业综合竞争力。加强引进工业项目审核把关，围绕优势产业强链补链，进一步优化产业结构。加大新建投产企业推进力度，尽快形成经济新增量，增强工业发展后劲。强力落实好各项降成本措施，切实减轻企业负担，增强企业参与市场提高竞争力。

（二）推进供给侧改革破难题

一方面，要加强创新创业指导，树立长期发展规划，大力吸纳科技人才，积极引导企业重视产品创新、工艺创新，走内涵扩大再生产的道路，促进小微工业企业向“专精特新”方向发展，提升产品的竞争力；另一方面，要引导企业主动进行升级调整，加大科研经费的投入，更新企业管理理念。加强主导产业分行业规划和指导，淘汰落后产能、工艺、技术和设备，推动工业产品结构由初级为主向中高端和高附加值转变，产业结构由原材料为主向深度加工转变，促进产业优化升级，特别要高度重视优质特色农副产品加工业的发展，促进煤、电企业的协作共赢，推动全区高载能产业的升级，推进资源能源的深度综合利用，确保宁夏传统优势产业的比较优势和市场竞争力。

（三）落实目标任务推项目

各级各部门紧盯目标任务，继续深化简政放权，积极转变政府职能，找准薄弱环节，挖掘发展潜力，精准调控、精准发力，重点突破，集中攻坚，促进工业发展措施的落实、工业项目推进力度，加大对重点项目的跟踪协调，督促企业扎实落实项目计划，通过项目实施，促进工业转型升级和提质增效。

2016—2017年宁夏服务业运行情况分析与展望

张广益

"十三五"是宁夏创新发展、转型追赶，与全国同步进入全面小康社会的决战决胜时期。2016年是全面实施"十三五"规划的开局之年，宁夏上下按照自治区党委、政府"五位一体"总体布局和"四个全面"战略布局，牢固树立创新、协调、绿色、开放、共享的理念，扎实推动供给侧结构性改革。稳增长、调结构、促改革、惠民生、防风险各项工作有序推进，推动经济持续健康发展。全区服务业呈现稳中向好的良好开局，成为稳增长的重要力量。2016年前三季度，宁夏实现地区生产总值2120.31亿元，同比增长8.0%，其中，服务业实现增加值938.53亿元，同比增长9.0%，增速比上年同期提高2.5个百分点，比第一、二产业快4.6个和1.4个百分点。

一、服务业经济运行的主要特征

（一）服务业比重实现"两个提升"

2016年前三季度，宁夏服务业增加值占全国的份额、占全区GDP的比重实现"两个提升"，服务业在全区经济中的地位不断上升。

一是服务业增加值占全国的比重逐季提升，一季度为0.27%，二季度

作者简介：张广益，宁夏统计局服务业统计处处长，统计师。

为 0.30%，三季度为 0.34%。

二是服务业增加值占全区 GDP 的比重与上年同期相比有提升，上半年为 46.3%，比上年同期提升 1.5 个百分点；三季度为 44.3%，比上年同期提升 1.6 个百分点。

（二）服务业发展提速，增速呈现“四个高于”

2016 年前三季度，宁夏服务业发展呈提速态势，服务业对全区经济转型升级的带动作用进一步增强。服务业增速与 GDP、二次产业、上年同期及全国平均水平相比，呈现“四个高于”。

一是高于 GDP 增速，上半年 GDP 增长 7.9%，服务业增速高于 GDP 增速 1.1 个百分点，三季度 GDP 增长 8.0%，服务业增速高于 GDP 增速 1 个百分点。

二是高于第二产业，上半年服务业增速高于第二产业 1.7 个百分点，三季度服务业增速高于第二产业 1.4 个百分点。

三是高于上年同期增速，上半年增速比上年同期高 2.2 个百分点，三季度增速比上年同期高 2.5 个百分点，成为国民经济三次产业中增长最快的产业。

四是高于全国平均水平，上半年增幅比全国平均水平高 1.5 个百分点，三季度增幅比全国平均水平高 1.4 个百分点。

（三）服务业助推经济增长能力增强，贡献越来越大

2016 年，服务业增加值对经济增长的贡献率基本保持稳定增强态势。三季度服务业对经济增长的贡献率 48.4%，高于第二产业 1.0 个百分点，高于上年同期 16.4 个百分点。服务业拉动全区经济增长 3.9 个百分点，与上年同期相比，多拉动经济增长 1.4 个百分点，与第二产业相比，多拉动经济增长 0.1 个百分点，服务业对经济增长的贡献能力增强。

（四）服务业投资力度加大，发展后劲增强

2016 年 1—11 月，服务业完成投资 1778.58 亿元，同比增长 14.6%，比上年同期提高 9.2 个百分点，占全部固定资产投资的 52.3%，比上年同期提高 2.5 个百分点，比上半年提高 5.8 个百分点。从服务业投资结构分析，现代服务业和民生相关的服务业投资增速明显加快。信息传输、软件和信息技术服务业固定资产投资增长14.7%，水利、环境和公共设施管理业增长20%，科学研究和技术服务业增长45.8%，居民服务和其他服务业增长154.1%，文化、体育和娱乐业增长114.4%。投资力度的加大，投资总量的增加，为服务业进一步发展夯实了基础。

（五）服务业吸纳就业能力不断增强，税收快速增长

2016年前三季度，服务业吸纳从业人员为14.26万人，占全部就业人数的25.8%，同比上升3.2个百分点。随着人们对娱乐休闲的支出逐步加大，带动了体育、娱乐业、文化艺术业的繁荣，就业人员大幅增长。增幅较大的就业人数分布在文化、体育和娱乐业，居民服务、修理和其他服务业，科学研究和技术服务业，租赁和商务服务业等行业。营改增实施以来，前三季度服务业国税税收收入79.72亿元，增长31.5%，比上半年加快8.1个百分点，占全部国税税收收入的34.3%，高于上年同期5.9个百分点，高于上半年1.4个百分点。

（六）规模以上服务业快速发展，产业结构更加优化

宁夏规模以上服务业主要行业实现全面增长，增幅高于上年同期。1—10月，全区规模以上服务业实现营业收入180.7亿元，同比增长6.7%，比上年同期提高3.6个百分点。有15个行业门类营业收入同比增长，占服务业总量的44.1%。随着经济增长动能的不断转换，为总体经济升级换挡提供服务的软件和信息技术服务业、商务服务等行业加快成长，环境和公共设施管理等旨在提升居民生活品质的营利性和公共服务型行业实现快速增长。其中，商务服务业增长11.1%，软件和信息技术服务业增长29.3%，居民服务业增长10.3%，专业技术服务业增长22%，公共设施管理业增长32.1%，其他服务业增长15%。

二、服务业发展中存在的主要问题

2016年，在各种利好因素的影响下，服务业发展速度加快，但从全国范围来看，服务业发展仍然是宁夏经济发展的短板，主要体现在以下四个方面。

（一）服务业发展认识有待提高，激励机制有待健全

党的十八大以来，自治区党委、政府高度重视服务业的发展，在供给侧结构性改革中，加快推进经济结构战略性调整，推动服务业发展壮大。但还有一些地区和部门对发展服务业的重要性认识不够充分，对服务业发展不够重视，激励服务业发展的各项政策措施还没有健全。一些地方政府对发展服务业的重要性认识不足，认为服务业发展没有搞开发区和引进工业项目在创造 GDP 与利税方面见效快，未将发展服务业放在经济社会发展战略高度去考虑。

（二）服务业贡献率低于全国平均水平，比重与全国差距扩大

服务业在宁夏经济转型中的引领作用并未得到充分发挥。2016 年前三季度，宁夏服务业对经济增长的贡献率为 48.4%，与 2015 年全国第三产业发展对经济增长的贡献率 54.1%相比，低 5.7 个百分点；服务业增加值占 GDP 的比重与全国平均水平相比还有一定的差距，与全国服务业 2015 年比重 50.5%相比，还低 6.2 个百分点，与 2016 年上半年 54.1%相比，低 9.8 个百分点，略高于全国 2012 年服务业比重 45.5%水平。

（三）服务业企业规模不大，盈利能力较弱，龙头企业较少

服务业企业大多规模小，集中度不高，产业链条较短，规模效应不明显，市场竞争力较弱，缺乏有带动力和影响力的企业集团和品牌，企业实力有待进一步提升。宁夏领军型服务业企业较少，品牌建设能力较弱。

一是从行业分布看，2015 年底全区规模以上服务业企业为 446 家，大型企业仅 9 家，占全部规模以上服务业企业的比重不到 3%；规模以上服务业统计范围的行业大类涉及 34 个，空缺行业 5 个，占比达 14.7%；营业收入过 10 亿元的企业仅有 1 家，占全部规模以上服务业企业的比重不到 1%，过亿元的企业也只有 46 家，占比不到 11%。传统行业占主导，交通运输仓储和邮政业、房地产业和商务服务业占“规上”服务业法人单位的 56.1%；而新兴服务业如科学研究和技术服务业与信息传输软件和信息技术服务业仅占 22.4%。

二是从单体规模看，2016 年 10 月底，全区规模以上服务业平均每户企业营业收入为 0.41 亿元，相比全国平均水平少 0.42 亿元，低于西北其他省区。服务业企业抗风险能力弱，受市场竞争波动较大，加之资本、人才和技术等要素的制约，不同程度地挤压了企业的盈利空间。

（四）服务业创新能力不强，难以支撑产业的持续快速发展

宁夏服务业产业孵化不足，企业市场化、组织化程度水平不高，再加上人才缺乏、创新意识不足、创新经济风险大等原因，服务业创新投入相对于第二产业总体较低。2015年，服务业从事R&D的人员占全部R&D人员的28.6%，而第二产业为71.2%；服务业R&D经费内部支出占全部R&D经费内部支出的比重仅有18.6%，而第二产业为81.4%。服务业企业创新力度不足，难以形成有引导力和影响力的行业品牌。2014年，国家认定宁夏企业技术中心14家，服务业企业空白；自治区认定企业技术中心58家，服务业企业只有3家。在经济形势日益复杂的环境下，服务业领域研发投入的不足，服务业科技人才的短缺，在一定程度上影响了服务业创新能力的提高，致使企业规避市场风险的能力不强，将难以支撑产业的持续快速发展。

三、2017年服务业发展展望

当前，我国经济发展阶段性特征是新常态。从全国服务业发展轨迹和运行看，我国服务业在快速发展，已成为国民经济第一大产业。经济由工业主导向服务业主导加快转变，对国民经济运行及经济结构调整产生了深刻影响。从今后一个时期看，我国服务业具有巨大发展潜力和成长空间。从宁夏目前服务业发展态势分析，可以预见，未来宁夏服务业占产业结构比例将不断加大，在经济增长中服务业逐步成为拉动经济增长的重要动力源泉。“十三五”时期，宁夏服务业目标占地区生产总值的比重达50%左右。从现阶段发展趋势分析，以2016年三季度比重为44.3%来看，至少要提升近6个百分点，平均每年需增加1.2个百分点。为实现既定目标，需要从以下六方面做起。

（一）坚持规划引领，抓好政策落实

根据党的十八届五中全会精神和宁夏“十三五”规划纲要，按照自治区党委十一届七次全委会总体要求，“十三五”时期经济社会发展的主要目标是：实现“一个翻番、三个同步、一个增强”，实现服务业占地区生产总值的50%左右。按照自治区党委十一届八次全委会精神，以落实“三去一降一补”五大任务为重点，以推进产业结构优化升级为方向，发挥好市场和政府的作用，瞄准市场需求，从供给端发力，坚持服务业扩规上档，推进现代服务业快速发展。高度重视服务业在加快产业结构调整和经济发展方式转变中的主导作用，研究制定宁夏《关于加快服务业发展实施意见》，加快服务业发展战略引领作用，努力营造服务业蓬勃发展的局面。

（二）实施“双轮驱动”，构筑互动机制

在国家“十三五”实施“调结构、促转型”的发展战略大背景下，必须抢抓机遇，借力供给侧结构性改革，着力实施“双轮驱动”融合式发展战略。发展生产性服务业，既是促进宁夏制造业发展的动力，也是服务业提质增效转型升级的需要。在加速推进宁夏新型工业化发展的同时，推进宁夏服务业的发展。在新型工业化发展进程中，无论是要实现先进制造业的大发展，还是生产性服务业的大发展，都需要营造有利于两者紧密接触和良性互动的外部支持环境，实现两者之间的互融互通。综合运用产业发展政策，建立互动共赢的服务业与新型工业发展机制，以国家大力发展新兴产业战略为契机，加快工业产业结构调整步伐，注重用服务业改造传统制造业，以信息化带动工业化，提高制造业信息化、智能化、服务化水平，推动服务业与制造业融合，促进生产性服务业专业化、社会化发展。

（三）推进新型城镇化，拓展服务业发展空间

服务业的内部结构与城市规模结构有较高的相关性。由于城市聚集了大量人口、资源、信息和产业，都是服务业产业化的基本载体，高附加值的新兴服务业往往与城市规模联系在一起。伴随着人口在城镇的集聚，必然会对商贸、餐饮、房地产、教育、文化体育、卫生保健等生活性服务业产生巨大的需求；伴随着越来越多的产业在城镇的聚集，必然会需要物流、金融、信息、中介、技术服务等生产性服务业的支持。正是这两个方面需求的增加，吸引越来越多的服务企业在城镇聚集。加快推进新型城镇化与市场化进程，为服务业的发展提供良好的载体，拓展了服务业发展空间。根据专家测算，城镇化每提高一个百分点，会带动消费提升 1.6 个百分点。

2015年，宁夏常住人口城镇化率达55.2%，“十三五”末城镇化率达60%，累计将提高4.8个百分点，依据此目标，将会带动宁夏的消费需求提升7.68个百分点，这将会带动全区新兴服务业迅速发展。

（四）创新体制机制，优化发展环境

坚持深化改革，发挥好市场和政府的作用。

一是加强对企业的指导和服务，帮助企业寻求新的发展机遇和空间，促进传统企业转型升级。通过中央财政和自治区财政既有专项资金，对符合条件的服务业企业，在服务设施、公共服务平台和品牌建设等方面给予贷款贴息支持。建立自治区现代服务业投资基金，引导带动更多的社会资本进入服务业领域，支持电子商务、信息、养老、健康等新兴服务业加快发展。

二是制订实施服务业品牌培育计划，打造服务业核心优势。建立服务业重大项目库，每年遴选投资强度大、产业层次高、带动能力强的服务业重大项目，集中协调推进，培育服务业龙头企业。探索建立相关部门联系帮扶制度，鼓励企业跨地区、跨所有制兼并重组，引导生产要素向优势企业和行业龙头集中，推动符合条件的企业上市。鼓励建立大企业、中小企业相互协作的战略联盟，促使服务业向专业化、社会化、品牌化发展。

三是发展“互联网+”等新兴服务业，推动服务业结构转型升级。“互联网+”对服务业各行业全面渗透，将逐渐成为服务业发展的新引擎。以提升生活性服务业的供给质量和水平催生与培育新的增长点。重点发展家庭、健康、养老、旅游、体育、文化、法律、批发零售、住宿餐饮、教育培训等生活性服务业，提高服务业的品质化和精细化，在不断适应居民日益提高的服务消费需求的同时，创造有效需求，催生和培育新的增长点。

（五）以创新为引领提升企业竞争实力

采取有效政策措施，加强服务业创新驱动引导，支持企业技术创新、管理创新和制度创新，进一步提高创新能力，激发服务业企业的发展活力，提升企业竞争能力。

一是要进一步构建以市场为导向的技术创新机制，提高知识密集型服务业创新能力。建立激励机制，鼓励企业应用新知识、新技术。以高新技术为支撑，不断提高知识密集型服务业的知识和技术水平。充分利用信息的作用，构建完备的信息管理系统，及时、准确收集科技和商业信息，密切跟踪国内外科技和市场发展动态。政府要加大对知识密集型企业的研发经费补助，提供优惠措施和资金融通，降低企业创新投入风险，鼓励、引导和支持企业增加技术开发经费，增强企业自我积累和发展能力。同时，加强产学合作，积极引进国外先进技术，提供创新支援。

二是鼓励服务业产学研联合发展。知识要转化为经济效益，必须通过人才来实现，知识密集型服务业的发展，人才是关键。建立健全服务业人才信息库和人才服务机构，进一步加强人才培养。为此，要建立一套吸引、留住和用好人才的长效机制。政府应根据产业布局，制定行业人才发展总体规划，建立科学的人才政策体系，对知识密集型服务业中做出突出贡献的人才给予重大奖励，吸引国内外人才来宁发展，促进人才资源合理流动，同时指导加强对人才的培训，形成知识密集型服务业人才的持续供给。

三是加大科技创新投入力度。加快科技市场的培育，集政府财政、创新型企业、科研院所、高等学校、科技中介服务机构以及各类基金之人力、物力、财力，建立多元化发展现代服务业的投入创新体系，保障企业科技创新以及科技创新成果转化的资金来源，切实提高服务业企业科技创新能力，为服务业的快速发展提供新的发力点，不断增强企业竞争实力。

（六）加强服务业企业培育入库工作，增强整体发展实力

服务业涉及面广，产业融合能力强，需要加强部门协调，加大扶持力度。充分发挥服务业各行业主管部门在行业监管、发展中的职能优势，积极扶持服务业主体做大做强。加强服务业企业统计入库工作，建立健全引导培育机制，各行业主管部门应建立健全监测分析机制，建立完善企业培育库，定期开展监测分析，对新产业、新业态、新商业模式、新技术企业要重点进行监测和分析。建立健全信息共享机制和考核督评机制，制定服务业发展绩效考核程序和制度，充分发挥考核的评价、导向和激励作用，进一步调动各级各部门加快服务业发展的积极性、主动性和创造性，形成加快服务业发展的浓厚社会氛围。

2016—2017 年宁夏财政税收运行情况分析与预测

刘建洲　袁海龙

一、宁夏财政税收运行情况

（一）宁夏一般公共预算收入情况

1—10 月，宁夏一般公共预算总收入 524.4 亿元，增长 5.1%。其中中央级收入 210.8 亿元，增长 6.3%；地方级收入 313.6 亿元，为年度预算的 78.1%，同口径增长[①]28.0%。

分级次看，区本级收入 93.8 亿元，为年度预算的 81.9%，下降 1.8%，占地方级收入的 29.9%；市县级收入 219.8 亿元，为年度预算的 77.2%，增长 7.2%，占地方级收入的 70.1%。

作者简介：刘建洲，宁夏财政政策研究中心主任；袁海龙，宁夏财政政策研究中心研究助理。

①地方级同口径增幅是在考虑五项基金转列一般公共预算影响后，再按收入划分过渡方案有关规定进行测算的增幅。

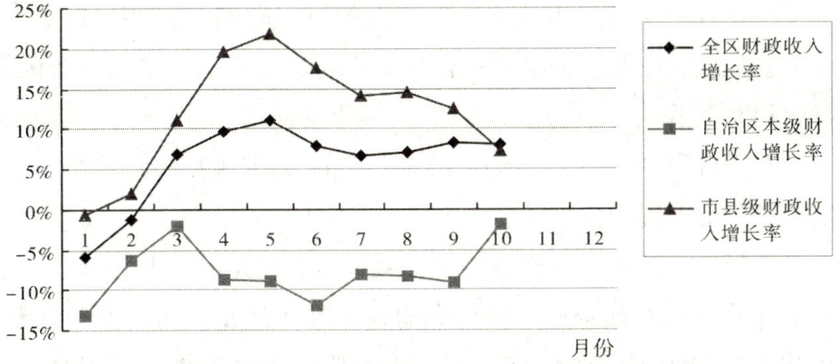

图 1　2016 年宁夏地方一般公共财政收入增长分级次折线图

分结构看，税收收入 202.9 亿元，为年度预算的 75.8%，下降 2.5%；非税收入 110.7 亿元，为年度预算的 82.6%，增长 19.8%。

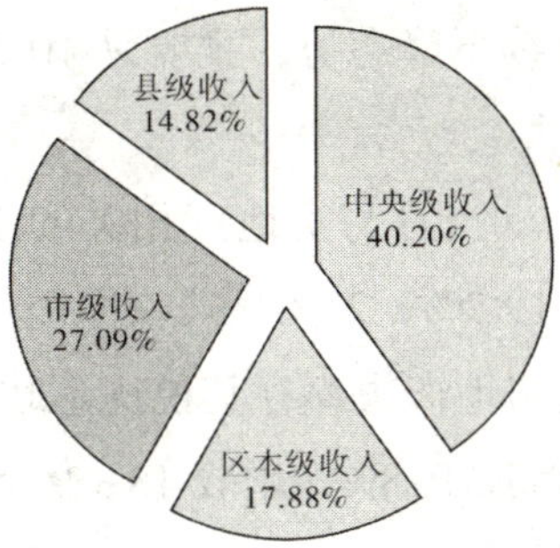

图 2　2016 年 1—10 月宁夏一般公共预算总收入分级构成

（二）1—10 月宁夏地方级收入主要项目完成情况分析

国内增值税收入 60.7 亿元，增长 1.1 倍，增收 32 亿元，当月增值税增长 2.9 倍，增收 9 亿元。增收原因：一是营改增收入带动。本月营改增收入完成 11.5 亿元，其中，原“3+7”行业完成 2.1 亿元，“四大行业”（金融业、建筑业、房地产业和现代服务业）完成 10.5 亿元，创 5 月以来的月度最高。二是商业增值税增势较强。批发、零售业增值税分别增长 73.4%、37.8%，批发和零售业继续保持良好势头。

企业所得税 22.7 亿元，增长 1.8%，增收 0.4 亿元。当月下降 16.5%，减收 0.6 亿元。分类型看，企业所得税预缴下降 12.1%，减收 0.8 亿元；分行业看，电力、银行业分别下降 77.1%、19.5%，累计减收 1.2 亿元。减收原因：一是煤价上涨发电成本上升，发电行业利润下滑；二是受央行连续下调贷款基准利率和金融机构不良贷款率居高导致的放贷谨慎等因素影响，银行业利润下滑。

个人所得税 7.9 亿元，增长 10.6%，当月增长 92.1%，主要受个体工商户生产经营所得税增长带动。

资源税 7.3 亿元，下降 33.8%，减收 3.7 亿元。减收原因：一是 2015 年年初部分重点石油企业一次性大额入库近 2 亿元，抬高上年基数；二是受煤炭去产能压力影响，延续年初以来的减收态势。当月资源税增长 65.7%，增收 0.4 亿元，主要是前期煤价节节攀升，资源税持续下滑态势得到遏制，10 月累计降幅比前三季度收窄 5.8 个百分点。

城市维护建设税 13.7 亿元，增长 4.9%，增收 0.6 亿元，当月增长 4.7%，扭转了 6 月以来的持续下降态势，主要是 10 月部分大型企业实现增值税 2.2 亿元，计提基数增大。

地方中小税种收入情况。当月与房地产相关的土地增值税、耕地占用税、契税分别下降 25.7%、19.7%、21%。减收原因：一是宁夏房地产市场交易活跃度不高，二是落实房地产去库存契税优惠政策。

非税收入 110.7 亿元，增长 19.8%，增收 18.3 亿元。10 月下降 2.6%，专项收入、罚没收入分别下降 21.5%、34.2%，主要是部分市县排污费、教育费附加、残疾人就业保证金、教育基金收入及其他罚没收入同比减少。

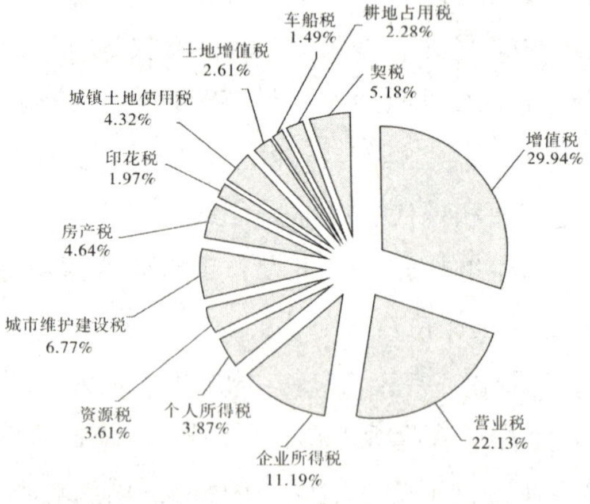

图 3　2016 年 1—10 月宁夏税收收入构成

总体来看，10月以来，中央级和地方级收入两极分化明显。中央级增长37.4%，主要原因：一是金融业等“四大行业”营改增收入按季征收和企业所得税季度预缴，二是部分企业当月实现增值税入库，三是清欠税款。地方级收入受营改增政策影响、中小税种增长乏力、非税拉动作用减弱等因素影响，下降5.5%。

地方级收入中，分结构看，受营改增政策性减税、增值税划分比例调整和宁夏传统税源萎靡、上年一次性拉高基数等因素影响，1—10月，税收降幅比前三季度提高0.5个百分点，预计后期税收增势较为严峻。分级次看，1—10月，区本级和市县级分别慢于序时进度1.4、6.1个百分点。当月区本级和市县增值税收入调库两级收入分化，区本级收入增长54.2%，市县级收入下降6.1%。分税种看，1—10月，国内增值税（含改征增值税）、营业税、企业所得税、个人所得税四大主税合计下降2.2%，慢于地方同口径收入增幅10.2个百分点，占地方税收的67.2%，对税收的贡献度延续5月以来的逐月回落态势，比5月、6月、7月、8月、9月分别回落4.8个、3.4个、1.6个、1.1个、0.5个百分点，对税收的支撑力逐步减弱。

当月分产业看，二产税收增速加快。第二产业完成23.6亿元，增长43.1%，增收7.1亿元。采矿业税收中，煤炭开采和洗选业完成2.6亿元，增长8.8倍，主要受益于煤价的大幅上涨，煤企盈利状况改善。制造业税收中，石油加工、炼焦和核燃料加工业增长16.3%，增收1.2亿元，主要是在煤炭供给收缩之下，加之三季度恰是动力煤的传统旺季，炼焦煤价格随着“金九银十”旺季的到来上涨较快。建筑业受营改增因素增长2.8倍。电力、热力、燃气等生产和供应业受工业经济低迷、有效需求不足影响，完成2.4亿元，下降11.5%。三产税收大幅增长。第三产业完成17.1亿元，增长67.4%，增收6.7亿元，其中商业、金融、房地产和商务租赁业分别完成4.5亿元、6.1亿元、2.6亿元和1.1亿元，分别增长25.1%、1.5倍、2倍和1.6倍，主要是营改增不可比增收；交通运输业下降39.5%，主要受工业生产运输量下降影响。

（三）宁夏财政支出情况分析

1—10月，宁夏一般公共预算支出完成1017.9亿元，同口径增长11.4%，增支 105.2 亿元，为年度变动预算的 78.3%。

分级次看，区本级支出 248.5 亿元，增长 4.3%；市县级支出 769.4 亿元，增长 14.1%。

分重点项目看，农林水增长 1.2 倍，增支 9.9 亿元，主要是抗旱、农业综合开发资金支出。节能环保下降 27.5%，主要是 2016 年中央直接拨付可再生能源电价补贴专项资金到电网公司，不再经过财政部门拨付，支出降幅在各月度均有体现。

（四）宁夏政府性基金预算收支情况

1—10 月，宁夏政府性基金收入 97.7 亿元，下降 15.9%。地方级基金收入 96.6 亿元，下降 15.3%，其中国有土地使用权出让收入 60.2 亿元，下降 20.2%。宁夏政府性基金支出 108.6 亿元，下降 13.2%，其中国有土地使用权出让支出 68.4 亿元，下降 19.1%。

二、宁夏财政税收运行主要特点

（一）收入运行总体平稳，增收压力大

2016 年以来，受部分地区一次性税款入库、营业税清欠、营改增政策改革、增值税划分比例调整等综合因素影响，前三季度，地方收入增幅分别为 6.9%、10.3%、8.3%，季度收入呈现前期攀升、后期下行态势。自治区本级受 2016 年以来资源税减收及营改增政策改革因素影响，收入持续负增长。宁夏 19 个市县中，有 13 个县（市）慢于序时进度。

（二）税收增长动力不足，重点行业减收明显

受营改增结构性减税政策以及经济下行压力影响，宁夏地方税收收入已持续 3 个月下降，且降幅保持在 2 个百分点左右，1—10 月，宁夏地方税收收入已下降 2.5%。地方级收入中，与经济密切相关的主税共完成 136.2 亿元，下降 2.2%。主要税种分地区看，区域增长不均衡，资源型地区减收明显。从重点行业看，煤炭、原油、电力、机械等传统支柱行业税收大幅减收。

（三）非税拉动作用明显

一是非税收入增长 19.8%，成为地方的唯一增收源，主要是国有资源有偿使用收入增幅较大，一直是支撑整体收入增长主要因素，拉动整体收入6个百分点。二是部分市县国有资产处置收入。三是政府住房基金、水土保持补偿费等五项基金转列一般公共预算收入。

（四）财政支出加力增效，重点支出保障有力

1—10月，宁夏各级财政部门通过建立清理压缩暂付款及结余结转资金月报、奖惩制度，盘活财政存量，用好财政增量，减税负、增支出，积极发力保民生，强化支出预算执行。重点支出保障较好，与服务业相关的八项非营利性服务业财政支出增长14.2%，高于支出平均增速2.8个百分点。累计投向教育、科技、卫生、社保等民生领域达766.7亿元，增长12.8%，占宁夏财政支出的75.3%。10月，宁夏一般公共预算支出59.3亿元，增长2.1%。

三、宁夏财税经济运行中存在的主要问题

（一）工业经济增长的基础仍不牢固

一是产业发展的增量不足。前三季度，宁夏规模以上工业新增入库企业仅有35家，比上年同期减少13家。

二是停、减产企业依然较多。截至9月底，宁夏仍有132家规模以上工业企业停产，占全部规模以上工业企业的10.7%；有472家企业产值同比下降，企业减产面达到38.5%。

三是企业亏损面较大。1—8月，宁夏规模以上工业中亏损企业394户，亏损面32.3%。规模以上工业亏损企业亏损额56.3亿元，同比增长5.4%，煤炭、冶金两大产业依然全行业亏损。

（二）固定资产投资面临较多的不确定性

前三季度，宁夏固定资产投资虽然增长10.8%，但呈现波动与下行态势。

一是工业投资增速持续回落。宁夏工业投资1200.8亿元，增速由上半年18.7%、1—7月13.8%、1—8月10.3%下滑到4.2%。工业投资占固定资产投资的比重也由上半年的49.4%回落到44.2%，支撑作用不断减弱。

二是投资项目减少。截至9月底，宁夏固定资产投资项目3579个，比上年同期减少14个，已连续4个月负增长。

（三）消费品市场增长动力不足

由于宁夏城乡居民收入增长较慢，导致居民消费意愿不强，宁夏社会消费品零售总额增速已经连续6个季度个位数增长，2016年前三季度仅增长7.2%。一方面，重点企业销售持续低迷，宁夏限额以上企业商品零售额仅增长1.3%；另一方面，传统消费已趋于饱和，二十二大类商品零售额中十二大类销售下降，而新兴的健康养老、文化娱乐、居家服务等新的消费热点正在培育壮大，尚不能形成新的拉动力。

（四）经济发展分化特征进一步显现

一是区域发展明显分化。前三季度，宁夏22个县（市、区）地区生产总值增速最高和最低之间相差9.3个百分点，投资增速相差58.9个百分点，规模以上工业增速相差29.2个百分点。有5个县（市、区）固定资产投资负增长，2个县（市、区）规模以上工业负增长。

二是经济走势也明显分化。一些高度依赖资源开发和产业结构单一的地区，经济增长乏力，有10个县（市、区）经济增长低于全区平均水平。

（五）财政收支总体面临压力较大

宁夏经济回升向好基础不牢，下行压力持续，仍面临部分先行指标负增长、投资月度增速波动较大、政策性减收效应进一步凸显等压力，税收收入增长乏力，财政收入质量不高，增收挖潜空间有限，后期增收难度加大。

四、2016—2017年宁夏财税经济运行趋势研判及对策建议

（一）财税经济运行趋势研判

2016年，宁夏经济总体延续了总体平稳、稳中有进的格局，交通运输、企业用电、生产价格等先行指标逐月好转，一些行业和企业生产正在逐步恢复，前三季度的主要经济指标增长良好，为全年经济的平稳健康发展打下了良好基础。但四季度主要指标基数不断增大，增速提升难度将有所增加；企业经营困难、工业投资下滑、消费需求不旺等问题依然突出，经济下行的压力有增无减。从财税运行趋势看，中央财政资金调度趋紧，营改增后增值税划分比例调整直接减少各级财政的可用财力，地方级收入缺口增大，暂付款消化压力较大，多重因素叠加使得后期各级财政资金运

行更为艰难。总体来看，支撑宁夏财政经济企稳向好的诸多因素不断聚集，随着结构调整成效的逐步显现，经济下行的压力将逐步缓解，财税经济发展有望继续保持稳中有进、稳中向好的运行态势。

2017 年是“十三五”规划的第二年，受外部经济环境影响，宁夏经济仍会面临较为严峻的考验，持续下行的压力会继续带来财政增收困难、收支矛盾进一步突出等问题。在此形势下，宁夏财政将继续围绕推动供给侧结构性改革的发力重点，积极推进深化财税体制改革任务目标落实，加大稳增长、促改革、调结构、惠民生、防风险力度，为宁夏经济社会平稳发展提供保障和支持。

通过对 2016 年自治区本级、市县级财政收入结果的测算看，预判 2017 年宁夏财税运行趋势：

一是税收收入持续下行。2016 年 1—10 月，税收收入下降，特别是资源税收入呈现大幅下降趋势，从政策、市场等方面预测，2017 年宁夏税收形势将更加严峻，增长基础并不稳固。

二是非税收入较快增长难以持续。2017 年起，市县可转让国有资产将明显减少，预计非税收入较快增长不可持续。

三是经济发展进入新常态。根据对“十二五”经济、财政收入增长规律及二者关系的研究结果，经济和财政收入增长率由上升转变为下降的拐点已经分别于 2010 年和 2011 年出现，经济发展和财政收入步入中低速增长的新常态已经显现。如果环境因素（如改革开放力度、经济体制和运行机制、财政经济政策、经济结构等）不发生变化，经济和财政收入增速下降的趋势将会传递至“十三五”时期。

四是财税改革减收效应将进一步加大。营改增试点改革后，中央调整了中央与地方增值税划分方式，影响宁夏减税约 23 亿元，此项改革减税效应仅体现了 8 个月，而 2017 年将体现 12 个月，对宁夏财政收入的减收影响将进一步加大。

预计 2017 年，宁夏财政一般公共预算收入完成 396 亿元，实际增长 2.9%，剔除营改增收入划分因素后，可比增长 4.7%，其中，自治区本级预计完成 133.8 亿元，实际增长 6%，可比增长 3.7%；市县级预计完成 261.8

亿元，实际增长1.4%，可比增长5.2%。从以上测算综合考虑，宁夏正处于产业结构调整及经济发展转型期，应更加审慎，做实财政收入，合理安排收入预算，比较符合目前经济发展趋势。

（二）相关建议

1.大力支持企业发展

要稳住骨干企业和大企业，增强工业经济的稳定性，继续强化“一企一策”“一行一策”执行力度，为企业提供保姆式贴心服务。继续化解原煤、钢材、机制纸及纸板、塑料制品等过剩产能库存。重点推动31个工业园区集聚发展、组团发展，提高园区竞争力和贡献度。加强企业家队伍建设，通过培训、交流、引导等方式，提升企业家队伍素质，以此带动企业竞争力的提升。

2.抓好重大项目建设

加大在建项目建设力度，加快推进建设项目的工程进度。用足用好政府可用资金，强化政府资金对宁夏投资的撬动作用，确保每个项目完成年度投资计划，促进宁夏投资较快增长。继续加大招商引资力度，抓好已签约项目的跟踪落实，推进签约项目实施。充分调动企业投资积极性，支持民间投资健康发展，扩大市场准入，鼓励、引导和支持民间投资通过PPP等途径进入基础设施、基础产业和公用事业等领域，为投资可持续增长注入后劲和活力。

3.进一步促进消费市场发展

通过提高普通职工工资水平、低保人员标准、养老保险标准和农民务工收入，加快提升城乡居民收入，切实增强居民消费能力。积极推动落实带薪休假制度，支持旅游产业发展。

4.加快培育新的经济增长点

推进“互联网+”产业发展，发展新兴业态。重点推进移动物联网、云计算、大数据为代表的新一代信息技术与产业融合发展，促进大众创新、万众创业，实现经济提质增效升级。加强引资平台建设，抓住引资重点，切实把引资项目做细做实。更加注重招商选资，抓好重点领域招商，突出重大项目招商，提高招商引资针对性。积极培育达标入规企业，各级部门要加强新增企业和项目的培育，做大总量，稳定存量，优化增量，确保宁夏经济趋稳向好。

5.构建收入稳定增长机制

定期召开财税部门协调督促分析会议，健全三级联动机制，深入市县、企业督导收入进度，确保收入目标如期完成。做好营改增改革后续配套工作，制定应对营改增后税收减收的具体措施，防止财政收入流失。建立健全增收激励机制，充分调动市县发展经济、增加财政收入的积极性，着力培植财源，为经济发展增添后劲。

6.优化财政支出结构与质量

加大民生投入，重点解决好教育、就业、社保、医疗卫生、保障房建设等民生问题。强化预算执行管理，严格按照新《预算法》规定执行预算，加强资金监督监控。加强绩效管理，健全完善涵盖绩效目标编制、预算执行监控、绩效评价实施、评价结果应用等各环节的预算绩效管理体系。加快财政支出进度，盘活财政存量资金。建立定期收回、清理压缩暂付款及结余结转资金月报告制度。

7.继续推进财政改革创新

大力支持供给侧结构性改革工作，全面落实减税降费政策。完善现代预算管理制度，科学合理编制年度预算，做好财政预决算公开，合理划分自治区和市县财政事权及支出责任。加强政府债务管理，建立风险预警和应急处置机制。加快财政金融融合改革，探索基金融资管理，推动 PPP 示范项目落地。

2016—2017年宁夏金融业形势分析与预判

宁夏金融工作局课题组

2016年，宁夏金融系统认真贯彻落实国家金融调控政策和自治区党委、政府的重大决策部署，全力推动金融领域“三重一改”任务，持续优化融资结构保障实体经济发展，纵深推进金融改革创新，不断健全完善金融组织、市场、服务、风控、政策体系，维护区域金融形势安全稳定，金融运行呈现出市场资金适度宽松、融资结构持续优化、风险缓释功能增强等特征，有力支持了经济社会发展。

一、2016年宁夏金融运行基本情况

2016年，宁夏坚定不移推动多元化融资，信贷保障规模稳定增长，资本市场融资持续扩张，融资结构不断优化。

（一）市场资金保持平稳宽松

1—10月，宁夏新增贷款、债券和股权融资1520.43亿元，其中债股融资突破千亿大关，是上年同期的1.6倍，是新增贷款的2.13倍。

一是信贷结构理性调整。10月末，宁夏人民币贷款余额5603亿元，同比增长10.3%。从全国和浙江等发达省份贷款增速调整的实践看，信贷增长的理性回归与直接融资的加快发展，反映了金融服务以新的特征适应

经济转型升级的需要。1—10月，新增贷款485亿元。中长期贷款余额同比增长13.6%，新增额占全部新增贷款的75.3%，分别较上年同期提高了3个百分点和26.6个百分点，增速和占比实现“双升”。紧紧围绕自治区重点产业、重点项目、重点工作积极调整信贷结构，支持保障产业发展、改善民生、支农支小、脱贫攻坚特征明显。截至9月末，第三产业贷款余额同比增长18.6%，分别高于第一、第二产业5个百分点和8.9个百分点；小微企业贷款同比增长21.5%，高于各项贷款增速10.6个百分点；新增涉农贷款113亿元，占全部人民币新增贷款的24.6%，较上年同期提高6.3个百分点；特困地区各项贷款余额367亿元，同比增长27.4%，高于全区贷款增速平均水平16.5个百分点。

二是融资服务保障有力。坚持直接和间接融资两轮齐驱，债券发行规模不断扩大，区内上市企业再融资能力逐步提升，定向增发募集资金和股权质押股数远超同期水平，有效缓解了企业融资压力。1—10月，发行各类债券937.1亿元，其中，地方政府债券334.6亿元，银行间债券市场561.4亿元，一般公司债券36.1亿元，资产支持专项计划5亿元；上市公司定向增发募集资金90.83亿元，较2015年新增84.8亿元；8家上市公司质押股数11.98亿股，“新三板”挂牌企业增发融资7.4亿元，股权质押3.8亿股。推动设立资本市场发展投资基金2只各1.5亿元、宁夏创新创业投资基金5000万元。国电电力宁夏新能源计划通过资产证券化融资5亿元，首开宁夏资产证券化先河，利率低至3%~4.2%。已备案私募基金34家，注册资本金50.07亿元；管理基金31只，基金规模70.16亿元。企业融资由银行贷款转向债券、股权、基金、资产证券化、债贷结合等多元融资格局渐趋完善。

三是资金利率稳定下降。宁夏存贷款利率走势平稳，金融机构利率差别化定价能力不断提高，社会融资成本持续下行。1—9月，银行业金融机构各期限贷款加权平均利率为6.21%，同比下降1个百分点。其中全国性银行平均利率为4.97%，同比下降0.95个百分点；地方性金融机构为7.48%，同比下降1.16个百分点。

四是跨境结售逐步回升。银行结售汇降幅收窄，人民币跨境使用更趋广泛，支持企业“走出去”取得实质性突破，外贸企业跨境业务渐趋活跃。1—10月，宁夏银行结售汇总额26.1亿美元，降幅较年初收窄20.8个百分点；顺差达到4.4亿美元(上年同期逆差3.4亿美元)，实现“逆转顺”。其中，经常项目下结售汇总额20.1亿美元，占全区结售汇总额的76.9%，较上年同期上升12.1个百分点，较年初上升45.2个百分点；结汇15.3亿美元，同比增长5.8%；售汇10.8亿美元，同比下降39.9%。

（二）资本市场活力持续迸发

继续大力培育资本市场，企业上市辅导进程加快，上市公司并购重组和再融资日益活跃，挂牌企业骨干群不断壮大，企业融资渠道进一步拓宽。

一是主板培育有序推进。积极申请中国证监会将红寺堡区纳入重点支持贫困地区范围，争取享受“即报即审、即审即发”政策，助推嘉泽能源加快IPO进程。晓鸣农牧辅导监管步伐加快，百瑞源、沃福百瑞、网虫股份、德泓国际、共享集团等企业上市前期工作启动，筛选有意愿、符合条件的30家企业建立上市企业后备库。

二是上市融资渐趋活跃。西部创业、美利云完成并购重组和再融资，净资产分别增长1879%和3745%。美利云定向增发19.45亿元，商赢环球、银星能源核准增发融资39.84亿元，宁夏建材核准发行公司债5亿元，新日恒力非公开发行股票已报证监会审核，计划融资6亿元。力争年内上市公司融资规模突破百亿大关。

三是挂牌企业实力持续增强。截至10月末，新增挂牌企业188家，总量达到594家。其中，“新三板”企业新增19家，总量达到55家；四板企业新增169家，总量达到539家。披露年报的51家“新三板”企业，实现盈利的达46家，盈利总额7.3亿元，平均盈利1587.8万元。上陵牧业等11家公司进入创新层。

（三）保险保障功能日益增强

引导保险业金融机构充分发挥稳定器和助推器作用，服务领域不断拓展，保险产品丰富多元，保障能力持续提升，保险业的资金融通、经济补偿、灾备应急等功能明显增强。截至9月末，宁夏保险业资产总额达287.39亿元，较年初增长16.89%；实现保费收入108.2亿元，同比增长

32.39%，增速位列全国第 11，西部十二省第 3；为全社会提供保障 8.2 万亿元，其中人身保险保障突破 1 万亿元；为企业和个人支付赔款 30 亿元，同比增长 25.8%。与此同时，保险服务机制和方式不断创新，保障经济发展和民生改善的作用凸显。

一是资金融通服务取得重大突破。首次推出“保险增信、信贷支持、资金融通”新型商业模式，全区第一笔纯商业中小企业保证保险贷款 200 万元正式落地；推动宁夏股权托管中心、阳光财险、邮储银行联合开发“股贷通”业务，成功探索了三板、四板企业借助保险增信功能实现股权融资的有益路径。

二是扶贫保险服务助力脱贫攻坚。“脱贫保”项目承保 39.34 万人大病医疗保险，11.02 万户家庭意外伤害保险，特色农险承保 6.24 万亩农作物和 12.81 万头牲畜，提供风险保障 425 亿元。

三是农业保险服务有效缓释风险。重点推进农业保险“两试点、两扩面”工作，蔬菜价格政策性保险试点稳步推进，彭阳农村小额贷款保证保险试点“破冰”，政策性农险保单质押贷款规模扩张，农业保险承保覆盖面扩大。截至目前，农业保险承保蔬菜等各类作物近 700 万亩、牲畜 170 万头，同比分别增长 8.7%和 15.7%；帮助养殖大户、龙头企业、农业合作社融资 4123 万元，为近 40 万农户提供贷款保障 70 亿元以上。

四是大病保险服务更加快捷便民。全区城乡居民基本医保与大病保险实现一站式即时结算，大病保险覆盖五市二十一县区，承保人数达 473.68 万。

五是责任保险服务积极稳妥扩面。环境污染责任保险试点工作正式启动，首单保险业务成功签订。责任保险覆盖所有道路承运人、学校、旅行社、公立医院，提供风险保障 8457 亿元。安全生产责任保险扩面工作有序推进。

（四）金融招商保持强劲势头

牢固树立以金融招商带动和助推产业发展理念，坚持引进、组建、培育“三管齐下”，加快健全和丰富金融要素市场，不断填补金融牌照和业务资质空白，全区金融业态日益完善。

一是批筹机构陆续开业运营。宁夏首家地方法人保险公司和首家全国性总部级金融机构——建信财产保险有限公司正式开业，批复、筹建、挂牌仅半年时间，创造了金融机构设立的“宁夏速度”。首家金融资产交易中心入驻，首家财务公司运营，2 家股份制银行、3 家村镇银行、3 家证券机构、1 家养老保险分公司开业；新设立保险专业中介分支机构 4 家、担保公司 10 家（其中政府背景 9 家）、村级互助担保基金 6 家。

二是新引进机构批筹步伐加快。兴业银行和 4 家村镇银行、光大证券银川营业部、广州证券宁夏分公司等 8 家证券机构，全区首家专业责任保险分支机构长安责任宁夏分公司、宁夏登记结算中心等金融机构获批筹建。

三是机构引进对接力度持续加大。凤凰金创、长安鼎信两家法人保险经纪公司完成工商注册，亚太人寿设立申请已提交，中青人寿名称预核准已申报，供应链、互联网等法人保险公司引进工作正在积极接洽。建行、协鑫集团、中瑞控股等拟发起设立法人证券公司对接工作有序推进。同时，积极“走出去、请进来”，加大金融租赁、消费金融、公募基金、第三方支付等稀缺牌照招商服务力度，与中信集团、奇虎 360 等有实力、有意愿来宁设立机构的企业进行了多次沟通磋商。

（五）金融改革创新积极推进

坚持创新添活力、改革促发展，金融生态环境进一步优化。

一是服务方式创新成效明显。盐池金融扶贫模式全区推广。第二代支付跨行清算系统平稳运行，小额支付和网上跨行清算实现“双升”，系统清算资金分别为 1957 亿元、1017 亿元，同比分别增长 55.6%、44.3%，便民惠企服务效用突出。

二是体制改革活力持续激发。自治区财政出资 9 亿元分别向宁夏银行和黄河农村商业银行增持股权（各 4.5 亿元），地方银行经营实力进一步增强；贺兰、西吉等农信社顺利改制农商行，宁夏再担保集团完成重组，西部担保、灵武市融资担保公司完成增资扩股，公司法人治理结构不断健全完善；引导民间资本以投资入股、参与重组改制等方式增强农村中小型金融机构经营实力，城商行、农合机构、村镇银行民间资本占比分别达到 50%、93%、69%；自治区政府组建 5 家投资运营集团公司，进一步提升了宁夏投融资平台功能，增强了区属企业投融资能力。

三是改革试点工作稳步开展。农村金融改革试点扩大至 7 个县（区），扶贫小贷、互助资金、盐池惠民微贷等 6 种试点模式全区推广。平罗、同心、永宁等 5 个国家农村产权抵押试点发放“两权”抵押贷款超过 7 亿元。村级互助担保基金试点扩大到 6 个县（区），19 家村级互助担保基金发放贷款 1900 万元。8 家民间借贷登记机构提供融资支持 13.8 亿元，2 家金融仓储公司提供质押担保贷款 51 亿元。

（六）金融环境持续优化

坚持完善体系、健全机制、宣传引导、加强监管、排查风险、打防结合等综合施策，着力营造良好金融生态环境。

一是政策体系逐步健全。提请自治区政府印发了金融业发展“十三五”规划。在认真贯彻落实加快资本市场发展、改善金融发展环境等一系列政策措施的同时，提请自治区政府、联合有关部门修订完善了小额贷款公司管理、进一步促进小额贷款公司持续健康发展、小微企业融资担保代偿补偿资金管理、助贷业务机构设立审批指引等政策意见和办法，正在抓紧制定《宁夏回族自治区普惠金融发展规划（2016—2020 年)》。

二是正向激励有序推进。组织开展金融支持地方经济社会发展评奖活动，38 家单位荣获“金融支持贡献奖”“金融服务创新奖”“金融环境创建奖”，金融高管人才公寓建设和突出贡献财政奖补工作进展顺利。

三是监管服务不断规范。加强银行、证券、保险行业监管工作，深入开展小额贷款公司“规范发展年”和融资担保机构监管评级活动，推动 4 家小额贷款公司接入人民银行征信系统并开通信用查询功能，4 家融资担保机构接入征信系统试点工作扎实推进，进一步规范了民间借贷登记服务、金融超市、金融仓储等新兴业态的经营行为，提高了风险管控能力。

四是风险处置积极稳妥。针对银行业不良贷款“双升”和企业应收账款累积的严峻态势，引导不良资产处置交易机构与银行和企业达成处置协议，帮助盘活存量、轻装上阵。配合银监局推动 29 家银行设立债委会，稳定企业债务，帮助企业渡过难关。亚联盟资产交易中心正式开业，积极协助银行业金融机构化解不良资产，已与十几家银行机构达成挂牌交易 43 亿元，完成处置 37.27 亿元。顺亿资产管理公司与 3 家银行达成挂牌交易

6.92 亿元，完成处置 7000 万元。3 家资产管理公司为 23 家大型企业处置非金融不良资产（应收账款）46.19 亿元。

五是金融操作实务培训持续发力。在全国率先选派干部跟班学习“新三板”相关知识，持续开展“金融服务下基层”市县轮训、保险大篷车市县轮训、资本市场专题培训班暨宁投融资金项目对接沙龙、宁夏金融改革创新高层系列讲座等活动，宣传金融政策，讲解金融操作实务，加强银企对接，有效提升了党政干部、企业管理人员的金融素养和参与资本运作的能力水平。

六是金融形势总体安全稳定。会同自治区公安厅、人行银川中心支行、宁夏证监局等部门和机构，密切跟踪国际国内经济金融形势变化和国家政策动态，深入开展“防范和打击非法集资专项排查整治年”行动，严厉打击非法吸储、非法集资、非法理财等违法违规活动。1—10 月，宁夏公安机关共立非法集资案 46 起，涉及受害群众 9272 人，涉案金额 5.5 亿元，挽回损失 2800 万元。以全覆盖、无死角为目标，扎实推进互联网金融风险摸底排查工作，通过政府购买服务方式聘请专家对 P2P 网络借贷、通过互联网开展资产管理及跨界从事金融业务活动的重点核查对象实施现场检查。借鉴北京、河北等省市处置非法集资经验，制定《打击和处置非法集资监测预警工作制度》，建设监测预警云平台和认证专家委员会。充分运用互联网、大数据、云计算等技术手段重点加强风险高发行业、领域、企业及个人信息风险防控。目前，全区未发生区域性、系统性金融风险。

二、当前金融运行形势简要分析

从当前国际国内经济金融形势看，宁夏金融业发展的机遇和挑战并存，总体向好。

国际形势不容乐观。全球经济仍处在金融危机后的深度调整期，整体复苏乏力，下行风险持续存在，不确定性上升，疲弱态势短期内难有明显改观。二十国集团领导人第十一次峰会 9 月在杭州成功举办，中国在宏观政策协调、国际金融架构、普惠金融、金融部门改革、绿色金融等领域，推动达成了多项重要成果，为完善全球经济金融治理贡献了中国智慧、中国方案和中国力量，同时人民币加入特别提款权货币篮子，积极参与国际金融秩序重构，必将推动全球货币宽松的大环境尽快形成。

国内环境持续优化。国家“一带一路”、西部大开发、打赢脱贫攻坚战等战略深入推进实施，我国经济发展进入速度变化、结构优化、动力转换的新常态，仍处于可以大有作为的重要战略机遇期。国务院及国家有关部委密集出台促进创业投资持续健康发展、构建绿色金融体系、中国保险业发展“十三五”规划纲要、发挥资本市场作用服务国家脱贫攻坚战略等促进金融业持续健康发展的政策措施，推动和引导有效宏观审慎政策实施，为宁夏经济金融发展指明了方向，提供了良好机遇和有力保障。特别是中国证监会《关于发挥资本市场作用服务脱贫攻坚战略的意见》出台，将引导金融资源、智力资源、产业资源向贫困县区集中；有利于宁夏旅游、枸杞、奶产业、新能源等领域推出一批上市公司和“新三板”挂牌企业，做强行业龙头，促进产业整合，壮大产业实力。

区域基础更加厚实。“四个宁夏”建设深入推进，全区经济社会发展势头良好，工业化、城镇化、农业现代化新动能加快形成，新的增长点和增长动力有序培育，开放开发空间积极拓展，全面深化改革红利不断释放，为全区金融业快速发展奠定了坚实基础。

尽管如此，受国际国内经济下行影响，当前宁夏金融运行仍然存在一些突出问题，需要高度关注与积极应对。

一是信贷资源配置分化明显。从银行贷款余额增速看，12 家超过 20%，22 家保持在 10%左右，9 家出现负增长；从投放区域分布看，银川市占比高达 71.5%；从投放重点看，95%的新增贷款投向第三产业、“三农”领域和贫困地区；从投放企业类型看，85.3%集中于国有企业。同时，银行机构普遍反映，当前宁夏有限信贷需求不足。截至 9 月末，全区授信规模 5296 亿元，用信 3956 亿元，占比 75%，剩余 1340 亿元。授信多、用信少的原因主要是项目储备和开工不足、企业投资意愿减弱。这表明，产业结构升级与金融机构转型尚处于调试期，亟待加快调整和有效衔接。

二是风险防控形势复杂。受经济下行影响，部分产能过剩行业和停产或半停产企业信贷偿还风险逐步暴露，企业脱困难度加大，不良贷款率有所上升。全区银行业不良贷款余额 104.6 亿元，较年初增加 25.9 亿元；不良贷款率 1.82%，较年初上升 0.33 个百分点。随着跨市场、跨行业资金流动加剧，风险向金融行业传导形势渐趋复杂，金融业防范和化解风险的难度增加，不良贷款较集中的大型重点企业在短期内难以缓解资金紧张的局面。同时，当前非法集资手段更加多样与隐蔽，特别是披着电子商务和互联网外衣的非法传销、庞氏骗局增多，导致众多参与者经济损失惨重，防范和处置的压力仍然较大。

三是金融市场功能发挥仍然有限。信贷市场虽然平稳增长，但适应新形势新变化的能力不足，结构性矛盾突出，整体服务功能不足的问题开始凸现。资本市场虽发展较快，但由于基础较弱，要素和人才缺乏，实际运作能力和效果尚显不足，加之私募基金仍处于探索发展阶段，活力需要进一步激发。保险市场潜力巨大，但苏醒较晚，势头初现，需要下大力气认真挖掘。各种金融工具的综合运用刚刚起步，金融整体功能发挥仍需假以时日，不断实践。

三、2017 年宁夏金融业发展对策建议

2017 年，是加快推进宁夏金融业发展“十三五”规划的关键年。总体思路是：全面贯彻党的十八大和十八届三中、四中、五中、六中全会及习近平总书记来宁视察期间重要讲话精神，认真落实国家经济金融宏观调控政策和自治区党委、政府的决策部署，以推进供给侧结构性改革为主线，坚持创新、协调、绿色、开放、共享发展理念，按照“一二五”工作思路，推进金融功能提升年建设，即围绕一个规划（自治区金融“十三五”规划）、坚持两手抓（抓金融基础建设、抓金融功能提升），做好稳增长、调结构、助脱贫、促改革、防风险五项重点工作，更好地服务开放富裕和谐美丽宁夏建设。

（一）坚定不移稳增长

一是保持信贷规模稳步增长。坚持一企一策、分类指导，督促首批 60 家债委会落实合作协议，加快组建第二批 104 家债委会。充分运用法律、行政、经济、市场等手段，采取债务重组、资产重整、治理重构、战略重

思等综合措施，积极帮助困难企业缓解经营压力，快速“康复”，整装出发，争取实现企业信贷供给、银行资产质量、实体经济发展、经济金融预期“四个稳定”的多赢局面。

二是推进金融招商。积极协调对接国家有关部门和各银行总行，阐释区域经济特点和优势，争取扩大信贷投放规模，争取国家各类优惠政策和资金，支持宁夏经济发展。推动民营银行、地方法人证券公司、寿险公司、第三方支付等金融牌照获批进程，不断丰富金融要素市场，逐步填补金融牌照和业务资质空白。

三是加强顶层设计。进一步推动落实金融扶持优惠政策，持续开展金融支持实体经济发展先进评奖和宣传。深入研究“金融血液”流通不畅的原因，加强制度层面的谋划设计，协调各级政府、有关部门和金融机构，疏通金融资源流向实体经济的“血管”。

（二）培育市场调结构

一是扩大银行的非信贷融资规模。引导银行业金融机构加快由资金的提供者向资金的组织者转变。在扩大传统信贷支持规模的基础上，通过投贷联动、融资租赁、信托以及其他集团资源的协同运用，多渠道引导银行资金流向实体经济。

二是发挥好资本市场对地方经济发展的巨大推动作用。紧抓证监会实施新的扶贫政策机遇，继续大力发展资本市场，推动区内企业通过引进战略投资者、并购重组等方式，利用“绿色通道”加快上市、挂牌进程。更新上市公司、“新三板”和发债的后备企业库，沉下身子跑市县、跑园区、跑企业，以滴水穿石的精神，将资本市场意识渗透到宁夏的优秀企业家群体，提高各方对企业上市的重视和支持，争取年内新增1~2家企业申报IPO，新增10家以上“新三板”挂牌。

三是发挥好保险行业的巨大潜力。深入开展保险知识培训，推动树立保险意识，营造保险氛围。加强与保险机构对接，加快保险服务创新，充分发挥保证保险、责任保险、价格保险等险种的保障作用，挖掘保险市场巨大潜能，让保险更好地参与到经济建设和社会管理中来，让更多群众共享金融创新成果。

（三）优化服务助脱贫

深入开展金融助推脱贫攻坚工程，积极争取全国以省域为单位的金融扶贫试验区。落实金融助推脱贫攻坚的意见，进一步推进各类金融资源向贫困地区倾斜，加大金融助推宁夏精准扶贫、精准脱贫工作力度。在全区推广金融扶贫“盐池模式”，以增加农民收入为核心，打好财政、银行、证券、保险、担保“组合拳”。加快金融产品创新，扩大“脱贫保”等金融产品的服务保障范围和覆盖面。大力发展普惠金融，加快健全多元化广覆盖的服务体系。积极引导各类普惠金融服务主体借助互联网等现代信息技术手段，降低金融交易成本，延伸服务半径，拓展普惠金融服务的广度和深度。加快推进农村支付环境建设，提升金融服务的覆盖率、可得性、满意度，满足社会各界和群众日益增长的金融需求，特别是有力保障农民、小微企业、城镇低收入人群、贫困人群和残疾人、老年人等及时获取价格合理、便捷安全的金融服务。

（四）改革创新促发展

加快推动银川阅海湾金融聚集、吴忠清真产业园综合融资、盐池金融扶贫、彭阳普惠金融 4 个示范区建设，力争 2017 年取得实质性进展。继续深化农村金融改革创新，稳妥推进土地承包经营权、农民住房财产权抵押贷款试点工作，在总结评估的基础上，进一步扩大互助担保基金等试点范围。加快推动对阿金融合作，引导金融机构创新支持企业“走出去”、国外资金引进、跨境资金结算等服务，更好地助力开放宁夏建设。

（五）坚守底线防风险

加快推动信用体系建设，健全完善信用激励和惩罚机制。引导金融机构加强风险隐患源头管控，加大现场检查和非现场监督管理力度，前移风险防范关口。支持银行业金融机构通过资产证券化等方式，积极化解不良贷款缓释压力、有效盘活存量资产。扎实推进防范和打击非法集资专项排查、互联网金融风险整治工作，充分发挥政府部门、司法机关、金融机构等多方联动机制作用，严厉打击恶意欠债、借机逃废银行债务等犯罪活动。加快推动金融风险预警监测平台建设，重点防范区域性金融风险蔓延，确保不发生系统性、区域性金融风险。

2016—2017年宁夏固定资产投资分析与预测

马福燕

2016年以来，面对复杂严峻的经济形势和投资下行压力，自治区党委、政府积极应对、精准施策，切实加强和改善固定资产投资的宏观调控，加大项目的招商引资力度，强化对重大项目的监测督导，确保项目建设扎实推进。在一系列政策措施有力支持下，宁夏投资下行趋势得到有效遏制，投资增速在合理区间内平稳运行，投资结构不断改善，区域投资协调发展，积极因素逐步累积。

一、2016年固定资产投资形势分析

（一）固定资产投资运行中的主要特点

1.固定资产投资运行良好，增速温和回升

2016年1—11月，全区完成固定资产投资3402.45亿元，同比增长9.2%，增速比上月提高0.2个百分点，比上年同期回落1.7个百分点。其中，基本建设投资完成2327.67亿元，同比增长7.4%；更新改造投资完成389.90亿元，同比增长9.1%；房地产开发投资完成668.0亿元，同比增长16.3%。

作者简介：马福燕，宁夏统计局固定资产投资统计处，统计师。

从各月走势来看，固定资产投资增速经历了低速开局、较快回升、波动回落、逐渐企稳的历程。从1—2月起，全区投资以4.9%的增速低速开局，之后逐渐回升，到1—5月达到最高值15.8%，之后的3个月在波动中连续回落，但从1—8月起，投资增速虽然小幅下滑，但逐月企稳，1—11月投资增速略略回升。尽管投资在波动中运行，但增速总体上处在平稳增长的合理区间。

从全国来看，2016年1—11月，全区固定资产投资增速居全国第21位，居西部地区第11位，增速高于全国（8.3%）0.9个百分点，低于西部地区（12.6%）3.4个百分点（见图1）。

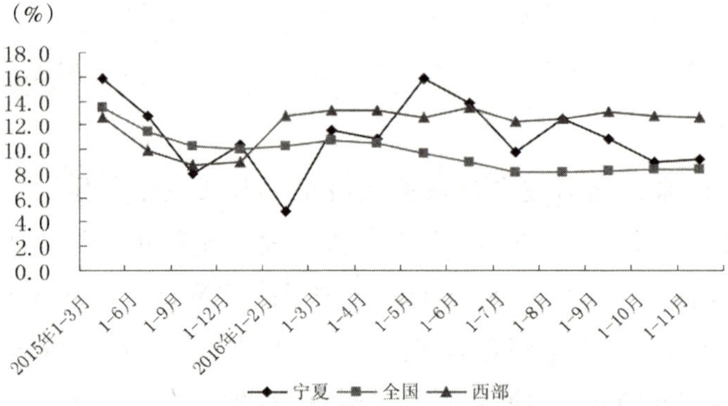

图1　2015年以来全国、西部和宁夏各月投资情况

2.投资结构继续改善，区域结构更趋协调

随着供给侧结构性改革成效的逐渐显现，全区投资力度不断加大，第三产业投资较快增长，产业结构持续优化。1—11月，第二产业完成投资1489.08亿元，增长2.7%，增速比上年同期回落13.4个百分点；第三产业完成投资1778.58亿元，增长14.6%，增速比上年同期提高9.2个百分点，比第二产业投资加快11.9个百分点。从三大产业投资结构来看，全区第一产业投资比重基本稳定，第二产业投资比重小幅回落，第三产业投资比重大幅提高。1—11月，全区第一产业和第二产业投资占比重为4.0%和43.8%，分别比上年同期回落0.5个百分点和2.8个百分点，而第三产业投资比重由上年同期的49.8%提高到52.3%，比第二产业提高了9.4个百分点，处于稳步上升阶段（见表1）。由此表明全区经济结构正在发生积极变化，这种变化趋势既是实现经济平稳较快发展的需要，也将对全区经济结构改善、就业及各个方面带来深远而持久的影响。

表 1　宁夏三次产业比重变化情况

	2016 年 1—11 月投资		2015 年 1—11 月投资比重(%)	比重变化(百分点)
	投资额(亿元)	比重(%)		
第一产业	134.79	4.0	4.5	-0.5
第二产业	1489.08	43.8	46.5	-2.8
第三产业	1778.58	52.3	49.0	3.3

从投资的区域分布看，五大市投资增速与结构也发生了变化。统计数据显示，1—11 月，银川市完成投资 1521.57 亿元，增长 10.8%；石嘴山市完成投资 452.23 亿元，下降 0.2%；吴忠市完成投资 715.15 亿元，增长 15.9%；固原市完成投资 352.49 亿元，增长 12.2%；中卫市完成投资 327.12 亿元，增长 3.6%。与上年同期相比，银川市、固原市及中卫市投资增速有所回落，尤其是固原市回落幅度较大，石嘴山市和吴忠市增幅呈回升态势；银川市、吴忠市及固原市分别占全区投资总量的 44.7%、21.0%和 10.4%，比重较上年同期分别提升了 0.6 个百分点、1.2 个百分点和 0.3 个百分点（见表 2）。这种变化表明了投资地区结构有所改善，有利于缩小地市间的经济发展差距。

表 2　宁夏五市投资增速及比重变化情况

地　区	2016 年 1—11 月投资		比上年同期增速变化(百分点)	比上年同期比重变化(百分点)
	增速(%)	比重(%)		
全　区	9.2	100	-1.7	
银川市	10.8	44.7	-1.2	0.6
石嘴山市	-0.2	13.3	0.1	-1.3
吴忠市	15.9	21.0	6.0	1.2
固原市	12.2	10.4	-11.2	0.3
中卫市	3.6	9.6	-2.3	-0.5

3.制造业投资企稳回升，增速突破两位数

制造业是国民经济的支柱产业，是工业化和现代化的主导力量，是衡量一个国家或地区综合经济实力和国际竞争力的重要标志。1—11 月，宁夏制造业完成投资 834.56 亿元，同比增长 10.2%，增速比上月提高 3.4 个百分点，比上年同期提高 2.8 个百分点，比全部固定资产投资提高 2 个百分点。占全部投资的比重由上年同期的 24.3%提升至 24.5%，制造业投资企稳回升，对全区投资平稳增长发挥了重要作用。

4.基础设施投资持续发力，增速保持较快增长

基础设施投资依然保持较快增长，成为稳定投资增长的重要支撑力量。1—11 月，宁夏基础设施投资完成 640.15 亿元，同比增长 25.1%，增速比全部投资增速高 15.9 个百分点，比上月加快 3.3 个百分点，占全部投资的比重由上年同期的 16.4%提升到 18.8%，对全部投资增长的贡献率为 44.7%。

从基础设施的主要行业看，交通运输邮政业增长迅猛，增速达 32.5%；生态保护和环境治理业增势强劲，增长 35.2%；水利、环境和公共设施管理业增长 20.1%。与 1—9 月相比，信息传输业、水利管理业、生态保护和环境治理业增速有所回落，但三者所占比重仅为 19.2%（见表 3）。基础设施投资的增长意味着城市运行效率将会改善，城市活力将会增强，居民生活质量将进一步改善，同时也为经济发展积蓄能量、增添后劲。

表 3　宁夏基础设施各行业投资及增速变化

行 业	2016 年 1—11 月投资		比 1—9 月增速变化	比重
	总量（亿元）	增速（%）	（百分点）	（%）
基础设施	640.14	25.1	4.9	100
交通运输邮政业	292.04	32.5	9.3	45.6
信息传输业	37.07	15.3	–21.1	5.8
水利管理业	66.92	13.8	–15.6	10.5
生态保护和环境治理业	19.22	35.2	–0.7	3.0
公共设施管理业	224.89	20.9	10.4	35.1

5.民间投资较为活跃，行业结构逐步趋优

2016 年以来，面对错综复杂的经济环境，宁夏民间投资依然给力。投资增速一直排在各省市前列，自 5 月以来连续 6 个月增速居全国第一。1—11 月，全区完成民间投资 1873.13 亿元，增长 14.5%，比上年同期提高 10.4 个百分点。民间投资占全部投资的比重达 55.1%，比上年同期提高 2.6 个百分点，已然超过“半壁江山”，成为助推经济继续平稳健康增长的重要力量。

民间投资在稳步增长的同时，伴随着供给侧结构性改革，民间投资出现了结构上的变化，产业结构不断调整，民间投资正逐步从传统产能过剩行业退出，越来越多地投向了新兴领域及现代服务业。19个门类行业中有12个行业的民间投资保持增长，其中，科学研究和技术服务业增长100.7%，文化、体育和娱乐业增长66.5%，信息传输、软件和信息技术服务业增长60.2%，教育业增长331.9%，卫生和社会工作增长279.9%，批发和零售业增长63.4%，采矿业、黑色金属冶炼、有色金属冶炼业民间投资分别下降50.5%、23.3%、38.2%。

6.高耗能行业投资增速放缓，所占比重有所下降

高耗能行业投资增速回落是投资结构优化的重要标志，也是近年来宁夏相继出台的一系列节能减排政策措施的效果呈现。1—11月，全区六大高耗能行业完成投资1033.17亿元，同比增长4.0%（见表4），增幅比上年同期回落27.8个百分点，比1—9月回落0.8个百分点。高耗能投资比重由上年同期的31.9%下降到30.4%，其中，化学原料及化学制品制造业及电力、热力的生产和供应业回落明显。高耗能工业多为产能过剩比较严重的行业，投资负增长有利于从增量调整上化解过剩产能。

表4　宁夏高耗能各行业投资增长情况

	2016年1—11月		2015年1—11月增速（%）
	投资（亿元）	增速（%）	
高耗能工业	1033.17	4.0	31.8
石油加工、炼焦及核燃料加工业	54.26	158.0	-8.6
化学原料及化学制品制造业	318.83	4.8	25.4
非金属矿制品业	52.02	-2.3	-3.0
黑色金属冶炼和压延加工业	17.84	-23.3	-52.3
有色金属冶炼和压延加工业	32.43	-31.6	-3.1
电力、热力的生产和供应业	557.79	2.5	62.1

7.房地产市场运行平稳，开发投资增长较快

2016年以来，在一系列去房地产库存政策措施的有效拉动下，宁夏房地产市场发展形势向好，呈现商品房销售回暖、待售面积逐步回落、开发投资企稳回升态势。1—11月，全区房地产开发完成投资668.0亿元，同比

增长 16.3%，增速比上月回落 6.7 个百分点，比上年同期提高 23.5 个百分点。从年内走势看，2016 年 1—2 月，房地产开发投资以 6.1%的增速结束了 2015 年负增长格局，之后个别月份虽有波动，但总体保持了加强的增长势头，成为带动全区投资增长的重要动力。

2016 年以来，宁夏认真贯彻落实国家供给侧结构性改革五大任务，采取有效措施，切实消化房地产待售面积，去库存工作取得积极成效。在国家及自治区有关契税、营业税优惠政策、央行降息、降准等一系列房地产利好政策的作用下，宁夏商品房销售呈现平稳增长态势。1—11 月，商品房销售面积 840.15 万平方米，同比增长 16.2%，增速比上月回落 0.5 个百分点，比上年同期提高 42.7 个百分点。商品房销售的好转一方面盘活了房地产市场，促进了经济的增长；另一方面也对房地产开发企业市场开发预期产生积极影响。

8.重点项目进展加快，投资规模不断扩大

重点项目建设是稳定投资增长、保障改善民生的重要举措，也是推动经济发展的重要引擎。1—11 月，宁夏 60 个重点项目 74 个子项目累计完成投资 927.69 亿元，占年度投资计划的 98.7%，占全部投资的 27.3%。与上年同期相比，完成投资规模增加了 98.75 亿元，项目个数增加了 4 个。其中 37 个项目年度投资完成率已超过 100%，特别是宁夏金昱元化工集团固原盐化工循环经济产业链项目、银川西夏公铁物流城、宁夏如意科技时尚产业有限公司 1 亿米高档衬衣面料项目（贺兰县）、大型灌区续建配套和节水改造工程、美丽村庄建设工程、上海谷欣资源管理有限公司高端锂离子电池项目（宁东）、上海谷欣资源管理有限公司光伏电池组件项目（宁东）、城市棚户区改造、宽带宁夏建设项目、宁夏宝丰能源集团循环经济工业园区循环化改造二期项目（宁东）等 13 个项目进展迅猛，均超过年度计划的 150%以上。

（二）投资运行中的不利因素

尽管 2016 年以来宁夏投资呈现出增势平稳、结构优化、区域协调的发展态势，但必须清醒地认识到，国内外总需求疲弱、结构性矛盾突出的大格局没有变，经济下行压力依然较大，实体经济还是很困难，不确定因素增多，资金紧俏、新开工项目不足等问题依然制约投资的可持续增长。

1.到位资金持续负增长，降幅呈扩大态势

投资增长离不开资金支持，而2016年以来投资到位资金增速持续低于投资增速，资金不足问题尤为凸显。1—11月，本年到位资金2587.97亿元，同比下降4.0%，比上年同期降低7.5个百分点，与投资增速相差13.2个百分点，资金保障度为76.1%，自年初以来已经连续10个月处于负增长区间，表明了当前投资资金的紧张局面。具体来看，国家预算资金242.68亿元，下降12.9%，比上年同期回落42.4个百分点；国内贷款688.04亿元，增长6.4%，比上年同期提高5.8个百分点；自筹资金1300.67亿元，下降10.5%，比上年同期回落13.7个百分点。

从到位资金的内部结构看，一是自筹资金和国家预算资金尽管比重均比上年同期略有下降，但二者占本年到位资金达59.7%（见图2），成为引起资金不足的主要原因，同时表明企业对投资的积极性不高；二是国内贷款增速尽管比上年同期有所提高，但占比较低，不足以对投资形成强有力支撑。此外，房地产开发投资到位资金中，国内贷款下降6.2%，进一步表明银行投资实体企业更趋谨慎。

从企业债务来看，本年在建项目各项应付款977.28亿元，同比增长34.5%，其中，各项应付工程款增长达到46.1%，继续保持高位运行，企业债务负担较重，将制约投资的持续增长。

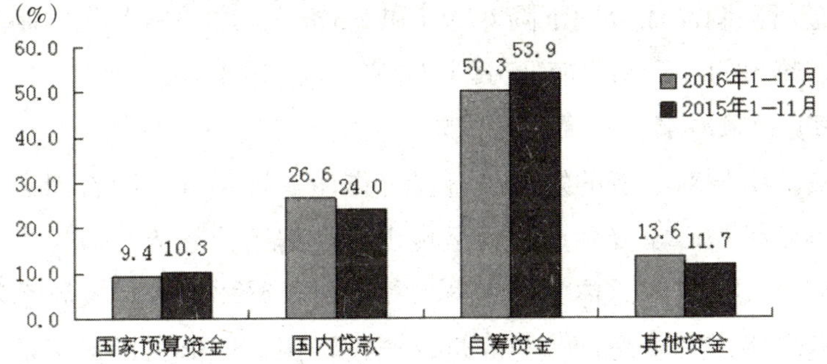

图2 宁夏各类投资资金比重变化

2.新开工项目的支撑作用不足，总量及个数双双回落

2016年以来，全区建设项目有所减少，新开工项目投资规模增速回

落，投资增长后劲明显不足。1—11 月，全区固定资产投资施工项目 4041 个，下降 3.1%，比上年同期减少项目 130 个。其中 5000 万元以上项目个数 1136 个，下降 6.0%，减少项目 72 个。虽然 5000 万元以上项目个数仅占全部项目的 28%，但完成投资却占全部投资的 65.8%，是支撑全区投资增长的主体，其项目个数下降，对投资增速影响较大。

从投资规模看，1—11 月，全区本年新开工项目计划总投资增长 12.6%，比上年同期回落 12.9 个百分点。虽然 2016 年的新开工项目不会在本年全部完工，但有很大一部分会形成 2017 年的投资工作量，这就意味着对投资增长的负面影响将在 2017 年显现。

从房地产开发看，1—11 月，商品房本年新开工面积为 1270.79 万平方米，同比下降 5.1%，比上月回落 7.2 个百分点。表明房地产开发企业对开发新楼盘持谨慎态度，也折射出房地产投资增长缺乏持续的后劲。

3.工业投资下行压力较大，增幅回落明显

受内外需疲弱、产能过剩、企业利润下降等诸多因素影响，工业投资低位运行，给全区投资增长带来压力。自 1—5 月以来，全区工业投资增速以 19.6%的速度逐月回落，1—6 月、1—7 月、1—8 月、1—9 月和 1—10 月分别增长 18.7%、13.8%、10.3%、4.2.%和 2.4%。1—11 月，全区完成工业投资 1478.75 亿元，同比增长 3.5%，低于全区投资增速 5.7 个百分点，比上年同期回落 12.9 个百分点。工业投资中占比较大的煤炭开采和洗选业、非金属矿制品业分别下降 67.9%和 2.3%，化学原料及化学制品制造业与电力、热力的生产和供应业分别仅增长 4.8%和 4.6%。

4.投资效果减弱，投资质量下降

投资的增长对经济的发展具有促进作用。近年来，随着固定资产投资规模的不断扩大，宁夏生产总值呈现出平稳的增长态势。但投资效果系数却逐渐回落，投资率总体高位攀升，投资效果减弱。投资效果系数是一定时期内地区生产总值增加额与固定资产投资额的比值，投资率是一定时期内固定资产投资额与地区生产总值之比，两个指标均可用来反映投资效果变化趋势。2016 年上半年，宁夏固定资产投资就超出了地区生产总值，占 GDP 的 119.8%。至此之后，投资增速高于同一时期的 GDP 增速，投资与

GDP之比不断攀升，1—9月，投资率达127.8%，投资率比上半年提高8个百分点，比2015年提高6.5个百分点，表明投资的宏观效率呈下降趋势，无效投资增加。1—11月，投资效果系数为0.05，与2015年持平（见表5），但投资效果系数连续3年均在低位徘徊，进一步表明投资效果减弱，投资质量下降。

表5　2013年以来宁夏投资率及投资效果系数对比情况

时　间	固定资产投资额(亿元)	地区生产总值(亿元)	投资率(%)	投资效果系数
2013年	2681.14	2577.57	104.0	0.09
2014年	3200.98	2752.1	116.3	0.05
2015年	3532.93	2911.77	121.3	0.05
2016年前三季度	2710.05	2120.31	127.8	0.05

二、2017年固定资产投资形势展望及对策建议

（一）形势展望

从三大投资领域走势看，随着相关政策的逐步落实推进，宁夏加快基础设施建设的步伐不会减弱，尤其是高铁（银西高铁、城际铁路）、智慧城市等项目建设，将对投资增长形成有力支撑；但部分制造业产能过剩与市场需求不足之间的矛盾短期内难以缓解，投资意愿、投资信心仍显不足，工业投资将在一段时间内继续保持低速增长的格局；房地产市场虽然销售活跃，但1—11月全区商品房待售面积仍有1218.42万平方米，同比增长7.3%，库存仍保持在较高水平。此外，本年新开工面（下降5.1%）和本年购置土地面积（下降39.3%）均双双大幅回落，由此判断当前宁夏房地产投资较快增长的趋势难以持续，未来房地产投资可能在微增或微降之间徘徊。

从资金角度看，到位资金增速趋缓，直接影响项目建设进度，制约投资增长。

综合分析，2017年的投资增速更适合稳定在2016年的水平或略有回落，结构调整、提高质量、注重效益是2017年投资运行的主基调。

（二）对策及建议

1.拓展融资渠道，引导有效投资

经过多次降准和降息，货币政策已经相对宽松，但融资难、融资贵仍

是制约投资增长的因素。因此，一方面，要努力挖掘财政资金的引领作用，积极争取各类财政资金，扩大对新型公共基础设施、公共服务、民生保障、脱贫攻坚、生态保护等领域投资规模；另一方面，要强化企业与银行等金融机构合作，加强信息沟通和项目对接，积极争取金融机构支持，提升特色化、差异化金融服务水平，助推经济社会发展。除此之外，还要大力撬动社会投资。继续推广并不断完善PPP等新型投融资模式，不断推出一批发展前景好、盈利预期强的合作项目。建立有利于民间资本参与投资的制度体系，激活民间资本投资意愿，通过财政补助、税收减免、贴息贷款、政府采购等多种方式，改善民间投资预期，让民资民企进入到更多的领域，有效提高资金投入。

2.加强项目储备，拓展投资新空间

新开工重大项目是培育经济发展增长点的重要支撑，是经济社会发展的基础、后劲和潜力所在。沿着供给侧改革的方向加大促进投资的力度，为下一年投资平稳增长科学谋划储备一批技术含量高、市场前景广、产品竞争力大、经济效益显著的新项目储备，提前做好规划、土地、拆迁、环保、资金等各项投资开工的前期准备工作，确保新项目早落地、早开工，发挥好引领带动作用。对于在建的重大基础设施项目、重大优势产业项目、重大科技创新和民生工程等项目，强化建设进展监测，加快项目进度，及时分析、排除影响工程进度的因素，力促项目完成目标任务，切实提高投资的综合效益，为投资持续增长提供保障。

3.发掘工业投资内源动力，助推投资可持续增长

纵观全区工业投资，制造业投资虽在1—11月有好转迹象，但采矿业，电力、热力的生产和供应业及部分制造业投资增长乏善可陈。从工业企业内部来看，部分产品技术含量偏低，趋同化现象普遍，严重的产能过剩，企业除了价格以外，很少有其他的竞争手段。特别是在研发阶段，靠价格来进行竞争，使得很多企业处于利润稀薄、经营状况恶化的状态。因而要积极挖掘工业企业内部潜力，从低端产品及产业链中突围，提高产品含金量，不断塑造自身品牌，打造出具有影响力的产品名片。一些制造业企业也可顺势而为，考虑实现转型，重新审视 “制造”该如何向“智造”转

型，发掘制造业投资的内源动力，形成对全区投资具有可持续性的助推作用。从政策角度来看，应继续加大对工业企业的监管，加强高端产业链的扶持力度，鼓励金融系统对具有潜力的制造业企业的贷款力度，让资金流入实体经济。

4.注重投资效果，提升投资质量

在关注投资总量增长、投资增速稳定的同时，更要追求有质量、有效益的投资。充分认识有效投资的内涵以及对经济发展的重要推动作用，坚持淘汰落后产能，避免产业结构的同构化和高耗能产业的过度发展，提高高耗能行业产业集中度，实现规模效益和能源消费结构的逐步改善。根据宁夏资源禀赋、发展状况，以产业升级为导向，围绕促进区域协调发展、加快新型城镇化进程、加快工业转型升级、促进服务业提速提质、全力推进信息化发展、强化基础设施支撑等方面工作任务，强化科技和经济的融合，加大研发投入，支持企业技改，激发投资的内生动力，坚定市场投资信心和活力，努力挖掘民间资本蕴含的巨大投资潜力，坚持稳增长与调结构并举，进一步改善地区结构，切实提高投资有效性，提高经济发展质量。

2016—2017 年宁夏对外贸易形势分析与预测

自治区商务厅对外贸易处

对外贸易是开放型经济体系的重要组成部分和推动经济发展的重要力量，同时，外贸也是衡量一个地区开放程度的最重要指标。近年来，随着西部大开发战略的深入实施，宁夏外向型经济发展取得了长足进步，为稳定增长、促进产业转型升级、带动就业、增强国际竞争力发挥了重要作用。“十二五”期间，宁夏抢抓建设丝绸之路经济带和内陆开放型经济试验区的战略机遇，采取多种有力措施，以打造“西部最优，比东部更优”的发展环境为抓手，以提升投资贸易便利化水平为重点，全面推动外经贸政策支撑体系建设，积极请进来、走出去，培育外贸主体，加快推进转型升级和结构调整，推动外经贸快速健康发展，全区外经贸呈现出结构优化、质量提升的良好态势。

一、宁夏对外贸易发展现状

近 5 年来，宁夏对外贸易年均增长 15%，增速超过全国平均水平；进出口额从 2011 年的 22.9 亿美元增加到 2015 年的 39.4 亿美元。2016 年 1—11 月，宁夏进出口总额 207.5 亿元，同比下降 3.4%，降幅（较 1—10 月，下同）收窄 6.4 个百分点，其中，出口 160.6 亿元，下降 6.6%，同比降幅收窄 9.8 个百分点；进口 46.9 亿元，同比增长 9.4%。出口商品结构持续优化。宁夏加快调整优化出口商品结构，鼓励企业进行科技研发、品牌创建和转型升级，引导企业加大知识产权保护力度，积极培育具有自主知识产权、较强竞争力、特色优势出口商品。截至目前，宁夏出口商品达到 1000 余种，出口 500 万美元以上的商品有 32 种。机电、高新技术、纺织服装、生物医药、农产品和精细化工等特色优势产品年均增速在两位数以上，占宁夏出口总值的比重由 2011 年的不足三成增加到 2015 年的近七成。“两高一资”商品出口比重持续降低，铁合金、金属镁、碳化硅等商品出口比 2011 年下降 70%，占全区出口比重下降到 1.8%。出口商品结构不断优化，质量和附加值不断提高。出口市场更加多元。宁夏与 170 多个国家和地区保持贸易往来，对欧美日韩、港台等发达国家和地区市场的出口日趋巩固，年均增长高达 22.6%。为积极开拓“一带一路”沿线国家市场，2016 年先后组织 6 批次 120 多家企业赴马来西亚、德国、俄罗斯等 12 个国家和地区参加国际知名展会，成功举办了中阿博览会走进埃及系列活动、塔吉克斯坦中国（宁夏）投资贸易洽谈暨宁夏特色产品展销会、蒙古国（宁夏）特色商品展洽会，宣传推介宁夏优势特产品，签订了一批贸易和投资合作协议，与“一带一路”沿线国家经贸合作日益密切，逐步形成以传统市场和新兴市场互为依托、互相补充的多元化市场格局。贸易业态日趋丰富。银川市依托建设跨境电子商务试点城市政策优势，实现了“海外集货、一般运输”的跨境电子商务进口海关监管模式，建成国际快件监管中心、邮政集团银川邮件处理中心等项目，获批保税进口业务，已通过跨境电子商务实现了进出口业务。黄金珠宝加工、高档纱线加工、电视机组装等项目的引进，丰富了全区加工贸易业态。宁贸通外贸综合服务平台上线运营，为发展报关、检验检疫、物流、融资、出口退税等供应链服务奠定了基础。外向型载体集聚功能逐步显现。银川综合保税区自 2014 年封关运行以来，两年实现进出口额分别为 17.328 亿美元和 20.74 亿美元，占全区当年出口额的比重由 2014 年的 31.9%增加到 2015 年的 54.7%，已成为全区外贸增长的重要一极。银川经济技术开发区被确定为国家新能源科技兴贸出口创新基地，中宁枸杞制品、石嘴山精细化工和银川羊绒制品出口基地被确定为国家外贸转型升级出口示范基地。开放通道建设初显成效。按照打造低成本物流通道目标，推动开通了阿航迪拜—银川—郑州航线航班，截至2016年9月3日，已执行144个航班，进出境旅客22261人次，成功实现宁夏花卉、蔬菜等特色农产品首次出口迪拜市场。开通"中阿号"国际货运班列，截止到2016年8月末，共发运31列1471车55650吨货物，货值约5300万美元。目前，运营企业正在积极组织境外返程货源，争取开行返程班列，推动实现双向进出口贸易。投资与贸易互动不断增强。扎实推进宁夏在沙特、阿曼、毛里塔尼亚境外产业园区建设，引导国内富余产能向境外园区转移，助力宁夏优势产品、技术、服务对外出口；加大招商引资力度，引进英联食品、辛普劳食品、施耐德电气、誉景食品、亚马逊、耐特菲姆等国际知名企业落户宁夏，促进投资与贸易良性互动，培育对外贸易竞争新优势。

二、促进外贸转型升级对宁夏对外开放和外向型经济发展具有重大意义

对外贸易是衡量一个地区开放程度的重要指标。近年来，随着国家西部大开发战略的深入实施，宁夏外向型经济发展取得了长足进步，对稳定经济增长、带动就业、促进产业转型升级、增强国际竞争力发挥了重要作用。当前宁夏经济增速换挡，结构调整加快，新旧动能面临转换，一些领域风险隐患增多，外贸促进经济持续健康发展的重要性进一步凸显。

外贸是促进经济稳定增长的重要抓手。出口是拉动经济增长的"三驾马车"之一，尤其不少工业产能是面向国际市场建立起来的，在固定资产投资特别是民间投资动力不足、居民消费趋缓的形势下，稳出口、保份额对于经济增长具有十分重要的意义。如果出口稳不住，可能会影响到经济增长预期目标的实现。就宁夏而言，每增加1美元出口贸易可以使GDP增加36元人民币。宁夏经济基础落后、经济发展水平比较低，进出口贸易发展对经济增长影响较大，因此，要促进经济又好又快发展，必须大力发展对外贸易。

对外贸易是吸纳就业的重要渠道。每4个就业人口中就有1个从事与

外贸相关的工作。宁夏有出口实绩的 389 家企业创造就业机会约 23.7 万个，约占全区就业人数的 7.4%，这还不包括带动相关行业的就业人数。在推进供给侧结构性改革的进程中，需要通过稳定外贸发展来稳住就业岗位，为去产能、去库存创造有利条件。

外贸是推动经济结构调整的重要支撑。宁夏出口商品主要面向发达国家市场，适用的产品质量和安全标准、生产环保标准、企业社会责任标准普遍比国内严格，市场竞争也更为激烈。在出口竞争中能够立足的企业，技术水平、管理能力、创新能力在国内同行业中往往处于领先水平，某种程度上也代表了产业转型升级和结构调整的大方向。

外贸是推动供给侧结构性改革的重要力量。从某种意义上说，推进供给侧结构性改革，就要求我们必须在提升出口商品质量和企业国际竞争力上下功夫，要让我们的产品和服务能够匹配市场需求，甚至引领市场。而且，供给侧结构性改革的成效最终要体现在企业的产品质量和经营效益的提升上，以及市场供求关系的改善上。供给侧结构性改革还是一个新技术潜力、新商业模式得以快速释放的过程。因此，推动外贸转型升级和创新发展对于引导宁夏外向型产业向全产业链上下游延伸，提升核心技术水平，提升产品的质量和品质，塑造良好品牌形象具有积极的促进作用。

三、宁夏对外贸易面临的形势、困难和问题

2015 年以来，受世界经济增长放缓、国际市场需求萎缩、大宗商品价格下跌以及国内供给侧产业结构改革导致的投资需求放缓等多重因素影响，宁夏对外贸易出现了前所未有的困难，面临着严峻复杂的形势，外贸下滑的趋势明显。

从国际看，发达国家生产率增长缓慢、投资低迷、债务高垒、金融动荡，经济复苏仍处于低速轨道，改善幅度有限。新兴市场和发展中国家经济结构性矛盾突出，内需不振，能源资源出口收入缩水，资本外流。此背景下，全球贸易连续 4 年增长率低于 3%，主要经济体贸易也呈现更为严重的下滑态势。美国、德国、日本、韩国等出口均为负增长，此外，中东等多地社会动荡以及我国地缘政治局势不稳，给我国对外贸易产生了负面影响。

从国内看，传统制造业竞争力不足、固定资产投资不足，国内经济面临下行压力，导致进口需求回落。同时，我国正处在转型升级新阶段，经济结构深度调整，战略性新兴产业和服务业迅速发展，而传统制造业、高耗能和高污染产业增长放慢，导致能源资源性产品进口增速大幅下滑。此外，税费偏高以及资源环境约束导致综合成本上升，导致我国劳动密集型产品竞争力不断削弱。

从区内看，宁夏外贸规模小，仅占全国的0.1%，占西部地区的1.5%，外贸依存度仅为12.36%，低于全国平均水平约24个百分点（2015年全国为36.34%），净出口对GDP的拉动率不到1%。2016年上半年，宁夏外贸仅占GDP的8.2%，比上年同期有所下降，说明宁夏外向型产业依然存在层次较低、基础薄弱、规模偏小，企业实力弱、结构单一、附加值较低、参与国际竞争能力不强的问题，清真食品、生态纺织、装备制造、信息技术等产业尚未形成规模，部分资源类产品出口量价齐跌。劳动力、物流等要素成本上涨，中小企业融资难、融资成本高，贸易便利化程度低，企业运营成本居高不下，接单出口能力都有不同程度的下降。同时，五市外贸规模差异较大，地区发展不均衡，银川市外贸总量占全区外贸总额接近70%；石嘴山、中卫、吴忠分别占全区的12%、16%、2%，加起来仅占全区的30%。由此可见，宁夏的外贸供给侧结构性改革和调整的任务依然十分艰巨。

四、分析及思考

当前，宁夏外贸面临的困难和问题，既有全区产业结构倚重依能的拖累，也有外向型产业发育不足的影响，有些问题采取措施后能立竿见影得到解决，有些问题需要统筹各个层面的资源，逐步去解决，今后要统筹协调，精准施策，狠抓落实，积极培育外贸工作创新发展的新动能，力促外贸转型升级、回稳向好。

一要抓好国务院和自治区出台的一系列政策措施的贯彻落实。近年来，国务院密集出台的支持外贸稳增长、加强进口、提升贸易便利化、减轻外贸企业负担、推进国际产能合作、促进跨境电商发展、培育外贸竞争新优势等一系列政策措施，特别是2016年出台的促进外贸回稳向好的若干意见和促进加工贸易创新发展的若干意见，政策力度之大可以说是空前的，特别是促进外贸回稳向好的意见，政策含金量很高，为抓好两个文件的贯彻实施，自治区出台了关于促进宁夏外贸回稳向好的实施意见和促进加工贸易创新发展的实施意见。这两项意见举措务实、措施有力，进一步向市场传递国家鼓励发展外贸的明确信号，对于提振企业信心、降低出口成本、促进外贸转型升级都将起到积极的促进作用。我们必须抓好政策宣传贯彻，加强督促检查，确保政策落到实处。

二要积极融入国家“一带一路”战略，以创新驱动发展。习总书记来宁视察讲话中提出，宁夏的对外开放要服务于国家对外开放大局，服从于国家对外开放，要从服务和服从当中找到宁夏对外开放的机遇。伴随“一带一路”战略的推进实施，沿线国家蕴藏的需求和潜力将逐步释放，将为宁夏带来新的商机。在欧美市场持续萎靡、国内市场需求饱和的情况下，中东、中亚、中非、东南亚等新兴市场增长潜力巨大。首先，引导企业加快布局与“一带一路”沿线国家和新兴市场经贸合作，扎实推进宁夏境外园区建设，引导国内富余产能向境外园区转移，助力宁夏产业技术和设备对外出口。其次，搭建全方位的经贸促进平台，创新合作共享机制。打造以物流服务、加工服务、商贸促进为核心的国际贸易服务载体和平台。积极探索贸易通关、外汇结算、企业登记备案、货物备案管理等方面的制度创新、机制创新、政策创新，进一步激发市场活力和企业创造力。最后，指导企业加快提升出口产品技术含量，提高出口产品质量。在加快建立出口产品服务体系，加快培育新型贸易方式等方面培育竞争新优势，以创新推动发展。

三要加强国别贸易分析研判，加快形成全球市场布局。首先，继续巩固传统出口市场。加大对美国、欧盟、日本、韩国及港台等传统出口市场的分析研究，充分了解和掌握发达地区的商品需求、汇率波动、贸易政策、市场预期等方面情况，采取有针对性措施，巩固传统市场份额。积极帮助企业跟踪服务老客户，主动对接新客户，促进洽谈合作，提高订单量。其次，大力开拓新兴市场。充分挖掘南亚、中亚、俄罗斯、巴西新兴市场合作潜力，提升宁夏产品在新兴市场的知名度和影响力，不断扩大贸易规模。最后，稳步扩大对阿贸易份额。逐步扩大对阿清真食品和穆斯林用品出口，推动对阿服务贸易出口，形成对阿贸易的绝对优势。同时，在出口信保、进口贴息、境外展览展示上采取差别化倾斜政策，引导企业自主进行市场细分，降低市场集中度和风险，逐步形成多元化市场格局。

四要推进贸易便利化改革，打造良好营商环境。要加大外贸领域体制机制改革创新的力度。要进一步优化通关、质检、退税、外汇管理方式，切实提升贸易便利化水平。充分发挥自治区贸易投资便利化联席机制作用，协调相关部门及时解决企业进出口环节存在的各种困难和问题，为企业提供高效便捷的服务。加快推动国际贸易“单一窗口”试点工作，要加快区域通关、关检合作“三个一”改革，确保“一次申报、一次查验、一次放行”落实到位，要全面实施报关报检无纸化、原产地证书申领无纸化、通关单无纸化，要进一步下放进出口许可证、备案登记、检验检疫事权，能下放的一律下放，要优化监管方式，加大简政放权力度。减少审批环节、简化审批流程，建立涉外审批事项事中事后监管制度。完善外贸综合服务平台功能，为企业提供供应链服务，扩大与沿海、沿边、沿江口岸通关一体化协作，全面推广快速通关模式，切实提高宁夏企业通关效率。

五要降低企业运营成本，促进外贸转型升级。要准确把握外贸发展的新业态、新载体、新商业模式，努力推动外贸创新发展。要鼓励发展跨境电子商务，支持有条件的企业建立海外仓、海外分销中心。加快培育和引进资源整合能力强的外贸综合服务企业，为中小外贸企业提供全程供应链服务。积极培育外贸自主品牌，推动自主品牌产品出口，制订宁夏外贸自主品牌培育计划，引导企业加强品牌建设，充分利用境内外展览展示活动，帮助企业宣传推介自主研发和拥有核心技术的品牌产品。鼓励企业收购、兼并国际品牌企业及建设境外生产基地，拓展境外仓储、物流和销售等业务。支持企业在境外开展商标和专利注册。鼓励加工贸易企业从委托加工制造向委托设计制造和自主品牌制造一体化转型，延伸产业链、价值链。进一步推动出口商品结构优化和产业转型升级。外贸企业要找准企业和产品在国际市场上的定位，把优势特色产品做精、做细、做优、做强。加强对重点行业出口的分类指导，继续巩固和提升羊绒及制品、纺织服装、生物医药等劳动密集型产品优势，提升农产品精深加工能力和特色发展水平。

要着力解决企业融资成本高的问题。金融机构要加强政策研究，强化金融政策支持，创新金融服务，特别是加大对有效益、有订单的外贸企业的融资支持力度，积极开展出口信用保险保单融资、出口退税账户托管和仓单质押贷款等融资业务。积极支持宁夏外经贸融资担保机构为外贸企业提供融资担保服务。

要着力解决企业物流成本高的问题。宁夏的物流成本比全国平均水平高 8 个百分点，如何降低物流费用，目前看，能够立竿见影、有直接效果的就是对企业航空、陆运费用以及仓储费用给予支持。

要着力解决进出口环节收费的问题。要减免和规范进出口环节的收费，要实行政府管理收费和政府定价项目清单，真正落实好外贸惠企政策。要认真落实退税政策，要全面实施出口退税企业分类管理，简化出口退税审批程序，提高一类进出口企业比重，要提升退税效率，要及时足额将税款退到出口企业手中，要按照中央支持西部承接加工贸易转移的政策要求，在降低企业社保缴费标准、人员培训、土地出让金缴纳方式、直购电试点等方面加大支持力度。

2016—2017年宁夏工业生产者价格形势分析与预测

郭 樑

2016年以来，受国内外大宗商品价格回升以及去产能政策影响，宁夏工业生产者价格环比止跌并持续回升，同比降幅逐月收窄，至9月，出厂价格同比由降转升，这是自2012年4月起连续54个月以来的首次上升。1—11月，出厂价格累计下降1.9%，购进价格累计下降4.4%，降幅分别比2015年同期收窄4.4个百分点和3.4个百分点。

一、工业生产者价格走势特征

（一）工业生产者价格同比由降转升

2016年1—11月，宁夏工业生产者出厂价格同比降幅在2月跌入低点后，3—9月持续收窄，9月价格由降转升，同比上涨0.1%，10—11月价格涨幅扩大，分别上涨3.9%和8.2%。1—11月购进价格同比也基本呈相同走势，1—9月降幅持续收窄，10月购进价格在连续下降52个月后由降转升，10—11月价格涨幅扩大。

作者简介：郭樑，国家统计局宁夏调查总队，统计师。

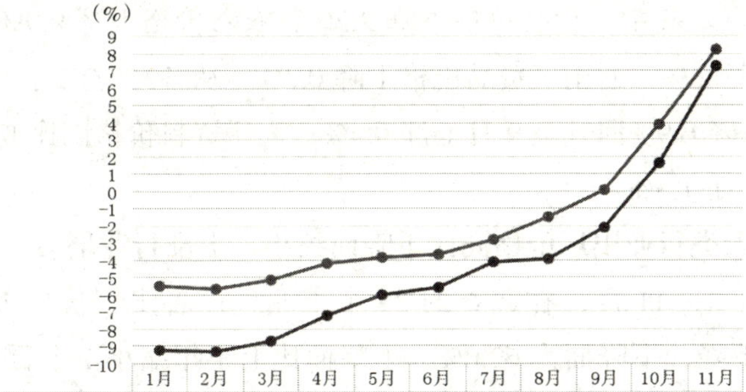

	1月	2月	3月	4月	5月	6月	7月	8月	9月	10月	11月
出厂价格	-5.5	-5.7	-5.1	-4.2	-3.8	-3.7	-2.8	-1.5	0.1	3.9	8.2
购进价格	-9.2	-9.3	-8.7	-7.2	-6.0	-5.6	-4.1	-3.9	-2.1	1.6	7.3

图1　2016 年 1—11 月宁夏工业生产者价格同比涨跌情况

（二）各月工业生产者价格环比升多降少

2016 年 1—11 月，工业生产者出厂、购进价格环比升多降少，从 3 月以来基本呈上涨态势。特别是 7—11 月，受石油及黑色、有色等大宗商品价格上涨拉动，出厂价格环比连续 5 个月上涨。

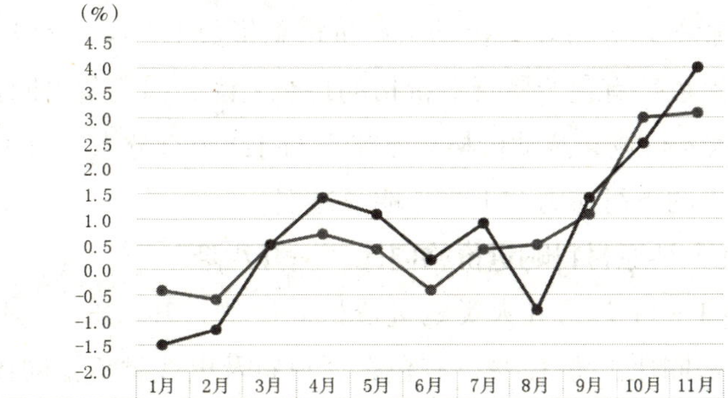

	1月	2月	3月	4月	5月	6月	7月	8月	9月	10月	11月
出厂价格	-0.4	-0.6	0.5	0.7	0.4	-0.4	0.4	0.5	1.1	3.0	3.1
购进价格	-1.5	-1.2	0.5	1.4	1.1	0.2	0.9	-0.8	1.4	2.5	4.0

图2　2016 年 1—11 月宁夏工业生产者价格环比涨跌情况

（三）上游产品价格回升引领出厂价格走势

从生产资料和生活资料分类看，2016 年 1—11 月，生产资料价格同比下降 1.9%，影响工业生产者出厂价格总水平下降 1.7 个百分点。其中，采掘工业价格下降 4.7%，原材料工业价格下降 2.8%，加工工业价格上涨 0.8%，生活资料价格同比下降 2.0%，影响工业生产者出厂价格总水平下降

0.2 个百分点。其中，食品价格下降 2.2%，衣着价格下降 9.9%，一般日用品价格下降 0.6%，耐用消费品价格下降 0.3%。从各月对比看，生产资料价格由 1 月下降 6.9%回升至 9 月上涨 9.4%；生活资料价格同比波动不大，各月降幅保持在 1.3%～2.8%。

（四）大类行业出厂价格同比下降面缩小，上涨行业增多

2016 年 1—11 月，在调查的 29 个工业生产者出厂价格大类行业中，18 个行业下降，下降面为 62.0%，下降面比上半年缩小 7 个百分点；11 个行业上涨，比上半年增加 3 个百分点。其中，降幅较大的行业有：燃气生产和供应业价格，同比下降 15.9%；石油加工、炼焦和核燃料加工业价格，同比下降 6.2%；煤炭开采和洗选业价格，同比下降 5.4%；化学原料和化学制品制造业价格，同比下降 3.3%。

（五）六大主导行业对工业生产者价格下拉力减弱

2016 年上半年，宁夏石油加工、炼焦和核燃料加工业，化学制品制造业，煤炭开采和洗选业，黑色、有色金属冶炼及压延加工业，电力、热力生产和供应业等六大行业共拉动出厂价格总指数下行 4 个百分点。自 7 月以来，随着黑色、有色金属行业价格的持续上涨，出厂价格同比由降转升，1—11 月，六大行业共拉动价格总水平下行 1.2 个百分点，对工业生产者出厂价格总水平的下行拉力较上半年明显减弱。

（六）九大类原材料购进价格同比“一升八降”

2016 年 1—11 月，九大类购进价格同比“一升八降”，其中，黑色金属材料类价格同比上涨 1.7%，有色金属材料及电线类价格同比下降 8.2%，燃料动力类价格同比下降 6.5%，化工原料类价格同比下降 3.0%，农副产品类价格同比下降 1.9%，其他工业原材料及半成品类价格同比下降 1.4%，纺织原料类价格同比下降 1.4%，木材及纸浆类价格同比下降 1.3%，建筑材料及非金属矿类价格同比下降 0.2%。

二、主要工业行业价格变动情况

（一）黑色金属价格持续上涨

受去产能政策、环保限产和成本推动等因素影响，近期钢材价格有所回升。2016 年 7 月以来，宁夏产能较大的硅锰合金、硅铁等黑色金属产品价格持续回缓。1—11 月，宁夏黑色金属冶炼及压延加工业价格同比上涨 6.7%。从同比看， 3 月开始出现“转正”，这是连续 52 个月同比下降后的首次；11 月，黑色金属冶炼及压延加工业价格达到年内最高，同比上涨 43.0%，黑色金属价格的连续上涨也是带动工业生产者出厂价格同比上涨的主要原因。

（二）有色金属价格逐月回升

受部分有色金属产品前期价格下降较多，价位超低反弹以及市场需求逐渐回暖影响，宁夏有色金属价格呈现上涨势头。2016 年 1—11 月，宁夏有色金属冶炼及压延加工业价格同比上涨 3.7%。从同比看，1—4 月同比降幅在波动中收窄，5 月同比价格由下降转为上升，同比上涨 1.0%，至 11 月同比价格连续 7 个月上涨并且涨幅逐月扩大。

（三）成品油价格降幅收窄

从 2016 年 4 月开始，国际原油出现恢复性上涨，受此影响，国内成品油价格明显回升。1—11 月，宁夏石油加工、炼焦和核燃料加工业价格同比下降 6.2%，降幅比上半年收窄 5.2 个百分点，比 2015 年同期收窄 15.3 个百分点。

（四）煤炭价格缓慢回升

受产能过剩、供需失衡等多种因素影响，2016 年，宁夏煤炭价格总体上仍呈下降态势。1—11 月，宁夏煤炭开采和洗选业价格同比下降 5.4%。9 月以来，在国内一系列稳增长政策措施的实施下，用煤需求有所增加，拉动煤炭价格持续回升。10 月同比价格已“转正”，11 月同比价格大幅上涨 8.2%。

三、影响工业生产者价格变化的主要因素

（一）供给侧结构性改革成效显现

随着我国经济增长进入逐步趋缓的新常态，供需矛盾发生巨大变化，需求侧结构日益丰富多元，并开始向服务化、高端化和个性化升级，而供给侧发展欠缺活力，传统模式难以有效满足新需求。在不容乐观的国际经

济大环境和“三期叠加”的复杂背景下，为缓解供需矛盾，进一步加快经济结构调整，适应经济发展新常态，国家加大力度去产能、去库存，强力推进供给侧改革落实，政策的落实，对钢铁、煤炭、水泥等行业带来较大积极影响，价格出现回升。

（二）宁夏经济发展稳中向好

2016 年 1—10 月，宁夏规模以上工业实现增加值 821.6 亿元，同比增长 7.5%，比全国高 1.5 个百分点。1—10 月，宁夏固定资产投资 3068.24 亿元，同比增长 9.0%，比全国高 0.7 个百分点。宁夏经济发展稳中向好，在很大程度上增加了对生产资料的需求，进而拉动了工业生产者价格回升。

（三）国际大宗产品价格宽幅震荡

2016 年以来，大宗商品市场走势一波三折。年初延续 2015 年下滑走势。自 1 月下旬起，在美元加息预期减弱、市场流动性充裕、部分商品进入补库存周期等因素共同作用下，大宗商品从低谷较快回升，黄金、原油、铁矿石等能源、金属类产品涨幅尤为明显。相比之下，粮、棉、油等大宗农产品供应过剩压力依然较大，虽现跟随性上涨，但涨幅较小。3 月下旬后，市场一度又显现出上行动力不足的疲态，4 月中旬以来大宗商品价格有所恢复，但震荡幅度加剧。受此影响，国内以铁矿砂、原油、煤炭、钢材、铜等为原料的下游产品价格也呈前低后高走势。

四、2017 年工业生产者价格预测

从影响价格上涨的因素看，国家继续实行去产能政策，实行“一带一路”国家战略，工业生产者价格回升的趋势将会持续。从制约价格上涨的因素看，经济进入新常态，转型升级的道路仍然漫长，淘汰落后产能的任务仍然艰巨，国内和国际需求总体仍然不足，制约工业生产者价格大幅上涨。

（一）影响价格上涨因素

一是主要工业品价格上涨仍然在路上。2016 年 3 月以来，尽管煤炭、有色金属、黑色金属、水泥等产品价格涨幅较大，但仍然属于价格长期且大幅度下跌之后的恢复性上涨。价格变动具有较强的趋势性，上涨期一般

难以在几个月之内结束，随着运输费用、人工费用价格上涨，煤炭、黑色金属、水泥等产品价格仍然存在上涨动力。因此，从整体上看主要工业品价格上涨仍然在路上。

二是一般工业品价格具有补涨性。价格上涨具有联动性，主要工业品价格上涨很可能带动其他工业品价格上涨。这是因为，一方面，主要工业品价格上涨具有示范和带动作用。主要工业品价格上涨产生比较强烈的涨价氛围，形成一定程度的比价效应而上涨。另一方面，主要工业品价格上涨具有推动作用。主要工业品往往是基础性产品，其价格上涨提高下游工业品生产成本，进而推动下游工业品上涨。

（二）制约价格上涨因素

一是国内需求增长的制约。2016 年 1—9 月，全国固定资产投资增长 8.2%，增幅虽然比前几个月略有回升，但仍处于世界金融危机以来最低水平，同时还面临民间投资动力不足、工业投资增速缓慢、资金紧张等诸多问题。究其主要原因是国内经济进入新常态，转型升级和淘汰落后产能仍然是一个长期的过程。消费平稳增长对投资需求大幅增长形成抑制作用。预计在今后相当长的时间内，国内投资需求仍将保持在较低水平，拉动工业生产者价格大幅上涨的空间有限。

二是国际经济疲软的制约。世界金融危机以来，国际经济增长疲软，特别是欧洲经济体和日本经济更加疲弱，除印度外的新兴经济体经济增速也大幅回落，国际市场大宗商品价格虽有回升，但总体上仍在低位徘徊。世界各大经济组织普遍预计，在今后较长时间内世界经济保持低速运行，这将影响我国出口增长和国内大宗商品价格上涨空间，进而抑制国内工业品价格上涨。

综合以上因素，预计 2017 年上半年宁夏工业生产者价格将会逐步走高，受翘尾因素逐渐消失影响，2017 年下半年工业生产者价格涨幅呈趋稳的态势。

2016—2017年宁夏居民消费价格形势分析与思考

张兰天

2016年1—11月，宁夏居民消费价格保持低位平稳运行态势，价格总水平同比上涨1.4%，涨幅较上年同期提高0.2个百分点，其中，城市上涨1.5%，农村上涨1.1%，食品价格上涨3.2%，非食品价格上涨0.9%，消费品价格上涨1.1%，服务项目价格上涨1.9%。

一、居民消费价格运行特点

（一）价格总水平总体平稳，月度间起伏较大

2016年1—11月，宁夏居民消费价格总水平同比上涨1.4%，总体保持平稳运行。从各月同比指数来看，1—11月，居民消费价格涨幅在0.3%~2.4%，波动跨度超过2个百分点，起伏波动较大。3月，受鲜菜、猪肉价格上升影响，月度同比指数价格上涨1.6%。4—8月，价格总水平同比涨幅回落趋稳，分别上涨0.9%、0.7%、0.5%、1.1%、1.4%。9月，在食品、居住、医疗保健价格上涨的拉升下，涨幅又扩大到2.3%。10月、11月趋于稳定，分别上涨2.4%、2.3%。从环比情况看，2月受节日因素及寒潮天气

作者简介：张兰天，国家统计局宁夏调查总队主任科员，高级统计师。

影响，价格上涨 2.1%，达到年内最高涨幅。3—6 月，价格总水平连续小幅回落，降幅在 0.3%～0.8%。7—9 月，逐渐恢复上涨态势，分别上涨 0.4%、0.3%、0.8%。

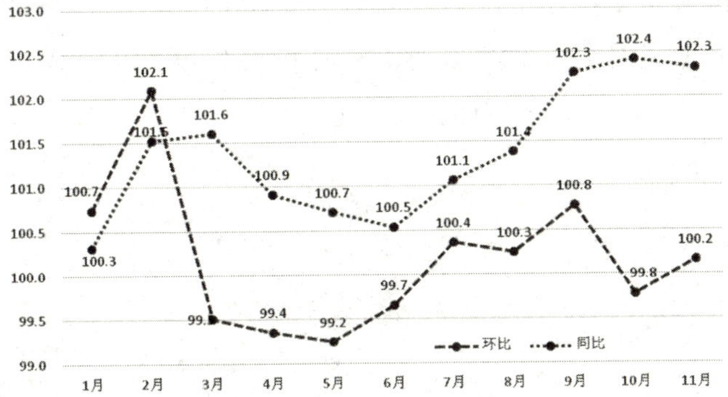

图 1 2016 年 1—11 月宁夏 CPI 涨跌幅走势

2016 年 1—11 月，构成居民消费价格的八大类商品及服务项目价格同比呈“七涨一降”态势。食品烟酒、衣着、居住、生活用品及服务、教育文化和娱乐、医疗保健、其他用品和服务类价格呈现上涨态势，同比分别上涨 2.5%、1.7%、0.2%、0.2%、2.1%、2.8%、3.0%；交通和通信类价格呈现下降态势，同比下降 1.8%。

（二）食品烟酒类价格涨幅跃升明显，肉菜价格涨势突出

2016 年以来，在寒潮天气、洪涝台风灾害、猪肉供应偏紧等多种因素交替推动下，鲜菜、猪肉价格高位震荡，食品价格涨势明显。1—11 月，全区食品烟酒类价格同比上涨 2.5%，影响居民消费价格总水平上涨 0.75 个百分点，是影响居民消费价格总水平上涨的主要因素。其中，猪肉、鲜菜类价格上涨共拉升 0.63 个百分点，影响程度为 45%，粮食及餐饮价格微幅上扬，同比分别上涨 0.3%、0.5%，食用油、羊肉、鲜奶、鲜瓜果价格分别下降 1.2%、2.7%、0.6%、1.6%。

1.鲜菜价格高位波动

2016 年 1—11 月，全区鲜菜价格同比上涨 14.9%，涨幅比上年同期高出 6.5 个百分点，影响居民消费价格总水平上升 0.42 个百分点。1—2 月，在春节效应的带动下，寒潮来袭、供应量减少以及生产、运输成本增加的共同影响下，鲜菜价格持续走高，物价上涨动力明显增强。2月，环比冲高33.9%，为近4年来环比最高涨幅。3月，鲜菜价格总体回落，但个别鲜菜价格依然持续涨高，同比依然上涨39.8%。4—7月，鲜菜价格逐月下降，其中4—6月鲜菜价格快速下跌，环比分别下降19.2%、24.7%、16.3%，降幅均为近4年来当月最高值。8月、9月价格再度回升，环比分别上涨11.8%、13.5%，达到近年来当月涨幅峰值。

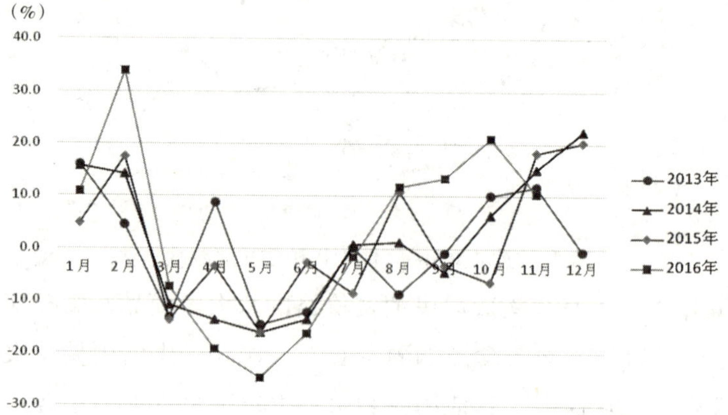

图2　2013—2016年宁夏鲜菜价格环比走势

2.猪肉价格前高后稳

2016年1—4月，受节日需求拉动及生猪出栏减少影响，猪肉价格不断攀升，4月，猪肉同比上涨34.9%，单月涨幅创2011年11月以来最高。4月以后，随着市场供应增加，猪肉价格逐渐回落。尤其是七八月，随着天气变热，居民消费减少，加上学校放假，食堂需求锐减，猪肉价格开始温和回落。1—11月，猪肉价格同比上涨17.5%，涨幅比上年同期扩大9.8个百分点，拉动居民消费价格总水平上升0.21个百分点。

3.鸡蛋价格低位徘徊

由于供应充足，加之饲料价格走低，鸡蛋价格持续低位运行，1—11月，全区鸡蛋价格同比下降3.5%。从环比看，1月，受春节即将到来影响，价格上涨1.6%。2月以后随着节日因素消退，价格小幅回落。八九月受中秋节及学校开学影响，市场需求增加，价格有所回升。10—11月，随着节日需求减弱，市场供应充足，鸡蛋价格再次回落。

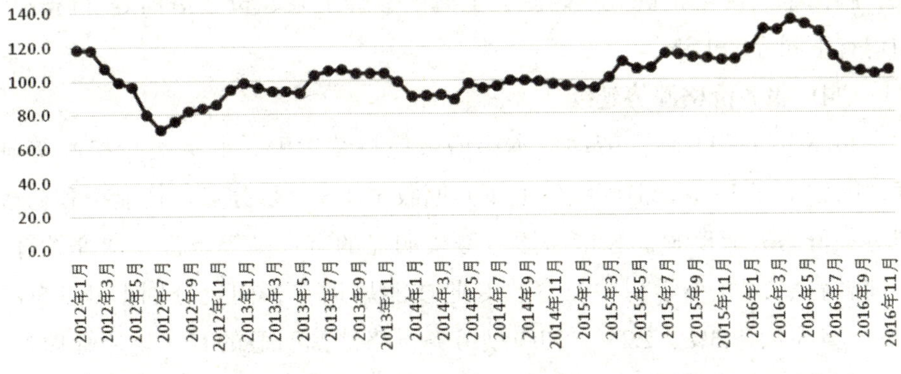

图3　2012年1月—2016年11月宁夏猪肉价格同比指数运行

（三）医疗保健上涨较快

2016年1—11月，全区医疗保健类价格同比上升2.8%，涨幅比上年同期高两个百分点，影响居民消费价格总水平上涨约0.28个百分点。

1.医改政策相继出台，医疗服务价格上涨较快

2016年以来，宁夏各市县陆续展开城市公立医院综合改革，调整部分医疗服务项目收费标准，涉及百姓就医常规项目较多，医疗服务价格上涨较快。1—11月，医疗服务价格同比上涨4.1%，涨幅比上年同期提高两个百分点。其中，一般医疗服务、护理、临床手术治疗、中医治疗、其他医疗服务等常规医疗服务价格同比分别上涨13.0%、11.8%、5.0%、6.8%、21.8%。

2.药品价格基本稳定，滋补保健品涨价接踵而至

受国家取消药品限价和公立医院综合改革取消医院药品加成政策叠加影响，中西药价格总体运行基本稳定。1—11月，中药价格同比下降0.2%，西药价格同比上涨0.1%，其中抗微生物药、消化系统用药、神经系统用药价格同比下降1.1%、2.3%、2.1%；治疗精神障碍药、维生素及矿物质类药、血液系统药等价格涨幅明显，同比分别上涨6.2%、3.1%、1.6%。部分药价的上涨，一定程度上带动了滋补保健品价格的上涨势头。2016年1—11月，全区滋补保健品价格同比上升14.8%，各地因进货渠道不同，选择的品牌和产地不同，药价波动幅度不同，其中，监测的山东东阿复方阿胶

浆、脑白金、汤臣倍健大豆磷脂、上海人参蜂王浆、黄金搭档等价格较年初均有不同程度上涨。

（四）服务价格涨势延续

2016 年 1—11 月，劳动成本递增效应持续发酵，服务类价格涨势延续，同比上涨 1.9%，但涨幅较上年同期收窄 1.6 个百分点。技能型和初级型劳务价格升幅明显。技能型服务涨幅明显的有：高等教育、课外教育、学前教育、民办小学初中教育、专业技能培训费，同比分别上涨 3.5%、5.7%、4.6%、7.3%、2.2%。初级型劳务价格涨幅明显的有：物业管理费、养老服务、家政服务、鞋类加工服务费，同比分别上涨 3.6%、4.9%、5.0%、10.5%。

（五）工业消费品价格持平

2016 年 1—11 月，工业消费品价格涨跌交错，与上年同期相比总体持平。其中，服装、水电燃料、家用纺织品、家庭日用杂品、个人护理用品等价格同比分别上涨 1.7%、0.2%、1.2%、1.0%、1.6%；交通工具、交通工具用燃料、文娱耐用消费品、家用器具、家具、住房装潢材料等价格分别下降 5.3%、6.7%、2.1%、1.4%、1.6%、0.3%。

（六）宁夏 CPI 涨幅低于全国平均水平

2016 年 1—11 月，宁夏居民消费价格同比涨幅比全国 2%的涨幅低 0.6 个百分点。食品烟酒类涨幅比全国平均涨幅低 1.4 个百分点，其中畜肉类价格涨幅与全国平均涨幅差异较为明显。1—11 月，宁夏畜肉价格同比上涨 4.3%，比全国平均涨幅低 7.3 个百分点。对比发现，1—11 月，宁夏猪肉、牛肉、羊肉三类价格涨幅与全国平均涨幅基本一致，均呈现猪肉价格持续高位运行、牛肉价格基本平稳、羊肉价格明显回落的态势，宁夏猪肉均价（以银川市 11 月均价为参考）为 29.9 元，与 50 个大中城市均价（30.9 元）基本一致。

但在基本一致的价格水平下，猪肉对总指数的贡献差异较大，宁夏猪肉同比上涨 17.5%，影响居民消费价格总水平上涨约 0.21 个百分点，全国猪肉同比上涨 18.0%，影响居民消费价格总水平上涨约 0.42 个百分点。分析原因主要是消费结构的差异导致，宁夏是一个回族聚居地区，牛、羊肉

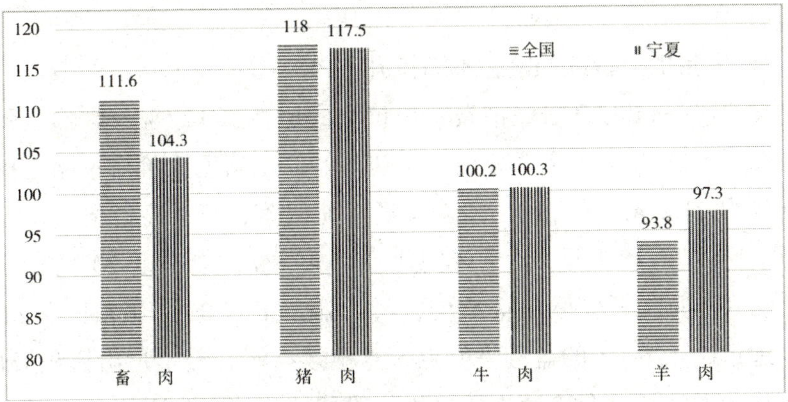

图 4 2016 年 1—11 月宁夏与全国畜肉类价格同比指数比较

消费比重相对全国平均水平较高，居民消费牛、羊肉比重分别约为全国平均水平的 2.1 倍、5.3 倍，猪肉消费比重相对全国平均水平较低，猪肉消费比重仅为全国平均水平的一半。

其他七大类商品与服务项目价格，与全国平均水平相比，呈现“三高四低”的态势。1—11 月，衣着、教育文化和娱乐、其他用品和服务类价格同比指数分别高于全国平均水平 0.2 个、0.6 个、0.3 个百分点；居住、生活用品及服务、交通和通信、医疗保健类价格同比指数分别低于全国平均水平 1.3 个、0.2 个、0.3 个、1.0 个百分点。

二、居民消费价格变动原因分析

（一）气候因素影响

2016 年年初受强寒潮影响，全国大部分地区气温大幅下降，蔬菜供应普遍减少，加之降雪直接阻碍了外地蔬菜运往本地，供应紧张和成本增加直接推动了价格上涨。3—5 月，气温回升，蔬菜生产恢复正常，本地蔬菜大量上市，市场供应充分，价格回落。6—7 月，蔬菜生产出现齐头并进的局面，外地菜、温棚菜、露地菜大量扎堆上市，价格大跌。其间，由于本地大田蔬菜大量低价处理甚至直接烂在地里，又致使后期市场供应量减少，8 月以后价格又开始回升。11 月，本地大田菜全面退出市场，蔬菜供应主要是依靠本地温棚蔬菜和外运蔬菜，种植成本和运输成本双重因素推高蔬菜价格。

（二）生猪供给持续趋紧，不断拉升 CPI

2016 年 1—11 月，居民消费猪肉价格同比上涨 17.5%，影响居民消费价格总水平上涨约 0.21 个百分点。年初开始，生猪毛重价格一路上扬，端午节前创出 21.2 元 / 公斤的历史新高后有所回落，三季度价格波动大。分季度看，一季度 18.2 元 / 公斤，同比上涨 49.8%；二季度 20.2 元 / 公斤，同比上涨 52.5%；三季度 18.9 元 / 公斤，同比上涨 7.8%。猪粮比在 11.1∶1 左右，远远高于 6∶1 的盈亏平衡点，养殖效益好，养殖户出栏积极性高。上半年猪价大涨，部分养殖户压栏惜售等待节日能卖到更好的价钱，三季度生猪价格震荡波动，部分养殖户对后期价格忧心，大量集中出栏，价格有所回落但仍在高位。11 月，宁夏猪肉零售均价仍维持在 30 元 / 公斤左右。

（三）政策性因素推动

2016 年以来，宁夏陆续推行了新一轮的医疗改革和高等教育收费改革，医疗服务和教育服务价格随之上涨，共同影响全区居民消费价格总水平上涨约 0.41 个百分点，影响程度为 29.3%。

（四）物流、工艺、人工等成本上升推动

自 2016 年 9 月 21 日起，拉货车辆限高限宽限载，而家具、电器、部分装潢材料等体积较大的物体物流成本增加，一定程度推动部分工业消费品价格复苏。近几年来，宁夏最低工资标准及外出务工劳动力人均月收入不断提高，劳动力成本的上升直接拉动了服务项目价格上涨。2016 年三季度末，宁夏农村外出务工劳动力人均月收入 3418 元，同比增长 5.4%。

（五）国内外经济环境制约，消费趋缓，价格总体呈低位运行

一是当前区内外经济形势复杂多变，稳增长的难度较大，消费品市场稳中趋缓，居民消费支出收紧，部分食品类、衣着、房租、家用器具、纺织品、日用杂品等类别生活消费呈现明显下滑状态，有效需求不足更加凸显，影响市场价格走低。据宁夏城镇住户调查资料显示：2016 年上半年，宁夏城镇居民衣着类消费支出下降 7.6%；居住类消费支出下降 10.8%，其中租赁房房租、住房维修及管理支出分别下降 26.2%、50.3%，住房装潢支出下降 76.4%；生活用品及服务类消费支出下降 1.4%，其中家用器具、家用纺织品、家庭日用杂品支出分别下降19.4%、16.2%、10.2%；其他用品和服务支出下降22.2%。

二是工业企业产能过剩，上游工业品原材料价格的持续回落，对下游生活消费品价格产生传导压力弱化。

三是国际原油价格低位造成油制品价格明显下降。2016年1月，布伦特油价一度跌破30美元/桶，刷新了11年的新低，随后震荡上行。石油输出国组织欧佩克公布的月度报告显示，9月，欧佩克成员国原油产量创近8年新高。与此同时，由于需求增速放缓，供应不断增加，经合组织原油库存量也升至历史高位水平。在重压之下，国际原油价格呈现低位震荡态势。国际原油价格下滑带动国内油制品价格走低。1—11月，宁夏汽油和柴油价格同比分别下降5.8%和3.9%，拉低居民消费价格总水平0.08个百分点。

四是鲜瓜果、羊肉、鸡蛋、鲜奶、食用油等部分与百姓消费密切相关的农副产品价格呈现下滑趋势。

三、居民消费价格后期趋势预测

在经济新常态下，从宏观上看，第一，当前经济增长全面放缓，对物价水平的推动作用有限；第二，积极的财政政策和稳健的货币政策对当前货币大幅放松可能性不大，推动物价大幅上升的货币条件不具备；第三，市场上商品总供给大于总需求的格局仍未改变，我国工业领域的产能过剩压力仍然较大，供大于求的局面未根本改变，很大程度上抑制价格向终端消费传导，工业产品价格仍将在低位运行。粮食连年实现丰收，不存在明显的上涨动力，引发全面持续的物价上涨的可能性比较小。

从微观上看，第一，蔬菜价格受到季节性因素影响明显，如若出现灾害性天气可能导致蔬菜价格短时快速上涨现象；第二，气候因素及种植不均衡原因导致产量的下降，如果出现投机行为，不排除部分蔬菜价格再次飙升的可能；第三，医疗政策的逐步推行，天然气、居民用水等资源价格调整，势必推动能源价格上涨。

综合判断，物价仍将维持在相对稳定的运行状态。

四、对稳定物价水平的几点建议

就目前看，国际经济形势依然复杂多变，世界主要经济体经济仍处在探底过程中，复苏迹象仍不明朗；加之国内经济进入新常态，创新业态、结构调整所面临的机会与风险并存，CPI 作为国民经济、社会民生运行的晴雨表、调节终端，未来一段时期仍需要密切关注和政策着力。

（一）保障市场主要食品供应，确保价格总水平平稳运行

1.保持粮食价格合理上涨

粮食是居民日常生活中的刚需食品，其价格变动往往会波及其他商品，对城乡居民生活和宏观经济运行有着至关重要的影响。在当前的价格形势下，为保护农民长远利益、保证居民生活质量，建议继续坚持用有效的市场监管来规避粮食市场风险、维持粮食价格运行势头的稳定，并出台相关收购、鼓励政策调节种植品种的平衡，保持粮食价格的合理上涨。

2.强化对生猪生产的建设管理和信息预警

为最大限度地稳定市场猪肉价格，降低生猪养殖风险，建议继续加大对规模化生猪养殖户的扶持力度，增加对生猪养殖基础设施建设改造补贴并做好生猪疫情防治；加大对生猪养殖的信息预警力度，大力提高抗市场风险能力，尽可能降低养殖单位因猪肉价格大幅波动造成的损失，从而逐渐平衡猪肉价格，找到价格与供求的平衡点，使价格能够平稳运行。

3.防范鲜菜价格异常变动

虽然鲜菜价格会随着季节更替出现阶段性波动，但因近年来居民饮食习惯的转变，市场对鲜菜的消费需求平稳上升，价格上涨的基础已经形成。建议继续保持政府投入力度，建立集约型、规模化的生产基地、企业，加大冬储设施建设，不断提升抵御自然灾害能力，保证市场供应稳定；并继续在流通环节予以合理补助，设立、扶持以调节市场价格为目的的经营销售网点，维持鲜菜市场的竞争活力，防范价格异常突升突降。

（二）继续推进价格改革、强化市场监管，打造公平合理的价格运行环境

随着居民消费结构的分化、热点的转变，建议推进并继续推进环保领域和医疗、教育、居住等公共服务领域的价格改革，保证居民消费的质量和公平，提高消费积极性、购买力；继续强化对食品、工业品等消费品市场的监管，严厉打击囤积居奇、虚假信息、哄抬物价等市场欺诈行为，出台相关政策法规，严格监控、依法惩处，坚决维护正常市场秩序，保证市场价格的合理运行。

（三）加快供给侧改革进程，促进一般性工业消费品更新换代

鉴于一般性工业消费品市场所面临的产能过剩、品质不高、升级缓慢的现状，建议充分发挥市场在资源配置中的决定性作用，破除企业市场化退出障碍，清理“僵尸企业”，加大煤炭、钢铁等特困行业过剩产能化解力度，加快建立及完善以市场为主导的化解产能严重过剩矛盾的长效机制。与此同时，加大对创新企业、新业态的资金和政策扶植力度，拔高新增产能质量，提高一般性工业消费品品质，进而增加能够适应新型消费需求和新常态经济要求的有效市场供给，从而提升市场消费活力。

改革开放篇

GAIGE KAIFANG PIAN

宁夏在阿曼杜古姆建设中国产业园的理论与实践

解孟林

推进丝绸之路经济带和21世纪海上丝绸之路（以下简称“一带一路”）建设，是以习近平同志为核心的党中央根据全球形势深刻变化、统筹国内国际两个大局做出的重大战略决策，对于开创我国全方位对外开放新格局、推进中华民族伟大复兴进程、促进世界和平发展，具有划时代的重大意义。本文基于中国阿曼杜古姆产业园的理论与实践，以期对产业园进行全面的描述，为其他企业或园区走出去提供可借鉴的线索。

一、理论指导

2013年9月7日，习近平主席在哈萨克斯坦发表重要演讲，首次提出了加强政策沟通、道路联通、贸易畅通、货币流通、民心相通，共同建设“丝绸之路经济带”的战略倡议；2013年10月3日，习近平主席在印度尼西亚国会发表重要演讲时明确提出，中国致力于加强同东盟国家的互联互通建设，愿同东盟国家发展好海洋合作伙伴关系，共同建设21世纪海上丝绸之路。“一带一路”借用古代丝绸之路的历史符号，以和平发展、合作共赢为时代主题，积极主动地发展与沿线国家的经济合作伙伴关系，共同

作者简介：解孟林，自治区政协原副主席，宁夏中小企业协会会长，高级经济师。

打造政治互信、经济融合、文化包容的利益共同体、命运共同体和责任共同体。“一带一路”贯穿欧亚大陆，一个着眼于加快向西开放，一个着眼于建设海洋强国，是实施全方位对外开放战略的“先棋手”和突破口，对于我国构建开放型经济新体制、打造全方位对外开放新格局具有决定性的意义。

宁夏回族自治区党委在以习近平同志为核心的党中央提出“一带一路”国家倡议后，充分发挥自治区面向阿拉伯国家开放平台和窗口的优势及作用，积极在中东寻求战略支点。经过近一年的努力，特别是在习主席2016年元月出访中东取得重大成果的鼓舞下，我国在阿曼苏丹国取得阶段性突破，在其杜古姆经济特区建设中国产业园的前期工作已经完成，2016年5月23日举行了基础设施奠基典礼。对此，国内主流媒体一致认为此举是中国“一带一路”的重要成果，中国产业园落地阿曼杜古姆经济特区，有利于中国输出优势产能，阿曼国内及周边国家的工业基础相对落后，对市场需求比较大，它的工业发展规划刚好与我国“一带一路”有很多契合点，双方可以合作的领域很多。

二、模式创新

中国阿曼杜古姆产业园创造出典型的政府主导、民间参与、企业主体、市场运作、抱团出海的新模式，并取得了初步成效。

政府主导：王勇国务委员参加了2016年5月23日在阿曼首都举行的产业园签约暨揭牌仪式，同时国家发改委将中国阿曼杜古姆产业园列为2016年发改委重点推动建设的20个产能合作示范区之一，对宁夏积极推进国际产能合作的做法给予充分肯定。商务部也将中国阿曼杜古姆产业园列入16个重点园区之一。宁夏回族自治区党委和政府分别主持召开专题会议，听取产业园建设进度报告，研究建设方案。

民间参与：中国阿曼杜古姆产业园建设工作总体推进顺利、进展良好。宁夏中小企业协会主动担当、积极作为，完成了注册成立阿曼杜古姆产业园管理公司、制定洽谈整体开发协议、明确阿曼杜古姆经济特区优惠条件政策等前期工作。此外，法律、会计、语言、金融等行业也为中国阿曼杜古姆产业园的顺利进展做出了贡献。

企业主体：根据国家发改委和商务部的要求，宁夏中小企业协会牵头成立了产业园平台管理公司——宁夏中阿万方投资管理有限公司，该公司由 7 个股东组成，民营企业控股，完全市场化运作，它全面负责产业园的总体规划、基础设施、招商引资、项目建设和运营管理。

市场运作：目前，拟投资园区的项目已有 20 多个，10 年内总投资预计达到 700 多亿元人民币，用工 1 万余人，用地 12000 亩。大部分项目已完成正式可行性研究报告，有的还完成了英文版的可研报告，以便在阿曼当地的银行和基金深入了解项目情况，所有投资企业均已到阿曼杜古姆现场进行了考察，特别注重项目的市场定位和财务状况分析。

抱团出海：中国阿曼杜古姆产业园是企业抱团出海的重要平台，批量地吸引宁夏区内外的企业抱团走出去，在产业园落地生根，摒弃以往很多企业以提供工程总承包服务为主，不能享受该项目运营收益的模式。走出去企业将以中国阿曼杜古姆产业园为基地，将产品销往阿曼及周边国家。阿曼万方投资管理有限公司将全方位为入驻企业提供各种服务，特别是需要与特区政府和阿曼国家政府交涉的事宜。

三、注意的问题

杜古姆特区政府与阿曼万方投资有限责任公司于 2016 年 5 月 23 日签订《关于建设中国产业园整体开发协议》，根据协议，产业园取得了 13 项优惠政策。货值达到 1800 多万元人民币的两批施工设备，6 月已运抵产业园现场，开始园区的修路、场地平整、集装箱组装等基础设施建设。

根据工作实践，“走出去”要注意处理好如下问题：

一是产业园的建设离不开稳定、安全的政治环境。阿曼有着重要的地理区位优势，属君主制国家，奉行中立、不结盟、睦邻友好的外交政策，是海湾合作委员会成员国，与伊朗关系密切，同时和中国一直以来保持友好关系。国内政治稳定，投资环境安全，为中国阿曼杜古姆产业园的落地与发展提供了重要的保障。

二是产业园的建设除对方政府基础的承诺外，一定要有明晰的优惠政策，必要时以法律形式确定，此外，还应有专门的管理机构，仅凭私人关系是不可靠的。中国阿曼杜古姆产业园以合同的方式与杜古姆经济特区政府签署了包含有 13 项优惠政策的协议。杜古姆经济特区政府设置了管理局，管理局为园区和投资客商提供一站式的便捷服务。

三是产业园落地国外，就不再是企业或者个人的行为，而是代表着一个国家的形象。因此，凡是进入产业园投资办企业的中国企业（指中方控股），均需遵守当地的法律法规，尊重当地的宗教习俗等等。在走出去的过程中，企业对自己的管理、用人、技术、环保、安全、社会责任等方面都要改造提升，转型升级，力争把自己打造成为一个有竞争力的跨国企业。为此，中国阿曼杜古姆产业园制定了 8 条守则，来树立中国企业在海外的良好形象。

四是海外产业园的发展壮大离不开精英人才，一要懂得对方国家的语言，二要熟悉对方国家的国情，三要能够长期在国外工作，四要有相当的管理能力和社交能力。中国阿曼杜古姆产业园平台公司总经理沙彦聚就是这样的人才，懂阿拉伯语，熟悉阿拉伯国家，同时愿意扎根在阿曼，为产业园的建设做出了巨大的贡献。

五是在国外建设中国产业园困难很多，需要扎扎实实，一步一个脚印地去做好每一项工作，不可能一蹴而就，所以不可操之过急。

宁夏借鉴上海自由贸易试验区经验研究

宁夏社会科学院课题组

2014 年，习近平总书记在审议《关于中国（上海）自由贸易试验区工作进展和可复制改革试点经验的推广意见》时明确指出，试验取得的可复制、可推广的经验，能在其他地区推广的要尽快推广，能在全国推广的要推广到全国。

国务院 2012 年批准设立宁夏内陆开放型经济试验区，2013 年批准设立中国（上海）自由贸易试验区。形成一批可复制、可推广的制度是试验区设立的初衷之一。作为中国最高层次的对外开放试验田，上海自贸区成功所取得的经验值得宁夏学习。

2015 年底，经自治区党委统战部和上海市委统战部沟通，决定借鉴上海自贸区建设的经验和做法，分析宁夏内陆开放型经济试验区体制机制创新的突破口和发展路径，为开放宁夏建设提供决策咨询建议。本报告主要侧重于对如何借鉴上海自贸区的经验进行分析和思考。

作者简介：段庆林，宁夏社会科学院副院长，研究员；王瑛，北方民族大学阿拉伯研究中心副主任，副教授，经济学博士；仇娟东，宁夏大学经济管理学院副教授，经济学博士；马琴，宁夏社会科学院综合经济研究所法学博士。

一、 宁夏借鉴上海自贸区经验的制度需求分析

改革开放以来，特别是加入世界贸易组织后，中国迅速融入经济全球化浪潮，以 2012 年为分界，全球贸易正从“高速增长、美国核心、中国驱动”的旧常态向“增速趋缓、三足鼎立、区块结构”的新常态演变。与此同时，在 TPP（跨太平洋伙伴关系协定）、TTIP（跨大西洋贸易与投资伙伴协议）、BIT（双边投资协定）和 TLSA（国际服务贸易协定）等自由贸易与投资谈判的推动下，国际贸易投资规则体系亦面临重塑。

当前形势下，中国正在主动顺应全球化经济治理的新趋势新格局，主动对接国际贸易投资的新规则新要求，主动塑造对外开放新优势，努力打造开放型经济的升级版。上海自贸区建立了以负面清单为核心的投资管理制度、以贸易便利化为重点的贸易监管制度、以资本项目可兑换和金融服务业开放为目标的金融创新制度、以政府职能转变为导向的事中事后监管制度。宁夏借鉴上海自贸区经验，应该在贸易自由化、投资自由化、金融国际化和行政精简化上下功夫，充分利用内陆开放型经济试验区的政策机遇，把借鉴上海自贸区经验与创新开放宁夏发展结合起来，走出一条适合宁夏内陆开放型经济发展的新路子。

尽管上海自贸区在贸易、投资、金融、行政等诸多方面为宁夏提供了可供复制的经验，但由于宁沪两地发展基础和发展阶段不同，宁夏全面借鉴与复制这些经验存在一定困难。例如，2015 年，上海市外贸依存度为 112.40%；同期，宁夏的外贸依存度仅为 8.09%。宁沪两地的对外开放水平差异显著。宁夏及周边地区以生产型企业为主，通过海运方式与主要贸易伙伴进行交易。因此，应探索弥补宁夏内陆劣势、开展内陆与沿海沿边通关的新思路。

二、 宁夏借鉴上海自由贸易区经验的主要任务

（一）贸易便利化领域

上海自贸区的首要任务是积极推进贸易自由化，即没有海关监管、查禁、关税干预下的货物自由进口、制造和再出口。上海自贸区奠定在沿海

外向型经济发达的基础之上，宁夏必须针对内陆开放型经济发展的需要来选择贸易便利化的重点。

主要可借鉴的经验:(1) 大力推动国际贸易“单一窗口”建设，降低贸易综合物流成本;(2) 优化通关流程，简化通关手续，实现信息共享，提高联检部门内部协作效率和效能;(3) 海关借助计算机信息技术，建立健全风险管理机制;(4) 建立三级查验绩效评估机制;(5) 借鉴 AEO 认证制度进行企业分类通关改革，明确区内备案制企业标准;(6) 海关实行预裁定制度、预审查制度、提前放行制度和通关后审计制度，提高企业申报的便利度;(7) 对货物实施分类监管;(8) 建立涵盖各主要贸易国和地区的技术法规与标准信息库;(9) 实行认证经营商的原产地声明制度;(10) 引导、支持银行在示范区创新金融产品，提升金融服务水平，确保示范区运行后外汇金融服务的及时跟进;(11) 完善有关对外贸易的地方性法规，加大对相关贸易政策的公布、评议和听政范围;(12) 规范检验检疫流程，实现检验检疫全过程“一次报检、一次计费、一次取样、一次卫生处理、一次出证放行”的“六个一”;(13) 争取率先实行海关、检验检疫、边检、海事 4 家口岸联检单位一站式查验;(14) 尽可能降低各类行政性收费，简化有关材料申报的要求，推动并鼓励企业通过贸促会签证;(15) 依托非现场监管系统，建立预警监测体系，尝试实现外汇收支主体分类管理相结合的监管方式;(16) 对中阿间跨境电子商务的开展给予更加开放的政策;(17) 积极推进与阿拉伯国家和穆斯林地区海关、检验检疫等机构的合作，积极推动检验检疫证书互认工作，签署双方互认认证结果的双边协议;(18) 第三方检验结果采信;(19) 尝试国际转运自助通关新模式;(20) 实施加工贸易手册管理全程信息化改革、海关原产地管理改革、征免税证明通关无纸化改革;(21) 建设跨境电商商品溯源平台;(22) 建立进口食品快速放行模式、检验检疫电子证书模式、进口酒类分类管理模式、入境维修“1+2+3”监管模式;(23) 进境动物检疫许可流程再造、检验检疫无缝对接内陆“无水港”，并开展检验检疫原产地签证清单管理。

（二）投资便利化领域

“准入前国民待遇加负面清单”的管理制度，是国际投资规则发展的新趋势，目前国际上有70多个国家采用该模式，上海自贸区的实践为该模式的推广积累了经验。在宁夏内陆开放型经济试验区建设的投资功能设计中，要进一步从扩大投资开放领域、改革投资管理方式和构建投资促进体系等方面入手，探索建立与国际通行做法接轨的投资制度框架。

主要可借鉴的经验：(1) 建立"一口受理，同步审批"的一站式服务模式；(2) 在实施企业登记注册"三证合一"的基础上实行"多证合一"；(3) 制定行政违法行为提示清单；(4) 电子营业执照和全程电子化登记管理；(5)"互联网+"税收服务、国地税联合办税、税务网上区域通办等措施，简化税收办理流程；(6) 税银合作"税融通"，切实解决中小企业的融资问题；(7) 网上申领普通发票速递免费配送。

（三）金融创新领域

在金融创新领域，主要可借鉴的经验是：(1) 建立自由贸易（FT）账户系统，将企业与区内、区外、境外3个市场连接，实现境内境外账户自由划转；(2) 基于试验区账户体系的本、外币境外融资全面放开，并取消前置审批，依托FT账户进行事中、事后监管；(3) 在保险方面，启动运输保险产品注册制改革，参与推动离岸保险税收制度完善，成立宁夏运输保险协会等；(4) 在自贸区范围内率先启动合格境内个人投资者境外投资试点，并适时扩大个人可兑换限额的提高，实现人民币资本项目可兑换；(5) 扩大人民币跨境使用，包括创新面向国际的人民币金融产品，扩大境外人民币境内投资金融产品的范围，促进人民币资金跨境双向流动等；(6) 允许民营资本进入金融业，外资金融机构在试验区内设立合资证券公司，内资股东不要求为证券公司等；(7) 推进面向阿拉伯国家的外汇交易中心、国际金融资产交易平台、期货交易平台、国际能源交易中心、保险交易所等金融创新平台的建设，加快建设面向国际的金融市场；(8) 完善金融监管体制，加强试验区金融监管协调，加强金融风险防范等要求，加强金融监管与风险的防范。

（四）行政改革领域

试验的根本要义就在于体制机制创新，主要可归结为以下三个方面：一是通过负面清单防止政府越位；二是推动贸易便利化，优化通关流程，提升通关效率，防止政府错位；三是事中、事后监管，防止政府缺位。核心目标是如何让要素能自由、更合理地流动。[①]

主要可借鉴的经验：(1) 逐步建立社会信用体系、信息共享和综合执法制度、企业年度报告公示和经营异常名录制度、社会力量参与市场监督制度及各部门的专业监管制度；(2) 政策创新上充分体现“全方位开放、对阿更开放”，探索实施更加开放的自贸园区运行模式；(3) 推行权力清单制度，加大政府权力的取消下放力度；(4) 加快推进行政审批和政务服务平台建设，积极推行网上审批、并联审批和集中审批，减少审批环节，提高办事效率；(5) 采用平台管理模式进行管理和运营，以政府为政策制定和协调的主导者，以示范区运营企业为主体进行开发、管理和发展，双方在示范区战略制定、政策方向、政策建议、招商、运营管理等方面深入合作，共同分担示范区开发、管理和发展过程中的风险与收益；(6) 建立监管政策的协调机制，包括政策与政策之间的协调、示范区监管政策与法律法规之间的协调和不同政府监管部门之间的政策协调；(7) 推行电子营业执照，加盖登记机关电子印章，赋予企业“电子身份”，方便企业商务交易、办理行政事务手续；(8) 建设示范区综合服务平台，为企业提供全方位一站式服务；(9) 全方位、大空间由审核和核准制向备案制过度，切实加强行政审批制度中后期的监管和服务，把应该交给市场和社会的真正放权落实；(10) 中后期行政监管应充分利用“非政府”力量。

三、加强宁夏与上海的战略合作

宁夏建设内陆开放型经济试验区，应该积极借鉴上海等自由贸易试验区的成功经验，特别是加强与上海市的战略合作。为此，我们建议宁夏在以下几个方面加强与上海的合作。

(一) 共同打造中阿博览会战略平台

我国沿海地区是中阿经贸合作的主要地区，宁夏首府银川是中阿博览

---

①上海专家组陶纪明教授 2016 年在宁夏内陆开放型经济试验区体制机制创新座谈会上的发言意见。

会永久会址，中阿博览会应该充分借力上海市作为世界经济中心和航运中心的辐射带动作用，积极争取与上海市、浙江省、广东省、福建省等中阿经贸主力省市共同协办中阿博览会，为中阿经贸合作提供战略平台。

（二）完善宁夏内陆开放型经济试验区规划

上海是海洋经济的翘楚，宁夏是内陆地区的典型。宁夏既要学上海等沿海开放的经验，把握国际经济一体化的大趋势，实施"一带一路"战略和自由贸易区发展战略，提高开放时代性水平；也要学重庆，提高开放针对性水平。宁夏作为内陆地区，具有密度、距离、分割三大劣势，而内陆地区的重庆等都与宁夏一样具有运输距离远等劣势。重庆等地通过体制机制创新很好地规避了内陆劣势，形成了外向型产业体系，对宁夏发展内陆开放型经济特区具有很重要的参考价值。宁夏内陆开放型经济试验区规划比较注重特色产业发展，对体制机制创新关注不够。宁夏不论是区位还是资源，都没有绝对的优势，唯一的突破口就是在体制机制创新上。目前，贵州已经在申请内陆开放型经济试验区。宁夏应该在"一带一路"战略实施以来新政策指导下，尽快修订完善试验区规划。

（三）共同建设中阿人文交流中心（版权贸易中心、艺术品拍卖市场等）

宁夏承担了"中阿典籍互译出版工程"等翻译任务，全国阿拉伯文书籍有七成是宁夏翻译出版的。上海是我国文化出版中心，应该继续加大与上海在阿拉伯语翻译人才以及项目方面的合作，积极把宁夏打造成中阿版权贸易中心。

中阿艺术品市场也是宁夏与上海值得合作的领域之一，银川综保区与上海自贸区共同举办中阿艺术品拍卖会，充分利用上海自贸区在艺术品拍卖等方面的人才、货源、人脉、经验等优势，扶持宁夏介入中阿艺术品拍卖市场。

（四）促进国际性、区域性大宗商品交易中心建设

中国是石油进口大国，建立石油期货市场，有助于中国取得石油产品的定价权。中东是我国石油主要来源地区，沙特等阿拉伯国家主导国际石油市场。上海市正在筹建上海石油交易中心，应该借鉴上海石油交易所西部交易中心模式，在宁夏设立具有比较优势的大宗商品、特色优势产品交易中心。

（五）借助上海自贸区金融业务，支持宁夏企业“走出去”

上海自贸区最热的两大业务是跨境双向人民币资金池、人民币跨境借款。争取政策支持银川综合保税区注册的跨国企业，开展集团内跨境双向人民币资金池业务，为集团公司提高境内外关联企业自有资金的集中调度和统一使用提供极大的便利。支持宁夏企业“走出去”。借助上海自贸区融资租赁建设宁夏航空公司，支持宁夏建设“空中丝绸之路”。

四、宁夏借鉴上海自贸区建设的保障措施

宁夏应充分借鉴上海、福建、天津、广州、威海等地建设发展开放型经济的成功经验，结合本地实际，建立相应的体制机制，保障宁夏内陆开放型经济试验区的运行和发展。

（一）组织保障

宁夏对外开放，无论是区位还是资源都没有绝对的优势，建设开放型经济的最大突破口在于体制机制创新，而这也正是国家在宁夏设立内陆开放型经济试验区的战略初衷。宁夏内陆开放型经济试验区办公室撤销后，使得试验区缺乏顶层设计能力。应该借鉴上海世博事务协调局体制机制，建立宁夏内陆开放型经济试验区领导小组办公室、开放宁夏领导小组办公室等机构，承担规划、示范区管理等职能。实施流程再造，在现有以纵向管理为主的行政体制基础上，加强横向协调推进。自治区各有关部门、各地市县按照职能分工，协同推进宁夏内陆开放型经济试验区的建设。

（二）资金保障

宁夏经济社会建设资金有限，应借鉴上海的多元化资金投入模式，根据宁夏的实际情况，建立政府主导、企业参与的资金投入模式。由自治区财政安排专项资金加强基础设施建设，并充分发挥财政资金的杠杆作用，探索建立开发建设股权投资引导基金、创业投资基金等金融投资方式，逐步形成创业投资、风险补偿、费用补贴、资本金注入等多种财政经费使用方式。加快引导区内外创业风险投资机构对区内贸易服务企业开展股权投资，探索设立贸易担保公司、小额贷款公司等，解决中小企业融资难的问题。

（三）建设国际化、市场化、制度化的营商环境

建立宽进严管的市场准入和监管制度。充分借鉴上海自贸区外商投资管理模式，对外商投资实行负面清单管理模式。创新监管模式，在自贸示范区内的海关特殊监管区域推行“一线放开、二线安全高效管住”的贸易便利化改革。加快形成贸易便利化创新举措的制度规范，覆盖到所有符合条件的企业。加强口岸监管部门联动，规范并公布通关作业时限。鼓励企业参与自主报税、自助通关、自动审放、重点稽核等监管制度创新试点。建立高标准的营商环境，加强企业责任意识，完善企业管理制度，建立工作环境损害监督等制度，严格执行环境保护法规和标准。提高知识产权保护意识，成立知识产权保护中心，负责知识产权保护、纠纷协调等事宜。逐步建立跨境金融监管机制，加强跨境金融业务的管理，对跨境资金流动实行分类管理，构建金融风险监测指标体系，做好金融风险管理，防范非法资金跨境、跨区流动。

（四）人力资源开发

人才是宁夏内陆开放型经济试验区建设的短板。第一，应该加大对高等教育的投入，积极培养优秀人才。第二，应不断完善人才引进机制，吸引省外人才来宁创业发展，对引进的人才给予相应的待遇和发展平台让人才进得来、留得下。第三，应加强对领军型人才的政策支持，对于创新团队给予科研启动资金补助。第四，建立与上海等地的人才培训交流机制，选送一批人才赴上海等地学习自贸区运行管理的经验。第五，支持引进具有国际交流经验的高端人才，在人才评定、人才资助等方面给予优惠政策。第六，支持宁夏与阿拉伯国家高校开展各种层次和内容的合作交流，在阿拉伯国家专家入境手续办理等方面给予便利。

（五）法治保障体系构建

加快形成符合发展需要的投资和贸易法规体系。针对试点内容，借鉴上海自贸区的经验，需要停止实施有关行政法规和国务院文件的部分规定的，按规定程序办理，尤其是《中华人民共和国外资企业法》《中华人民共和国中外合资经营企业法》和《中华人民共和国中外合作经营企业法》中的有关规定要报全国人民代表大会常务委员会进行调整。加强地方立法，对试点成熟的改革事项，适时将相关规范性文件上升为地方性法规和规章。建立试验区综合法律服务窗口等司法保障和服务体系，形成适应国际投资和贸易的规则体系。

（六）财税配套政策

宁夏应该充分借鉴上海自贸区财政税收政策，大力推广落实已经在综合保税区试行过的财税政策，实施促进投资、贸易的税收政策，形成区别于试验区外的税收政策，促进中海自贸区内的贸易投资便利化。上海自贸区已经试点的税收政策原则上可在宁夏进行试点，譬如："注册在试验区内的企业或个人股东，因非货币性资产对外投资等资产重组行为而产生的资产评估增值部分，可在不超过5年期限内，分期缴纳所得税。对试验区内企业以股份或出资比例等股权形式给予企业高端人才和紧缺人才的奖励，实行已在中关村等地区试点的股权激励个人所得税分期纳税政策"等。[①]对于宁夏内陆开放型经济试验区已经出台的相关税收优惠政策，应该强化落实，形成多部门协调配合的机制，让内陆型经济试验区和银川综合保税区的优惠政策落地，使企业能够切实享受到优惠政策。

①《中国（上海）自由贸易园区总体规划》。

宁夏“新三板”上市创新研究①

马　琴

全国中小企业股份转让系统（俗称“新三板”）是我国资本市场的重要组成部分。2012 年 9 月正式注册成立，是继上海证券交易所、深圳证券交易所之后第三家全国性证券交易场所。在场所性质和法律定位上，全国股份转让系统与证券交易所是相同的，都是多层次资本市场体系的重要组成部分。“新三板”市场主要为创新型、创业型、成长型的中小微企业发展服务。

一、宁夏“新三板”上市现状

全国中小企业股份转让系统是经国务院批准设立，并由中国证监会监管的全国性证券交易场所，全国中小企业股份转让系统有限责任公司是其运营管理机构。“新三板”市场起源于中关村科技园区，2006 年中关村科技园区非上市股份公司进入代办转让系统进行股份报价转让，称为“新三

作者简介：马琴，宁夏社会科学院综合经济研究所经济学博士。研究方向：金融与经济发展。

①基金项目：本文为笔者主持的宁夏哲学社会科学规划项目：宁夏创新金融合作机制促进中阿贸易投资便利化问题研究（项目编号：16NXBYJ14）的研究成果之一。

板”。2012 年，经国务院批准，决定扩大非上市股份公司股份转让试点，首批扩大试点新增上海张江高新技术产业开发区、武汉东湖新技术产业开发区和天津滨海高新区。2013 年 12 月 31 日起股转系统面向全国接收企业挂牌申请。2013 年 12 月公布的《国务院关于全国中小企业股份转让系统有关问题的决定》(国发〔2013〕49 号）中明确规定：“境内符合条件的股份公司均可通过主办券商申请在全国股份转让系统挂牌，公开转让股份，进行股权融资、债权融资、资产重组等。申请挂牌的公司应当业务明确、产权清晰、依法规范经营、公司治理健全，可以尚未盈利，但须履行信息披露义务，所披露的信息应当真实、准确、完整。在全国股份转让系统挂牌的公司，达到股票上市条件的，可以直接向证券交易所申请上市交易。”在准入条件方面，“新三板”挂牌交易的企业门槛较低，但是在“新三板”进行投资的必须是机构投资者，这是“新三板”市场与其他证券交易市场的重要区别。

宁夏从 2014 年开始陆续有企业在“新三板”挂牌上市，截至 2016 年 11 月 11 日，全国共有 9485 家企业在“新三板”挂牌上市，其中广东省挂牌企业 1460 家，居全国 31 个省（自治区、直辖市）首位（如下图所示）。宁夏有 54 家企业在“新三板”挂牌上市，占全国的 0.56%，其中做市转让 14 家，协议转让 40 家，排名前三的行业分别是畜牧业 8 家、软件和信息技术服务业 6 家、农副食品加工业 5 家。[1]在东部沿海地区以及发达省市，

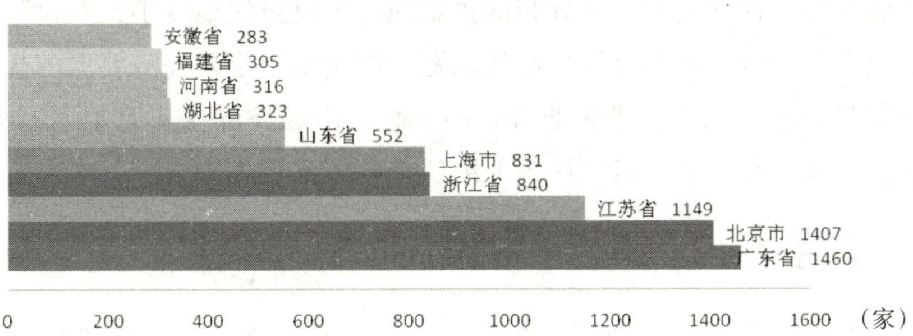

全国排名前十的“新三板”挂牌企业省市

① 数据来源于全国中小企业股份转让系统。

"新三板"上市企业数量较多，这主要与该地区经济社会整体发展水平、市场经济发达程度、资本市场成熟度、企业组织管理结构完备程度以及思想观念意识超前有关。宁夏"新三板"挂牌上市的企业数量与全国相比非常少，这一方面与宁夏的经济社会整体发展水平有关；另一方面也与宁夏资本市场欠发达、企业对资本市场运作了解认识欠缺有关。"新三板"市场作为服务创新型、成长型企业的资本市场，对中小微企业融资、改革企业治理结构等方面都具有促进作用，宁夏挂牌上市企业数量少，从另一个角度也可以说"新三板"市场未来在宁夏具有较大的发展空间与潜力。

截至2016年11月11日，宁夏"新三板"上市企业数量全国排名第26位，西北五省排名第3，仅次于陕西和新疆。其中互联网和相关服务业1家，软件和信息技术服务业6家，新兴产业占全部"新三板"上市企业的12.9%，农业畜牧业及相关行业占全部"新三板"上市企业的31.5%，是宁夏"新三板"上市企业的主体。制造业占全部"新三板"上市企业的25.9%，仅次于农业畜牧业相关行业，2016年1—9月发行金额累计62.14852亿元人民币。[①]从宁夏"新三板"上市企业的行业分布来看，与宁夏经济结构基本平衡，新兴产业处于发展的初期，传统的制造业和农牧业仍然是宁夏经济的主体。从全国排名来看，宁夏在"新三板"挂牌上市的企业数量较少，处于西北五省的中间，"新三板"市场在宁夏发展相对滞后。从"新三板"挂牌企业的地域分布来看，银川市占据绝大部分，是宁夏"新三板"挂牌上市企业分布的集聚地。宁夏虽然地域小，人口数量少，但是也存在经济发展南北不平衡的问题，银川市是宁夏经济要素的集聚地，也是信息产业、高新技术企业分布的中心，市场经济较其他4个地级市发展较快，从而在"新三板"挂牌上市的企业较多。

二、宁夏"新三板"上市面临的问题与挑战

宁夏产业发展的基本情况决定了"新三板"上市企业的结构与数量。从全国31个省（自治区、直辖市）在"新三板"挂牌上市的企业的产业结

① 数据根据全国中小企业股份转让系统中的数据测算而得。

构和数量来看，北京、上海、广东、浙江、福建等排名前十位的省份在“新三板”挂牌上市的企业总量为7466家，占全国“新三板”上市企业总数的78.7%，其他省、市、自治区占21.3%，地区经济总量和发展水平与“新三板”上市企业数量呈正相关关系。[①]宁夏在“新三板”挂牌上市的企业主要集中在银川市，其他4个地级市的数量非常少，这与地区经济发展的整体水平有关，银川市的经济总量占据宁夏经济总量的半壁江山，企业管理模式市场化程度较高，资本市场发展也较其他4个地级市快，成为了宁夏“新三板”挂牌上市企业的主要聚集地。宁夏经济社会发展整体水平与东部沿海等发达省市有一定的差距，企业发展规模与数量较小，现代企业制度还有待完善，且大多数企业会选择传统的银行贷款方式来解决企业发展中的资金需求问题。尽管在“新三板”挂牌上市的门槛比较低，由于大多数企业对“新三板”上市融资了解较少，尤其是资本市场的融资等方面的专业人才缺乏，成为了制约宁夏中小微企业在“新三板”上市融资的一个因素，使得宁夏与全国平均水平仍然存在很大差距。

企业股份制改造的滞后制约了在“新三板”上市。“新三板”市场在我国资本市场发展的历史较为短暂，是解决我国中小企业融资难的重要渠道，也是培育创新型、成长型企业的重要平台，“新三板”市场在宁夏的起步较晚，对“新三板”的认识整体不足。当前，中小微企业已经成为宁夏经济发展的主力军，但是从中小微企业的产业分布和从事行业可以看出，宁夏中小微企业的主要特点是数量多、门槛低。虽然在经济总量贡献和解决就业人口方面中小微企业功不可没，但是从企业管理模式以及内部治理结构来看，宁夏中小微企业的改革进度较慢，尤其是在融资观念与方式方面，“宁夏辖区中小微企业占企业总数的96.7%以上，融资结构仍以间接融资为主，信用担保难、融资成本高成为制约中小企业间接融资的障碍，在直接融资渠道中中小微企业又很难达到发行股票上市融资的条件。”[②]在

---

① 数据根据全国中小企业股份转让系统中的数据测算而得。

② 宁夏金融学会:《金融支持内陆开放型经济发展的理论与实践》,北京:中国金融出版社,2015年,第192页。

直接融资渠道中，中小微企业难以达到发行股票上市融资的条件，但是，“新三板”市场融资的条件较为宽松，符合成长型、创新型的企业融资，能够有效解决中小微企业融资难问题。宁夏地处西北欠发达地区，经济发展水平有限，尤其是中小微企业发展起步晚，资金和规模比较小，企业管理者和投资者往往都是同一个人，且股权集中，缺乏内控机制，容易导致管理混乱等，这些都是制约中小微企业在“新三板”上市融资的主要因素。在“新三板”挂牌交易的企业必须是股份公司，但是中小微企业从成立时的先天不足制约了其进入“新三板”市场融资，从而造成了中小微企业发展融资难与进入“新三板”挂牌交易难同时并存的问题。

做市转让在“新三板”市场中占比较低，企业与投资者之间的信息渠道比较窄。做市商制度是近期引入“新三板”市场交易的重要中介制度，它可以有效地沟通上市企业与投资机构的信息。从全国的情况来看，做市商制度在“新三板”还没有普及，协议转让仍然占主体。宁夏 54 家在“新三板”挂牌上市的企业，做市转让的占比为 25.9%，协议转让占 74.1%①，券商在“新三板”市场上的活跃度较低，这与“新三板”市场制度息息相关；另一方面，宁夏资本市场发展比较薄弱，机构投资者以及中介机构数量较少，企业与机构投资者缺乏对彼此的了解，对已经在“新三板”上市的企业融资有一定的影响。从资本市场的成熟度以及企业发展的阶段来讲，宁夏“新三板”市场发展应该有其特殊的规律。

在“新三板”挂牌后期的持续规范综合能力欠缺。宁夏“新三板”挂牌上市企业挂牌后股权过于集中、公司治理结构不完善、信息透明度较低、抗风险能力弱，且从事的行业较为传统，对投资者的吸引力有限。2013 年 12 月公布的《国务院关于全国中小企业股份转让系统有关问题的决定》（国发〔2013〕49 号）中明确规定：“建立与投资者风险识别和承受能力相适应的投资者适当性管理制度。中小微企业具有业绩波动大、风险较高的特点，应当严格自然人投资者的准入条件。积极培育和发展机构投资者队伍，鼓励证券公司、保险公司、证券投资基金、私募股权投资基金、风

① 数据根据全国中小企业股份转让系统中的数据测算而得。

险投资基金、合格境外机构投资者、企业年金等机构投资者参与市场，逐步将全国股份转让系统建成以机构投资者为主体的证券交易场所。”机构投资者是“新三板”市场中的投资主体，宁夏资本市场不发达，特别是机构投资者在宁夏的发展较为缓慢，这是影响已经在“新三板”上市企业融资的因素之一。严格自然投资者的准入条件使得资本市场不发达的宁夏难以提高“新三板”市场上的流动性，制约了融资的效率。

三、宁夏“新三板”上市创新的对策建议

积极推动中小微企业进行股份制改革，建立现代企业制度。现代企业制度是市场经济发展的一种必然趋势，也是解决企业与企业之间、企业内部产权控制的有效途径。宁夏市场经济发展程度较低，企业对股份制改革和现代企业制度缺乏了解，“由于辖区大部分中小企业家族管理或发展规模等原因所限，企业利用资本市场融资和做大做强的意识不够，长期以来贷款间接融资、对支持中小企业发展的新举措关注不多，企业发展仍囿于传统融资方式。”[①]应该加强宣传，转变观念，促进企业进行管理改革。科技型、创新型等新兴中小微企业是宁夏经济未来发展的重要力量，也是宁夏进行产业结构优化需要重点扶持的产业，积极推动具有发展潜力的中小微企业进入“新三板”上市融资，促进企业业务和规模的扩大，形成新的经济增长点。根据“新三板”的要求对企业进行完善，促进企业股份制改革，建立现代企业制度既有利于中小微企业进入“新三板”上市融资，解决发展资金少的问题，又可以为企业未来的发展创造一个好的制度基础。现代企业制度的建立可以提高企业的抗风险能力，增加投资者对企业的信息，有利于中小微企业吸引更多的投资者进入，促进企业发展。

建立投资机构与“新三板”挂牌上市企业的信息沟通渠道。宁夏资本市场不发达，一方面中小微企业对资本市场如何运作缺乏了解和认识，另一方面，机构投资者在宁夏的数量比较少，要想实现中小微企业在“新三

---

① 宁夏金融学会:《金融支持内陆开放型经济发展的理论与实践》,北京:中国金融出版社,2015年,第191页。

板”挂牌上市融资，单靠政府扶持补贴不能解决长远发展问题。应该积极推进宁夏“新三板”挂牌上市企业到外省路演推介，将企业信息公开，建立企业与机构投资者信息互通的渠道，促进企业与投资机构双方的互相了解，促进企业成功融资。宁夏本地企业对资本市场融资的方法认识不足，应该定期举办资本市场相关的企业座谈会，加强对信贷市场各类融资工具的介绍，推进宁夏资本市场的发展，更好地为实体经济服务。在推动中小企业在“新三板”市场上市的过程中，应该加强对企业和机构投资者的监督，严厉防范利用“新三板”原始股权认购等名头进行非法集资诈骗，建立企业发展信用体系，作为“新三板”上市审批的一个参考值，防范利用“新三板”上市非法集资诈骗。同时，利用新媒体对非法集资诈骗进行教育宣传，普及基本投融资知识，多渠道防范金融诈骗。

加强对“新三板”上市融资的宣传和政策支持力度。相对于主板市场，在“新三板”挂牌上市融资的门槛较低，通过股份代办转让系统和券商的引导，中小企业可以实现直接融资的目的。宁夏的中小微企业对“新三板”市场了解的深度不够，企业对挂牌条件、挂牌程序、挂牌意义的了解不足，导致企业在“新三板”挂牌上市的积极性和热情不足。“新三板”市场是我国多级资本市场中的重要组成部分，是为中小企业融资搭建的平台，使得社会资本能够具有更多的渠道了解具有发展潜力的中小微企业，并促成资本与中小微企业的结合。当前，宁夏面临中小微企业对“新三板”市场认识不足与资本市场欠发达、中介机构和机构投资者少同时并存的局面，政府应该搭建企业与投资者双方互相了解的平台，促进“新三板”市场的发展。同时可以建立“新三板”上市引导基金，用以帮助准备上市的企业进行股份制改革，建立“新三板”上市企业数据库，分步骤、分层次培育“新三板”上市企业，帮助企业成功在“新三板”挂牌上市融资成功。尤其要加强对新政策、新问题的研究，结合宁夏经济发展的实际，发展壮大资本市场，充分发挥政策优势，发展宁夏的资本市场，譬如中国证监会发布的《中国证监会关于发挥资本市场作用服务国家脱贫攻坚战略的意见》中明确规定：“对注册地和主要生产经营地均在贫困地区且开展生产经营满三年、缴纳所得税满三年的企业，或者注册地在贫困地区、最近一年在贫困地区缴纳所得税不低于2000万元且承诺上市后三年不变更注册地的企业，申请首次公开发行股票并上市的，适用‘即报即审、审过即发’政策。”[①]对于符合条件的IPO申请适用即报即审、审过即发的政策，这对于宁夏贫困地区的企业来讲是一项利好的政策，应该充分发挥政策的作用，建设宁夏“新三板”市场，同时，也注意防范个别企业利用政策空隙试图提前IPO。

推进中小微企业在“新三板”上市融资是一项系统的工作。“新三板”市场的产生与科技型企业发展融资息息相关，其发展成长于成熟的资本市场和完善的企业治理结构。“新三板”市场制度的建立是一种淘汰机制，对于成长型、创新型、发展前景好的企业融资具有促进作用，尤其是机构投资者的融资会更加慎重和成熟，对于发展势头欠佳的企业来讲，“新三板”上市融资如果没有机构投资者的青睐，就不会有更大的融资空间，可以说“新三板”市场是促进经济结构优化升级的一个筛选机制。宁夏当前面临经济转型升级的问题，需要通过创新促进经济结构调整，应该加强对“新三板”市场的运用，通过资本市场的撬动，为宁夏创新型、成长型企业寻求更多的投融资方式和渠道，促进其快速发展。在推进“新三板”挂牌上市发展方面需要逐步建立完善的资本市场，培育机构投资者和中介机构，初期需要政府出台政策推动资本市场的完善，在积极培育本地券商和机构投资者的同时大力引进区外的券商和机构投资者，逐步建立和完善宁夏“新三板”市场优惠政策，促进宁夏“新三板”市场的发展，发展成熟后进行市场化运作，政府逐步退出。这是宁夏与东部沿海地区发展“新三板”市场不同的地方，也是宁夏利用“新三板”市场发展成长型、创新型中小微企业的一个重要资本手段。

① 中国证监会关于发挥资本市场作用服务国家脱贫攻坚战略的意见，2016年9月。

参考文献

[1]李西，王世文. 苏州市"新三板"上市公司培育对策[J].财会月刊，2015(5)

[2]徐秀军，冯维江，徐奇渊，刘悦，贾中正.中国与金砖国家金融合作机制研究[M].北京：中国社会科学出版社，2016

[3]宁夏金融学会.金融支持内陆开放型经济发展的理论与实践[M].北京：中国金融出版社，2015

[4][英]基思·皮尔比姆，汪洋译.国际金融[M].北京：机械工业出版社，2015

[5]中国证监会关于发挥资本市场作用服务国家脱贫攻坚战略的意见，2016年9月

宁夏地方国企改革问题研究

郭亚莉

2014年7月，国务院国有资产监督管理委员会在所监管的央企开展“四项改革”试点，即改组国有资本投资公司试点，发展混合所有制经济试点，董事会行使高级管理人员选聘、业绩考核和薪酬管理职权试点以及派驻纪检组试点。标志着新一轮国企改革已正式拉开帷幕。

党的十八届三中全会做出的《中共中央关于全面深化改革若干重大问题的决定》强调，国有资本投资运营要服务于国家战略目标，更多投向关系国家安全、国民经济命脉的重要行业和关键领域，重点提供公共服务、发展重要前瞻性战略性产业、保护生态环境、支持科技进步、保障国家安全。使国企改革和国有资产管理体制改革朝着市场化的方向迈进了一步。党的十八届三中、四中、五中全会后，从中央深改组第四次会议的《中央管理企业主要负责人薪酬制度改革方案》到第十三次会议的《关于加强和改进企业国有资产监督防止国有资产流失的意见》，再到第十四次会议的《关于推动国有文化企业把社会效益放在首位、实现社会效益和经济效益相统一的指导意见》、第十六次会议的《关于鼓励和规范国有企业投资项目引

作者简介：郭亚莉，宁夏社会科学院综合经济所研究员。主要研究方向：区域经济、贫困经济和妇女问题。

入非国有资本的指导意见》，多年来难以触及的国企改革问题得到重点关注，并持续出台改革措施以解决国有企业发展中的问题。

从2014年至今，宁夏认真贯彻落实党的十八届三中、四中、五中全会以及中央和自治区经济工作会议、自治区党委十一届七次全会、自治区十一届五次人民代表大会精神，按照自治区党委、政府的统一部署和要求，围绕深化国资国企改革重点任务，持续推出一系列改革措施。

一、宁夏地方国企改革的举措

2014年9月，宁夏全面深化改革领导小组研究审议了《宁夏国有资本运营集团公司组建方案》《宁夏回族自治区企业投资管理体制改革方案》《关于深化自治区属国有企业改革的实施意见》《关于改进和加强自治区属企业国有资产监督管理的实施意见》(以下简称《意见》)。2014年10月，自治区政府出台《关于进一步深化国有企业改革的意见》，明确了宁夏下一步深化国企改革的方向和路线图。《意见》内容包括国企分类发展、区属机关与所属企业脱钩、建设自治区级融资平台等19个方面。自此宁夏国企改革序幕开启。

2016年11月7日，宁夏新组建的5家国有投资运营集团公司揭牌，宁夏建设投资集团公司、宁夏交通投资集团公司、宁夏农业投资集团公司、宁夏旅游投资集团公司和宁夏国有资产投资控股集团公司5家国有投资运营集团公司的成立，标志着区属国有企业改革取得阶段性重要成果，改革力度之大、进度之快，在全国名列前茅。通过这一轮改革，自治区属国有企业形成了“两级授权、三层架构”的监管体系，国有企业形成了“7+6”发展格局，“7”：2016年11月7日成立的5家投资运营集团，加上宁夏国有资本运营集团和宁夏农垦集团；“6”：宁夏电力投资集团、西部创业实业股份公司（国有控股上市公司)，加上自治区参股的神华宁煤、中色东方、国电投青铜峡铝业和中铝宁夏能源集团。这13户集团公司是自治区党委、政府管理的企业，也是自治区骨干国有企业，由自治区国资委统一监管，真正实现政企分开、政资分开、所有权与经营权分离。

近年，宁夏国有企业改革主要有以下方面。

(一) 国有企业分类改革与功能定位

国有企业功能定位与国有企业分类是全面深化国有经济改革的前提。宁夏《关于进一步深化国有企业改革的意见》将国有企业分为公益类、营利类、功能类三种类型。调整国有资本投向，引导国有资本向煤化工、煤炭火电、石油化工、装备制造、羊绒纺织、特色农业、新能源、新材料、文化旅游、现代物流、电子商务、金融等传统优势产业和新兴产业集中，向优势骨干企业集中。并针对不同类型企业提出不同改革措施。

自 2015 年 12 月以来，根据《中共中央国务院关于深化国有企业改革的指导意见》精神和自治区党委、政府部署要求，自治区国资委研究制订并提请自治区党委、政府出台了《自治区属国有企业重组改革实施方案》，按照自治区经济社会发展战略规划部署，结合企业产业特点和功能定位，对主营业务和所处行业功能相近的企业进行科学归类合并，将自治区国资委监管的 32 家企业改组组建为宁夏建设投资集团公司、宁夏交通投资集团公司、宁夏农业投资集团公司、宁夏旅游投资集团公司、宁夏国有资产投资控股集团公司、宁夏国有资本运营集团公司、宁夏农垦集团公司 7 家国有资本投资运营集团公司和 1 家产业发展集团公司。

整合重组区属国有企业。2016 年在全面完成区直机关行政部门所属企业脱钩改革工作基础上，按照归并集中、做优做强、理顺体制、统筹兼顾原则，制订出台《自治区属国有企业整合重组方案》，对自治区属国有企业实施整合重组，组建改建若干国有投资、运营集团公司，优化配置资源，集中发展目标，通过开展投资融资、产业培育和资本整合等，推动产业集聚和转型升级，优化国有资本布局结构。

建立分类分层监管体系。2016 年制定出台《自治区属国有企业分类分层监管办法》，立足国有资本的战略定位和发展目标，结合不同国有企业在经济社会发展中的作用、现状和需要，根据主营业务和核心业务，准确界定企业功能、划分企业类别，对自治区属国有企业实施分类分层监管，初步搭建完成两级授权的以管资本为主的经营性国有资产集中统一分类监管体系。按照分类监管、分类考核的要求，改进考核体系和方法，出台《自治区属国有企业负责人经营业绩考核办法》，综合考核资本运营质量、效率和收益，以经济增加值为主，并将转型升级、创新驱动、合规经营、履行社会责任等纳入考核体系。

（二）推进混合所有制改革

混合所有制改革是本轮全面深化国有经济改革的焦点，涉及国有企业兼并重组、资产证券化、员工持股等重大问题。宁夏《关于进一步深化国有企业改革的意见》，支持宁夏建工集团公司、宁夏担保集团公司和神华宁煤集团公司等企业的二、三级子公司通过多种形式与民间资本合资合作。鼓励宁夏交通投资集团公司、宁夏农垦集团公司等企业将承担的自治区基础设施建设、基础产业投资和准公益性项目向社会资本开放，形成混合所有制经济。

根据《国务院关于国有企业发展混合所有制经济的意见》精神，宁夏研究出台《关于区属国有企业发展混合所有制经济的实施意见》和《自治区混合所有制企业员工持股实施意见》，推动国有资本与各类资本共同设立股权投资基金，参与国有企业改制上市、重组整合、战略投资和创新发展；同时还将实行混合所有制企业员工持股。对已改制为混合所有制的企业，允许员工个人入股或以投资公司、股权信托、有限合伙企业等方式持股。

2016年3月18日，宁夏水务投资集团公司组建首家混合所有制企业——宁夏飞华水务环保科技有限公司。宁夏飞华水务环保科技有限公司是宁夏水务投资集团公司为推进"互联网+"与水务市场紧密结合、全面提升管理效率和水平，与厦门飞华环保器材有限公司以"智慧水务"合作开发为契机共同组建的合资公司。新公司由厦门飞华控股、宁夏水务投资集团公司参股，实行股东会、董事会、监事、经营管理层互相制衡的现代企业法人治理结构。标志着水投集团在深化投融资体制改革、发展混合所有制经济、引进民营资本发展水务事业方面迈出了新步伐。

（三）建立以管资本为主的国资管理新体制

建立以管资本为主的国资管理新体制，是本轮改革的重大创新。宁夏《关于进一步深化国有企业改革的意见》提出，实施区属企业剥离脱钩。从2014年10月开始，采取整体剥离、兼并重组、改制退出、解散注销等方式，对自治区国资委监管资产企业中仍与主管部门保持隶属关系的企业和区直机关直接管理的企业进行脱钩改革。对资产规模较大、盈利能力强、有一定发展前景的企业国有资产，授权自治区国资委监管；对资产规模较小，但质量较好，有市场竞争力的企业进行资产资本重组；对资产质量差、债务负担重、亏损严重的企业实施改制退出；对资产质量差、无主营业务的企业清算解散。到2015年底基本完成区直机关经营性国有资产脱钩改革。

构建以管资本为主的国资管理新体制的核心是组建和新建国有资本经营公司和国有资本投资公司。《关于进一步深化国有企业改革的意见》提到宁夏将建立自治区级融资平台。组建宁夏国有资本运营集团公司，把投融资作为首要功能，通过上市融资、股权融资、债券融资等方式，聚集社会资本，加大对铁路、公路、机场、水利、棚户区改造、新型城镇化建设等重大基础设施项目、民生事业和战略性新兴产业投资，充分发挥国有资本的引导和放大效应。

加强国有企业产权管理。根据《国务院办公厅关于加强和改进企业国有资产监督防止国有资产流失的意见》精神，宁夏研究出台《自治区属国有企业资产损失责任追究办法》，在自治区国资委设立稽查办公室，负责企业内外部监督发现问题的督办整改，组织开展国有资产重大损失调查，提出有关责任追究的意见建议，严厉惩处侵吞、贪污、输送、挥霍国有资产等行为，切实维护国有资产安全，严防国有资产流失。建立健全产权管理和国有资本经营预算信息公开制度。依靠产权交易监测系统等平台载体，加大产权交易公开公示力度。推进区属国有企业股份制改革，积极引入其他资本实现股权多元化，引导区属国有企业积极上市融资。指导市级国资监管机构完善国有资本经营预算制度。推动市县企业国有产权交易信息接入全国企业国有产权交易系统，实现产权交易监管全覆盖。

2016年，自治区国资委研究起草《宁夏回族自治区企业国有资产监督管理条例》，推进国资监管立法工作。研究出台《关于全面推进自治区属国有企业法治建设的实施意见》，督促指导企业全面落实法制建设，推动企业全面设立总法律顾问制度。加强国资监管指导监督工作，研究制定《宁夏国资监管工作指导监督实施办法》，明确各级国资监管机构指导监督工作责任，促进国资监管工作依法、规范、有序开展。

创新规范财务监督评价。修改完善《自治区属国有企业财务决算审计管理办法》《自治区属国有企业财务预决算管理办法》《自治区属国有企业内部审计管理办法》等文件，加强国有资产基础管理和企业财务管理，规范企业财务预决算、内部审计等行为。探索以管资本为主的财务监管新模式，提高监管的针对性和有效性。

（四）完善现代企业制度

建立了权力清单和责任清单制度，进一步完善国资监管机制，基本厘清了国资委的行政职权和责任事项，明确了国资监管边界。研究出台了《自治区属国有企业负责人履职待遇业务支出管理暂行办法》和《深化自治区属国有企业负责人薪酬制度改革的实施意见》。

完善企业法人治理结构。按照健全现代企业制度要求，对参股中央企业和整合重组后的国有企业，通过修改公司章程，明确股东权责，完善企业董事会、党委会、监事会、经理层设置，理顺管理体系，厘清职责边界，逐步达到外部董事占多数。建立市场导向的选人用人和激励约束机制，开展董事会市场化选聘经理层试点，2016年，在试点的基础上，研究出台《关于自治区属国有企业董事会选聘经理层的指导意见》。

优化完善经营业绩考核。按照分类监管、分类考核的要求，改进考核体系和方法，出台《自治区属国有企业负责人经营业绩考核办法》，综合考核资本运营质量、效率和收益，以经济增加值为主，并将转型升级、创新驱动、合规经营、履行社会责任等纳入考核体系。着力完善激励约束机制，将国有企业负责人考核结果与职务任免、薪酬待遇有机结合，按照薪酬改革政策严格规范薪酬分配。

提升监事会监督效能。加强企业内设监事会建设，改进外派监事会监督工作。探索混合所有制试点企业和分类监管企业监事会监督的有效方式方法，加强对混合制企业资产的监督。制定出台《关于加强自治区属国有企业子分公司监事会监督工作的指导意见》，加强监事会知情权的落实，进一步落实监事会对董事、高级管理人员的监督，实现母子公司监事会监督的上下联动和监督全覆盖。依法履行监督职责，坚持问题和风险导向，聚焦监督主业，突出监督重点，提高监督检查质量，定期向自治区政府报告监事会监督工作情况。加大揭示问题整改力度，推进监事会监督成果的转化运用，建立完善监事会工作信息公开制度，促进监事会揭示问题“三位一体”整改制度落实，提升国资监管针对性和实效性。

加强党组织建设。2016年，宁夏制定出台了《自治区属国有企业党建工作考核管理办法（试行）》，使党建工作由“软任务”变为“硬指标”。加大党组织参与重大事项决策、党建工作责任制落实、基层服务型党组织建设等内容在考核中的权重，真正使国有企业党建工作更加符合企业实际，贴近党员群众。

深化企业内部改革。制定出台《关于全面深化自治区属国有企业内部劳动用工和收入分配制度改革的实施意见》，深化企业内部劳动用工和收入分配制度改革；出台《自治区属国有企业公务用车改革实施意见》，推进国有企业公务用车制度改革；制定出台《自治区属国有企业战略规划管理办法》，加强企业战略规划引领，改进对监管企业主业界定、投资规划等管理方式，加快优化国有资本布局结构。

二、宁夏地方国有企业改革面临的问题

虽然宁夏出台了一系列深化国资国企改革的指导意见，也取得了一些成效，但是，进一步推进改革还面临一些亟待解决的问题。

（一）产权改革缓慢

产权制度改革是国有企业引入承担资产损失责任主体的最有效途径。产权改革的目的是把政企不分、产权不明、不自主经营、不自负盈亏的国有企业，改造成为政企分开、产权明确、自主经营、自负盈亏的企业。改革要使国企股权分散，实现多元化。当股权分散到一定程度时，每一个股东因控制成本过高而无法或不愿直接支配公司的资产营运，才能促进二权分立，政企分开，最终建立现代企业制度。

随着改革的深入，国企资本结构开始向多元化发展，但股权分散化的趋势不明显。由于大量陷于困境的国企面临诸如企业负债率高、冗员多、社会负担重、技术落后、缺乏技改资金等困难，需要政府的援助、政策的支持，所以政企分开、产权改革、股份制改造难以推动，相互制衡的产权

主体和有效的约束机制很难在短时间形成，现代企业制度建设缓慢。

（二）政企不分

近年，国家采取了一些重大措施，转变政府职能，推动政企分开。但是，政府干预企业生产经营现象依然存在，国企吃大锅饭的状况仍有待消除。

目前，政府机构改革不断深化，宁夏已经对国有企业进行分类，为了落实企业自主权，列出国资监管部门一些权力清单，实施简政放权，但真正能够带来本质变化的组织结构调整还未进入实践，国有资产的有效管理体制尚未完全建立，国企的资产、营运和领导干部任免等依然由政府部门分头管理，对市场的驾驭能力相对比较薄弱。虽然国有企业在公司法的深入推进下成立了董事会，公司法人也已然形成，但是国有企业法人在行使权力的同时，通常会直接或间接受到相关政府部门的掣肘，无法行之有效的对公司做出利益最大化的经营管理方案，更甚者，自身的法律权力也被限制，使国有企业无法具备独立的“人格”主体。国有企业还没有真正成为自主经营、自负盈亏的市场竞争主体。

（三）经济效益没有根本好转

国企改革中的经济效益没有从根本上得到好转，而且亏损额不断增多，涉及面较大。对国企的经济效益产生影响的因素是多样的，其中有计划经济发展的影响，更多的是转型发展中的资金问题、产业结构不合理，以及市场化改革不彻底以及控制力不够等等方面。再有是国企的产品单一化以及市场的竞争力不足等问题也比较突出。

根据企业财务快报，1—9月纳入自治区国资委统计范围的44户区属国有企业（不包含西部创业）实现营业收入同比下降13.7%；实现利润同比下降11.1%；完成增加值同比下降4.4%；已交税费同比下降19.1%。截至9月末，44户区属国有企业负债总额4273.61亿元，同比增长9%；所有者权益同比下降4.5%。

（四）国企改革的激励机制以及监督力度亟待加强

随着改革的推进，国有企业相关的激励机制和约束机制都得到健全和完善。但是，在实际的管理经营中，内部人的控制不力的问题依然比较突出，缺乏动力，不规范经营管理的问题常有发生，从而阻碍国有企业的健康发展，国企经营者自身的素质有待进一步提升。另外，国有企业的冗官冗员现象、责权利的明确，以及在薪酬分配上不合理等问题也比较突出。

三、深化国企改革的方向

（一）促进产权改革

产权改革的关键是改制模式的选择。根据产权受让对象分为内部型股权多元化和外部型股权多元化。内部型股权多元化改革通常比较适用于中小型国企。就管理层和大部分员工而言，由于长期从事企业内部工作，深知企业的价值所在以及亏损的制度性原因，有利于改革的推进。外部型股权多元化改革资金上更有优势，有利于实现国有资产的变现，推动国有股减持和流通。

（二）投资主体多元化

国企产权结构一元化，导致其摆脱行政干预困难，更谈不到建立现代企业制度。推进和实现国企投资主体多元化是深化国企改革的基本方向。投资主体多元化可以解决负债率过高，提高国有资本增值能力；加快国企劳动人事分配制度；有助于完善公司治理结构。具体操作中，可以选择性地进行国有资产重组，优化国有资产，增强投资者信心，推进国有企业投资主体的多元化。

（三）完善治理结构

目前，国企的所有权高度集中，完善治理结构关键在股权结构的优化。结合我国正实施的国有股流通、减持等政策，通过引入真正承担风险的股东，改变一股独大的股权结构，抑制大股东的“掠夺”，建立和提供中小股东保护机制，选举董事时采用累计投票制度。此外，加强经理市场个人信用体系的建设对完善治理结构起到间接的促进作用。

（四）加强国有资产管理重组

选拔适合于市场运作要求的管理人才，建立起竞争、激励、淘汰的用人机制，再造管理与工作流程。首先，要改变人们传统的计划观念、无风险意识等思维习惯。其次，建设优秀的企业文化，重塑共同愿景。最后，建立起企业全新的管理规则，实施组织机构创新、工作流程再造等提高国企的经营管理水平。

（五）建立分类分层的国有企业领导管理体制

将国企领导人的集中统一管理体制逐步向分类分层管理体制转变，加大企业领导人市场化选聘比例。针对企业类型不同，采取差异化的管理方式，越是市场化竞争性企业，越要采用混合所有制的股权方式，管理方式则采用“职业经理人”的管理方式。

（六）加快研究修改相关法律法规

及时修改完善《公司法》《企业国有资产法》《审计法》等法律中与改革方向要求不相适应的内容。在法律层面，强调政府要自觉依法执政，诚信守诺，强化对政府不维护契约行为的约束，将国企改革纳入法律轨道。

参考资料

[1]黄群慧. 地方国资国企改革的进展、问题与方向.中州学刊,2015(5)

[2]姜慧艳. 刍议国企改革问题及对策建议.中国管理信息化,2016(15)

宁夏电力体制改革问题研究

自治区政协经济委员会

2015年3月15日，中共中央、国务院印发《关于进一步深化电力体制改革的若干意见》(中发〔2015〕9号)，按照“管住中间、放开两头”的体制架构及“三放开一独立三加强”的工作思路，对电力市场进行了总体设计，正式启动了新一轮电力体制改革。2015年11月26日，国家发改委、国家能源局联合印发6个配套文件，分别从输配电价、市场建设、交易机构、发用电计划、售电侧改革、自备电厂监管等方面，提出了详细的“施工图”，标志着改革进入试点实施阶段。宁夏是国家确定的7个输配电价改革试点省区之一，按照改革目标，自治区在电力体制改革方面进行了有益探索，已取得阶段性成果，但同时也存在着诸多制约改革预期目标实现的现实因素。

一、宁夏电力体制改革进展情况

(一) 宁夏电力建设快速发展

截至2016年11月底，宁夏电力装机容量3566万千瓦（统调总装机容

作者简介：王红艳，宁夏党校经济管理教研部教授，经济管理专业，工商管理专业研究生导师。主要研究方向：国民经济管理与区域经济。马红波，自治区政协经济委员会办公室主任。

量3268万千瓦），比2010年1400万千瓦（统调1370万千瓦）增长155%（2.55倍）。其中：火电机组容量2164万千瓦，占总装机容量的60%；风电、光伏发电占总装机容量的38%。2016年1—11月，我区累计发电1061.16亿千瓦时。其中火力发电量885.6亿千瓦时；新能源发电量116.42亿千瓦时，同比增长41.57%，成为宁夏电网第二大电源。全社会用电量803.01亿千瓦时，其中工业用电量723.14亿千瓦时。跨省外送电量264.99亿千瓦时。建成全国首个750千伏双回路环网结构，初步形成了电力市场主体多元化竞争格局，电力服务水平进一步提高，基本实现了城乡用电同网同价。

（二）电力体制改革平稳推进

在2015年新一轮电力体制改革启动后，宁夏被列入7个输配电价改革试点省区之一。已按国家的总体部署和国家发改委、国家能源局相关电改配套文件要求，制订推进电力体制改革系列方案，从电力直接交易、输配电价和售电主体突破，稳步推进改革工作。输配电价改革试点方案已获国家发改委批复，综合试点方案正在报批。

（三）改革工作取得阶段性成效

2013年，宁夏启动电力直接交易工作，效果明显（见表1）。宁夏电网2016—2018年输配电价经国家发改委批复，已于4月1日起执行。新核定的宁夏平均输配电价与原购销差价相比，每千瓦时降低了1.15分，腾出的7.6亿元降价空间用于降低宁夏大工业基本电价。

表1　宁夏电力直接交易对比情况

时间	发电企业（家）	电力用户（户）	直接交易量（亿千瓦时）	占全社会用电总量(%)	平均让价（分/千瓦时）
2014年	10	80	100	12.2	1.75
2015年	13	130	168	19.1	2.95
2016年1—11月	11	166	260	29.7	5.2

二、宁夏电力体制改革中存在的突出问题

（一）受宏观经济形势影响，电力体制改革难度加大

宁夏目前仍是依能倚重的工业结构，本轮电力体制改革恰逢经济持续下行，电力运行矛盾突出。一是发电装机增幅高于用电负荷增幅。目前，全区平均用电负荷 1055 万千瓦（含外送 555.9 万千瓦），富余容量 2511 万千瓦。二是火电发电利用小时持续下降（见表 2），2016 年全年预计为 5040 小时左右。三是新能源消纳难以保障，弃风、弃光现象时有发生。（见表 3）

表 2　宁夏火电平均利用小时数对比情况

单位：小时

项目 时间	平均数	外送电厂	自备电厂	公用火电
2015 年	5409	5868	6346	5316
2016 年 1—11 月	5040	5083	5542	4634

表 3　全国和宁夏弃风、弃光情况对比情况

单位：亿千瓦时

时间 地域		2013 年		2014 年		2015 年		2016 年 1—4 月	
		弃风	弃光	弃风	弃光	弃风	弃光	弃风	弃光
全国	弃电量	—	—	—	—	339	47	—	—
	弃电率	—	—	—	—	15.2%	11%	—	—
宁夏	弃电量	0.397	0	0.324	0	12.65	2.90	12.36	2.29
	弃电率	0.72%	0	0.49%	0	13.21%	8.15%	26.97%	15.16%

表 4　2013—2016 年宁夏外送电量统计情况

时间	输送量(亿千瓦时)	占社会用电量比重(%)	同比增长(%)
2013 年	295.88	36.48	10.88
2014 年	308.51	36.35	4.27
2015 年	281.95	32.10	-8.61
2016 年 1—11 月	264.99	33.00	6.73

注：宁夏社会用电量不包含外送电量。

政府在经济持续下行的形势下推进电力改革，难度明显加大，需要平衡各方利益，引导企业共渡难关。问题在于，当行政调控的手段运用过多，

就会弱化市场定价机制的形成和市场配置资源的能力，一定程度上减缓电力体制改革进程。

（二）输配电价改革与用电企业预期有差距

一是基本电价与周边省区没有比较优势。宁夏本次改革对基本电价进行了调整，但仍高于先期改革的蒙西电网，与周边尚未改革的陕西、甘肃、青海基本持平（见表5）。

二是输配电价改革后，电石、铁合金、电解铝等用电价格与改革前相比变化不大，补贴电价取消后，部分行业电价甚至高于改革前，与用电企业预期有差距。

三是周边省区地方电网灵活低廉的大工业电价对宁夏企业造成冲击。陕西地方网、甘肃农电网、青海水电网、内蒙古地方网与区域网电价地方政府可根据市场变化适时调整，实行“一口价”地方政策，比宁夏总体水平低0.10元/千瓦时~0.12元/千瓦时。

表5　与周边省区大工业电度电价、基本电价对比情况

单位：元/千瓦时

地区	电度电价				基本电价	
	1~10千伏	35~110千伏以下	110千伏	220千伏及以上	最大需量	变压器容量
					元/千瓦·月	元/千伏安·月
陕西	0.5801	0.5601	0.5401	0.5351	31	24
甘肃	0.4806	0.4706	0.4606	0.4556	33	22
宁夏	0.479	0.449	0.419	0.388	由38到33	由30到22
蒙西	0.4548	0.4398	0.4278	0.4208	28	19
新疆	0.382	0.376	0.363	0.35	33	26
青海	0.3822	0.3722	0.3622		28.5	19

（三）电力体制改革力度不够，市场化程度不高

一是市场化交易机制尚待完善。电力交易市场化实施细则尚未建立，包括电力大用户直接交易、发电权交易等市场交易规则还在完善过程中。市场化定价机制尚未完全形成，电价管理仍以政府定价为主，交易模式单一，发电企业参与市场竞争的积极性不高，用电企业未拥有充分的选择权和议价权。

二是交易量不能满足企业需求。目前的电价补贴政策和直接交易电量

分配，参与的企业都能分到一杯羹，但都吃不饱。一些高载能企业虽然在技术装备、单位能耗、管理水平等方面都优于周边省区，但受高电价影响，生存艰难，已经出现人才、资金和技术外流现象。云南省作为电力体制改革综合试点省，电力市场化交易步伐明显快于宁夏。从2016年起已将所有电厂作为售电主体进入市场交易，购电主体全电量参与市场竞争，市场化交易使企业所用电价逐年下降（见表6）。

表6 云南云铝泽鑫铝业有限公司生产用电价格对比情况

年度	2013	2014	2015	2016	2026(预期)
价格(元/千瓦时)	0.51	0.44	0.35	0.30	0.21

三是对电力交易机构类型选择存在不同意见。从目前改革情况看，宁夏实行电网企业子公司制。这种电力交易机构设在电网企业内部的做法，持反对意见者认为会存在电网企业借助信息不对称优势和各种技术性手段谋求不当利益的可能。应尽快成立电力市场管理委员会，加强对交易机构的监管。随着改革的深入，进一步优化电力交易机构，吸纳各利益攸关方和社会资本入股的股份制应是改革的方向。

（四）电力产能过剩存在隐忧

截止到2016年11月，宁夏新能源装机容量为1359万千瓦（见表7），近40%装机容量已达到宁夏“十三五”末发展目标。按照自治区电力发展规划，预计到2020年，宁夏全口径电源总装机将达到5996万千瓦，其中新能源装机达到2100万千瓦，宁夏电网全社会用电量和最大负荷分别为1220亿千瓦时、1885万千瓦，富余容量4000多万千瓦，面临严重电力过剩问题。按照国家相关政策，新能源属于优先发电的售电主体。随着改革的深入，电量市场交易将会全面放开，新能源作为竞争售电主体进入市场，必然对火电企业产生冲击。

表7 宁夏电网2011年至2016年11月装机容量统计

单位：万千瓦

电源 时间	火电	水电	风电	光伏	总容量
2011年	1611	42.2	142	49	1844
2012年	1608	42.2	265	53	1968

续表

电源 时间	火电	水电	风电	光伏	总容量
2013年	1692	42.2	302	156	2193
2014年	1748	42.2	418	173	2382
2015年	1748	42.2	822	306	2919
2016年11月	2164	42.2	837.08	521.983	3566

三、对策建议

（一）加大电力体制改革力度，加快市场化进程

一是继续完善输配电价配套改革。宁夏电网2016—2018年输配电价已开始执行，相关配套改革需要大力推进，管住管好中间环节，为新一轮输配电价核定打好基础。要加大输配电价核算的准许成本项目、定价依据及过程的公开透明度。建议引入第三方，加强对电网企业成本监审。摸清电网输配电资产、成本和企业效益情况，科学界定电网投资规模和收益水平，减少低效、无效及重复投资，使电网运营和维护成本更加合理。同时加强对电网企业代收资金的审核监管。有序放开竞争性环节电价，实现发售电价市场化。积极稳妥推进发电侧和售电侧电价市场化，分步实现公益性以外的发售电价格由市场形成。妥善处理电价交叉补贴，逐步减少工商业内部交叉补贴，妥善处理居民、农业用户交叉补贴并将上述3种补贴单列。

二是建立健全电力市场竞争机制。政府行政管理部门要进一步简政放权，构建公平的市场竞争环境。建立公平、规范、高效的电力交易平台，有序放开发用电计划，建立优先购电制度，保障无议价能力的用户用电，保障清洁能源发电、调节性电源发电优先上网。逐步建立市场化的跨省跨区电力交易机制。按照“风险共担、利益共享”原则协商或通过市场化交易方式确定送受电量、价格，并建立相应的价格调整机制。

（二）构建有效竞争的电力市场交易体系

一是扩大市场交易份额。尽快实现供给侧除优先发电以外的公用机组全电量放开和需求侧全电量市场交易。缩短交易周期，尽早实现日前现货交易，逐步形成“中长期交易为主，日前现货交易为补充”的市场模式。

有序向社会资本放开配售电业务。多途径培育售电侧市场竞争主体，让用户拥有更多选择权。积极开展园区型售电主体直接交易试点工作，鼓励社会资本投资经营增量配电业务，保障其与电网企业的公平竞争。妥善处理好火电和新能源电厂间的关系。合理安排新能源发展布局、建设规模和时序，把握好新能源参与市场竞争的时机。积极探索新能源和火电企业发电权交易，可先从企业自备机组试点，继而实现火电企业发电权转让给新能源，优化电源结构。鼓励有条件的煤电机组改造为调峰机组，建立调峰辅助服务电价机制。积极发展分布式电源，支持有条件的园区建设新能源微电网示范区，实现就地消纳。积极推进宁夏新能源电力通过上海庙—山东±800千伏直流线路外送。

二是在改革中优化电力交易机构。加快构建由电网企业、发电企业、售电企业、电力用户等组成市场管理委员会，研究区内电力市场运营规则、交易规则和具体的实施细则，做好市场运营和交易规则执行情况的监督工作。充分发挥电力交易平台作用，在更大范围组织更为充分竞争的电力交易。随着改革深入，将电力交易机构调整为电网企业相对控股，吸纳第三方机构、发售电企业及电力用户参股，发挥第三方机构的专业优势，改善交易机构的治理结构。

三是综合采用多种交易模式。区内电力交易市场采用直接交易、集中撮合、挂牌交易等多种模式。清洁能源交易市场采用发电权交易模式，采取自由协商、挂牌交易、政府协调三级交易方式。外送电交易市场采用挂牌交易模式。集中撮合和政府协调模式要尽快减少直至退出，实现让市场配置资源。

（三）激活企业内在活力，切实降低企业用电成本

一是通过市场倒逼促产业升级和节能减排。神华宁煤集团在积极争取国家对煤炭间接液化项目消费税政策支持的同时，要加快转型升级步伐，煤炭消纳主要转由煤化工承担，尽早从传统产业链中脱离出来；要通过改革创新，切实降低企业生产成本，积极应对煤炭市场竞争。火电企业面对新能源的冲击要未雨绸缪，按照“超净排放”理念超前设计技改路线，走低碳绿色发展道路，积极参与竞价交易，以量换价。有序淘汰5万千瓦及以下燃煤小机组，挤压落后企业的份额和生存空间。建立督察机制，对各类准入交易企业的能耗、电耗、环保排污水平开展专项督察，及时查处违规交易行为。完善和规范余热、余压、余气等资源综合利用类自备电厂支持政策，推进节能减排。加强燃煤自备电厂管理，让自备电厂公平承担社会责任，通过市场竞争逐步拉近自备机组发电和电网电价水平，抑制企业建设自备电厂冲动。

二是继续实施补贴电价政策。在输配电价改革未有效降低企业综合电价的情形下，建议自治区继续实施补贴电价政策，扩大电力直接交易范围和规模，电量分配适当向高载能企业倾斜，实现稳住宁夏经济基本面下滑的目的。

三是拓宽电力消费市场，增强市场消纳能力。建议自治区出台以电代煤、以电代油、以电代气和以电采暖的电价优惠政策，推进电锅炉替代燃煤锅炉，提高区内电力消纳能力，支持储能设备、新能源电动汽车等新兴用电市场发展。

参考文献

[1] 国网宁夏电力公司统计数据。

宁夏推进PPP模式的实践研究

宁夏回族自治区党委政策研究室课题组

PPP（Public-Private-Partnership），广义是指公共部门和私营部门为提供公共服务和产品而建立的各种合作关系；狭义仅指政府与私营部门以合资组建公司的形式展开合作，共享收益，共担风险。推广运用PPP模式，是推进产业转型、创新发展的现实需要，是推进治理能力现代化、提升政府公共服务水平的客观要求，是建立现代财政制度、充分发挥财政资金杠杆作用的有效途径，对推动当地经济社会健康、可持续发展具有深远而重大的意义。大力推进PPP模式，引进社会资本参与基础设施建设，是突破政府融资瓶颈，推动宁夏经济实现“弯道超车”的重要举措。

一、推进PPP模式的成效及探索

宁夏从2015年初开始试点PPP模式，经过近两年发展，取得了较好成效。截至2016年11月底，全区进入财政部综合信息平台项目库的PPP项目72个，投资规模达1739.78亿元，已开工建设34个，投资额为319.53

作者简介：刘雨，自治区党委政策研究室副主任；张洪斌，自治区党委政策研究室城市经济研究处处长；解孝龙，自治区党委政策研究室城市经济研究处主任科员；马晓立，自治区党委政策研究室综合与战略研究处主任科员。

亿元。同时，自治区有关部门及各级政府积极探索，银川市在全国率先运用 PPP 建设智慧城市，泾源县对村级公路“整体打包”实施项目建设等，宁夏推广工作取得一定成效。

（一）制度设计逐步完善

宁夏相关部门积极出台政策措施，稳步推动落实，政策效应得到初步释放。相继转发财政部有关 PPP 操作指南（试行）、评价及财政承受能力论证指引及项目推介等系列文件，印发了《在公共服务领域鼓励政府和社会资本合作（PPP）模式的意见》和《关于推广运用政府和社会资本合作模式有关问题的通知》等文件，完善了各项规章制度。为促进 PPP 深入推广，2016 年以来，宁夏又出台了 PPP 项目以奖代补资金管理办法、融资支持基金实施办法等，预算安排以奖代补专项资金，用于示范项目奖励及工作，推进《宁夏“十三五”投融资规划》，为深入推进 PPP 模式规范了基本遵循。

（二）投资引导作用突显

积极争取国家支持，协调国家相关部门将宁夏永宁、隆德、灵武 3 个县（市）纳入国家县城基础设施建设融资改革试点范围，争取中央预算内投资 5000 万元。各试点县（市）分别成立领导小组，建立健全推进机制，明确改革任务，确定试点项目。同时，争取国家项目前期工作中央预算内资金 1510 万元，安排地方预算内统筹资金 2000 万元，支持吴忠至中卫城际铁路、银百高速（宁东—甜水堡段）、石嘴山红崖子黄河公路大桥等项目开展前期工作。银川市争取国家专项资金 12 亿元，用于地下综合管廊建设；争取 5.25 亿元项目建设资金补助，用于兵沟黄河大桥建设。加大财政补助，对石嘴山红崖子黄河公路大桥工程补助 3 亿元中央车购税，对银川至百色公路补助 19.29 亿元。

（三）项目推介力度加大

面向各市县征集 PPP 项目，按照国家相关部委要求，上报三批 348 个项目，全部纳入宁夏项目库管理。5 个地级市及贺兰、青铜峡等 15 个县（市）分别建立了本地区项目库，涉及交通、市政、公共服务、环保等领域共计 208 个项目。目前，宁夏各相关部门、县（市）想方设法推介项目。通过制定示范项目评审标准及示范项目评审打分细则，经专家评审，确定了银百高速公路宁东至甜水堡段等41个项目为自治区重点推进的示范项目。积极申报国家PPP示范项目，宁东基地水资源综合利用项目成为财政部示范项目，投资总额达10.95亿元；银百高速公路（宁东—甜水堡段）项目成为交通部示范项目，投资总额达66.26亿元。

（四）项目签约稳步推进

截至2016年11月底，宁夏已签约PPP项目49个，投资规模1417.31亿元。其中，已建成并投入使用的有达力（银川）第三污水处理提升改造、隆德县城污水处理项目等；正在建设的有北控水务（宁夏）第九污水处理厂、吴忠市餐厨废弃物无害化和资源化利用、中卫市第二污水处理厂提标改造及中水回用等项目。石嘴山红崖子黄河公路大桥、银百高速公路（宁东—甜水堡段）等项目已完成前期手续、招投标，已进入项目施工阶段。吴忠市回族文化健康产业园——吴市康复怡养园、红柳湾黄河公路大桥、石嘴山生态经济开发区污水处理等项目已和社会资本方进行了对接谈判。

（五）人才队伍建设持续推进

在推广PPP过程中，宁夏十分注重人才队伍建设。一方面，积极发挥专家作用，从不同领域、层面及部门征集专家226名，组建自治区PPP专家库，建立透明规范的评审机制，充分发挥第三方专业机构及专家作用，提高了市县（区）项目整体质量。另一方面，加大了对基层PPP工作人员的培训力度，联合中信银行举办了宁夏“政府和社会资本合作”模式论坛，聘请专家及政策制定人员对区直有关部门及各市县（区）PPP工作人员近600人进行了培训；举办全区市县发改系统培训班、“政府和社会资本合作”模式论坛等，培训工作人员达500人次。

二、PPP发展存在的主要问题

虽然宁夏在推进PPP模式中取得了一定的经验和成绩，但总体上还处于宣传、培训、认识、推广阶段，落地项目不多，推进中暴露出来的一些困难和问题，需要引起重视并采取相应的对策予以解决。

（一）社会资本参与积极性不高，机遇与风险并存

对于PPP，企业的态度不一、分化较大。从国企尤其是大型央企来看，态度非常积极，而民营企业观望情绪浓厚。一方面，PPP 项目一般都是大规模的基建项目，需要很强的资源整合和协调能力，国企、大型央企在竞标中有明显优势。如石嘴山红崖子黄河公路大桥工程项目、银百高速公路项目吸引了陆桥等大型央企的参与。但从民企来看，宁夏民营企业资本力量不足，无法与国企和大型央企竞争，在招投标阶段往往由于资金不占优势而退出。另一方面，政府相关部门认同国企、大型央企的建设资质、技术能力和施工质量，而民营企业的资质、技术、质量与国企、央企比较，相对薄弱，民营企业参与 PPP 项目的难度较大。

（二）用地政策具有局限性，企业再融资困难

目前，PPP 项目是划拨用地，产权不属于相关企业，特许经营权与土地使用权分离，企业进行再融资没有可抵押担保的实物，给企业造成融资困难。如果企业与政府协议采用招拍挂方式取得土地使用权，需支付相应的土地出让金，大幅增加企业资金投入。如银川市兵沟黄河公路大桥及连接线工程项目，银川交投公司虽然获得了兵沟项目特许经营权，但并没有获得项目土地使用权，不能抵押贷款。

（三）财政保障不到位，承诺担保实现难

在推广 PPP 模式中，为吸引企业参与，促成项目落地，部分市县（区）在与企业签订协议时，会做出一些承诺，如纳入财政预算、保底承诺、回购安排等。但由于 PPP 是利益共享、风险共担，一些政策承诺又受到不同程度的约束，如纳入财政预算，由于项目要通过财政承受能力论证，确保每一年度全部项目需要从预算中安排的支出责任，占一般公共预算支出比例不超过 10%，对于宁夏来说，财政基础薄弱，按 10%的预算支出计算，每年投入 PPP 的资金不超过 30 个亿，具体到各市县资金则更少。对企业而言，一方面会面临前期投入加大的风险，另一方面，存在财政兜底不足的风险。同时，保底承诺是明令禁止的，对一些非营利性项目，部分市县在实际操作中也存在保底承诺的问题，但是这样明显不合规，在后期履约中如政府违约不执行保底承诺，会给企业带来很大风险。

（四）配套体系不完善，退出机制不畅通

一些市县在 PPP 的推广中，重准入保障，轻退出安排，有的在协议中仅简单约定，依托各类产权、股权交易市场，为社会资本提供多元化、规范化、市场化的退出渠道，但未明确规定具体的操作流程。在实际操作中，由于股权变更限制较多，使得企业很难以正常方式退出，面临其他违约或风险负担，需要通过政府回购、项目搁置方式解决或以仲裁、诉讼等高成本、非正常方式退出，导致企业参与 PPP 项目时退出风险较大。

（五）契约意识淡薄，违约风险概率高

在地方财政压力剧增、融资渠道萎缩、人事变动频繁的背景下，部分市县只是将 PPP 视作一种新的融资工具，并没有形成风险共担的意识，在前期会对企业做出脱离实际的保证或难以兑现的承诺，致使在合作期内兑现缩水或完全不予兑现。另外，项目实施中由于人员变动也是社会资本谨慎签约的重要考虑因素之一，这使得长期性社会资本对进入 PPP 项目心存疑虑，谨慎介入，积极性不高，推动困难。

三、国内外发展 PPP 的经验和做法

当前，无论是国外还是国内都在积极推广 PPP 模式。从国外来看，世界各国将 PPP 模式广泛应用于交通运输、公共服务、基础设施建设等领域。在区域上，欧洲的 PPP 市场最为发达，特别是英、澳、美、西班牙、德、法等发达国家 PPP 项目的规模和管理水平较高。从国内来看，中央政府重视，十八届三中全会提出“允许社会资本通过特许经营等方式参与城市基础设施投资和运营”；2015 年 5 月，李克强总理在国务院常务会议中部署推广政府和社会资本合作 PPP 模式，在顶层设计及政策方面大力支持。地方政府也结合实际，积极探索创新 PPP 模式，成效显著。截至 2016 年 5 月 31 日，纳入全国 PPP 综合信息平台的 PPP 项目达 8644 个，总投资98866.22 亿元。

（一）建立完善的法律、政策保障体系

建立清晰、完整和一致性的政策法规，是 PPP 模式有效运作、发挥优势的必要保证。目前，已有不少国家通过相关法律或专门立法对 PPP 模式进行规范，比如英国，用《公共合同法》《公用事业单位合同法》《政府采购法》等通用法律和《 PFI/ PPP 采购和合同管理指引》《PFI/ PPP 金融指引》等细则规范性文件来规范 PPP 行为。我国的一些地方也出台了推广 PPP 发

展指导意见，引导政府与社会资本合作，如福建省制定出台了《关于推广政府和社会资本合作（PPP）试点的指导意见》，推荐涉及交通、市政、水利、保障性安居工程、医疗和养老服务等基础设施和公用事业的28个项目开展PPP试点。

（二）专业化机构和人才提供强有力支撑

PPP模式的运作广泛采用项目特许经营的方式，进行结构融资，这需要比较复杂的法律、金融和财务等方面的知识。同时还要进行长时间评估和复杂的合同谈判，实现合理的风险分担，并实行有效监管。这是一项系统性很强的工作，需要政府成立专业机构来推进。如英国由财政部下属的基础设施局（IUK）统一管理实施PPP项目；印度在经济事务部内部专门成立了一个PPP部门来管理各种项目提议和协调工作，推进PPP项目在基础设施领域（交通、能源、城市建设、旅游）的发展。

（三）多元化融资，创新合作模式

创新PPP模式，改变以往单纯依靠政府财政资金投入，吸引私营资本、银行投资等多方资金投入公共基础设施建设，既缓解了财政压力，又减小社会资本风险，合力推动基础设施建设。有些国家成立专项基金，撬动各类社会资金，如加拿大，设立了一个总额为12亿美元的加拿大P3基金，为PPP项目提供不超过投资总额25%的资金支持，且任何层级的地方政府都可以申请该基金。据统计，仅2013年一季度，该基金已为加拿大15个PPP项目提供近8亿美元基金支持，撬动市场投资超过33亿美元。我国一些地方根据项目收费定价机制、投资收益水平、风险分配框架、融资需求等实行不同模式和不同程度的PPP，如黑龙江省，在哈尔滨拟利用亚行贷款合同能源管理既有建筑综合节能改造项目上，同时引入亚行公营和私营部门融资，采用国际上先进的合同能源管理模式（EPC）建设。在遴选非主权融资新项目、确定区域布局时，采取对外与对内融资“一盘棋”新思路，将非主权融资和国内私营资本融资的PPP项目作为国际金融组织和外国政府贷款项目的必要补充，以此填补主权融资项目区位分布的空白点，形成长期外债与短期内债有机结合、内外资优势互补、项目建设齐头并进的新型融资格局，放大并优化了有限融资资源的使用效益。

（四）允许社会资本参与投资

将一些基础设施项目向民营资本开放，允许民营资本进入“铁公机”等领域。如江苏省试点15个PPP项目，总投资额约875亿元，涉及交通基础设施、供水安全保障、污水处理设施建设、生活垃圾无害化处理以及完善公共服务设施配套五大领域，向民营资本开放，加强了政府资金与社会资本合作，加快了基础设施建设进程，进一步提升了基础建设和公共服务的质量与水平。如重庆市长寿区认真梳理项目，划清政府与市场边界，在政府投资合理范围内选择PPP项目。在一些价格、收费机制已建立的公益性或准公益性领域优先考虑运用PPP投融资项目。近年来，该地将城市公共交通、公共建筑节能等6个领域已具备实施PPP投融资基本条件和火车北站配套公交枢纽项目等7个部分政府投资项目相应转为市场化投资项目。

四、对策建议

（一）尽快研究出台指导意见

借鉴重庆、浙江、河南等省（市）的做法，建议尽快出台宁夏推广PPP模式指导意见，从基本思路、适用范围、重点推进领域、边界条件、审批监管、政策支持等方面入手进一步规范PPP投融资模式的运作、监管，为社会资本进入创造良好的法治环境。特别是应研究出台支持民营企业参与的相关优惠政策，在土地和税收等方面给予民营企业更多政策。如对符合《划拨用地目录》的项目，以划拨方式供应建设用地；对承担城市公益性基础设施项目投资、建设和运营的投融资主体，享受国家相关财政、税收的政策优惠；等等，从而增强社会资本进入社会公共服务和产品领域的信心，规范和调动各级政府部门推行PPP模式的行为与动力。

（二）设立引导基金

PPP虽是一种与传统公共产品和服务供给方式相区别的融资及营运机制，但政府公共产品的供给责任依然存在，为带动相关主体参与其中，政府有必要承担前期费用风险。新疆、贵州等省区为保证PPP运行，已建立了引导基金。新疆与招商银行和浦发银行分别签订战略合作协议，设立政府引导基金规模达1000亿元。贵州省引导基金体系按“1+N，两级放大”

思路设立，省财政出资 10 亿元，引导社会资金出资 90 亿元，设立规模为 100 亿元的 PPP 母基金。为此，建议宁夏应学习借鉴新疆、贵州等地经验，由各级财政安排部分资金，吸引金融资本和社会资本参与，共同发起设立 PPP 项目引导基金，同时发挥财政作用，运用好 10%的公共预算支出资金，对财政能力较弱的市县加大资金支持；对一些基础建设项目，采用以奖代补的财政政策推行 PPP 模式。

（三）推广一些成功做法

目前，宁夏在 PPP 推广中出现了一些具有示范引领作用的好项目、好做法，如兵沟黄河大桥及连接线工程、银川智慧城市建设等。我们应进一步加大示范项目建设，筛选国家级或自治区级、市级、县级示范项目，采取现场观摩的方式，举办项目推动观摩会，集中展示全区 PPP 示范项目，推广典型做法。

（四）积极争取国家政策资金支持

一方面，建议争取国家在推广 PPP 模式中，实行东中部省区与西部内陆省区差异化政策，区别对待，稳步推进，如在西部欠发达地区选择较好的领域开展试点，待条件成熟后再逐步扩展到其他领域。另一方面，积极争取国家资金扶持，对宁夏经营性项目提高项目资本金注资比例，对公益性项目加大中央投资力度，对运营存在缺口的项目采取以奖代补的方式给予支持，弥补地方财政缺口补贴不足的问题。

（五）简化审批程序，加快项目进度

PPP 项目除要完成基本建设程序的可研、初设等相关手续外，实施方案、物有所值评价、财政承受能力论证等前期工作及审批事项较多，程序繁杂。一个 PPP 项目前期工作大多需要 2—3 年的时间，有的大型基建项目动辄需要五六年的时间，比传统的项目建设时间大幅延长。建议加强协调，出台相关政策，进一步简化程序，缩短审查、评估周期。如可将物有所值评价与财政承受能力论证两项程序与项目可研、设计、土地审批等程序打包，统一作为项目前期程序加快审批，确保项目能够尽快落地实施。

专题研究篇

ZHUANTI YANJIU PIAN

宁夏城乡居民收入与 GDP 增长关系问题研究

张国芳　王旭明

居民收入与经济增长是高度关联的，经济增长是居民收入增长的基础和保障，居民收入的增加，可促进消费需求的增长，消费对经济增长具有基础性作用，又反过来促进经济持续增长。《中共中央关于制定国民经济和社会发展第十三个五年规划的建议》指出："坚持居民收入增长和经济增长同步、劳动报酬提高和劳动生产率提高同步，持续增加城乡居民收入。"进一步明确了未来 5 年居民收入增长要与经济增长同步。过去，从全国各地到宁夏一直把发展经济作为第一要务，促进了经济总量的迅速扩张，做大了蛋糕，但如何在做大蛋糕的过程中，贯彻落实好创新、协调、绿色、开放、共享的"五大发展理念"，分配好蛋糕，实现收入增长与经济增长协调、共享和均衡。"十三五"规划强调调整国民收入分配格局，规范初次分配，加大再分配调节力度。实现居民收入增长和经济增长同步，这是长期的战略性任务，既涉及经济结构问题，也涉及分配结构问题。居民收入增长和经济增长同步就是要使城乡居民人均可支配收入的增长和 GDP 的增长保持协同一致。改革开放以来，宁夏城乡居民收入增长大多数年份慢于

作者简介：张国芳，宁夏回族自治区人民医院，高级经济师；王旭明，国家统计局宁夏调查总队，副巡视员，高级统计师。

经济增长，居民收入增长和分配与经济增长不协调问题比较突出。基于此，立足开展经济增长与居民收入增长关系问题研究，为自治区党委、政府制定促进经济增长与居民收入增长同步政策提供决策参考。

一、宁夏经济增长与居民收入增长关系

经济增长与居民收入增长具有高度相关关系。改革开放以来，随着经济的持续较快增长，居民收入也不断增加，但是，经济增长与居民收入增长并不完全同步，甚至在一些年份出现明显的不对称性、不协调。同时，经济增长在一定程度上扩大了居民收入分配差距。国内一些专家研究结果表明，改革后经济发展的初始阶段，我国城乡收入差距有助于经济增长；现阶段收入差距的扩大已经阻碍经济增长。

改革开放 30 多年（1978—2015）来，宁夏经济保持了较快的增长态势，地区生产总值以近两位数（9.9%）的速度快速增长，高出农民人均纯收入增长 3.3 个百分点，也高出城镇居民人均可支配收入 3.4 个百分点，城乡居民收入增长明显滞后于经济增长。

从不同时期宁夏城乡居民收入与经济增长情况看，在“六五”计划时期（1980—1985 年），经济总量出现了高增长，年均增长 11.4%，平均超出农民人均纯收入增长 1.8 个百分点，超出城镇居民人均可支配收入增长 4.4 个百分点。

“七五”计划时期（1985—1990 年），经济增长出现了回落，经济总量年均增长 7.9%，比“六五”时期低 3.5 个百分点。这一时期经济增长比农民人均纯收入高 5.9 个百分点，比城镇居民人均可支配收入高 5.1 个百分点。经济增长与城乡居民收入增长差距拉大。

“八五”计划时期（1990—1995 年），经济增长有所回升，经济总量年均增长 8.2%，比“七五”时期高 0.3 个百分点。这一时期经济增长比农民人均纯收入高 8.9 个百分点，主要源于农业发展后劲乏力，农民人均纯收入徘徊不前，经济增长与农民收入增长差距进一步拉大。这一时期城镇居民人均可支配收入平均增长 3.9%，低于经济增长 4.3 个百分点，与经济增长的差距有所缩小。相对“七五”时期，城镇居民收入增速加快，与经济

增长趋同。

进入“九五”时期（1995—2000年），经济增长进一步加快，经济总量年均增长9.4%，比“八五”时期高1.2个百分点。这一时期城乡居民收入也以较快的速度增长，与经济增长的差距出现缩小，特别是农民人均纯收入增长仅低于经济增长0.3个百分点，基本保持同步。城镇居民人均可支配收入增长低于经济增长3.6个百分点，比“八五”时期增长差距缩小了0.7个百分点。

“十五”时期（2000—2005年），经济增长持续加快，进入快车道，以两位数速度较快增长。这一时期经济总量年均增长11%，比“九五”时期高1.6个百分点。城镇居民收入与经济总量一样，也进入加快增长阶段，平均增长9%，仅低于经济增长2个百分点，比“九五”时期增长差距缩小了1.6个百分点。这一时期农民收入增长回落，与经济增长差距扩大。农民人均纯收入平均增长5.8%，比经济增长低5.2个百分点，比“九五”时期高4.9 个百分点。

进入“十一五”时期（2005—2010年），经济总量持续加快增长，年均增长12.7%，是历史上最好的时期。城乡居民收入也加快增长，高于“十五”时期。农民人均纯收入年均增长8.1%，比“十五”时期高2.3个百分点，但比同时期经济增长低4.6个百分点，城镇居民人均可支配收入年均增长9.6%，比“十五”时期高0.6个百分点，比经济增长低3.1个百分点。与“十五”时期相比，农民收入与经济增长的差距有所缩小，缩小了0.6个百分点。而城镇居民收入与经济增长的差距有所扩大，扩大了1.1个百分点。

进入“十二五”时期，经济从高速增长回归到中高速增长，城乡居民收入也得到持续增加。2011年，经济总量增长12.1%，农民人均纯收入增长7.1%，二者增速比2010年略有回落。而城镇居民人均可支配收入增长8.3%，较2010年明显加快。2012年经济总量增长11.5%，略低于2011年。农民人均纯收入增长12.3%，比上年高4.6个百分点，也高于经济增长；城镇居民人均可支配收入增长10.4%，高于2011年2.1个百分点，与经济增长差距明显缩小。“十二五”期间，经济平均增长9.9%，农民和城镇居民收入分别增长8.9%和7.7%，低于经济增长1百分点和2.2个百分点（见表1）。

总的来看，改革开放30多年来，随着经济的持续较快发展，城镇居民收入与经济增长的趋同性明显，即经济增长出现回升或回落，必然带来城镇居民人均可支配收入的同向变化。而农民收入增长的波动性较大，与经济增长的趋同性不太明显。城乡居民收入与经济增长的差距仍然较大，收入增长与经济增长差距扩大的势头还没有出现明显扭转的迹象，仍然处于反复波动阶段。

表1　不同时期宁夏GDP与城乡居民收入增长情况

年　度	时　期	GDP(%)	农民人均可支配收入(%)	城镇居民人均可支配收入(%)
1980—1985	"六五"	11.4	9.6	7
1985—1990	"七五"	7.9	2	2.8
1990—1995	"八五"	8.2	-0.7	3.9
1995—2000	"九五"	9.4	9.1	5.8
2000—2005	"十五"	11	5.8	9
2005—2010	"十一五"	12.7	8.1	9.6
2010—2015	"十二五"	9.9	8.9	7.7
1978—2015		9.9	6.6	6.5

二、经济增长与居民收入增长差距比较分析

（一）宁夏经济总量占全国的份额情况

改革开放以来，宁夏经济呈现出加快、趋缓、稳定、持续较快、减缓增长特征，经济总量持续增加，特别是进入新世纪，发展的步伐明显加快，在西部大开发战略等一系列有利于经济社会发展的政策、环境的影响和作用下，宁夏经济总量以两位数速度持续增长，发展成效明显。城乡居民在改革发展中也充分享受到了发展的成果，收入持续增加。1980年，宁夏经济总量相当于全国的0.35%，1990年仍然保持在0.35%的水平，这10年宁夏与全国发展步伐一致。到2000年，宁夏经济总量占全国的比重下降到0.3%，与发达地区的发展差距明显拉大，到2010年，宁夏经济总量占全国的比重上升到0.41%，2012年达到历史高点0.44%，近几年略有降低，2015年占0.43%，仍处于较高水平。

（二）宁夏居民收入增长相对经济总量增长提升较慢

从宁夏与全国人均经济总量、人均居民收入纵向变化对比看，进入新

世纪以来，宁夏经济增长明显加快，领跑城乡居民收入增长，居民收入增长相对滞后。2012 年，宁夏人均地区生产总值 36394 元，相当于全国平均水平的 94.7%，达到历史高点，所占份额比 2000 年提高了 26.3 个百分点，近几年略有降低，2015 年人均地区生产总值 43805 元，占全国的 88.8%，比 2000 年提高了 20.4 个百分点，远快于城乡居民收入提高程度。（见表 2）2015 年，农民人均可支配收入 9119 元，相当于全国平均水平的 79.8%，占全国的份额比 2000 年仅提高了 3.3 个百分点，城镇居民人均可支配收入 25186 元，相当于全国平均水平的 80.7%，所占份额比 2000 年仅提高了 2.5 个百分点（见表 3）。与全国相比，宁夏城乡居民收入增长明显慢于经济增长。

表 2　2000 年以来宁夏与全国经济增长情况对比

单位：元，%

年度	人均 GDP		
	全国	宁夏	宁夏占全国份额
2000	7858	5376	68.4
2005	14185	10349	73
2006	16500	12099	73.3
2007	20169	15142	75.1
2008	23708	19609	82.7
2009	25608	21777	86.5
2010	30015	26860	89.5
2011	35198	33043	93.9
2012	38420	36394	94.7
2013	43320	39613	91.4
2014	46629	41834	89.7
2015	49351	43805	88.8

数据来源：《中国统计年鉴》(2000—2016)、《宁夏统计年鉴》(2000—2016)(下同)。

表 3　2000 年以来宁夏与全国城乡居民收入情况对比

单位：元，%

年度	城镇居民可支配收入			农民人均可支配收入		
	全国	宁夏	宁夏占全国份额	全国	宁夏	宁夏占全国份额
2000	6280	4912	78.2	2253	1724	76.5
2005	10493	8094	77.1	3254.9	2509	77.1

续表

年度	城镇居民可支配收入			农民人均可支配收入		
	全国	宁夏	宁夏占全国份额	全国	宁夏	宁夏占全国份额
2006	11760	9177	78	3587	2760	76.9
2007	13786	10859	78.8	4140	3181	76.8
2008	15781	12932	81.9	4761	3681	77.3
2009	17175	14025	81.7	5153	4048	78.6
2010	19109	15344	80.3	5919	4675	79
2011	21810	17579	80.6	6977	5410	77.5
2012	24565	19831	80.7	7917	6180	78.1
2013	26955	21476	79.7	9430	7599	80.6
2014	28844	23285	80.7	10489	8410	80.2
2015	31195	25186	80.7	11422	9119	79.8

注：由于统计口径调整，2013 年以前仍是农民人均纯收入口径。

（三）宁夏经济与居民收入水平与全国其他地区比较情况

从各省、市、自治区经济增长与居民收入增长差距看，宁夏经济经过起步、持续稳定发展和较快发展阶段，经济总量显著增加，经济实力明显增强，人均地区生产总值已位居全国 31 个省（自治区、直辖市）中等水平，居西部、西北地区前列，但城乡居民收入增长相对滞后，收入水平仍居全国 31 个省、市、自治区后位，与经济发展水平不相协调。从人均 GDP、农民人均可支配收入、城镇居民人均可支配收入在全国 31 个省、市、自治区排位看，城乡居民收入水平位次较 GDP 明显靠后。

2000 年，宁夏人均 GDP 在全国 31 个省（自治区、直辖市）排第 21 位（见表 4），到 2015 年上升到第 15 位，上升了 6 个位次，超过了河北、黑龙江、山西、湖南、安徽、江西、海南、河南等省，位居西部地区第 3，列广西、重庆之后。2015 年，农民人均可支配收入在全国 31 个省（自治区、直辖市）排第 25 位，与 2000 年相比，排位在波动中趋于稳定，不仅没有前进还退了一位。2015 年，城镇居民人均可支配收入在全国 31 个省（自治区、直辖市）排第 26 位，与 2000 年相比，位次在波动中有所提升，仅上升了两个位次（见表 5）。随着宁夏各级政府财力的增强，城镇居民相对于农民得到了更多实惠，城镇居民收入与经济增长的同步性相对较强，而农民收入与经济同步增长还有一定距离。

表4　2000年全国各地区人均经济总量和居民收入水平

单位：元

省（市、区）	农民人均纯收入	位次	城镇居民人均可支配收入	位次	人均GDP	位次
北京	4604.6	2	10350	2	24122	2
天津	3622.4	5	8140.5	5	17353	3
河北	2478.9	9	5661.2	15	7592	11
山西	1905.6	20	4724.1	31	5722	17
内蒙古	2038.2	16	5129.1	22	6502	15
辽宁	2355.6	10	5357.8	19	11177	8
吉林	2022.5	17	4810	29	7351	13
黑龙江	2148.2	14	4912.9	27	8294	10
上海	5596.4	1	11718	1	29671	1
江苏	3595.1	6	6800.2	8	11765	6
浙江	4253.7	3	9279.2	4	13416	4
安徽	1934.6	19	5293.6	20	4779	26
福建	3230.5	7	7432.3	6	11194	7
江西	2135.3	15	5103.6	25	4851	25
山东	2659.2	8	6490	9	9326	9
河南	1985.8	18	4766.3	30	5450	19
湖北	2268.6	11	5524.5	17	6293	16
湖南	2197.2	12	6218.7	12	5425	20
广东	3654.5	4	9761.6	3	12736	5
广西	1864.5	23	5834.4	14	4652	28
海南	2182.3	13	5358.3	18	6798	14
重庆	1892.4	22	6276	11	5616	18
四川	1903.6	21	5894.3	13	4956	24
贵州	1374.2	30	5122.2	24	2759	31
云南	1478.6	27	6324.6	10	4769	27
西藏	1330.8	31	7426.3	7	4572	29
陕西	1443.9	28	5124.2	23	4968	23
甘肃	1428.7	29	4916.3	26	4129	30
青海	1490.5	26	5170	21	5138	22
宁夏	1724.3	24	4912.4	28	5376	21
新疆	1618.1	25	5644.9	16	7372	12

表 5　2015 年全国各地区人均经济总量和居民收入水平

单位：元

省（市、区）	农民人均可支配收入	位次	城镇居民人均可支配收入	位次	人均 GDP	位次
北京	20569	3	52859	2	99995	2
天津	18482	4	34101	6	105231	1
河北	11051	14	26152	22	39984	18
山西	9454	23	25828	23	35070	24
内蒙古	10776	19	30594	10	71046	6
辽宁	12057	9	31126	9	65201	7
吉林	11326	11	24901	27	50160	11
黑龙江	11095	13	24203	30	39226	20
上海	23205	1	52962	1	97370	3
江苏	16257	5	37173	4	81874	4
浙江	21125	2	43714	3	73002	5
安徽	10821	18	26936	14	34425	26
福建	13793	6	33275	7	63472	8
江西	11139	12	26500	15	34674	25
山东	12930	8	31545	8	60879	10
河南	10853	17	25576	24	37072	22
湖北	11844	10	27051	13	47145	13
湖南	10993	15	28838	11	40271	17
广东	13360	7	34757	5	63469	9
广西	9467	22	26416	17	33090	27
海南	10858	16	26356	19	38924	21
重庆	10505	20	27239	12	47850	12
四川	10247	21	26205	21	35128	23
贵州	7387	30	24580	28	26437	30
云南	8242	28	26373	18	27264	29
西藏	8244	27	25457	25	29252	28
陕西	8689	26	26420	16	46929	14
甘肃	6936	31	23767	31	26433	31
青海	7933	29	24542	29	39671	19
宁夏	9119	25	25186	26	41834	15
新疆	9425	24	26275	20	40648	16

注:人均 GDP 使用 2014 年数据。

三、宁夏经济与居民收入增长差距原因分析

进入新世纪以来，宁夏经济综合实力明显增强，经济增长步伐逐年加快，特别是“十一五”以来，经济增长进入历史上最好的时期，城乡居民收入增长也不断加快，但与经济增长的差距不断拉大，收入增长明显滞后于经济增长，分析其原因，主要有以下几个方面。

（一）投资主导型经济增长方式推动了经济加快增长，但解决就业、促进收入增长效应减弱

近年来，宁夏经济发展主要靠投资来拉动，且投资的决定性作用越来越明显。按支出法测算的地区生产总值中，2009 年投资率创历史新高，达到 96.7%，比 2008 年提升了 16.3 个百分点，2010 年略有回落，仍然高达 92.5%，2011 年回落到 83.5%，2012 年又回升到 89.1%，2013 年固定资产投资总额首次超过 GDP 总量，成为全国 4 个省区固定资产投资额超过 GDP 的省区之一。在地区生产总值中，2000—2014 年投资率提升了 53.7 个百分点，平均每年增加 3.8 个百分点。而消费率则降低了 15.4 个百分点。投资对经济增长的贡献突出，平均贡献率达 119%，而且多个年份超过 100%。这种长时期的投资拉动型经济增长方式，必然影响投资边际产出效益递减及资本替代劳动引发的就业弹性下降等，难以有效拉动居民收入同步增长。从投资效益系数看，每万元固定资产投资额所创造的地区生产总值由 1990 年的 29526 元、2000 年的 18345 元降至 2010 年的 11536 元、2015 年的 8242 元。同时，在投资主导型经济增长方式下，资本替代劳动力的趋势日益明显，导致经济增长对就业拉动作用减弱，甚至由于投资过快带来部分行业产能过剩，在行业调整过程中导致部分劳动力下岗和失业。

就业是民生之本，是居民收入的来源。投资主导型经济增长带动居民收入增长，直接表现在投资带动就业人数增加上。改革开放以来，随着投资主导经济增长强度的加大，经济增长进入快车道，但投资带动就业增长的效应有所减弱，在一定程度上影响经济与居民收入同步增长。下面通过建立计量经济分析模型进一步佐证。

利用 1980—2015 年宁夏全社会固定资产投资完成额和就业人数统计数

据，分1980—2000年、2001—2015年两个阶段。以就业人数为被解释变量，全社会固定资产投资完成额为解释变量，分别建立回归分析模型。结果表明，在其他条件不变的情况下，全社会固定资产投资完成额增加，就业人数也相应增加，投资额对就业人数变化的解释程度在93%以上。新世纪前20年（1980—2000年），按可比价格计算，宁夏经济总量平均每年增长9.2%，全社会固定资产投资完成额现价年平均增长20.3%。这一时期投资每增长一个百分点能带动0.17%的就业增长。进入新世纪以后的15年，按可比价格计算，宁夏经济总量平均每年增长11.1%，全社会固定资产投资完成额现价年平均增长22.9%。这一时期无论是投资还是经济增长均快于前一时期，但投资带动就业人数增长下降至0.08%。就业弹性下降，造成投资高增长与就业相对稳定的并存局面，使劳动者获得的收入增长明显滞后于投资增长，影响了经济与居民收入的同步增长。此外，投资拉动型增长方式，还导致资源向投资者集中，促使资本大规模集聚，促成分配领域里偏向生产要素资本化的分配原则，资本报酬率大于劳动报酬率，最终使社会财富加速向富裕阶层集中，加大了两极分化，拉大了收入分配差距。

产业经济学理论和国内外产业发展一般规律告诉我们，就整体而言，投资对第一产业的就业弹性最小，对就业的带动作用微弱，对第二产业的就业效应主要依赖于加工业和建筑业的发展，而对第三产业的就业弹性在三次产业中最大，也具有很强的可持续性。从投资对三次产业就业的影响看，由于投资总量的扩张和投资结构、产业结构的差异，投资对三次产业就业的弹性差异明显。笔者利用1982—2015年宁夏全社会固定资产投资额和一、二、三产业就业人数统计资料，分别建立回归模型，模拟结果符合产业经济学理论，但投资对一产业与二、三产业就业弹性差距较大，而一产业是就业的主体，就业人数占就业总人数的40%，投资占比不到5%。固定资产投资对一产业就业人数变化的解释力较弱，仅为51.2%，远低于二产业97.6%、三产业97.1%的解释力。投资对就业的弹性系数表明，固定资产投资对一产业就业人数有一定影响，但影响程度明显不如二、三产业，对增加二、三产业就业人数有显著影响，且对增加第三产业就业人数的影响程度强于第二产业。在其他条件不变的情况下，固定资产投资完成额每增长 1%，拉动第一产业就业人数增长 0.05%，拉动第二产业就业人数增长 0.2%，拉动第三产业就业人数增长 0.3%。但从投资结构看，投资第二产业是投资的主体，投资比长期高于第三产业，近 3 年随着结构转型升级，三产业投资刚刚略高于二产业，与就业弹性大小不相协调。

（二）收入分配制度不尽合理，居民分配份额不高

国民收入分配主体由三部分组成，即政府、企业和居民。宁夏经济总量较小，财力薄弱，随着扩大再生产的强力推进，政府转移支付压力较大，加之收入分配制度改革相对滞后，国民收入分配关系中政府和企业较强势，需求强劲，而居民则处于相对弱势地位。

国民收入中劳动报酬分配比例是衡量初次分配状况的重要标识。改革开放初期，最大限度地增加城乡居民收入是改革政策的首要出发点，所以，劳动者报酬占 GDP 的比重一直保持趋升的态势。1980—1983 年，劳动者报酬占 GDP 的比重连续 4 年提升，1983 年达到历史的最高点 59.1%。1984 年以后持续走低，1993 年跌入历史的最低水平，为 46.2%，10 年降低了 12.9 个百分点，国民收入中劳动者报酬不足一半，初次分配明显不合理。从 1994 年开始，随着工资制度的改革，劳动者报酬占 GDP 的比重开始回升，1994 年达到 50.3%，比 1993 年上升了 5.9 个百分点，1995—2000 年稳中趋升，稳定在 50%左右，2000 年为 51.3%。进入新世纪以后，劳动者报酬占 GDP 的比重又连续几年下降，2006 年又进入一个新的低点，降低到 47.7%，之后受各项政策对中低收入阶层倾斜、劳动力市场需求较旺、用工费用上涨等影响，情况有所好转，“十一五”时期回升明显，2010 年达到 54.5%，比 2005 年上升了 6.3 个百分点。但到 2011 年降低到 50.5%，2012 年降到 42%，达到历史的低点，2015 年回升到 51.2%，但仍比 2010 年低 3.3 个百分点。可见，在初次分配中居民所占份额偏低，并呈现出走低的态势，分配向政府和企业倾斜趋势明显。

（三）第三产业发展相对滞后，重工业主导的工业发展格局必然影响经济与居民收入增长不同步

产业结构对居民收入的影响主要通过居民就业获取劳动报酬这一传导途径，由于第三产业容纳就业人数的能力强，对居民增收影响大。近年来，第三产业发展相对滞后，第二产业发展较快。宁夏三次产业结构由2000年的15.6∶41.2∶43.2调整为2015年的8.2∶47.4∶44.4，第二产业比重上升了6.2个百分点，而第三产业比重仅提高了1.2个百分点。可见，15年来宁夏第三产业在整个国民经济中所占分量较少，第三产业的滞后发展制约了居民就业渠道的拓展，影响了居民收入与经济增长的同步性。从第二产业内部结构看，工业占据主导地位，2015年工业增加值占第二产业的71%，工业中又以重工业为主，重工业占工业总产值的81%，而重工业主要是采掘和制造业，重工业推动了宁夏工业化进程，促进了宁夏经济走上快车道，但由于重工业往往是资金和技术密集型产业，机械化、自动化程度比较高，对解决大量劳动力就业有限，特别是对解决文化素质低、劳动技能差的劳动力更为有限。宁夏采掘和制造业创造经济总量的近1/3，解决就业人口不足10%。而解决劳动力就业的重点行业是轻工业，但宁夏轻工业在整体工业中所占分量较小，总产值仅占19%。2014年，全社会就业总人数中，第一产业就业人数占45.3%，第二产业占19.2%，第三产业占35.5%，与2000年相比，第一产业就业人数所占比重减少了12.3个百分点，第二产业就业人数比重仅增加了1.1个百分点，第三产业就业人数比重增加了11.2个百分点。可以看出，第二产业创造产值占GDP的近一半，解决就业不足1/5。2000—2015年，第二产业创造产值占GDP比重提升了6.2个百分点，解决就业仅提高了1.1个百分点；第三产业在解决就业、促进居民收入增长的作用明显，但三产业就业人数变化与创造产值、获得报酬也不相协调，直接影响就业者劳动报酬的较快增长。2015年，城镇非私营单位一产业职工平均工资35391元，二产业职工平均工资60177元，三产业职工平均工资53426元。三产业职工工资仅是二产业的88.8%。与2005年相比，第一、二、三产业职工平均工资分别增长了2.5倍、2.1倍、1.9倍。第三产业职工平均工资水平相对低，工资增长最慢，就业人数又最多，是第二产业的1.5倍。工资低的行业就业人数多、工资增长慢必然导致城镇居民总体收入的增长。产业结构与就业结构的差异性，必然形成经济增长与居民收入增长的不同步。

（四）收入来源存在一定的增收短板

从城乡居民收入结构看，受经济结构和政策因素影响，城乡居民收入来源结构的调整优化进程明显落后于全国平均水平，使收入增长滞后于经济增长。

改革开放以来，宁夏农民收入结构不断优化，不同时期不同来源收入对农民收入增长发挥着不同作用，但与全国相比，农民收入结构还存在一定差异。1985 年，宁夏农民人均纯收入比全国平均收入低 18%，到 2000 年这一差距拉大至 23%，2005 年仍维持在 23%，2015 年略有缩小，相差 20%。从收入来源看，主要是财产和转移性收入差距较大，特别是转移性收入差距更为突出。2005 年，宁夏农民转移性收入高于全国平均水平 33%，到 2015 年低于全国平均水平 28.5%，一高一低差距拉大了 61.5%，表明宁夏向农民财政性转移支付数量和增长速度均不及全国平均水平，与经济增长不同步。在投资主导下，农民务工得到的工资性收入增长较快，工资性收入与全国的差距由 2005 年相差 40.2%缩小到 21.4%。农牧业是宁夏的传统优势产业，但优势作用发挥不明显，占农民全部收入的比重由 2005 年高于全国 6 个百分点到 2015 年缩小至高于全国 3 个百分点。可以看出，作为西北地区的农业省区，宁夏农民收入结构的优化步骤要缓于全国平均水平。收入来源结构的差异在一定程度上拉大了与全国平均收入水平的差距，也拉大与经济增长的差距。

城镇居民收入水平与全国平均水平的差距一直稳定在 20%左右。从收入来源看，受市场创业就业环境影响，非公经济发展缓慢，吸引和安置城镇就业人数有限，城镇居民经营性收入和财政性收入与全国相比差距较大。2015 年，城镇居民财产性收入比全国低 64.5%，经营性收入低 22.3%。在全年总收入中，财产性收入占 4.3%，比全国低 5.5 个百分点；经营性收入占 10.7%，比全国低 0.7 个百分点。经济结构的差异会影响居民收入结构的有效优化，必然影响收入与经济增长的同步。

宁夏城市管理体制改革问题研究

杨巧红

2016 年是宁夏城市管理体制改革突破比较大的一年，这一年无论是从政策制度的顶层设计，还是基层的各种实践创新都取得了很大的突破。

一、城市发展的三种趋势：速度趋缓、质量优化、动力多元

2010—2015 年，是宁夏城镇化建设速度最快的一段时期。2015 年，宁夏的城镇化率达到 55.23%，进入国际公认的城市型社会时期。随着经济发展进入“三期叠加”阶段，经济增长下行的新常态和供给侧结构性改革的深化，城市化进入速度趋缓、质量优化、动力多元的新时期。

趋势一：速度趋缓。从国家层面看，城镇化已经保持十多年高速增长，处于城镇化加速发展阶段的中后期。人口的流动规模缩小，流动趋向发生结构性变化，中西部地区和中小城市发展的机会在增加。[①]自 2011 年以来，中国经济增长率持续走低，2011—2015 年 GDP 增长率分别为 9.5%、7.7%、

作者简介：杨巧红，宁夏社会科学院综合经济所副所长，副研究员。主要研究方向：区域经济。

①王凯：《新时期城市规划的理念与实践》(2016 年 10 月清华大学城市管理干部培训班上的讲义)。

7.7%、7.3%、6.9%。城市化的增速与经济增长同步，处于逐步放缓的阶段。增速放缓后，不同城市之间的吸引力差异凸显，人口在城市间开始重新选择流动方向，就业条件、公共服务、人居环境质量成为新一轮人口流动的重要影响因素。

趋势二：质量优化。过去多年城市的快速扩张引发的人与土地、水、生态、能源等资源的矛盾更加尖锐。区域范围越来越大的雾霾、大中小城市都面临的交通拥堵和垃圾围城等问题成为全社会的焦点问题。全国 662 个城市中，2/3 的城市缺水，而且几乎没有一条城市内或城市外的河流是不被污染的。在过去的 50 年中，中国 50%的湿地都已消失，地下水水位每天都在下降。城市包容性不足，新生代农民工迫切要求融入城市，农民工市民化问题比较突出。一般根据常住人口规模配置的教育、文化、医疗、养老、科技服务等设施缺口较大。城镇化发展的经济收益越来越多地被巨大的社会成本所抵消。

趋势三：动力多元。由国家发改委发展规划司和云河都市研究院共同编制的《中国城市综合发展指标 2016》(以下简称《指标》）显示，中国城市发展的分化趋势越来越明显。城市发展分化的背后，是资源配置、人口移动和经济增长的分化，是城市发展动力的转换。面临全球总需求不振、传统产业产能过剩和欧美再工业化（美国页岩气革命、德国工业 4.0 等）的多重压力，中国难以延续一味追求工业产能扩张的发展路径。步入工业化后期的地区，城市发展驱动力中工业化的要素将逐渐减弱，城市发展动力从以往的依靠要素和投资驱动转移到依靠创新驱动，从一般意义上的工业逐步转化为工业、贸易、旅游、文化等多种要素。我国许多地区由于资源和环境条件约束，并不适宜大规模推进工业化而立足比较优势，积极发展旅游、商贸、物流、有机农业等，以及特色化、差异化的制造产业是很多地区新的发展机遇和致富途径，如宁夏即是如此。

二、城市管理体制改革顶层设计的突破

2016 年，是城市管理体制改革政策顶层设计突破较大的一年。为了进一步加强城市规划建设管理，破解城市发展难题，弥补城市发展短板，提

高城市发展现代化水平，住建部会同 29 个部门，研究起草了《关于进一步加强城市规划建设管理工作的若干意见》，2016 年 2 月，中共中央、国务院正式发布了该意见。2016 年 8 月，宁夏回族自治区研究出台了《自治区党委、人民政府关于加强城市规划建设管理工作的实施意见》(以下简称《实施意见》)，从总体要求、强化规划引领、塑造城市特色风貌、提升城市建筑水平、完善城市基础设施、提升城市生活品质、创新城市治理方式、强化城市工作保障 8 个方面，对加强全区城市规划、建设和管理工作提出具体实施意见。《实施意见》为宁夏城市发展绘就了蓝图，具体目标是：到 2020 年，全区常住人口城镇化率达到 60%左右；城市建成区平均路网密度达到 8 公里 / 平方公里，道路面积率达到 15%，集中供水、燃气、供热普及率分别达到 98%、85%、70%；城市污水和生活垃圾基本实现全收集处理，绿色建筑占新建建筑比重达到 50%，地级市城市空气质量优良天数比率达到 80%以上；城市家庭宽带接入能力达到 100Mbps，社区综合服务设施覆盖率达到 100%。

2016 年，撬动城市管理体制改革的另一项重要的中央决策是出台了《中共中央国务院关于深入推进城市执法体制改革 改进城市管理工作的指导意见》(以下简称《意见》)。流动人口激增、交通拥堵、环境恶化、社会冲突明显增加……一系列城市病带给城市更大的管理挑战，尤其近年来频频登上新闻头条的城管“暴力执法”等问题，凸显加强城市管理执法改革的必要性。城管执法纠纷背后，多头执法和职责交叉是突出问题。大部分城市的城管执法范围沿袭“7+1”模式，“7”是指市容环境卫生、城市规划、城市绿化管理、市政管理、环境保护管理、工商行政管理、公安交通管理 7 个方面；“1”是指临时的、急茬的、难啃的、棘手的活。城市管理范围不断扩容，一些难管的、其他部门不愿意管的事，如扫黄打非、土地管理、乞讨容留、养犬、城区防汛、历史风貌、强制拆迁等，一股脑给了城管。执法范围过于宽泛，造成执法力量严重不足，很多地方被迫聘用大量城管临时工、协管员以应急。《意见》就推进城市执法体制改革、改进城市管理提出了以人为本、依法治理、源头治理、权责一致、协调创新等五项基本原则，给了两个时间表，一是到 2017 年，实现市、县政府城市管理领域的机构综合设置；2020 年，城市管理法律法规和标准体系基本完善，执法体制基本理顺，机构和队伍建设明显加强，保障机制初步完善，服务便民高效，现代城市治理体系初步形成。

三、宁夏五市城市管理体制改革的亮点

(一) 智慧城市建设的“银川模式”

2010—2015 年，银川市地区生产总值以年均 9.6%的速度增长，占全区 GDP 的 51%，是宁夏经济、政治、文化、人才的集聚地。全市实有人口 312.55 万人，城镇化率达 74%。[①]是宁夏唯一人口超百万的大城市。2016 年 11 月 28 日召开的银川市第十四次党代会上，银川市提出了构建“两岸同心、片区协同、城乡共兴、全域一体”的空间发展格局，建设西北地区重要的中心城市。始终坚守舒朗、大气、清爽城市风格，构建绿廊绿网、湖泊湿地、城市稻田等绿色空间相隔、组团发展、点状布局的生态田园风貌。银川市将全面推进开放内涵式发展，努力建成“两宜”(最适宜居住、最适宜创业)、“两化”(现代化、国际化) 城市和西北地区重要的中心城市。

2016 年 4 月 19 日，国家发改委就 2016 年推进新型城镇化的重点任务和《国家新型城镇化报告 2015》有关情况举行发布会，发改委规划司司长徐林表示：“十三五”时期内，将有针对性地组织 100 个城市大力推进新型智慧城市建设，开展智慧城市建设效果评价工作，分行业、分领域选取一批有代表性的智慧城市优秀案例，以点带面，促进城镇化发展质量和水平全面提升。银川市城市建设的亮点正在于此。

自 2013 年以来，宁夏先后有吴忠、银川、石嘴山、中卫 4 个地级市和永宁、大武口 2 个县区成功申报国家智慧城市试点。“智慧银川”发展模式获得了李克强总理等国家领导的肯定。银川市立足“惠及民生、城市管理、产业衍生和投资迭代”四大目标，加强智慧城市顶层设计，部署了智慧政务、智慧交通、智慧环保等十大系统 13 个子模块，形成了可复制、可推广的智慧城市“银川模式”。

---

①未来五年，宁夏五市将要这样发展，http://www.zhijiandoukou.com/mp/blnonnf.html

一是创新商业模式。利用“PPP+资本市场”的模式，银川市与中兴通讯合资成立中兴（银川）智慧产业有限公司，政府购买服务形成稳定收入，再通过公司上市，吸引社会资本参与智慧城市建设，目前，银川市已启动上市事宜。

二是创新管理模式。银川市是全国第一个对智慧城市立法的城市，出台了《银川智慧城市建设促进条例》，确保智慧城市建设发展的协调性与持续性。成立了智慧城市大数据局，统筹推进信息资源的互联互通和资源共享。同时，整合资源，强力推进打破过去部门垂直型项目运作模式，以城市为单位进行顶层设计，采用“研＋产＋标准组织”相结合的管理模式，打造“闭环正反馈”智慧城市生态系统。在智慧政务方面，率先组建审批服务局，将“互联网＋”与城市政务结合，分一站式审批、网上审批、备案制3个阶段建设，实现宽进精管、简政放权，将50多个章合并成一个章管审批，227项实现了网上审批，103项改为备案制，移动审批APP已正式上线运行，有效提升了服务效率。此外，交通流量分析、环保源头管控、社区智能设备等方面的智慧应用，有效提升了城市的管理水平。

三是创新国际合作。加强与国际电信组织（TMF）合作，联合成立了“TFM智慧城市创新中心”，成功举办了两届“TFM全球智慧城市峰会”，TFM以银川为蓝本的智慧城市成熟度模型作为智慧城市评估基准，在美国5个城市进行推广。

（二）产城融合的石嘴山市

石嘴山市是因煤而建的城市，为宁夏的工业体系建设和经济发展做出了突出贡献，同时面临着资源枯竭型城市转型和供给侧结构性改革的重大压力。近年来，石嘴山市遇到了前所未有的困难和挑战，过度依赖能源资源的发展方式导致发展动力不足、发展速度放缓，转型发展迫在眉睫。石嘴山市在《石嘴山市中小城市综合改革试点实施方案（2015—2017年）》中提出了“用好用活国家支持资源型城市转型、老工业基地调整改造、内陆开放型经济试验区建设等政策，以实施《宁夏空间发展战略规划》为契机，优化空间布局，完善基础设施建设，加快产业转型升级和结构调整，大力发展循环、绿色、低碳经济，促进区域协同发展、城乡一体发展、产城融合发展”的目标。在2016年11月28日召开的市党代会上，提出了打造石嘴山经济升级版，打响“山水园林·尚工逸城”城市品牌，转型发展走新路，全面振兴创新业，持之以恒推进产业民生生态转型，建设开放富裕和谐美丽石嘴山的未来目标。“未来5年，石嘴山市经济结构将进一步优化，非煤产业占工业总产值比重达到70%，服务业增加值占GDP比重达到36%。在优化生态环境方面，逐步建立绿色低碳生产生活方式，空气质量优良天数达到78%以上，森林覆盖率达到13.5%以上。”[①]

因产而建的城市，其城市管理体制改革的方向与其产业转型的方向息息相关。近年来，石嘴山市突出生态转型，实施湖泊湿地生态修复、采煤沉陷区治理、主干道路大整治大绿化等工程，成功创建国家森林城市、国家园林城市，荣获全国绿化模范城市。

“尚工逸城”是石嘴山市提出的产城融合新概念，即坚守工业主导，培育现代工业城市文化特色，提升城市的内在品质和文化软实力，增添城市魅力与活力，建设宜居宜业宜游的石嘴山。2016年石嘴山市党代会提出“突出优建善管，增强城市综合承载能力”，实施“双城双港、同城对接”空间策略，优化城市功能布局，带动工业向园区集中、商业向特色街区集中、人口向市区和城镇集中，以产兴城、以城促产、产城融合，推动城市发展由外延扩张式向内涵提升式转变。“双城”指大武口城区和惠农城区组成的“双城”结构，“双港”指陆港经济区和中阿物流园（平罗片区）；“同城对接”指推进大武口城区与平罗县城及沙湖地区相向发展、同城对接，并积极融入大银川都市区一体化发展。

产城融合的石嘴山市发展的关键是打造石嘴山经济升级版，重在产业转型。坚持优势再造和“弯道超车”双向发力、双轮驱动，全面提升产业发展层次和竞争力。优势再造，就是围绕传统产业改造提升，做好有中生新文章，以先进装备、高新技术、信息智能为支撑，在延链补链强链融链上下功夫，培育全区乃至全国具有较强竞争优势的产业集群和特色产业。“弯道超车”，就是瞄准战略性新兴产业发展方向和新经济新业态发展趋势，

①http://difang.gmw.cn/nx/2016-11-29/content_23125009.htm

做好无中生有文章，加快培育发展具有先发优势、带动作用和引领未来的新产业，打造经济发展新引擎。重点建设大沙湖旅游区，加快星海湖、北武当等景区景点基础设施建设，实现交通、水系、旅游线路互联互通，打响“观景沙湖·休闲星海”的旅游品牌。

（三）打造绿色经济示范市的吴忠市

按照《宁夏空间发展规划》，吴忠市是大银川都市圈重要组成部分。近年来，吴忠市实施生态立市战略，围绕“绿色”推进城市化进程，开展全域空间规划、绿色城镇建设、美丽乡村建设、产业转型升级、蓝天碧水和绿色城乡环保治理等10项行动，生态环境和城乡面貌得到明显改善，成为宁夏唯一的全国生态文明建设试点市。全力打造中部干旱带生态文明示范区和生态绿色农产品供应基地。在2016年11月28日召开的市党代会上，吴忠市提出了打造绿色经济示范市目标。[①]

吴忠市大力发展绿色工业，推动工业转型升级。吴忠市产业转型问题比较突出的是青铜峡市，由于历史形成的倚重依能倚国的传统产业结构，特别是国家出台淘汰落后产能、保护生态环境等一系列政策，使青铜峡市产业结构性矛盾突出的问题越来越凸显。青铜峡市优化工业结构需限制高能耗、高水耗的低效落后产业发展。需改造提升青铜峡新材料基地，控制污染，远期搬迁电解铝等有污染企业，逐步向新材料制品领域延伸。吴忠市工业转型升级可依托太中银铁路银川联络线，点状集聚发展。在加强白芨滩、哈巴湖等生态用地保护的前提下，以宁东能源化工基地、盐池县城和高沙窝镇为核心，充分发挥宁东能源化工基地的产业集聚和带动作用，延伸能源化工产业链。做大做强以“轴承谷”、工业机器人、汇高智能制造为主的装备制造。培育发展现代纺织、食品加工等支柱产业。大力发展生物制品、节能环保等新兴产业，积极发展风能、太阳能、动力能、生物质能等新能源产业，建成国家新能源综合示范区。依托太中银铁路正线等主要交通轴线，串接中宁县、红寺堡区、盐池县等县区以及惠安堡、大水坑等城镇，保护生态环境，推动人口向沿线重点城镇集聚，引导产业向县城

①http://yinchuan.house.qq.com/a/20161129/025284_1.htm

和部分小城镇内园区集中，在太中银发展轴形成错位分工的产业格局。

大力发展绿色农业，推动农业提质增效，推动产业向上下游延伸，向价值链高端延伸，增强经济发展后劲。大力发展以肉牛肉羊、奶牛养殖、有机大米等为主的特色养殖业；壮大都市休闲农业、生态旅游农业，推进农产品深加工，推进中药材、小杂粮、油牡丹等特色产业壮大规模、提升层次；培育清真餐饮、奶制品、葡萄酿酒等产业；建立健全清真食品和穆斯林用品认证、研发设计、生产加工、展示交易和集散支撑体系。

发展绿色旅游。吴忠市全力打造黄河岸边、贺兰山下、稻花乡里三大旅游板块，打造精品线路，打响“印象黄河·彩虹之上”旅游品牌，黄河西岸以中华黄河楼为中心，完善黄河旅游区建设。大力推进全域旅游持续提速。努力创建国家全域旅游示范市。

（四）海绵城市示范区固原市

宁夏关于海绵城市的建设目标是按照“渗、滞、蓄、净、用、排”要求，建立自治区干旱半干旱地区海绵城市技术标准和规范体系。对降雨量大于400毫米的固原市，严格按技术标准推进海绵城市建设；中北部降雨量较小的城市，将灵活运用海绵城市建设理念和技术，减少城市硬覆盖地面，推广透水建材铺装，建设雨水花园、储水池塘、湿地公园、下沉式绿地等雨水滞留设施，增强雨洪径流调控能力。

2016年4月，固原市入选第二批国家海绵城市建设试点，成为宁夏唯一入选海绵城市建设试点。2016年9月8日，固原市人民政府与北京首创股份有限公司等中标联合体签署《固原市海绵城市建设PPP项目协议》，该项目建设范围44平方公里，预计总投资约50亿元，项目整体建设内容包括海绵型建筑小区、海绵型公园绿地、海绵型道路广场、水系生态修复项目、供排水管网、污水处理再生工程等。通过项目实施，逐步实现城市“小雨不积水、大雨不内涝、水体不黑臭、热岛有缓解”的目标，把固原建设成为黄土高原干旱半干旱地区海绵城市建设示范区、海绵城市建设与城市更新同步实施示范区。宁夏是一个干旱缺水的地方，量水发展成为制约地区经济发展的主要因素之一。海绵城市建设非常强调注重对天然水系的保护利用，大大减少了建设排水管道和钢筋混凝土水池的工程量。调蓄设施与城市既有的绿地、园林、景观水体相结合，“净增成本”较低，还能大幅减少水环境污染治理费用，降低城市内涝造成的巨额损失。

（五）“云”中卫

2016年4月，央广网以《中国“沙漠硅谷”西部云基地在宁夏中卫加速推进》为题，报道了中卫云计算基地发展现状，对中卫建设西部云基地给予了“沙漠硅谷”之名。早在2013年，宁夏与北京签署了合作建设宁夏中关村科技产业园的战略协议，提出以“前店后厂”创新模式共同建设云计算产业基地。那个时候，对云计算基地的发展和导向有各种不同的声音，质疑声此起彼伏。随着一批云数据、云制造、云应用、云服务项目的落地，吸纳亚马逊AWS、阿里巴巴、中国电信、赛伯乐、易云、大河云联、中云科技等知名企业互相补充，错位发展，推动了云计算、云应用、云服务产业融合发展。建设西部云基地、发展云产业，已经成为宁夏抢抓“一带一路”战略机遇、构建网上丝绸之路的重要抓手，也是中卫市实施产业转型升级战略的重点工程，同时也是中卫市城市管理转型升级的基础。目前，围绕自治区“一网一库一平台”“8朵云”等信息化顶层设计框架，在教育、医疗、旅游、环卫、环保、交通、媒体、工业等行业，中卫市积极开展云应用项目建设，并投入使用。

中卫发展云计算产业有五大突出优势。一是产业政策吻合。2014年，国家发改委发布的产业目录指出，我国适合发展“大型或超大型数据中心建设及运营”类产业的省区只有内蒙古、宁夏和陕西。二是区位优势明显。宁夏地处祖国腹地，民族团结、宗教和顺、社会和谐，中卫位于中国大陆几何中心，是光纤网络覆盖全国最优路径选择点，半径2000公里以内覆盖陆地面积90%以上。三是地质结构稳定。中卫未来几百年发生7级以上地震的概率仅为1.8×10^{-16}，几乎为零。四是能源资源富集。宁夏地处国家能源带，中卫电网结构坚强，清洁能源占比达66.5%，有大量低丘缓坡未利用地，水和天然气价格相对低廉。云基地执行优惠电价，处于国内同行业最低水平。五是气候环境适宜。中卫环境四季宜人，年平均气温8.8℃，大气环境优良天数达280天以上，适宜采用全自然风冷技术建设运营数据中心，有效降低运营成本。[①]

从规划发展看，中卫市西部云基地发展，第一步，引进亚马逊 AWS、奇虎 360 等国内外龙头企业，以建设新一代云数据中心为核心，构筑云设施、云应用、云服务产业链，打造国际化云计算产业基地（第一步已初步实现）。第二步，着眼国家未来战略数据安全灾备，为央企、政务、金融等行业提供安全可靠数据存储支撑和服务的国家战略数据灾备基地。第三步，充分发挥网上丝绸之路战略支点优势，对外输出云计算信息服务，打造“互联网经济试验区”。

四、关于城市管理体制改革的建议

（一）城市发展要强调精明增长（Smart Growth）

精明增长的含义是城市发展要使每个人受益，应达到经济、环境和社会的公平，使新、旧城区都有投资机会，得到良好发展。其具体做法是：

1.保护绿色空间以维持清洁空气、水源，为每个家庭提供步行、游玩和休闲场所。

2.强调以公共交通和步行交通为主的开发模式，改善道路规划，扩展多种交通模式，解决拥堵。

3.鼓励市民参与规划，以创造一种社区意识，营造归属感。

4.鼓励相邻社区间的协作，制定地区性发展战略，协同解决公共问题。

5.加强城市经济竞争力。一方面，通过提供高质量的生活环境来吸引人才和高技术产业；另一方面，采取修改税法、住房补贴等，改变市中心退化的趋势。

6.强调开发计划应充分利用已开发的土地和基础设施。

7.鼓励土地利用的紧凑模式，反对城市蔓延。紧凑型的城市空间、多组团的结构最符合生态要求。

---

①云端中卫：打造中国的“凤凰城”，http://www.beijingreview.com.cn/keji/201509/t20150914_800038126.htm

（二）尊重城市发展规律，让生活更美好

城市并非越大越好，城市化也不是越快越好。要尊重现阶段城市发展速度减缓、质量优化和动力多元的发展趋势，重视城市承载内涵建设，实现城市有序建设、适度开发、高效运行，努力打造和谐宜居、富有活力、各具特色的现代化城市，让人民生活更美好。

在规划建设好新区的同时，加快推进以旧街区、旧小区、棚户区、城中村和危房改造等为主的老旧城区改造，有序实施城市修补和有机更新。通过维护加固老建筑、改造利用旧厂房、完善基础设施等措施，恢复老城区功能和活力。到2020年，新老城区协调发展建成170公里地下综合管廊。

把城市功能更多体现在生活服务上，在新区建设和老城改造中合理配置教育、科技、文化、卫生、体育、养老场所以及超市、菜市场等便民设施，努力实现城镇基本公共服务常住人口全覆盖。

要加强市政设施建设。加强城镇燃气、供水、排水防涝、消防、抗震等安全监管，保障城市运行安全。

在城市建设时，重点考虑优化各类绿地布局，合理规划建设植物园、森林公园、湿地公园、雕塑公园、体育公园、社区公园等不同主题公园或综合性公园，增加街头绿地、小微游园等绿地数量。

（三）坚持城乡错落有致发展

从国家城镇规划中看，宁夏沿黄城市群是一个整体；从国家“一带一路”发展战略看，宁夏和西北四省区是需要协同发展的。从宁夏发展战略看，要将宁夏作为一个城市发展。无论什么样的发展战略，宁夏都应该坚持城乡一体发展，统筹空间、规模、产业三大结构，各城市要结合资源禀赋和区位优势，明确主导产业和特色产业，强化大中小城市和小城镇产业协作协同，逐步形成横向错位发展、纵向分工协作的发展格局。要控制城市开发强度，划定水体保护线、绿地系统线、基础设施建设控制线、历史文化保护线、永久基本农田和生态保护红线。要有发达的城市，同时也要建设美丽的乡村，要能承载现代化，也要能承载乡愁。

（四）厘定管理职责，改革城市管理体制

一是厘定管理职责。确定城市管理的主要职责是市政管理、环境管理、交通管理、应急管理和城市规划实施管理等。

二是综合设置机构。整合归并省级执法队伍，推进市县两级政府城市管理领域大部门制改革，整合市政公用、市容环卫、园林绿化、城市管理执法等城市管理相关职能，实现管理执法机构综合设置。

三是推进综合执法。重点在与群众生产生活密切相关、执法频率高、多头执法扰民问题突出、专业技术要求适宜、与城市管理密切相关且需要集中行使行政处罚权的领域推行综合执法。

四是下移执法重心。按照属地管理、权责一致的原则，合理确定设区的市和市辖区城市管理部门的职责分工。

五是强化队伍建设。科学确定城市管理执法人员配备比例标准，统筹解决好执法人员身份编制问题，适度提高一线人员的比例，优化干部任用和人才选拔机制，加大接收安置军转干部的力度。规范协管队伍。建立健全协管人员招聘、管理、奖惩、退出等制度。协管人员数量不得超过在编人员，并应当随城市管理执法体制改革逐步减少。

六是推进城市网格化管理，建立健全市、区（县）、街道（乡镇）、社区管理网络。畅通公众参与城市管理的渠道。推进城市管理服务的市场化，通过向社会购买服务方式，吸引社会力量和社会资本参与城市管理。

（五）保护自然与文化遗产，体现地域文化与特色风貌

有序实施城市修补和有机更新，解决老城区环境品质下降、空间秩序混乱、历史文化遗产损毁等问题，通过维护加固老建筑、改造利用旧厂房、完善基础设施等措施，恢复老城区功能和活力。加强文化遗产保护传承和合理利用，保护古遗址、古建筑、近现代历史建筑，更好地延续历史文脉，展现城市风貌，留住城市特有的地域环境、文化特色、建筑风格等。

借鉴先进经验　加快推进宁夏农村一、二、三产业融合发展

王慧春　马建东

加快农村一、二、三产业融合发展，是加快发展现代农业、促进农业转型升级的必由之路。四川是全国农业和人口大省，素有“中国农家乐发源地”的美誉，近年来，特别是《国务院办公厅关于推进农村一、二、三产业融合发展的指导意见》(国办发〔2015〕93号）出台后，四川省以农业为基点，以新型经营主体为引领，以市场需求为导向，以完善利益联结机制为核心，大力发展农产品精深加工，积极推进休闲农业与乡村旅游业互动，深度挖掘农业多种功能，农村一、二、三产业融合发展取得明显成效。其成功经验，值得宁夏学习借鉴。

一、四川省推进农村一、二、三产业整合发展的主要做法

（一）积极培育载体

一是创新经营体系。制订《关于加快构建新型农业经营体系专项改革方案》《四川省农村集体资产股份制改革试点方案》等政策文件，建立“归

作者简介：王慧春，自治区政府研究室农村处副处长。主要研究方向：经济政策、区域经济发展。马建东，自治区政府研究室农村处主任科员，经济学博士。主要研究方向：经济政策、区域经济发展。

属清晰、权责明确、保护严格、流转顺畅”的现代农村集体产权制度，促进集体经济发展壮大，为农村一、二、三产业融合发展提供坚强保障。积极构建以家庭经营为基础、合作与联合为纽带、社会化服务为支撑的立体式复合型现代农业经营体系，促进家庭经营、集体经营、合作经营、企业经营共同发展。2015 年，四川省有农民合作经营组织 6.1 万个、家庭农场 2.3 万个，带动农户 2133.7 万户，带动农户面达 63%。

二是培育龙头企业。强化工作措施，加大扶持力度，大力培育农业产业化龙头企业。深入开展“走企业、解难题”活动，强化联系帮扶企业制度，“一企一策”制订帮扶方案，解决企业生产经营、融资等各方面困难和问题。推进土地流转收益保证担保贷款等农村产权抵押融资试点，探索开展畜牧业厂房、圈舍、设施设备确权颁证、抵押贷款，积极拓展企业融资渠道。制定出台扶持农业产业龙头企业发展的政策措施，鼓励龙头企业通过资金注入、品牌运作、技术输出等方式参与兼并重组，在用水、用电、用地和融资、税费减免等方面给予企业优惠政策。目前，全省规模以上农业产业化龙头企业达 8703 家。

三是发展农村电子商务。大力促进电子商务与农村经济和农产品加工企业高度融合，整合线上信息资源和线下农业专合组织、种植大户、农产品加工、农产品批发、商超等实体资源，加快完善农副土特产网上购销体系，着力改善提升农村流通基础设施，使电子商务成为引领农村经济跨越提升的新引擎。2015 年，四川省实现农村电子商务交易额 370.8 亿元，其中，农产品网销额 99.1 亿元，乡村旅游网销额 25.89 亿元。

（二）大力发展农产品加工业

一是建设以优势农产品集中连片发展区为依托，满足区域经济中心、城市群消费新需求的农产品深加工产业发展核心区。加大扶持力度，重点培育年销售收入 1 亿元以上龙头企业和传统品牌、老字号产品。鼓励龙头企业通过资金注入、品牌运作、技术输出、管理输出等方式兼并、控股、参股，出台优惠政策吸引省外农产品加工企业到川投资，参与兼并重组，壮大农产品加工业规模。大力支持农产品加工企业引进先进设备和生产技术，改造落后加工工艺和设备，淘汰落后、高耗能设备，提高供给质量和效率，满足消费新需求。

二是加快生态环保型农产品加工工业园区建设，配套引进食品机械、印刷、物流企业入园发展，建立完善仓储、电子商务和质检等公共服务平台，建成若干产业关联度较高的现代农产品深加工集聚区。每年拿出4亿元支持农产品加工产业园区建设，已建成省级以上食品饮料加工园区72家。

三是立足工业化发展思路，推行产加销一体化，培育出原料供给有保障、产品销售有渠道、带动现代农业发展有成效的完整农业产业链。鼓励有实力和有种养资源条件的农产品加工企业立足加工业，挖掘传统农事活动和留存至今的加工技艺，发展农业休闲旅游和加工业体验旅游活动。引导生产性服务业为农产品加工企业发展配套，围绕产业园区、城镇新区和农民新村，推进生产性服务业和生活性服务业快速发展，促进产业升级和城市发展深度融合，全面增强农产品加工业产业支撑能力。

（三）加强资金保障

一是加大专项建设基金支持。紧抓专项建设基金支持农村产业发展的政策机遇，建立由发展改革部门牵头组织、行业部门积极参与、金融机构共同落实的横向联动和各系统上下协同的工作机制。开辟农业产业发展基金项目审批绿色通道，对基金项目实行筛选申报联审，及时将国家工作布置、项目安排信息、签约双方存在困难问题与银行共享，提高项目签约率、银行贷款成功率和基金支付率。设立省级农业产业发展引导基金，重点支持农业优势特色产业、农产品精深加工，扶持发展潜力好、带动能力大的企业和项目，推进一、二、三产业融合发展。2015年，四川省成功申报农村产业融合发展专项建设基金4批39个，共11.8亿元。

二是创新农村金融服务。健全担保风险防控体系，鼓励各类融资担保机构加大对涉农企业和农户的融资担保服务，促进银行担保机构建立风险分担机制，构建银行、担保、再担保、地方政府四方联动共同化解信贷风险的模式，在全国率先成立四川发展融资担保股份有限公司。目前，公司已获得30多家金融机构授信额度200亿元，业务覆盖全省201个市（州）。鼓励涉农中小微企业在各层次资本市场进行股权融资，通过发行企业券、公司券、中小企业私募债等方式，降低涉农企业融资成本。

三是加大财税支持力度。全力支持农村信用社改革发展，对推动农村信用社成功改制组建农村商业银行的地方政府，省级财政给予地方政府一次性财力补助。通过实施支农支小贷款奖补，鼓励银行业金融机构加大对涉农贷款的投放。对支持支农支小的担保机构，省级财政按照年度担保平均余额总量的0.5%给予补贴；对成功通过发债融资、股权融资、资产融资的涉农企业，以财政补贴、税收优惠等方式予以支持。

（四）推动产业转型升级

一是做强一产，促进产业内部融合。以“新增100亿斤粮食为生产能力”和“现代农业重点县建设”两大工程为抓手，注重绿色发展理念，优化产业结构，科学布局种养业，推进农业种养循环，促进产业内部融合，建成一批规模化、标准化、集约化特征明显的现代农业示范基地。2015年，全省第一产业增加值3677亿元，位列全国第4位，农民人均可支配收入突破万元。

二是做大二产，延伸产业链条。在做强一产的基础上，围绕水果、蔬菜、马铃薯、中药材等特色优势产业，大力发展农产品初加工。各地以有效服务农民增收和市民生活多样化、便捷化、品质化需求，完善配套服务功能，通过产品筛选分级、清晰烘干、包装制作、保险储藏、质量检测、品牌打造“六位一体”，提升综合服务水平，延伸产品链、产业链和价值链。已建成初加工设施10700座，产品储藏保鲜烘干能力达290万吨。

三是做强三产，拓展农业多种功能。按照“拓展农业功能，提升发展水平，促进农民增收，满足休闲需求”的发展思路，以“强化规划引领，建设休闲风景区，培育新型经营主体，举办节庆宣传活动，构建公共服务平台”为工作重点，出台乡村旅游强县（市、区）、特色乡镇、精品村寨等认定标准，加快实施现代产业基地“景区化”战略，大力推进休闲农业和乡村旅游发展。升级改造发展水平较低的休闲农业和乡村景区，提高产业的标准化、规模化、品牌化和国际化水平。2015年，四川省休闲农业经营单位达3.1万家，接待游客3.2亿人次，综合经营收入1008亿元，带动全省1034万农民就业。乡村旅游收入1708亿元，同比增长27.5%。有全国休闲农业与乡村旅游示范县13个、中国重要文化遗产3个、省级休闲农庄

100家、省级示范农业主题公园80个。

二、加快推动宁夏农村一、二、三产业融合发展的建议

（一）强化政府部门联动效应

加强体制机制创新，依靠组织网联、结盟和合作，实现多层次、多环节和跨空间的组织协同，力求打破部门分割局面，在不同地域政府间、政府各部门之间，实现资源和政策联动共享，促使形成巨大的工作合力，有力推动农村一、二、三产业融合发展。

（二）创新体制机制

围绕全产业链制定全面系统的政策，制定产业融合的标准化建设体系，积极开展对涉农企业和农民的技能培训，提高他们的产业融合能力。建立互惠共赢、风险共担的农村产业融合发展的利益联结机制。完善订单农业，进一步规范合同内容，严格合同管理，鼓励新型经营主体与农民签订保护价合同；积极推广股份制或股份合作制，鼓励有条件的地区开展土地和集体资产股份制改革，将农村集体建设用地、承包地和农村集体资产确权分股到户，支持农户与新型经营主体开展股份制或股份合作制；创新农业产业链各环节联接模式，推进产学研多元利益联接机制创新和农业产业技术创新；鼓励农商双向合作，强化农超对接；引导新业态发展，支持新型经营主体和农民利用“互联网+”、金融创新等建立利益共同体，实现创收增收。

（三）夯实基础条件

加大道路、通讯、电力、供气、供水、排水等基础设施建设，重点加快信息和流通基础设施建设，为宁夏农村一、二、三产业融合发展提供良好条件。一方面，积极推进农村信息化示范和农村电子商务信息服务等工程建设，融合资源，共建平台，强化精准农业、智慧农业等信息系统的应用，积极探索推进信息服务进村入户。另一方面，积极应用财政贴息等政策，加大对农产品批发市场、物流配送中心等流通基础设施建设的投入力度，推进农村流通设施和农产品批发市场信息化提升工程，加强农产品电子商务平台建设，完善流通环节食品检疫检测体系，拓展现代流通体系覆

盖范围。

（四）培育新型农业经营主体

以农民合作社为代表的新型农业经营主体是农村一、二、三产业融合发展的基础力量，要大力培育新型农业经营主体。

一是注重专业大户、家庭农场与市场的连接，通过提供信息服务、加强组织化程度等方式，促进产销对接；引导专业大户、家庭农场自身延长产业链条，发展初加工、地产地销等产业形态，促进产业融合。

二是加大对合作社的支持力度，加强人才培养，提高合作社经营能力、市场竞争力和抗风险能力；推进合作社的规范化建设，加强制度建设和执行，规范运行管理制度和财务管理制度，让合作社真正成为农民自己的合作社。

三是支持龙头企业发展壮大和转型升级，发挥其在产业融合中的主导作用，带动农民合作社、农户发展生产，发展农产品精深加工和营销；通过龙头企业与农户相互入股、龙头企业领办创办农民合作社等方式，完善利益联结关系；支持龙头企业与专业大户、家庭农场、合作社有效对接，推进各类主体深度融合。

（五）着力发展农产品加工业

农产品加工业能够带动农产品生产、加工、销售及休闲农业、乡村旅游等相关服务业联动发展，延长产业链、提升价值链、拓宽增收链，有效促进农村一、二、三产业融合发展。

一是整合资源，在用地、用电、金融信贷、税收优惠、上市融资等方面加大对农产品加工业的政策扶持力度。鼓励农产品初加工用电享受农用电政策；将农产品加工用地列入土地利用总体规划，在年度建设用地指标中单列一定比例，专门用于新型农业经营主体进行农产品加工、仓储物流、产地批发市场等辅助设施建设。

二是鼓励专业大户、农民合作社、家庭农场等新型经营主体就地发展农产品初级加工；推行“中央厨房＋主食门店”模式，提高主食加工业工业化、标准化和质量安全水平；壮大产业规模，培育知名品牌，推动休闲方便食品产业发展。积极推进马铃薯产业开发，加快马铃薯馒头、面条等主食产品开发及加工配方和工艺创新，鼓励支持农产品深加工企业开发马铃薯主食产品。

三是鼓励各地立足丰富的农产品资源优势，发展农产品加工园区，重点培植优势特色加工产业集群。创建一批农产品精深加工业示范园区，支持龙头企业引进国内外先进技术和设备，开展分组、贮藏、保鲜、烘干等农产品初加工，促进初加工和精深加工紧密衔接。加强农产品精深加工技术研发，加快农产品精深加工装备制造业发展，加强技术人才培养使用。

（六）拓展农业多种功能

开发农业多种功能是推动农村一、二、三产业融合发展的重要途径。

一是推进农业与旅游、教育、文化、健康养老等产业深度融合。依托农村绿水青山、田园风光、乡土文化等资源，大力发展休闲度假、旅游观光、养生养老、创意农业、农耕体验、乡村手工艺、农产品个性化定制服务、会展农业、农业众筹等。加快打造黄河金岸都市休闲农业带、贺兰山东麓葡萄文化休闲农业带、河东沙漠草原风情休闲农业带、中南部生态休闲农业带。积极发展多种形式的休闲农庄、乡村酒店、特色民宿、自驾露营、户外运动等乡村休闲度假产品，不断提升管理水平和服务质量。建设一批具有历史、地域、民族特点的特色旅游村镇和乡村旅游示范村，有序发展新型乡村旅游休闲产品。鼓励有条件的县（市、区）发展智慧乡村游，提高在线营销能力。加强农村传统文化保护，合理开发农业文化遗产，大力推进农耕文化教育进校园，统筹利用现有资源建设农业教育和社会实践基地，引导公众特别是中小学生参与农业科普和农事体验。

二是大力发展农村电子商务。出台政策措施，整合部门资源，加大扶持力度，在全区打造一批农村电商发展的示范园区、示范县、领军企业、网销品牌。加强商贸流通、供销、邮政等系统物流服务网络和设施建设与衔接，加大农村物流体系和农村信息网络体系建设，提高农村电商保障水平。打造电商网络销售品牌，以消费者需求为导向，加强对农产品生产、加工、分类、包装等方面的标准化建设。加大人才培养力度，以返乡大学毕业生、大学生村官、农村青年致富带头人、返乡创业青年等为重点，加快培育一批农村电商带头人，为推进宁夏农村电商发展提供人才保证。

产业经济篇

CHANYE JINGJI PIAN

金融创新的“银川样本”

——关于银川实施“金融强市”战略的调查与启示

白　华　刘凯华　徐应科

金融是现代经济的“血液”，是创新驱动的重要条件。2016 年一季度，银川市民间资本投资增速 25.7%，高于全国平均水平 20 个百分点。2012—2015 年，人民币贷款余额分别为 2282.97 亿元、2660.62 亿元、3183.93 亿元、3653.98 亿元。2015 年贷款余额比 2012 年增长 60.1%，比 2013 年增长 37.34%。连续 3 年，银川市 GDP 年均增幅保持在 8%以上，高于全国平均水平。在当前经济增长乏力的严峻形势下，银川为什么“风景这边独好”？为了寻找答案，自治区改革办会同自治区金融工作局对银川近年来的金融改革创新工作进行了专题调研。

一、做法和成效

近年来，银川市面对经济持续走低、货币政策支持力度不够、企业发展缺乏资金、财政收支压力不断加大的背景和形势，提出“金融强市”战略，在优化金融环境、丰富金融业态、打造融资平台、进行资本运作等方面进行了大胆地探索和实践。

作者简介：白华，自治区党委副秘书长、政策研究室主任，改革办专职副主任；刘凯华，自治区改革办协调督查处处长；徐应科，自治区改革办协调督查处主任科员。

（一）打出一套组合拳，形成了政策上的洼地

为强化金融造血功能，实现从资产到资本的战略突围。银川市在金融服务制度和体系建设上进行了探索创新，先后出台了一系列金融政策。

一是在金融促发展方面，出台“金融18条”和“金融12条”，即《银川市“金融强市”战略实施意见》《银川市促进金融发展若干实施细则》。其中，“金融18条”以建设区域性金融中心为目标，提出规划建设银川金融服务集聚区，完善地方金融服务体系，发挥好银行投融资主渠道作用等。“金融12条”举措更加具体务实，比如，凡首次公开发行股票并在境内A股上市的企业，一次性奖励3000万元；对到银川注册的商业银行、产业投资基金、证券公司、保险公司、资产管理公司等金融机构，给予落户奖励；对每年度荣获金融机构贡献奖、金融产品创新奖的金融机构，奖励600万元。

二是在产业扶持资金方面，出台了《银川市产业投资基金管理暂行办法》，改革财政产业扶持资金分配方式，通过归集财政补贴资金成立引导基金，吸引社会资本，投入产业发展，提升财政产业资金的导向效应，克服了财政性资金“撒胡椒面”的问题，发挥了财政资金的引导、扶持、放大功能。

三是在股权投资方面，制定了《银川市促进股权投资类创业企业发展暂行办法》《银川市促进股权投资发展实施细则》，吸引国内外各类股权投资机构和个人投资者向银川集聚发展，为银川市培植税源、整合信息、挖掘资源、聚集人才。在税收方面特别提出，凡来银股权投资者，合理享受西部大开发的税收优惠政策，进入中阿创业投资园的各类投资机构和个人投资者实行12%所得税优惠。

（二）打造“1+6”投融资平台，构建了较为完善的金融服务框架体系

银川市把搭建投融资平台作为“金融强市”的重要抓手，着力做好“三个布局”，即人才机构布局、地方金融支撑架构布局、国有投融资体系布局。2014年，银川市在西北率先成立金融工作局，成为与金融机构交换资源、谋求合作的工作部门。在统筹谋划的基础上，整合全市金融资源，通过控股、参股等方式，发起成立了具有融资性担保、融资租赁、资产管理、创业引导等功能的“1+6”框架。“1”即银川市金融控股有限公司，是银川市唯一金融平台；“6”分别是银川金控公司旗下的西部（银川）担保有限公司、银川市产业基金管理公司、银川市产权交易中心、银信资产管理公司、银川市股权投资服务中心有限公司和中阿创业投资产业园。在“1+6”的平台下，初步建立起了“借、用、管、还”为一体的投融资良性循环机制。西部（银川）担保有限公司被东方金诚评级为AA+级，注册资本40.2亿元，授信额度200亿元，是国内资本规模最大的融资性担保机构之一，其做大做强的资本战略、全生命周期服务的投行思维、差异化风控体系的理念、创新型学习型的企业文化的“西担模式”受到业界的广泛关注，被中国担保协会称为“担保行业未来发展方向”，且荣登“中国创新力企业百强”榜。它们积极与各金融机构合作，以年化利率的10%专门为企业提供助贷服务，担保余额120多亿元，有效地破解了企业尤其是中小微企业转贷难、融资贵的问题。银川市产业基金管理公司成立的助贷基金，目前到位资金2亿元，累计为全市12家企业担保贷款2.9亿元。设立股权投资基金21只，管理基金总规模350亿元，吸引社会资本270多亿元，涉及产业和领域包括新能源、高端装备制造、化纤、纺织、通航、文化、游戏等。银川市产权交易中心是集物权、债权、股权、知识产权和相关金融产品等交易为一体的服务平台，已入驻阅海湾中央商务区，为入园企业提供全程代理业务。中阿创业投资产业园，引入区外投资机构102家，2016年年底将达到200家，投资额已达19亿元。银川通联资本投资运营有限公司，截至2016年8月末，累计完成融资49亿元，其中发行中期票据24亿元，短期融资券5亿元，债券20亿元，实现投资4亿元。近年来，盘活存量国有资产66亿元，业务量相当于近十年的融资总和。这些年来，银川市通过运用各类金融工具，撬动资本市场，为智慧城市、大数据、物联网、电竞游戏等新兴产业发展引入了源头活水。企业普遍反映，金融环境越来越好，融资渠道越来越多，企业发展越来越顺。

（三）设立产业引导基金，开辟了“造商引资”的路子

为了发挥财政资金四两拨千斤的作用，银川市深入推进财政产业扶持资金分配方式的改革，2015年起，政府每年安排5亿元以上作为引导基金，既发挥出财政资金的引导功能，又聚集了一批新兴产业，实现了由传统“招商引资”向“造商引资”的转变。恒天如意科技城基金，整合各类财政扶持资金组建银川科技城基金，由如意集团牵头，恒天集团、中兴通讯公司、北方国际大学联盟等8家企业共同注资288亿元，主要投资纤维新材料等高科技项目。2016年4月，恒天如意出资人民币56亿元（如意集团出资10亿，其他投资46亿），收购了3个法国轻奢品牌，使宁夏现代纺织的全产业链一步跨入“云端”，与全球千亿级纺织企业一较高下。2014年，以文化和产业基金为资本运作的方式，文化产业基金拿出6000万元，投资银川圣地游戏投资公司，主办了第一届WCA（世界电子竞技大赛）。2015年5月，WCA 60% 的股份作价8000万元，被上市公司金亚科技收购，银川市净赚2000万元和40%的股份。2016年，乐视体育增资2亿元购买部分股份。银川市通过举行WCA全球总决赛，“电竞之都”的名气大涨。这种契合互联网、大数据的做法，打造了WCA国际平台，推动了产业转型升级。

（四）大力推广PPP模式，实施了一批重大工程和重点项目

面对重点工程任务多、公共基础设施项目多、资金需求量大的实际，银川市把吸引社会资本投入公共事业，作为解决财政资金有限的有效途径，制定出台了《银川市推广应用政府与社会资本合作模式实施方案》，吸引各类社会资本参与重点项目、重大基础设施建设。在智慧城市建设上，银川打破了国内智慧城市建设模式的藩篱，首次采用PPP商业创新模式。2014年，与中兴合资成立产业公司，中兴占股10%，政府占股90%。分两期向中兴（银川）智慧城市公司购买了12亿元信息服务，购买期限50年，破解了国内智慧城市建设资金短缺的难题。在重大交通项目建设上，建设兵沟黄河大桥，项目概算投资20亿元，银川市政府拿出1亿元资金，吸引社会资本1.5亿元，再通过市场化运作方式，融资约11亿元。永宁黄河大桥项目与中国铁建十六局集团合作，融资约10亿元。滨河黄河大桥项目与上海绿地控股投资公司合作，融资约32.5亿元。这些多年想干，但由于缺少资金而没有干的事，终于一件一件干成了。在其他重点基础设施项目上，与达力集团公司合作，对4个污水处理厂进行提升改造；对第五污水处理厂实施特许经营权转让提升运营管理水平；对第六、七、九污水处理厂，以30年的特许经营权与资本合作进行项目建设运营。银川市还将符合PPP模式的投资总概算达262亿元的城市地下管廊、生态建设、养老服务等10个有收益的项目上报至国家部委，争取列入国家推广实施的PPP合作项目。

（五）筑巢引凤，聚集了一批金融人才

银川市抓住自治区打造“两优”投资发展环境机遇，大力引进高学历、高层次专业人才，注重培养本地金融人才，一批高学历、复合型人才聚集于金融机构，成为人才高地。

一是强化金融人才政策支持。各县、市（区）在选拔调整班子成员时，要配备懂金融的分管领导。银川市政府聘请了全国知名专家组成了金融专家咨询委员会，引进1名高学历金融专业的领导干部担任分管金融的副市长，为金融强市把脉领航。大力推进地方和金融机构的干部双向交流挂职工作，每年安排3~5名市本级干部和各县区金融部门干部到发达地区的金融管理和服务机构挂职交流。选派5~10名市属金融企业业务骨干到有合作意向的金融机构交流学习。每年定期举办领导干部金融培训班，定期邀请金融专家开展金融大讲堂活动。

二是加大人才专项资金支持。设立了500万元的金融人才培养专项资金，加强金融干部队伍培养。每年安排50万元，对国有资本控股或参股的金融类企业引进的高层次金融人才，根据任职级别，连续3年每人每年给予5万~10万元的生活补贴。

三是加强金融企业复合型人才引进和培养。银川金控、通联资本、西部担保等大型金融企业，坚持面向国内外引进高层次金融人才。2016年上半年，银川金控公司面向全国重金招聘30名工作人员，要求专业必须是金融、经济，学历必须是硕士研究生及以上。据统计，目前，银川金融平台从业人员本科以上学历200余人，占98%以上，研究生以上100余人，占50%，职业经理人20名，占10%。

银川市“金融强市”战略正式启动以来，金融服务体系日趋完善，融资渠道不断畅通，新兴产业逐步凸起，重点项目建设顺利。全市金融业增加值166.68亿元，同比增长16.7%，占第三产业增加值的26.1%，占地区生产总值的11.2%。一大批以云计算、大数据为核心的互联网新产业、新业态正在持续发力。

二、启示和建议

近年来，银川市作为国家内陆开放型经济试验区核心区和“一带一路”重点节点城市，金融工作乘势而上，金融改革创新引起业内广泛关注和好评，也带给了我们一些重要启示，值得各地学习和借鉴。

启示一：要把解放思想作为金融改革创新的先导。很大程度上，政府对金融改革的“认知”和“态度”，直接决定着改革的深度和广度。银川市作为西部内陆城市，在短短几年时间内创造出西部领先、走在全国前列的“银川模式”，关键在于他们敢于冲破旧有思维模式和传统观念的束缚，以观念的突破推动金融的发展，在全市干部中形成了“金融是经济的血液”“没有金融的跨越发展就没有经济的跨越发展”“以抓财政向抓金融转变”等先进理念。特别是他们以思维创新变“招商引资”为“造商引资”，以共赢理念大力发展PPP模式，以敢于吃螃蟹的精神打造“电竞之都”等新观念和新举措，推动金融改革发展走上了快车道。宁夏作为西部欠发达地区，金融业起步晚、底子薄、总量小，要缩小与发达地区的差距，必须进一步解放思想，转变观念，坚决摒弃“等、靠、要”思想，用足用好内陆开放型经济试验区和中阿博览会两块金字招牌，找准结合点，从完善地方金融服务体系、创新投融资模式、改革财政资金使用方式等方面入手，有效解决经济发展新常态下速度、结构、质量协调发展的问题。

启示二：要着力在完善金融服务体系上下功夫。金融服务体系是金融改革发展的桥梁和平台。近年来，银川作为欠发达地区城市，之所以能够很好地破解“融资难、融资贵”难题，就在于以打造区域性金融中心、建设金融服务集聚区为目标，把完善金融服务体系作为改革的重中之重，通过搭建“1+6”投融资平台，打通了政府、企业、社会资本的通道，使金融血液流动起来，有效地解决了政府没钱干事、实体经济缺少资金、银行有钱不敢放贷、社会资本投资积极性不高等问题。当前，宁夏金融服务体系尚不健全、资本市场发育还不完善、投融资渠道不够畅通、金融发展层次仍然较低，针对这一实际，各地各部门一定要把加快健全种类齐全、结构合理、服务高效、安全稳健的现代金融市场服务体系作为首要任务，建立起“政府引导、企业主导、社会参与”的投融资、银行、担保、证券、保险、租赁等服务体系，进一步丰富区域金融组织体系，培育区域金融市场发展。

启示三：要把金融改革创新和促进产业转型升级紧密结合起来。实体经济是金融发展的基础，经济结构调整、产业转型升级说到底就是金融资源的有效配置。银川市以金融改革创新为动力，实施“反梯度”战略，大力发展智慧城市、电子商务、大数据、电子竞技、通用航空、现代纺织、全域旅游、高端医疗等新型产业，在推动产业中创新金融，在创新金融中发展产业，实现了金融与产业的双赢。宁夏目前处在供给侧结构性改革的关键时期，各地在金融改革发展中一定要围绕“三去一降一补”改革任务，在现代农业、先进制造业、现代服务业、文化产业、现代信息科技产业、智慧旅游业等重点产业和新兴产业上，创新投融资方式，强化全产业链金融服务，充分发挥金融支持实体经济的功能，为打造宁夏经济升级版提供金融支持。

启示四：要千方百计改善金融生态环境。金融要创新、要发展，离不开良好的金融生态环境。银川市把理顺管理体制作为基础，率先在全国省会城市中组建金融工作局，加强对金融工作的领导、管理和服务；把社会诚信体系建设作为根本，完善守信受益、失信惩戒的信用约束机制，营造企业、个人诚实守信的氛围；把构建良好发展环境作为保障，建立涉诉金融民事案件的“绿色通道”，加大对非法集资、恶意逃废债的不法金融活动的打击力度；把完善金融风险防控机制作为底线，建立金融稳定联系会议机制，确保不发生区域性金融风险；把引进和培养金融人才作为支撑，进一步畅通金融人才交流的渠道，形成重人才、惜人才、留人才的氛围。各地要结合实际，以金融业为主力、企业为主体、政府部门为主导，在简政放权、放管结合、优化服务等方面狠下功夫，营造出和谐的金融发展生态环境。

宁夏科技金融发展情况研究

自治区党委政策研究室课题组

2016 年 5 月 30 日，习近平总书记在全国科技创新大会、两院院士大会、中国科协第九次全国代表大会的讲话中指出："实现'两个一百年'奋斗目标，实现中华民族伟大复兴的中国梦，必须坚持走中国特色自主创新道路，面向世界科技前沿、面向经济主战场、面向国家重大需求，加快各领域科技创新，掌握全球科技竞争先机。"科技创新是一项高风险的投资，需要有效的金融体系来分担这个风险，并促进科技成果转化为现实生产力。科技金融就是科技产业与金融产业相互深度融合的结果，二者高效配合、协调运转共同推动了创新型经济的发展。

一、科技金融的内涵

"科技金融"一词虽然在实践中早已开始应用，但在理论上始终没有给予准确的定义，不同的学者对其概念的界定各有侧重。理论界最早对科技

作者简介：刘雨，自治区党委政策研究室副主任；张洪斌，自治区党委政策研究室城市经济研究处处长；牛永生，自治区党委政策研究室城市经济研究处副处长；解孝龙，自治区党委政策研究室城市经济研究处主任科员；纳颖杰，自治区党委政策研究室城市经济研究处副主任科员。

金融进行界定的是学者赵昌文，他在《科技金融》一书中指出，科技金融是促进科技开发、成果转化和高新技术产业发展的一系列金融工具、金融制度、金融政策与金融服务系统性、创新型安排，是由向科学和技术创新活动提供金融资源的政府、企业、市场、社会中介机构等各种主体及其在科技创新融资过程中的行为活动共同组成的一个体系，是国家科技创新体系和金融体系的重要组成部分。[①]其他学者，如王宏起认为，科技金融是由政府、金融机构、市场投资者等各金融资源主体向从事科技创新研发、成果转化及产业化的企业、高校和科研院所等各创新主体，提供各类资本、创新金融产品、金融政策与金融服务的系统性制度安排，以实现科技创新链与金融资本链的有机结合。[②] 2011 年 7 月，科技部发布的《国家“十二五”科学和技术发展规划》指出，科技金融是通过创新财政科技投入方式，引导和促进银行业、证券业、保险业金融机构及创业投资等各类资本，创新金融产品，改进服务模式，搭建服务平台，实现科技创新链条与金融资本链条的有机结合，为初创期到成熟期各发展阶段的科技企业提供融资支持和金融服务的一系列政策与制度的系统安排。

总之，科技金融就是科技、产业和资本紧密结合、联动发展的结果，是推动科技开发、成果转化和高新技术产业发展的一系列金融工具、金融制度、金融政策与金融服务系统性、创新性安排；参与的主体主要有政府、企业、金融机构、社会资本、中介机构等；服务的形式主要有专项拨款、研发费用补贴、风险担保、风险投资、资本市场融资、商业银行贷款、专利质押贷款、科技保险等。科技金融通过金融创新服务科技创新，有效解决了科技创新型企业融资难的问题，促进了科技成果转化，推动了新兴产业的发展，同时也推动了金融业的自身发展。

---

①赵昌文，陈春发，唐英凯:《科技金融》，北京:科学出版社，2009 年。

②王宏起，徐玉莲:《科技创新与科技金融协同度模型及其应用研究》，《中国软科学》2012 年第 6 期。

二、主要做法

近年来，宁夏深入推动科技与金融结合，完善科技金融政策，探索建立新型科技金融合作机制，创新科技金融产品，逐步建立了科技金融支持科技企业发展的三级模式，有效缓解了科技型中小企业融资难、融资贵的问题，推动了科技型中小企业快速发展，取得了阶段性成效。

（一）加大科技金融政策支持

为促进科技和金融有效结合，推动科技型中小企业快速成长，宁夏先后出台了一系列政策措施，为科技金融发展营造了良好的政策环境。2012年，出台的《关于促进科技和金融结合，加快科技型中小企业发展的实施意见》，提出了构建多元化、多层次、多渠道的科技投融资体系，优化科技型中小企业税收服务环境，建立科技型中小企业融资需求信息库，鼓励建立面向科技型中小企业服务的科技小额贷款公司等13项政策措施。同年出台的《宁夏科技金融专项资金管理办法》，明确设立科技金融专项资金，纳入财政预算，并对科技金融专项资金的管理做出了明确规定。2013年出台的《关于加快推进科技创新的若干意见》，明确提出要创新财政科技投入方式，设立科技金融专项资金，对企业知识产权质押、科技担保、科技保险等融资项目进行贴息和费用补贴，缓解科技型中小企业融资困难。

（二）建立科技金融工作机制

自治区科技部门联合财政、银监、保监、金融等部门和相关金融机构，建立了科技金融协调机制。加强与银行合作，分别与农业银行宁夏分行、工商银行宁夏分行、建设银行宁夏分行、宁夏银行、石嘴山银行等9家银行合作，通过创新金融产品和服务模式，畅通科技贷款绿色通道。如宁夏银行成立科技支行，专门提供科技金融服务。积极搭建科技金融合作服务平台，与宁夏担保集团、申银万国证券公司、宁夏科技资源与产权交易所、北京市经纬律师事务所、北京连诚资产评估事务所签订了科技和金融战略合作框架协议，为科技型中小企业融资提供中介、担保等服务。通过一系列措施，初步形成了政府、金融机构、企业、社会中介机构全方位参与的科技金融服务体系。

（三）创新财政科技投入方式

一是设立科技金融专项资金。采取自治区财政每年按1000万元规模投入，市县（区）等额配套，设立科技金融专项资金，用于贷款贴息、知识产权质押贷款补助、贷款担保等。

二是建立科技型中小企业融资需求库。通过科技、财政、金融专家的严格评审，把符合条件的科技型中小企业登记入库。目前入库项目617个，入库科技型中小企业近500家，融资需求80多亿元。

三是建立风险分担机制。设立贷款风险补偿专项资金，当金融机构支持企业科技成果转化的贷款项目出现风险时，由自治区、市县和金融机构按照4∶4∶2比例共同承担风险。

（四）建立科技金融专项绩效评价机制

采取定性、定量评价相结合的方式，分总体分析评价、实证评价、实地考察分析判断3个层次，对支持项目的运行情况进行绩效评价。2014年，委托宁夏科技评估中心，对2013年实施的64个科技金融项目进行了绩效评价。建立贷款审批流程和贷后管理制度，制定专人负责贷款审批和跟踪，建立用款台账，制订企业回访计划，定期深入企业和工商、税务等单位了解用款企业经营状况，做好贷后管理和服务工作，控制还款风险。近3年，科技金融支持项目没有出现一笔坏账和一家企业违约。

三、取得的成效

科技金融为科技型中小企业创造了良好的融资环境，促进了科技、金融、产业相互融合、共同发展。

（一）缓解了贷款难题

科技金融专项资金的担保，降低了银行的贷款风险，不但使企业获得了源源不断的贷款，而且发挥了“四两拨千斤”的作用，银行可以把贷款放大到10倍，有效缓解了初创期科技型企业无抵押贷款难的问题。截至目前，科技金融覆盖银川、中卫、青铜峡、石嘴山国家高新技术产业开发区，银川经济技术开发区，宁东基地等地区，专项资金规模已达5800万元，累计审批了109个（次）项目，审批贷款资金30237万元，合作银行已放贷

84个项目的贷款，贷款额度2.17亿元，财政资金带动效应十分明显。

（二）降低了融资成本

通过科技金融合作服务平台，各家金融机构均承诺以优惠利率提供贷款，担保集团提出下浮10%～20%的担保费给科技型中小企业提供担保。采取召开对接洽谈会、发函等方式，把有融资需求的科技型中小企业向合作金融机构推荐，争取贷款支持。同时，获得科技金融专项贷款的企业，还会获得财政利率补贴或担保费用补贴等，有效降低了企业的融资成本。近5年，科技金融专项已累计投入5175万元，对346家科技型中小企业的科技成果转化、产业化项目给予了知识产权质押评估费、贷款利息和担保费补贴，撬动银行贷款32.5亿元。

（三）破解了不动产抵押难题

科技型中小型企业大部分是轻资产，因无固定资产，经常面临贷款无抵押的问题。科技金融专项的实施，采取多种途径，有效缓解了贷款无抵押的问题。

一是知识产权质押贷款。将第三方评估系统引入宁夏科技金融服务平台，与北京市经纬律师事务所、连诚资产评估事务所、宁夏产权交易所等搭建了知识产权质押贷款通道，宁夏银行、石嘴山银行等金融机构开发了知识产权质押融资产品，共同推动宁夏知识产权质押贷款工作。目前，宁夏银行、石嘴山银行已为两家企业发放了知识产权质押贷款，贷款额度3500万元。2016年，建立了知识产权质押融资需求库，目前入库企业44家。

二是个人资产质押贷款。获得科技金融专项资金支持的企业，大部分都是利用个人资产（主要是房产）进行质押贷款。如，一套个人住房评估100万元，若是商业贷款，最多贷款60万元，但是获得科技金融专项资金支持的企业，首贷300万元，可以续贷2次，每次续贷500万元。在65家企业的84笔贷款中，有37家是首次在银行贷款，首次贷款比例达到56%以上。

三是信用担保贷款。一些企业管理规范，经营者诚信经营、踏实奋斗，在科技金融专项资金的支持下，凭借良好的个人信用，不需提供抵押物，就可获得银行贷款。如宁夏多闻科技股份有限公司，成立于2011年，2016

年在没有提供任何抵押物的情况下，在科技金融专项资金担保下，完全凭借企业和经营者的个人信誉，在宁夏银行科技支行贷款300万元。

（四）促进了科技型中小企业发展

科技金融支持的64个项目中，有53个项目取得了直接经济效益，销售收入在支持初期只有8亿元，2014年已经达到近21亿元，利润从7300多万元在两年内猛增到2.3亿元，缴纳税金从2100万元增长到6700万元。在19家续贷的企业中，与贷款前相比，销售收入从1.83亿元增加到2.38亿元，增幅30%；新增科技成果9项、专利31项。如宁夏青禾农牧科技开发有限公司，销售收入在贷款前只有52万元，通过风险补偿贷款1年后增加到864万元，增长了16.6倍。在科技金融专项资金支持下，宁夏纵横宝盈、银川育星达、宁夏赛文节能、宁夏信友通信等6家企业已经在“新三板”上市，有5家企业正在进行“新三板”上市前期的准备工作。同时，一些企业在科技金融专项资金支持下，开发了一批具有较好性能和较强市场竞争力的新产品，提高了企业经济效益，促进了企业快速发展壮大。如宁夏五丰农业科技有限公司，在科技金融专项资金支持下，由原来的作坊式工厂，已经发展成为能够生产菌剂、肥料、专业设备三大类几十种产品，年产值过千万的科技型企业。目前，该企业拥有一支以1名中科院院士、4名国内外专家为主的科技创新团队，仅2015年就获得了3项国家专利。

四、存在的问题

虽然宁夏在推动科技金融工作中取得了一定成效，但也面临着不少困难和问题，主要表现如下。

一是多层次科技金融服务体系尚未建立。宁夏虽然建立了科技金融专项，设立了风险补偿资金，但是总的来说，科技金融发展比较缓慢，多层次、多渠道的科技金融投融资体系尚未形成。一方面，宁夏资本市场发展水平不高，除银行贷款融资方式外，科技型中小企业很难从资本市场获得资金支持。另一方面，宁夏创业风险投资发展滞后，科技担保机构没有，无法满足初创期、种子期科技型企业的风险投资和创业投资需求。同时，针对科技企业的股权、专利权、商标权等无形资产的评估、转让、交易体系尚不健全，缺乏权威、专业、能够取得银行信任的评估机构，缺乏完善的无形资产转让、交易市场，导致银行在开展无形资产质押贷款方面非常谨慎。

二是科技型中小微企业自身融资能力较弱。科技型中小微企业经营发展不稳定，处于创业期和种子期的科技企业，成果尚未转化或产品市场占有率不高，市场预期尚不明晰，不依靠政府推动，难以获得金融等方面资金支持。科技型中小微企业内部管理不完善，初创期的科技型企业对技术研发和人力资源管理等投入较多，法人治理结构、企业制度建设等方面较为薄弱，财务、风险控制等指标难以达到银行要求。科技型中小微企业管理人员较少，缺乏与金融等机构的有效对接人员，加之企业与银行的信息不对称问题仍然存在，使企业很难获得社会资金。

三是服务于科技型中小微企业的专营金融机构缺乏。从宁夏金融机构结构看，针对科技型小微企业的专营机构很少，只有宁夏银行设立了科技支行，但多年来科技支行并未真正从事科技型中小企业业务。从金融机构产品看，金融产品基本仍然停留在原来传统的金融产品上，有些银行虽然开发了一些针对中小企业的产品，但在宁夏的推广力度和实际贷款额度仍然没有跟上。从金融机构支持对象看，目前宁夏金融机构支持的对象限于有产品、有订单、有市场、有现金流的科技型中小微企业，处于初创期、尚未产业化科技型企业融资需求在银行难以获得满足。从专业人才队伍来看，目前银行无论是信贷营销或信贷审查队伍中，缺乏专业科技人才，对科技创新规律把握能力不足，导致银行对一些具备成长潜力的科技型企业和科技项目不敢进行信贷支持。

五、国内实践经验

科技金融在国外发展较早，美国、日本、欧洲、印度等一些国家和地区已经逐步形成了较为成熟的融资模式、制度机制和配套措施。就国内而言，科技金融政策日益完善，各项科技金融创新服务方式不断涌现，为科技创新、科研成果转化做出了积极贡献。北京、广东、浙江等几个省市，科技金融工作已取得了一系列成果，值得我们学习借鉴。

（一）北京市科技金融

北京市在促进科技型中小企业发展的制度机制和扶持政策方面走在了全国前列。针对企业科技创新各个阶段特点和融资需求，已经逐步形成了以银行信贷为主体，以天使投资、创业投资、资本市场融资、代办股权转让、信托计划等融资工具为支撑，以信用保险、融资担保、征信管理、技术产权交易等为手段的科技金融体系。特别是中关村作为国家自主创新示范区，高新技术产业发展迅速，资金需求量大。为满足高新技术产业的发展需求，中关村积极探索金融创新服务科技发展的措施办法，针对科技企业的需求和特点，相继成立创业投资公司、科技担保公司、小额贷款公司、科技租赁公司等一批科技金融机构，为种子期、初创期、成长期、成熟期不同发展阶段的科技型中小企业提供独特金融产品。通过一系列政策措施，中关村形成了完善的、覆盖科技创新和高新技术产业发展全过程的科技金融服务体系，培育了一大批高新技术产业的领军企业和创新型企业。

（二）广东省科技金融

近年来，广东省积极推动科技与金融相融合，不断完善科技金融服务体系，形成了具有广东特色的科技金融服务模式，为高新技术产业发展创造了良好的投融资环境，有效缓解了科技型企业特别是初创型科技企业融资难的问题。广东省先后出台了《关于促进科技和金融结合的实施意见》《广东省科技金融支持科技型中小微企业专项行动计划（2013—2015）》《2014 年科技、金融、产业融合创新发展重点行动计划》等一系列政策，推动科技创新与金融创新相互促进、共同发展。科技财政投入逐年增加，先后设立了战略性新兴产业发展专项资金、科技型中小企业技术创新专项资金、信用保险专项资金、科技型中小企业融资担保风险准备金等，明确了资金投入方式、支持范围，通过规范、有效的财政投入机制吸引更多的资本参与科技创新。积极搭建科技融资服务平台，支持商业银行建立科技支行，积极引导企业上市融资，多方位为科技型企业提供投融资服务。

（三）浙江省科技金融

浙江省杭州市、温州市、湖州市和宁波高新区是首批国家级促进金融科技和金融结合试点地区，在科技金融发展方面取得了积极成效。出台了

《浙江省专利权质押贷款管理办法》，建立了“银行＋专利权质押＋保险公司”的模式；率先设立银行科技支行，成立科技小额贷款公司、科技企业担保合作社等，为科技型中小企业提供贷款服务。积极探索科技保险业务，政府对科技保险产品给予财政补贴。设立创业风险投资引导基金，引导社会资本为处于成长期的科技型中小企业提供资金支持。建立综合性投融资服务平台，聚集银行、担保机构、会计及律师事务所等机构，为科技型中小企业投融资提供服务。杭州市科技金融的发展，逐步形成了以三大平台建设为中心、四大融资渠道为桥梁、三大体系为保障的“杭州模式”。三大服务平台是创业投资服务中心、杭州科技银行、杭州产权交易所，四大融资方式是创业投资引导基金、创业板上市、银行信贷、债券基金，三大保障体系是财政资金保障、金融服务保障、科技金融政策保障。

六、对策措施

引导金融资源向科技领域配置，促进科技与金融融合发展，是激发创新活力、增强创新动力、加快科技成果转化的重要举措。

（一）进一步完善支持政策

一是建立统筹协调机制。科技金融体系建设是国家大力推进的一项工程，将科技金融作为推进宁夏科技创新体系建设一个重要抓手，成立全区科技金融协调领导机构，建立健全政府部门之间、各级政府之间、政府与金融机构之间、金融机构之间的联动合作机制，统筹协调科技金融工作，构建符合科技创新活动产业化规律的科技投融资体系。

二是修订《宁夏科技金融专项资金管理办法》。当前，宁夏科技型中小企业对科技金融专项资金支持非常渴求，资金需求量比较大，应适时修订《宁夏科技金融专项资金管理办法》，加大财政资金投入，提高贷款额度，延长贷款时间。

三是放宽风险控制比例。科技金融支持的贷款企业，都是初创型和发展型企业，具有高风险性。现在科技金融专项资金允许风险损失 10%，在一定程度上制约了科技金融支持力度，适当放宽科技金融风险损失比例，将会大幅拓宽科技型中小企业发展空间。根据研究和测算，在严格审核把关的同时，宁夏应把科技金融贷款风险损失比例提高到40%左右。

四是扩大科技金融试点。认真总结近5年来科技金融试点经验，扩大试点范围，逐步覆盖全区科技型中小企业。

（二）创新科技信贷

一是鼓励更多的商业银行建立科技支行，支持有条件的市、县、高新区与商业银行合作建立科技支行。对科技银行贷款实行贴息，提高银行服务科技型中小企业的积极性，同时降低科技型中小企业银行融资的准入门槛和融资成本。

二是积极推广订单贷、收入贷、股权贷、应收账款贷、知识产权质押贷等产品种类，鼓励商业银行创新信贷产品，改进服务方式，扩大抵押物范围。

三是鼓励通过政府注资、民营资本交叉持股、担保补贴等多种方式做大政策性担保公司，提高其担保能力。鼓励发展商业性、会员制担保机构，支持各类担保机构通过股权联合、信用联合、业务联合等方式，壮大企业实力。

（三）拓宽融资渠道

一是探索建立科技成果转化引导基金、创业投资基金、天使投资基金等科技金融投资方式，逐步形成创业投资、风险补偿、费用补贴、资本金注入等多种财政科技经费使用方式，为处于不同发展阶段的科技型中小企业融资需求提供支持。

二是推动科技企业直接融资。引导科技型企业建立规范的现代企业制度，加强企业上市的分类指导和培育，支持符合条件的企业在中小板、创业板、“新三板”上市融资。鼓励已上市科技型企业进行股份制改造，通过增发股份、兼并重组等方式做大做强。充分发挥宁夏股权托管交易中心作用，推动科技型中小企业在区域股权交易中心做市交易，为科技企业产权转让，特别是知识产权质押物流转、处置等提供服务。加快科技型中小企业债券发展，鼓励企业债券融资。

三是加大科技保险工作推进力度，尽早启动科技保险试点。鼓励保险机构根据科技型中小企业“轻资产、重技术、高成长”的特点，积极开发适合科技创新的保险产品。鼓励和推动科技企业产品研发责任险、关键研发设备险等科技保险，按照相关政策给予投保企业保费补贴。建立科技保险风险准备金制度，逐步完善风险共担机制，提高保险机构发展科技保险的积极性和持续性。

（四）健全服务体系

一是建立健全集信息共享、评估咨询、法律、财务、担保、融资、培训等功能为一体的科技金融公共服务平台，为科技企业提供政策服务、金融创新、中介服务等一站式、多方位、便捷性服务。

二是建立科技型中小企业融资对接机制，加强科技企业、科研机构、中介机构和金融机构之间的信息沟通，推进政府、银行、企业之间的合作。

三是加快建立健全科技企业信用评价体系，引入或组建专业信用评级机构，建立科技企业信用报告制度。

四是推进区内会计师事务所、律师事务所等中介服务机构建设，鼓励成立科技型中小企业管理咨询、投资咨询等公司，不断培育壮大宁夏科技金融中介服务机构。

参考文献

[1]贾康等.我国科技金融服务体系研究(上、下).北京:经济科学出版社,2015

[2]于国庆.科技金融——理论与实践.北京:经济管理出版社,2015

[3]赵昌文,陈春发,唐英凯.科技金融.北京:科学出版社,2009

[4]刘继兵.科技金融助推战略性新兴产业发展.光明日报(第15版),2014-3-19

[5]王宏起,徐玉莲.科技创新与科技金融系统度模型及其应用研究.中国软科学,2012(6)

宁夏现代纺织业调查报告①

田晓娟　马　莉

纺织工业是我国传统的制造业，每年为我国 GDP 的贡献一直保持在8%左右，目前已经发展成为总量规模世界第一的产业。②然而，随着欧美等发达国家和地区重整纺织业，以及东南亚国家纺织业的人口红利优势的双重挤压。我国纺织行业企业面临着各种复杂多变的市场环境，整个行业面临内忧外困的尴尬局面。宁夏经过多年的发展，现代纺织业已经成为具有较强竞争力的产业。随着产业结构调整升级的推进，现代纺织业面临着转型升级的压力。深入分析现代纺织业的发展现状，剖析其存在的问题，有针对性地提出建议，对于促进现代纺织业健康发展具有重要的意义。

一、宁夏现代纺织业的发展历程

现代纺织业是宁夏工业经济的重要组成部分，经历了跌宕起伏的发展历程，从辉煌、衰退，再到崛起，经过凤凰涅槃般的洗礼，最终进入良好

作者简介：田晓娟，宁夏社会科学院综合经济研究所助理研究员。主要研究方向：区域经济、少数民族经济、经济史。马莉，宁夏回族自治区经济和信息化委员会。

①基金项目：宁夏社科基金项目（15NXCYJ02）阶段性成果。

②邵景峰等：《"互联网+"时代纺织产业创新驱动发展突破路径研究》，《纺织器材》2016 年第 5 期。

的发展阶段。

（一）创造辉煌与快速发展阶段

从20世纪五六十年代起，宁夏重点发展毛纺、棉纺和麻纺工业，并且取得了较好的经济效益。宁夏纺织工业的发展主要集中在60 年代中期到70 年代初期、70 年代末期到80年代中期两个阶段，计划经济的特征十分明显。20世纪70年代后期，自治区政府明确了宁夏纺织工业发展的总体规划。为进一步发展宁夏毛纺工业，从“五五”时期以后，按照专业化生产的理念，相继建设了银川毛条厂和精纺呢绒产品专业生产厂家银川第二毛纺织厂。并于1979年将银川毛纺织厂制毡车间分出，成立了银川制毡厂。据20世纪80年代的统计，自治区直属国有纺织企业的工业总产值占全区纺织工业总产值的85%，地方企业仅占15%。这一时期，宁夏纺织工业在国有经济渐进改革中不断激发生机与活力，各企业大力推进技术进步，积极调整产业结构，开发新产品，扩大经济联合与技术协作，注重企业管理水平的提高，纺织工业实现较快发展，创造了“曾经的辉煌”。

（二）步入低谷与面对挑战阶段

20世纪90年代初期，全区国有纺织企业工业总产值占全区纺织工业总产值的90%，集体及民营企业仅占10%。之后，随着经济体制改革的深入和乡镇企业以及民营经济的发展，纺织产品市场竞争激烈，国有老纺织企业普遍面临压锭、停产甚至破产的艰难处境，如银川棉纺厂、银川二毛厂等终因产业规模小、设备落后、产品低端、竞争力匮乏导致销售不畅、债台高筑、大批职工下岗，实施了破产或被兼并。1998年前后，宁夏纺织行业几乎全线崩溃。与此同时，自治区政府高度重视纺织工业发展，一方面引进区外企业来宁重组兼并濒临破产倒闭的企业，另一方面把自救的目光投向了尚处于发展初期但已进入加工阶段的羊绒产业。经过反复调研论证，基本形成了“要坚持自己的特色，有特色就有竞争力”的共识。就当时情况看，从事传统的棉纺、毛纺、家纺等，无论产业聚集度、配套能力，还是市场、信息等方面，宁夏都不具优势，无法与东部发达省区竞争，但宁夏在羊绒上有原料集散地的优势，在此基础上发展加工制造业，集中一个点发力，应该大有发展前景。并且羊绒是一个新产业，国外市场需求量大，其他省区做的不多，宁夏此时发力正是时机。

（三）开拓创新与借力发展阶段

2000年前后，根据自治区党委、政府的总体部署，宁夏纺织工业理思路、抓优势、求发展，进行了涉及产业结构、产品结构、所有制结构、企业结构等方方面面的重大结构调整和改革，先后完成了银川毛纺厂、二毛厂、绒线厂等企业存量资产的并购重组。重点发展的羊绒产业也由“羊绒贩子”的原始积累阶段逐步转变为初加工阶段。率先开始初加工的嘉源、中银（原称海圣）、宏大、盛源等企业成为宁夏羊绒产业改革的先行者。2003年4月，宁夏灵武羊绒工业园区获批建设。同年5月，宁夏同心羊绒工业园区获批建设，使羊绒加工业向更高层次的集群式发展，不仅吸引了众多的羊绒企业入园发展，解决了更多的人员就业，而且提升了羊绒产业集中度，延长了产业链。宁夏成为全国乃至世界重要的羊绒集散地和无毛绒加工基地。羊绒产业也由原来的以无毛绒分梳为主，发展形成了羊绒分梳、绒条、纺织、制衫、面料为一体的生产加工产业链。

（四）转型升级与精细化发展阶段

近年来，羊绒产业逐渐摆脱贴牌生产的困境，着力打造自主品牌。“圣雪绒”“绒典”“灵州雪”等品牌羊绒衫从中国走向世界，产品销往意大利、英国、日本、法国等43个国家和地区。“世界羊绒看中国，精品羊绒在宁夏”，羊绒成了宁夏一张亮丽的名片。在羊绒产业发展的同时，宁夏棉纺织业也迎来了新一轮发展机遇。2013年，山东如意科技集团和山东恒丰集团相继来宁投资，填补了宁夏20世纪90年代以后没有棉纺织业的空白。同时，自治区根据国家深入实施西部大开发的战略构想和产业转移的指导意见，结合宁夏“重工业太重、轻工业太轻”的工业现状，以及周边蕴藏着丰富的石油、煤炭资源等有利条件，做出了建设宁夏生态纺织产业示范园的重大决定，并将宁夏生态纺织产业示范园定为比肩宁东能源化工基地的“二号工程”，对于宁夏转变发展方式、优化工业结构具有重大意义。

二、宁夏现代纺织业的发展现状

近年来，宁夏现代纺织业迅猛发展，每年保持在20%以上的增速，现代纺织业已成为宁夏新的经济增长点。截至 2015 年，全区规模以上纺织工业企业 84 家，较上年增长 11 家，实现工业总产值 255.4 亿元，同比增长 15.5%，是“十二五”末的 2.5 倍；工业增加值 61.3 亿元，同比增长 16.5%，高于全区 8.7 个百分点；实现主营业务收入 264.07 亿元，同比增长 24.2%；利润 17.7 亿元，同比增长 12.9%，是宁夏产业转型升级和结构调整重点发展的产业之一。

表 1 宁夏纺织工业规模以上企业主要经济指标

指标 年度	企业 （家）	从业人数 （万人）	工业总产值 （亿元）	产品销售收入 （亿元）	出口交货值 （亿元）
2006	41	0.82	45.35	43.20	9.43
2007	35	0.87	56.21	47.10	6.77
2008	43	0.84	63.62	53.82	7.88
2009	47	1.03	75.40	70.80	3.69
2010	48	1.04	89.85	81.88	9.57
2011	45	1.16	103.25	106.93	11.38
2012	55	1.10	110.51	114.46	11.32
2013	64	1.08	152.57	154.86	18.28
2014	73	1.43	221.13	212.60	21.18
2015	84	1.53	255.4	264.07	22.45
年均增长率(%)	8.3	7.18	21.17	22.28	10.12

资料来源：自治区经济和信息化委员会提供。

（一）纺织产业初具规模

一是羊绒产业占据主导地位。2015 年，羊绒行业原绒购销总量 13000 吨，无毛绒产量 9000 吨，羊绒条产量 1500 吨，羊绒纱产量 2300 吨，羊绒衫产量 800 万件，后道精深加工环节所占比重显著提高。

二是棉纺、毛纺、麻纺等天然纤维纺纱领域有所突破。截至目前，绵羊毛分梳产能超过 1200 吨，75 万锭如意纺织精梳纱线、50 万锭恒达纺织精梳纱线、45 万锭恒丰精密纺纱等项目开工建设并部分投产，3 万锭亚麻纺纱项目全部投产，面料、氨纶、衬衫、西服的延伸产业链项目也已建设。服装年产量达到 1270 万件，其中，毛衫、绒衫 1099 万件，西服、衬衫 34 万件。宁夏纺织产业呈现出以羊绒为主导，其他天然纤维产业为补充的良好态势。

表 2　宁夏羊绒产业产品结构变化情况

指标 / 年度	购销总量（吨）	无毛绒（吨）	羊绒条（吨）	羊绒纱（吨）	羊绒衫（万件）
2006	7800	5500	300	900	155
2015	13000	9000	1500	2300	800
年均增长(%)	7.6	6.8	26	13.6	23.56

资料来源：自治区经济和信息化委员会提供。

（二）产业集群规模初现

初步形成了分工明确、差异发展、优势互补、布局合理的产业集群。宁夏生态纺织示范园贺兰园区定位承接产业转移平台，以发展精梳纱线、高档面料、服装制造、产业用纺织品为重点；宁夏生态纺织示范园灵武园区依托国内原绒分梳和深加工基地优势，以发展羊绒精深加工、羊毛纱线、亚麻面料、高档服饰为重点；吴忠市利通毛纺园以发展高端纱线、家纺、服装面料为重点；同心县建成进口羊绒分梳加工产业集群；中宁县重点发展羊绒流通与分梳、羊毛地毯等领域。

（三）产业结构日趋合理

一是产业链条明显拓宽。宁夏拥有完整的羊绒产业链和优势骨干龙头企业，已形成原绒购销—洗绒梳绒—绒条—纺纱—面料—服装的完整产业链条，且羊绒和非绒产值比例逐步缩小。

二是产品精深加工进一步提升。绒条、纺纱、毛衫等羊绒制品精深加工比重近 50%。

三是形成特色服装产业。围绕穆斯林文化形成了宁夏特色服装产业。此外，还培育了“菲洛索菲”“圣雪绒”“绒典”等一批自主品牌，形成了以中银、嘉源、荣昌、德海、马斯特、生海、圣雪绒等七大集团为代表的龙头企业，产业结构日趋合理。

（四）技术创新日新月异

自治区纺织服装公共服务平台建设已初具规模，已经建设了国家级羊绒制品检测中心、国家地方联合工程实验室等 8 个研发中心，以及宁夏羊绒产业技术创新联盟、产学研基地、研究生实习基地等公共服务平台，“山羊绒加工关键设备与关键技术研究开发及应用”项目列入国家科技支撑计划，“利用散绒染色设备实现羊绒及羊绒混纺成衣染色技术开发及应用”“专业化精纺绒条生产线装备的改造及示范应用”等项目得到科技型中小企业创新基金支持。如意科技年产 3 万吨纱线染色智能化工厂作为 2016 年智能制造综合标准化与新模式应用工作入选项目给予资金支持。

三、宁夏发展现代纺织产业存在的问题

国家纺织产业发展战略是扶持一批先进设备纺织企业，淘汰一批目前相对落后和管理不到位、质量不到位、市场不到位的纺织服装产业，关停并转推动了纺织装备制造数量、销售数量的上升，有利于纺织设备技术的发展。近年来，宁夏纺织业急速发展，也暴露了一些问题，具体如下：

（一）全球金融危机对宁夏纺织业的冲击

全球金融危机下经济低迷，世界纺织产业竞争激烈，贸易保护主义严重，给宁夏纺织业参与世界竞争带来了重重困难。

（二）融资渠道窄，融资成本高，融资效率不高

贷款难和融资难的问题长期困扰着宁夏一半以上纺织企业。以吴忠市为例，人民银行统计显示，轻工业贷款总额比例不足 10%，融资成本呈现中介收费高、担保成本高、银行贷款利率高的“三高”特点。再者，羊绒产业属于资本密集型产业，羊绒资源的稀缺性和纺织性能决定了羊绒产品价值含量高的特点，所以羊绒企业在收购、加工、销售过程中存货周转率较低，对流动资金占用非常大。随着国家金融政策的变化，融资成本将不断上升，单一的融资渠道已经不能满足企业的融资需求。

（三）用工紧缺

纺织业是典型的劳动密集型产业，近年来伴随宁夏纺织业规模的不断扩大，对用工的需求更是不断加大，主要缺乏高端研发、设计人才和低端制造工，用工紧缺已成为制约宁夏纺织企业尤其是中小纺织企业发展的突出问题。

（四）精深加工能力薄弱

目前，宁夏精深加工能力还比较薄弱。针对此种情况，需要着力推进提高宁夏纺织品的深加工能力，拓展下游市场，提高产品附加值。

（五）企业品牌建设滞后

宁夏大部分企业品牌意识不强，贴牌生产较多，产品款式设计不够新颖，种类不够丰富，市场占有率和影响力不够。

（六）公共服务不健全

宁夏纺织企业的主打优势为羊绒产品，羊绒产量的不稳定性和稀缺性造成了收购价的不稳定，上下浮动变动大。宁夏各方面经济配套相对落后，缺乏保障机制和期货的交易制度。保险、金融等产品不够丰富，使得企业的发展存在不稳定性。

四、宁夏发展现代纺织产业的对策建议

合理运用好发展优势，克服当前存在的问题，是未来宁夏纺织业发展的重要途径。

（一）加强金融支持，提升企业融资效率

宁夏纺织企业融资的主要方式主要有国内外银行贷款、信用担保、增资扩股、民间借贷，其中银行贷款占比最高，达到88.9%。[①]融资渠道单一、融资效率不高严重限制了宁夏纺织企业的发展。因此，加强金融支持，拓宽企业的融资渠道，提升企业的融资效率是当务之急。首先，金融机构应继续丰富金融产品。政府要有效监管金融环境，为企业发展提供一个相对稳定的经济环境。其次，加强企业融资人才的培养。随着新的金融机构、融资渠道和融资方式不断涌现，企业可利用的融资渠道也日益丰富，金融创新产品越来越多。因此，培养一支优秀的融资团队，对企业融资政策的把握、融资策略的执行都起着至关重要的作用。最后，大力拓展区内外融资渠道。对于中小企业，应加强银企合作，在企业资产抵押和担保机构担保的基础上，适度加大银行对企业的授信力度，支持符合条件的企业发行公司债券、企业债券、短期融资券，并简化审批程序，拓展企业融资渠道，组建政策性担保机构，为中小企业提供信用担保和融资服务。对于龙头企业来说，应积极与区外的一些优势金融机构展开深入合作，建立核心银行

①李辉：《宁夏产业结构及其区位优势变化》，《西北民族研究》2006年第4期。

融资渠道，避免因个别银行的授信及资金规模不足而影响公司资金链的正常运转。同时，提高公司销售回款及账面资金使用效率，减少公司账面资金闲置情况，最大限度地为企业赢得更多的利益。

（二）加强自主品牌建设，提升产业竞争力

目前，宁夏现代纺织产业技术创新基础薄弱，产品附加值低，粗放型发展，环境污染严重，严重制约了纺织产业的可持续发展。纺织产业要提升国际竞争力，急需提高品牌价值，加大研发投入，建设企业自有品牌，提高纺织产品科技含量，提高产品附加值。企业应加快具有差异化的新产品开发，牢固树立品牌意识，强化消费者的品牌认知度和忠诚度，注重品牌的差异化。

一是大力鼓励羊绒分梳企业创建优质无毛绒品牌，引导企业在面料、服饰等方面依托设计研发和产品制造能力发展自主品牌。

二是建设宁夏穆斯林特色服装服饰自主品牌，在国内外穆斯林聚集区开设品牌销售点。

三是依托现有的产业集群，大力推广和宣传“菲洛索菲”“圣雪绒”“绒典”“灵州雪”“汇川”等已有一定影响力的品牌，强化消费者的品牌认知度和忠诚度。

四是政府部门要通过完善相关法律法规和税收政策倾斜鼓励纺织企业业行自主品牌建设，尽快完善企业品牌保护法律法规，为企业自主品牌建设提供良好外部环境，鼓励纺织企业创建自有品牌。

（三）提升企业创新能力，搭建纺织产业协同创新平台

俞建勇院士在“2015 中国纺织创新年会”中指出，借力“中国制造 2025”和“互联网 +”，加快新一代信息技术与纺织业融合的创新发展已经成为大势所趋，结合持续的科技创新，推动纺织产业向绿色低碳、数字化、智能化和柔性化等方向发展，是实现我国“纺织大国”到“纺织强国”大转变的必由之路。[①]纺织企业的创新主要依赖于企业创新能力的提升，而创新能力的提升需要依赖于科研成果的转化。目前，科技创新成果的转化，

①俞建勇：《科技创新是纺织业发展核心》，[EB/OL].http://info.texnet.com.cn/content/2014-07-03/483551.html

缺少一个有效的平台和载体去验证，这在一定程度上制约着科技创新的发展以及企业创新能力的提升。因此，搭建纺织产业协同创新平台，可以有效地提升企业创新能力。企业通过“互联网+”技术来搭建纺织产业协同创新平台，一方面有利于实现科研院所的最新研究成果能够被应用到纺织企业产品研发、生产制造、营销管理等具体的过程中去；另一方面可以实现科学研究成果与企业需求有效地对接，提高科学研究的实用性和针对性。如宁夏中银公司先后与西安工程大学、天津工业大学、武汉纺织大学、黑龙江纺织科学院、英国希尔公司、浙江金鹰股份有限公司建立了合作关系，加强了企业的对外科技合作。此外，企业还应注重科技平台的建立，大力实施创新型人才团队建设战略。

（四）推动技术改造升级，加强企业精深加工步伐

宁夏纺织行业的关键环节和重要领域在于加快技术研发及产业化步伐，如进一步推动羊绒分梳、多纤混纺交织及印染等技术的开发。因此，宁夏应加大提高羊绒分梳行业龙头企业自主创新的比重，出台技术改造奖励措施，采用先进分梳技术，淘汰旧有落后设备；制定行业准入和退出标准，在能耗、物耗、生产环境等方面，逐步限制和淘汰不符合要求的分梳产能。以宁夏双维为例，为了适应经济环境与产业环境的变化，双维由原来的粗加工过渡到了羊绒纱线深加工领域。当经济发展进入新常态，双维及时调整发展策略，运用下游客户的设备优势和企业自身对原料的控制优势与国内先进的实验室，联合开发了 Y-C 亚开米尔特种动物纤维的面料，加大了高性能、功能性、差别化纤维的开发力度，扩大以自然配比方式构造出的绿色环保生态纺织面料。双维还研究出新一代的羊绒分梳生产线，根据不同品种和地区的羊绒原料运用变频手段进行加工，大大降低了原材料繁冗加工成本。

（五）加强纺织人才队伍建设，提高劳动者素养

纺织产业要实现产业升级，最为重要的环节是纺织专业人才的培养。

一是借助《自治区纺织工业中长期发展规划（2014—2020 年）》，支持区内院校科学设置纺织专业以及染整专业，加强相关专业人才的纺织工程背景养成，提高专业人才培养的质量。

二是在此基础上，进一步加强纺织科研人才的培养，尤其是企业对纺织业科研人才的培养，提升企业研发能力。

三是依托宁夏生态纺织示范园及利通区毛纺织产业园的产业集聚，布点建设辐射力强的纺织服务平台。

四是充分利用国家对农村剩余劳动力转移培训政策，与县、乡政府签订培训计划，开展针对性培训，为纺织企业培养岗位急需人才。

（六）加强政府创新引导，加快纺织产业升级

产业升级是经济增长的重要驱动因素，而产业升级的来源是技术进步，没有新技术就不会带来新的高附加值产业，产业升级也就无从谈起。宁夏的纺织行业是劳动密集型行业，中小企业较多，独立研发能力有限，这需要相关政府职能部门对纺织企业进行有效的业务指导，加强纺织行业创新科技服务体系建设。

一是加大政府补助。针对高新技术纺织材料、可持续发展绿色纺织等符合产业升级规划的纺织企业加大补助投入，鼓励企业加大研发投入，鼓励纺织企业升级。

二是加强惩罚措施。对污染大、能源消耗大、技术含量低的纺织、印染企业，不予补助，引导企业转型。

根据《中国制造 2025》规划和“互联网 +”的要求，纺织产业将以智能制造为中心，以强化技术为基础，推动互联网在纺织产业中的应用，推动“智造”关键技术设备开发应用，包括生产装备智能化、生产智能控制、关键岗位机器化、配送和包装设施智能化。随着“互联网 +”战略的不断深化，纺织产业在互联网应用方面取得明显进步。因此，宁夏现代纺织产业一定要抓住“互联网 +”重要机遇期，纺织企业一定要抓住互联网大数据、云计算、电子商务的特点准确定位，实现网络精准营销，提高企业品牌影响力，多层次、宽领域满足市场需求，实现纺织行业向价值链高端延伸，逐步实现宁夏纺织业由“制造”向“智造”跨越。

宁夏大数据与信息产业“八朵云”建设研究

尚亚龙

当今世界正在步入信息化时代，信息化发展已成为一项重大国家战略。近年来，在自治区党委、政府高度重视下，宁夏不断加大统筹推进力度，在经济发展取得稳步增长的同时，坚持以信息化为突破口，强化顶层设计，创新体制机制，促进转型升级，服务社会民生，加大对外开放，大数据与信息产业的发展取得了显著成效。2015 年，自治区政府明确提出要统筹建设政务云、商务云、社保云、民政云、卫生云、旅游云、教育云、政法云“八朵云”应用体系。2016 年，又启动了扶贫云、财经云、工业云、环保云、国土云等“N 朵云”建设，进一步推动全区信息化水平整体提升。随着智慧宁夏“8+N”朵云地不断开发与应用，可以预见，“十三五”期间，大数据与信息产业必将成为宁夏经济发展一大新的增长点，也将成为宁夏实施“弯道超车”发展战略的一大动力源泉。

一、宁夏大数据与信息产业化发展成效

“十二五”期间，宁夏先后与中国移动通讯集团、中国联合网络通信集

作者简介：尚亚龙，宁夏社会科学院综合经济研究所助理研究员。研究方向：区域经济学、劳动关系学。

团、中国电信集团签订了信息化战略合作框架协议，3家公司分别投入巨资用于宁夏新一代宽带网络基础设施以及智慧宁夏平台建设，极大地加快了全区信息化进程。2015年，宁夏信息产业的规模达200亿元，复合增长率超过了24%，信息化与产业的平均指数达到了53.25%，建成了覆盖60%以上的新农村的电商服务体系。可以说，宁夏大数据与信息产业的发展成效还是比较显著的，具体表现在以下4个方面。

（一）强化顶层设计，转变发展方式

1. 切实制定发展规划

十八大以来，党中央、国务院对“两化”深度融合做出了一系列部署。2015年5月，国务院印发《中国制造2025》，提出了“中国制造2025”行动策略。除此以外，还先后出台《国家信息化发展战略纲要》《促进大数据发展行动纲要》《关于积极推进“互联网+”行动的指导意见》等政策文件，为全国信息化建设事业奠定了基础，也为宁夏信息化建设明确了方向。为此，2015—2016年，自治区信息化建设办公室连续两年制订了《全区信息化重点工作实施方案》，并由自治区政府公开发布。2016年11月，按照《中共中央办公厅国务院办公厅关于印发〈国家信息化发展战略纲要〉的通知》，以及《自治区人民政府关于印发宁夏回族自治区国民经济和社会发展第十三个五年规划纲要的通知》等文件要求，自治区政府发布了《宁夏信息化“十三五”发展规划》，结合宁夏实际情况，提出了宁夏信息化发展的具体目标和可行计划。

2. 深入推进“两化融合”

近年来，通过推进工业化与信息化的深度融合，宁夏的工业发展方式从主要依靠要素投入向依靠信息和知识驱动的生产效率提升转变，宁夏的企业也从传统的“宁夏制造”走向“宁夏智造”，如宁夏共享集团利用3D打印技术，精确打印出成品砂芯，实现产业转型升级；宁夏巨能机器人有限公司通过对数控机床传统产业进行系统集成和自动化改造，已形成年产各类机器人400台能力；银川滨河如意服装公司智能化生产线从德国引进先进的裁床，实现了从面料到西装落地一体化、智能化生产，以及从接单到售后的全程数字化管理模式。

（二）信息基础设施建设成效显著

2016 年 2 月 2 日，李克强总理在智慧宁夏综合展示中心进行考察时，对宁夏信息化发展总体思路，以及“8+N”朵云建设效果给予了充分肯定。沿着这一正确思路，按照“3+X”的总体架构的目标要求[①]，不断加强投入，截至 2016 年 11 月，宁夏信息基础设施建设已取得一定成效。

1. 初步建成了三级统一的电子政务网络和平台

政务网络基本覆盖各级主要机关事业单位，政务外网已建成自治区、市、县（区）、乡四级骨干网，接入共 6000 多家单位，占应接入总量的 85%以上。政务云已完成自治区行政审批与公共便民服务和网上办事大厅系统开发，在 9 个试点地区完成应用培训。

2. 基本建成了全区人口和地理空间基础信息共享库

人口和地理空间库已基本建成并覆盖全区，还整合了公安、教育、人社等行业的人口数据和国土、水利、环保等部门的地理信息，为政府部门和社会公众提供了空间测绘成果应用和人口、车辆等信息查询服务。另外，法人库和宏观经济库也已启动建设。

3. 总体完成了银川和中卫两地公共云平台的建设

大数据与云平台的建设有力地推动了网络互通和信息共享，使得宁夏网络平台覆盖率达到了全国领先水平。其中，智慧银川大数据中心总建筑面积约 6.4 万平方米，总投资 12 亿元，建设 5000 组机柜，可容纳服务器 10 万台，是国内首个城市级数据中心，不仅承载了银川市所有的数据业务，还将利用天然冷源优势和电力成本优势，面向区内外提供安全可靠的数据服务。中卫西部云基地骨干网络升级实现突破，协调中国电信、移动

---

① “3+X”架构，即一网一库一平台加 X 个云应用系统。“一网”，完善提升全区统一电子政务内外网，形成区、市、县、乡、村 5 级全覆盖的信息高速通道；“一库”，建成覆盖全区、融合集成的人口、法人、地理空间、宏观经济等基础信息共享库体系；“一平台”，建立完善全区统一电子政务公共云平台和大数据服务平台，汇集各级部门应用系统和数据资源；“X 个云应用”，围绕政府履职需求和服务人民群众需要，推动“8+N”朵云应用建设，提升各级政府治理能力和便民服务水平，不断提升群众获得感。

和联通三大运营商打通宁夏直达北京、西安、太原等地的 4×100G 骨干网络，有效破解了西部云基地的网络瓶颈问题。亚马逊、ZT 公司、微软、中国移动等多家国内外云计算龙头企业落户中卫云计算基地。

4. 重点推进了政务民生“8+N”朵云建设

目前，“八朵云”中政务、社保、教育、旅游等 7 朵云已基本建成，正在永宁、盐池、中宁等地开展试点推广，预计 2016 年底 8 朵云将全部建成。精准扶贫、环境监管等“N 朵云”正在抓紧开发，陆续上线运行。民政与社保“两朵云”成功实现信息共享与数据交换。此外，家庭、气象、社区等其他 N 多云集中上线，有效提升了政府的工作效能和社会服务水平。

（三）智慧银川建设特色鲜明

贵阳大数据在大数据交易、基地建设领先全国，乌镇互联网在中国智慧、全球智能团结协作、世界定位及网络空间命运共同体走在了“互联网 +”前沿，智慧银川凭借三大创新和四大目标领跑全国①。如今，智慧银川与贵阳大数据、乌镇互联网成了中国信息产业领域的三大热点。

1. 以地方立法推动智慧城市建设

近年来，随着互联网、物联网、云计算、大数据等信息技术的推广及应用，银川市大力推进数字化、网络化、智能化的智慧城市建设。自 2013 年以来，银川市先后获得了国家智慧城市试点城市、信息消费示范城市、信息惠民试点城市、宽带中国示范城市等荣誉称号，尤其是通过“智慧城市 + 政务”行政职能转变推进智慧政务建设，得到了国家有关部委的高度认可。为推动智慧城市建设，将智慧城市制度化、法律化，确保银川市智慧城市建设始终走在全国前列。2016 年 9 月，经宁夏回族自治区第十一届人民代表大会常务委员会第二十六次会议批准，《银川市智慧城市建设促进条例》（以下简称《条例》）于 2016 年 10 月 1 日起正式施行，该《条例》是

①银川市积极运用互联网、大数据、云计算等技术，通过商业模式、管理模式、技术架构三项创新，点对点解决智慧城市建设过程中的投资难、共享难、运营难等问题，实现惠及民生、城市管理、产业衍生和投资迭代 4 个核心目标，形成了可复制、可推广的智慧城市建设路径。

全国首部推进智慧城市建设的地方性法规，为国内首创，将极大提升银川智慧城市建设水平。

2. 以智慧产业支撑智慧城市建设

截至2016年9月，银川智慧城市产业发展的重要载体——滨河新区智慧产业园的建设，已拉动投资37亿元，预计2020年实现总产值100亿元，每年利税逾4亿元。据了解，银川智慧产业主要致力于采用大数据、云计算、互联网等先进技术积累城市大数据资产，激活大数据价值，催生大数据产业链的创新以及智慧产业的衍生发展。基于游戏大数据存储、挖掘以及精准营销，打造电子竞技和网络游戏产业链。基于大数据分析、云计算应用，打造完整的大数据产业链。基于物联网及智慧城市基础设施建设，打造智慧装备制造产业链。

3. 以便民利民为出发点建设“智慧银川”

智慧银川建设之所以有别于国内外多个智慧城市建设，主要的特征就是以便民利民为出发点。2016年6月，集人脸识别、语音交互、业务办理、自动充电、自主导航等功能为一体的智能机器人入驻民生银行银川分行，宁夏首次出现了可以协助客户办理开卡、存取款、转账、理财等银行业务的智能机器人，金融服务变得更加简单便捷。此外，智慧银川公交站台、智慧社区、智慧互联网医院等智能化便民应用也层出不群。

（四）网上丝绸之路建设取得多项突破

2016年，中阿网上丝绸之路已正式写入国家“十三五”规划纲要和《国家信息化发展战略纲要》，网上丝绸之路建设也取得了多项实质性突破。

1. 银川跨境电商综合服务系统基本建成

2014年，银川市被列为国家首批跨境贸易电子商务试点城市以来，培育了优百贸、丝路通等一批本土跨境贸易电子商务企业，与迪拜等多地电商企业开展合作，实现电子产品、服装等30多类商品的中阿跨境网上交易，同时基本建成涵盖报关、检验检疫、结算等流程的跨境电商综合服务系统，为跨境贸易企业提供一站式通关服务。

2. 中阿技术转移中心积极促进中阿技术合作

2014年6月5日，国家主席习近平在第六届中阿部长级合作论坛开幕式上提出“双方可以探讨设立中阿技术转移中心”重要倡议后，宁夏集合全国科技创新要素和技术资源，牵头建设了中国—阿拉伯国家技术转移中心（CASTTC）。2016年，中阿技术转移中心和迪拜、约旦分中心，中国热带农业科学院椰子研究所，宁夏大学，宁夏西部电子商务公司，约旦哈里德农业公司，中国（香港）能源管理公司等多家中阿技术转移机构、高校院所和企业签约了多项技术转移项目，涉及装备采购、园区和科研平台建设、技术合作等方面，为中阿技术转移合作发挥了积极作用。

3. 新丝路卫星服务产业示范园落户银川

2015年中阿博览会上，新丝路卫星服务产业示范园项目正式签约落户银川经济技术开发区。示范园以促进银川市及宁夏回族自治区高技术服务产业发展为基本原则，利用新丝绸之路经济带建设契机，依托银川经济技术开发区和中阿博览会平台，向阿拉伯国家和地区提供卫星通信、导航和遥感应用服务，为中阿双边国家和地区的用户实现互联互通。

4. 中阿大数据应用产业园部分项目开始运营

2015年中阿博览会期间，永宁县政府与吉峰农机连锁集团、国腾集团成都创智云科技股份有限公司签约的中阿（宁夏）大数据应用产业园项目，部分项目已开始运营。项目预计总投资20亿元，包含大数据中心、基础设施资源服务大数据平台、园区管理信息化平台、智慧农业服务平台、“互联网+大数据+跨境电商+物流平台”、能耗管理平台。项目建成后可提高银川及周边企业在后台运营和信息处理方面的水平，降低企业经营成本，促进工业园区加快转变经济结构。

二、宁夏大数据与信息产业发展面临的挑战和困境

迄今为止，宁夏在大数据与信息产业发展方面所取得的成效，固然值得肯定，但也存在无法回避的问题。一方面，宁夏在工业转型升级面临着信息化程度依然较低的严峻挑战；另一方面，在创建智慧宁夏以及电子商务的发展方面还存在一些较为深刻的矛盾与问题，使得宁夏大数据与信息产业的发展一定程度上陷入了困境。

（一）“两化融合”程度较低，宁夏工业转型升级面临挑战

第四次工业革命是将传统制造业与数字技术相结合的新一轮工业革命，核心是向以“智慧工厂”和“智能生产”为代表的数字化和智能化生产模式转变。可以说，信息化和工业化深度融合是打造产业竞争新优势，抢占未来发展先机的有效途径。面对这一伟大变革，从国际来看，各国尤其是发达国家都出台了应对之策，意欲再次抢夺制造业的制高点，如德国的“工业化 4.0”、美国的“工业互联网”、日本的“新产业结构愿景”等。从国内来看，各省市十分重视推进工业化与信息化深度融合发展，其中广东、浙江、江苏、上海等东部沿海省份在“两化融合”发展战略中更是走在了全国前列，其他各省市也纷纷加大了“两化融合”发展的步伐与力度，如天津市明确“两化融合”发展目标，即到 2020 年制造业与互联网融合发展全国领先，内蒙古也提出了“互联网 + 工业”催化“两化融合”计划。宁夏深居西部内陆地区，信息产业起步较晚，近年来信息化程度虽然有所提升，但与沿海发达省份相比，信息化与工业化融合程度仍然较低。中国电子信息产业发展研究院在 2012—2014 年连续 3 年针对全国“两化融合”区域发展水平评估的基础上，2015 年开展了第四次评估工作。从下图可知，宁夏“两化融合”发展总指数为 53.25，虽然略高于西藏、青海与甘肃三省

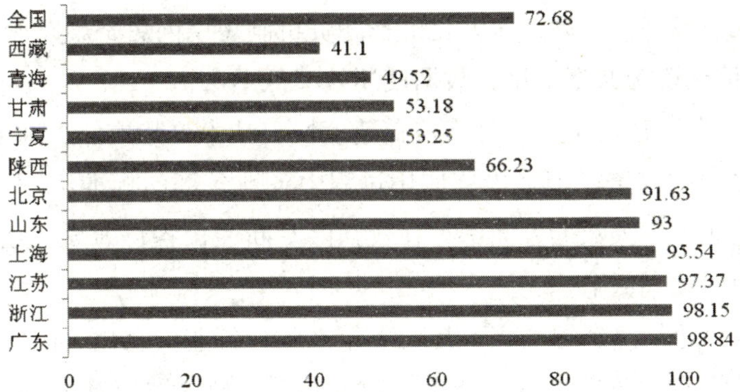

2015 年全国及部分省市区“两化融合”发展总指数

数据来源：2015 年中国电子信息产业发展研究院信息化研究中心第四次“两化融合”区域发展水平评估。

区，但与广东、浙江、江苏、上海、北京等省市相比，“两化融合”发展指数落差明显。事实上，宁夏区内大多数企业仍然处于工业2.0，甚至1.0阶段，自动化和信息化水平仍然很低，工业转型升级面临着很大的挑战。

（二）“8+N”朵云覆盖范围不够广泛，社会资本参与积极性不高

宁夏正在加紧实施“8+N”朵云体系建设，其中政务云的应用可以说确实提高了政务效率，方便了百姓办事，特别是银川市民大厅将26个部门的59个审批公章变成1个，提供一站式服务，极大地提高了民众的办事效率。但是从全区来看，“8+N”朵云覆盖范围还不够广泛，培训、宣传、推广力度不够，群众知晓率、参与率较低，实际应用效果还不明显。

为使传统产业与信息技术有机融合，2015年，宁夏出台了《关于进一步加快云计算产业发展的若干意见》(以下简称《意见》)。《意见》提出，宁夏每年将安排部分信息化建设专项资金用于支持云计算产业的发展，同时引导社会资本共同发起设立信息产业发展基金，形成多元化投融资机制。但是自2016年以来，自治区财政预算专项用于信息化建设的10亿元资金，截至2016年底，仍然有大部分资金尚未落实到具体的项目当中，且已经投入的资金投向也不明确，资金预算与支出的信息透明度有待提高。此外，完善智慧宁夏“8+N”朵云体系，以及信息产业的发展其实更需要的是社会资本的参与，而从当前全区“八朵云”工程建设的实际情况来看，民间资本投资的积极性并不高，多元化的投融资机制短期内更是难以形成气候。

（三）信息资源共享不足，数据使用效率低下

“智慧宁夏”建设至今，网络覆盖速度快，技术日趋成熟，渐渐转向应用系统和平台的部署，但在推广应用过程中各地各部门标准不一，无论是政府还是企业，在大数据方面都存在较强的垄断性，各自为政，互不相通，导致数据使用效率低下。

一是各行业信息资源共享不足。多年来各行各业信息化建设各自为阵，导致重复建设和信息孤岛现象严重，数据共享开放主要以数据生产部门为主，共享开放的内容、方式、标准呈现小、散、乱的局面，不能满足政府机构和社会公众需求。

二是各城市信息资源共享不足。由于各城市之间信息资源共享不够，大数据不能互联互通，尤其是涉及市民就医、出行、社区、金融、环境监察等服务方面的数据残缺，加之“8+N”朵云的建设进度不一、数据标准不一，各应用之间对接沟通难度也比较大，导致很多应用形同摆设，便民作用无法显现。

三是各部门信息资源共享不足。受经费、内部运行机制以及数据庞大冗杂和对安全及工作习惯的因素限制，很多部门不愿将信息数据对“智慧宁夏”开放。一些政府机构视本部门的数据为独有，往往以涉密为由拒绝向社会公众开放。一些部门、单位把手中的权力看得过重，不愿下放审批事项，本来完全可以让信息数据来回跑，但因为基层单位没有审批权限，只能让民众靠双腿来回跑。

(四) 数据管理机制不健全，缺乏法律标准支撑

长期以来，宁夏没有明确的数据管理机构，也缺乏相关的法律标准支撑，不利于数据的统筹管理和综合应用。大数据工作涉及数据梳理、标准制定、平台搭建、制度建设等大量工作，自治区虽然成立了信息化建设办公室，负责全区信息化建设的统筹推进，但是由于机构小、人员少等原因，工作推进难度仍然较大。现在各大通信运营商都在开辟自己的信息化服务空间，一方面造成了重复建设问题，另一方面也使得有关“智慧宁夏”的大数据统筹管理变得更难。目前，国家和自治区尚未出台大数据相关法律法规，在数据权属、隐私保护等方面界限不清，导致很多部门出于数据安全责任等方面的考虑，不敢轻易共享开放数据。2016 年 9 月，国务院印发了《政务信息资源共享管理暂行办法》，但国家《政务信息资源目录编制指南》等规范和相关工作制度尚未建立。

(五) 电商人才普遍缺乏，“最后一公里”难以打通

2015 年 4 月，为加快全区农村电子商务事业发展，自治区发布《全区千村电商工程实施方案》。然而，尽管包含农村电商在内的电商产业的发展如日中天，但由于相关人才紧缺，电商发展水平并不高。究其原因，首先是因为近几年电商企业数量增长较快，对电商人才的需求量也越来越大，打破了学校对电商人才供应的平衡；其次是由于企业更注重实际操作能力，而多数高校毕业生所学知识和企业所需技能无法完全匹配。另外，与国内

一、二线城市等成熟市场相比，当前农村电商市场普遍存在的“最后一公里”物流配送难题在很大程度上仍然制约着行业的发展。对于多数民营物流企业来说，村镇快递布点成本过高，出于利润考虑，物流和快递公司通常都不愿意涉足村镇快递网点建设。另一方面，乡村物流多以收发农产品为主，一些季节性较强的生鲜产品往往对物流配送要求更加严苛。宁夏农村电商的发展受物流条件限制较多，由于宁夏农村地区物流基础设施差，网点少，导致快递下乡一直未能很好落实，“最后一公里”问题仍然比较突出，采购货物仍需通过长途自提。

三、对策建议

促进宁夏大数据与信息产业的健康发展，必须秉承“开放、共享、安全”的基本原则，加强产业发展的顶层设计，政府官员和企业领导必须转变思维方式和管理模式，充分认识大数据产业的重要意义，自觉开发和利用大数据服务。

（一）完善顶层设计，开放政府数据，加快创建“智慧宁夏”

开放政府数据，打通数据来源的壁垒，不但可以带动全新的商业模式，促进大众创业、万众创新，也有利于加快创建“智慧宁夏”。

一是成立自治区大数据管理局。建议借鉴发达省市先进经验，由政府牵头，成立自治区大数据管理局，组建专业化数据运营团队，加强数据管理和开发应用，推动工业化和信息产业融合发展。制订政府数据开放计划，逐步推动政务数据有序开放，引导社会公众开展大数据公益性、增殖性开发和创新应用。

二是加快建设全区统一的大数据交换平台。加大信息共享开放力度。以需求为导向，依托全区政务大数据服务平台，加快推动党政机关内部的信息无偿共享。尽快建立全区统一的政务协同办公和民生在线服务门户，整合“8+N”朵云各项服务功能，促进政府内部业务协同，形成政务办公和群众办事的统一入口，提升政务民生信息化服务水平。

三是制定加快创建“智慧宁夏”行动纲领。对“8+N”朵云应用体系建设、产业基地建设、基础设施建设、信息资源开发利用、信息资源共享、支撑体系、宣传培训考核等方面做统一规划，进行统一安排，避免重复建设，使大数据顺畅服务于“智慧宁夏”。

四是完善相应法律条例，规范政务数据共享开放工作。目前，我国在大数据挖掘方面缺乏相应的法律条例，但宁夏作为少数民族自治地区以及内陆开放型经济试验区，要充分利用地方立法权优势，出台一些相关的法律条例，为推动信息开放共享、防止信息滥用和侵权上提供法律支持。

（二）着力提升传统产业融合水平，大力发展“弯道超车型”产业

从新结构经济学的视角，根据现有产业和国际前沿的差距，林毅夫将我国的产业分成追赶型产业、领先型产业、退出型产业、“弯道超车型”产业、战略性产业5种类型，其中，弯道超车型产业需要投入很高的人力资本，在极短的时间内研发出新的产品，主要在互联网、移动通信领域。在自治区十一届人大六次会议开幕式上，自治区党委书记李建华指出，我们必须紧盯全面小康这个目标，深入研究谋划，要增强“超车”的意识，选准“超车”的路径，实现“弯道超车”。

一是要着力提升传统产业融合水平。推进信息化与工业化的深度融合，建设低成本化智慧园区，开展“两化融合”贯标试点工作，推广现代化生产模式。推进农业信息化，发展农村电子商务，发展智慧物流、互联网金融等现代服务业。

二是要学习借鉴杭州“梦想小镇”经验。近年来宁夏与北京中关村合作建设的中卫西部云基地，吸引了亚马逊、360等知名企业入驻宁夏，大数据、云计算等信息产业发展前景良好。在此基础上，建议学习借鉴杭州“梦想小镇”的模式，把研发、设计和市场营销以及基金组合在一起，响应国家“大众创业、万众创新”的号召，顺应时代发展的潮流，重点鼓励和支持创客特别是高校毕业生群体创办互联网相关领域的企业，让信息产业真正成为宁夏新的经济增长点，助推全区“弯道超车”发展战略。

（三）大力发展跨境电商，建设中阿网上丝绸之路

跨境贸易电子商务弥补了宁夏在交通、物流及地理环境上的不足，是建设开放宁夏的“网上丝绸之路”。

一是积极申报《中阿网上丝绸之路经济合作试验区建设方案》，构建中阿网上丝绸之路的宁夏枢纽。重点打通中阿国际网络和跨境电商两个通道，培育 2~3 家有影响力的跨境电商企业。加快建设中阿技术合作、互联网金融和网络文化资源 3 个中心，推动中阿贸易、信息、科技、金融等领域的全方位交流合作，构建立足宁夏、面向阿盟、辐射全国的“宁夏枢纽”，与中国—东盟信息港等形成我国东西双向开放、南北信息贯通的局面。要努力把宁夏打造成为中阿之间的货物集散中心，这是建设中阿之间跨境贸易电子商务服务的重要支撑。

二是要厘清政府与市场关系，建设服务型政府。政府要在服务上多下工夫、做文章，科学制定有效的规章制度，强化市场监督，规范企业行为，为打造安全、诚信的跨境电子商务平台奠定坚实基础。规章制度过多的服务业往往发展缓慢，因此不能用太多的条条框框，把企业管死，要鼓励企业在开拓市场上创新出彩。

（四）依托大数据实现转型升级，打造西部“互联网 + 人才高地”

2016 年 8 月，中卫市电子商务人才流通合作基地、“中关村互联网 + 人才学院宁夏分院”正式落户中卫。在此基础上，建议借助中卫市打造西部云计算产业高地的东风，加强与中关村合作，充分利用中关村师资力量与企业资源，积极培养电子商务人才和“互联网 +”应用型人才。进一步密切联系阿里巴巴、京东等电商企业，争取这些企业同宁夏高校之间达成“电商人才培养合作计划”。此外，还应结合宁夏信息产业发展规划，建立宁夏地区服务电商企业的基层人才提前储备项目，将企业课程提前切入教学计划，让学生定期到企业开展轮岗实践，实现实操培养前置。

物流保障是农村电商发展的必要条件。为此，一是要加快农村物流快递基础设施建设，鼓励和支持各大电商企业和快递企业加快农村快递网点布局，扩大服务覆盖面，提高配送效率。优先布局潜在高消费密度的农村地区，降低线下网点的初期成本压力。二是要吸引阿里巴巴、京东等电商企业在宁夏建立起县乡两级线下运营体系。使之深入农村市场，以县级运营中心形成商品分拨节点，以村级服务站作为支撑基层物流网络，引导村民网络消费，提供村级一站式服务的关键节点。在网点布局的基础上，依托一站式服务和农户合作关系培养与延续村民购物习惯，从而建立高黏性的线下运营体系。三是鼓励快递企业用无人机进行快递配送，为农村物流“最后一公里”问题带来全新的解决思路。与传统的人工配送模式相比，无人机配送体系不仅提升了配送效率，节省了时间成本，也降低了人员需求。国外亚马逊、谷歌等企业早已经将目光瞄准无人机快递业务，国内最大的综合网络零售商京东也积极开展了有益尝试。

参考文献

[1] 宁夏常务副主席张超超：着力构建中阿区域性的互联网金融中心. 网易新闻，[EB/OL].2016-11-17/2016-12-08，http://news.163.com/16/1117/10/C62NT3E200014SEH.html

[2] 倪金凤.银川滨河新区智慧产业园已拉动投资 37 亿元.宁夏新闻网

[3][EB/OL].2016-09-08/2016-12-08.http://www.nxnews.net/yc/jrww/201609/t20160908_4126620.html.

[4] 林毅夫.新常态下政府如何抓经济.中国改革论坛网，[EB/OL].2015-11-13/2016-12-9.http://www.chinareform.org.cn/Economy/Macro/Practice/201511/t20151113_238276.htm

降低宁夏制造业企业生产成本与国内外比较研究

杨桂琴

一、引言

制造业生产要素成本既包括劳动力成本、资金成本、土地成本、能源原材料成本、税费成本、社保成本等直接生产成本，也包括物流成本和汇率成本等流通成本，还包括整体营商环境等外部交易成本。美国波士顿咨询公司（BCG）2014年8月发布的《全球制造业的经济大挪移》的研究结果表明，2004年美国制造业成本系数比中国高13.5个百分点，2014年仅高4个百分点，而中国的制造业成本指数已从2004年的86上升至2014年的96，意味着中国的制造业成本已经逐渐接近美国，预计到2018年将可能高出美国2%～3%，[①]中国制造业面临着巨大的挑战。面对国内国际严峻的经济形势和中国制造业成本上升的压力，2015年中央经济工作会议将“降成本”作为2016年经济工作的五大任务之一，2017年乃至今后一段时间，降

作者简介：杨桂琴，自治区发展和改革委员会经济研究中心副主任，副研究员，主要研究方向：区域经济、产业经济、宁夏经济社会发展战略研究等。

①凤凰财经：《中央党校教授：必须解决死亡税率问题否则企业全跑了》，http://finance.ifeng.com，2016-12-18。

成本仍然是深入推进供给侧结构性改革的核心内容。为全面了解、准确把握宁夏制造业生产成本基本情况，本文从制度性交易成本、人工成本、企业税费负担（包括降低制造业增值税税率）、社会保险费、资金成本、能源原材料成本和降低物流成本等7个方面，全面深入对比分析当前宁夏制造业成本与国内外的差距，寻求降低宁夏制造业企业成本的政策空间，并提出相应的对策和建议。

二、宁夏制造业生产成本与国内外比较

（一）制度性交易成本

关于制度性交易成本，世界银行发布的《2016年营商环境报告》依照开办企业、办理施工许可、获得电力、登记财产、获得信贷、保护中小投资者、纳税、跨境贸易、履行合同和解决破产10个指标对经商容易度进行排名。结果显示，在全球189个经济体中，中国的营商环境居第84位，比2015年的排名上升6位。①与世界各国对比看，相比于美国、日本、德国、法国等西方发达国家，中国整体营商环境仍有较大的改善空间；而相比于巴西和印度等新兴经济体国家，中国的营商环境相对较好。虽总体排名上升了，但是从分项指标来看，除了办理施工许可和纳税两项指标外，所有营商环境指标排名有所下降，特别是开办企业和获得信贷指标下降较为明显，2016年排名分别比2015年下降9位和8位。

2016年中国营商环境各项指标排名及变化

指　标	2016年排名	2015年排名	排名变化
开办企业	136	127	下降9位
办理施工许可	176	177	提升1位
获得电力	92	86	下降6位
登记财产	43	41	下降2位
获得信贷	79	71	下降8位
保护中小投资者	134	133	下降1位
纳　税	132	133	提升1位

①《世行报告：全球营商环境排名香港第5内地第84》，http://business.sohu.com，2015-10-28。

续表

指 标	2016 年排名	2015 年排名	排名变化
跨境贸易	96	96	无变化
履行合同	7	7	无变化
解决破产	55	53	下降 2 位

就宁夏而言，从世界银行 2008 年出版的《中国营商环境报告》对中国 30 个主要城市进行分析的数据表明，宁夏银川市整体营商环境排名较为靠后。在报告选取的 3 个主要指标中，开办企业指标在 30 个城市中排名第 26 位，登记财产和履行合同指标分别排名第 16 位与第 13 位。以上指标分别在西北五个省会（首府）城市中位列第 4 位、第 3 位和第 2 位。由此可见，宁夏整体营商环境亟需优化和改善。

宁夏银川市营商环境各项指标排名

指 标	银川市在 30 个城市中的位次	排名最前的城市	西北五省（区）中排名第 1 的城市
开办企业	26	杭 州	乌鲁木齐
登记财产	16	上 海	西 安
履行合同	13	广 州	西 安

（二）劳动力成本

近年来，中国劳动力成本快速上升。国际比较显示，中国劳动力成本上升速度不仅显著快于美日欧等发达经济体，且快于南非、巴西等发展中国家。2008—2014 年，中国单位就业人员平均工资年均名义增长率 11.8%，扣除物价因素，实际增长 9%左右。而同期美国仅为 1.9%，欧元区为 0.5%，日本为 -0.8%。南非和巴西的实际工资增长率分别为 3.2%和 5.7%。劳动力成本的过快上涨削弱了中国制造业的竞争力。国内统计数据比较显示，宁夏劳动力成本上升速度快于全国增速。2004—2014 年，中国单位就业人员平均工资从 15920 元上升至 56360 元，年均上涨 13.5%；宁夏单位就业人员平均工资从 14431 元增加至 54858 元，虽然绝对值仍比全国平均水平要低，但年均增长率为 14.3%，高于全国平均增速 0.8 个百分点。这种快速增长无疑给宁夏制造业带来更大的竞争压力。

中国整体劳动力成本快速上升的根本原因是劳动力供求形势的变化。

近年来，中国人口老龄化程度加速，适龄劳动人口（16～59岁）占总人口的比例在2010年达到峰值（70.1%）后，连续4年下降，加之劳动力市场日趋放开和劳动权益保障不断增强的共同作用，使得劳动力工资上涨的动力不断提升，企业用工成本快速上升。但应认识到，制造业人工成本上升是人口结构变化的必然结果，企业要想降低人工成本，只能提高劳动生产率、使用机器替代或者将生产转移到劳动力成本更低的国家。

（三）税费成本

1.中国宏观税负水平较高

影响企业宏观税负的因素有很多，主要包括经济性因素、制度性因素和征管能力等。宏观税负率高是中国制造业成本高的一个重要因素。有关数据显示，1995年中国宏观税负率只有16.5%，2000年也只有21%，2005年到26%，2010年一下子就到了36%，2015宏观税负率36.9%将近37%，[①]这已经超过了发达国家的平均水平（30%～35%），与中国所处的发展阶段极不相称。同时，与发达国家实行的“高税负、高福利”政策相反，中国是在较低的福利水平上实行较高的税负。并且中国宏观税负高，主要体现为企业部门税负高，不利于企业投资和创新。根据资金流量表计算，2012年企业税负相当于其含税可支配收入的47.4%。

近10年来，虽然宁夏及国家公共财政收入占GDP比重都呈逐年上升趋势，且宁夏地方公共财政收入占地区生产总值的比重低于全国平均水平。但“十二五”以来，宁夏地方公共财政收入占生产总值的年均增速为7.14%，比国家快5.1个百分点，呈现出快速上升势头。针对此现状，宁夏进一步深化收费清理改革，截至2016年9月，宁夏通过建立收费目录清单动态调整机制，扩大18项行政事业性收费免征范围，每年减轻企业和群众负担2.4亿元。

实践证明，以营改增等为主的税制改革也进一步降低了企业负担。根据国税总局的数据，从2012年实施营改增以来，截至2015年6月底，全国纳入营改增试点的纳税人共计509万户，已累计减税4848亿元。宁夏认

①凤凰财经：《中央党校教授：必须解决死亡税率问题否则企业全跑了》，2016-12-18。

真贯彻落实国家结构性减税政策，全面推开营改增试点，截至2016年9月底，减轻企业税负23亿元。同时，宁夏通过推进资源税改革，将全部资源品目矿产资源补偿费率降为零。

2.中国制造业增值税税率较高

目前，中国制造业增值税税率是17%，优惠税率为13%，地方与国家的制造业增值税税率一致。国际比较表明，中国增值税征收起步时间较晚，税率维持稳定不变。相对于欧洲国家而言，中国的增值税基本税率较低（英国20%、德国19%、瑞典25%、意大利21%），在金砖国家中，俄罗斯（18%）增值税的基本税率略高于中国，而南非（14%）和印度（12.5%）的增值税基本税率均低于中国。

（四）社保成本

统计数据显示，2003—2014年，中国社会保险基金收入由3495.15亿元快速增长至40438.81亿元，11年间增长了11倍。大多数年份增长率都在15%以上。构成中国社保体系的“五险一金”中，五项社会保险缴费达企业工资总额的29.25%。其中，养老保险总费率28%（单位缴费20%，个人缴费8%），医疗保险8%（单位缴费6%，个人缴费2%），失业保险费率2%（单位、个人比例各省自定），工伤保险和生育保险全部由单位缴费，平均费率分别为0.75%左右和不超过0.5%。社会保险费率偏高导致企业人工成本上升。从中国与世界主要经济体社保缴款占财政收入的比重对比发现，相对于美国和欧元区而言，中国的社保缴款占比较低，主要是因为它们实行的是高福利政策，自然社保缴款水平更高。而与东亚近邻日本相比，中国的社保缴款占比偏高，超越了经济发展的水平。此外，在金砖国家中，中国与巴西、俄罗斯相比，社保缴款占比较低，但与印度和南非等经济发展水平较低的国家相比占比较高。

据了解，2015年，宁夏五项社会保险费率为30%～31%，企业的缴费负担仍然较重，导致企业人工成本较高。为切实降低制造业企业劳动力成本，2016年，宁夏实施了阶段性降低社会保险费率政策，将全区企业职工基本养老保险单位缴费比例由20%降至19%，失业保险总费率由2%降至1.5%。

（五）资金成本

从贷款基准利率来看，2014 年，中国一年期贷款基准利率为 5.6%，远高于美国（3.25%）和日本（1.22%）等发达经济体，但是大大低于巴西（32.01%）、俄罗斯（11.14%）、印度（10.25%）、南非（9.13%）等发展中经济体。宁夏区内主要银行存贷款利率与国家基准利率大部分一致，部分银行存款利率略有上浮。以宁夏银行为例，自 2015 年 10 月 24 日国家新一轮下调存贷款基准利率以来，宁夏银行一年期存款利率为 2.1%，比国家基准利率上浮 40%；中长期贷款（1—3 年）利率为 4.75%，与国家基准利率一致。

从实际贷款利率来看，2014 年，中国工业生产者出厂价格指数（PPI）为 –1.9%，中国企业贷款实际利率为 7.5%，而同期其他国家的实际贷款利率普遍低于贷款基准利率，因而中国实际贷款利率明显高于除巴西之外的其他主要经济体。此外，中国企业贷款的中介费用较高，所承担的评估费、保险费、顾问费等费用普遍高于其他国家平均水平。2015 年，中国工业生产者出厂价格指数为 –5.2，企业贷款实际利率为 9.95%；同期，宁夏工业生产者出厂价格指数（PPI）为 –6.3，企业贷款实际利率为 11.05%,宁夏企业贷款所承受的实际利率要高于全国平均水平 1.1 个百分点。因此，资金成本偏高是导致宁夏乃至中国制造业竞争力下降的重要因素之一。

（六）能源原材料成本

尽管金融危机以来，全球大宗初级产品价格普遍出现大幅下跌，但受交易税费、定价机制、流通费用、原料来源等因素影响，总体上中国能源原材料成本高于美国、俄罗斯、巴西等主要能源市场。能源价格相对较高对中国制造业竞争力带来抑制作用。但从国内来看，宁夏能源原材料价格均低于全国平均水平，在降低制造业生产成本中的空间有限。

1.宁夏煤炭价格低于国家平均水平，国内煤炭价格仍高于主要国际市场

2014 年以来，受国际煤炭市场价格下跌影响，中国煤炭价格呈现持续下跌走势。以电煤价格为例，2015 年 12 月中国电煤均价为329.09 元 / 吨，比上年同比下降 22.51%，与 2014 年初的电煤价格相比，下降了近 40%。

宁夏作为国家重要煤炭产区之一，煤炭价格远低于全国平均水平。以

电煤价格为例，根据国家发改委价格监测中心发布的数据，宁夏2015年12月电煤均价为232.67元/吨，仅高于山西省、内蒙古自治区和新疆维吾尔自治区，价格同比下降15.59%。

2.宁夏工业电价低于全国平均水平，中国工业电价高于发达国家平均水平

根据国家能源局发布的《2013—2014年度全国电力企业价格情况监管通报》，中国电网企业平均销售电价中，从分类销售电价看，一般工商业及其他用电平均电价最高，2013年、2014年分别为843.93元/千千瓦时、856.51元/千千瓦时，大工业用电、居民用电类别平均电价次之。从各省区看，宁夏电价在全国来说处在较低水平，以燃煤发电上网价格为例，根据国家发展改革委2015年4月调整后的燃煤发电上网电价和工商业用电价格调整情况来看，调整后宁夏燃煤发电标杆上网电价为0.2711元/千瓦时（含税）①，仅低于新疆。

国际能源署数据表明，2014年OECD成员国工业平均电价为每千千瓦时123.88美元。2014年中国工商业平均电价折合139.43美元/千千瓦时，美国为70.14美元/千千瓦时，由此可见，中国工商业电价高于经合组织国家平均水平，更是美国平均电价的两倍。但是，中国工商业平均电价明显低于日本、德国、英国等国家。此外，经合组织成员国居民平均电价要高于工业电价，而中国则恰恰相反，2014年工业平均电价约为居民平均电价的1.52倍。②

3.宁夏石油价格低于全国平均水平，中国石油价格属于世界中等水平

石油作为全球范围内自由流动的资源，油价市场化程度较高，各国不含税的石油终端售价相差无几，但是，由于不同政策导向，加上税费后价格差别较大。从宁夏来看，2015年10月，宁夏93#汽油价格为5.70元/升，低于国内平均水平；北京92#汽油价格约为5.92元/升，高出同期美

① 《国家发展改革委关于降低燃煤发电上网电价和一般工商业用电价格的通知》（发改价格〔2015〕3105号）。

② 《国际能源署公布2014全球电力数据经合组织国家总发电量减少》，http://www.askci.com/news/chanye/2015/08/20

国（3.8 元 / 升）和加拿大（5.1 元 / 升）汽油价格 54%和 16%。主要是因为中国汽油价格中约有 30%的各种税费（消费税、增值税、城市维护建设和教育附加费等），而美国和加拿大的燃油税较低。但是，中国汽油价格明显低于实行高燃油税的日本和西欧各国。同期，日本汽油价格为 7.1 元 / 升，高出中国汽油价格 20%左右；西欧国家汽油价格每升在 8.3 ~ 10.6 元，超出中国汽油价格 40% ~ 80%。但需看到的是，我国目前成品油中的税费比率较高，国内的成品油价一直被称为"一升油半升税"，除消费税外，油价中还包含增值税、城建税、教育附加税等，折算下来，当前成品油价中税费约占到 48%。

4.宁夏天然气价格低于国内平均水平，中国天然气价格比价大幅抬高

宁夏天然气价格低于国内平均水平。2016 年 1 月，宁夏工商业用天然气价格为 2.06 元 / 立方米，集中供暖用气价格为 1.91 元 / 立方米，车用气批发经营企业通过管道供应的批发价格为 1.97 元 / 立方米，管道车用天然气零售价格政府指导价为 2.88 元 / 立方米。宁夏天然气价格远低于国内平均水平。

目前，国内天然气价格机制仍不完善，对市场信号反应不灵敏。近年来，随着油价和煤价持续大幅暴跌，长期偏低的气价在改革之后反而因比价偏高，成为抑制天然气消费的主要因素。国际比较来看，2014 年，日本液化天然气（LNG）进口价格为 16.33 美元 / 百万 Btu，是德国 LNG 进口价格的 1.8 倍，更是英国、美国和加拿大天然气市场价格的 2.0、3.8 和 4.2 倍。日本 LNG 进口价格基本代表东亚地区的进口气价水平，与中国 LNG 进口价格基本接近。这表明东亚地区（包括中国在内）进口气价处于相对较高水平。

（七）物流成本

近年来，中国物流成本出现不断降低的态势，中国物流成本占 GDP 的比重由 2009 年的 17.6%降低至 2014 年的 16.6%，但是仍然远远高于 2014 年美国（8.3%）和日本（8.5%）等发达国家的水平，也比世界平均的物流成本占 GDP 的比重（11.7%）要高。因此，中国制造业的物流成本较高是造成制造业总体成本上升的重要原因之一。

从物流成本的构成来看，2014年，中国运输、保管（仓储）和管理费用分别占到物流总费用的52.9%、34.9%和12.2%。1991—2014年，运输费用占GDP的比重下降最快，从1991年的13.3%下降至2014年的8.8%；管理费用占GDP比重下降最慢，13年间仅下降1.2个百分点。虽然相比于1991年，中国各项物流费用都有所降低，但与同期的美国相比，运输费用占GDP比重高3.5个百分点，保管（仓储）费用占GDP比重高3.1个百分点，管理费用占GDP比重高1.7个百分点。由此也可看出，各项物流成本都有较大的下降空间。

虽然宁夏社会物流总费用占社会生产总值的比重由2009年的35.3%下降至2014年的24.3%，但仍比全国平均水平高出近8个百分点。从社会物流构成来看，宁夏工业品物流和批发物流总额占据了全社会物流总额的90%以上。2014年，宁夏工业品物流总额完成3544亿元，同比增长3.6%，增幅比上年回落10.4个百分点，占全区社会物流总额的60%。全区批发业物流总额完成1886亿元，同比增长5.4%，占全区社会物流总额的32%。全区进口货物物流总额完成70.84亿元，同比增长70.3%；农产品物流总额完成390亿元，同比增长5.4%。受电子商务和网络购物的带动，全区邮政、快递、配送等业务量持增长态势，2014年共完成物流总额10.74亿元，比上年增长1.3倍。因此，在降成本中，宁夏尽快大幅降低物流成本势在必行。

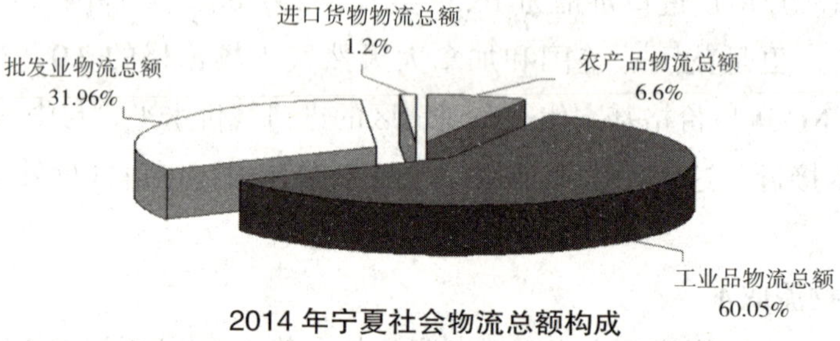

2014年宁夏社会物流总额构成

结论：通过以上对比分析，从中国与世界主要经济体对比来看，我国制造业七大要素成本中，企业制度性交易成本、用工成本增速、资金成本、物流成本明显高于世界主要经济体，成为制造业成本高的主因，宏观税负水平也高于发达国家平均水平，因此总体上造成企业成本高、负担重、竞争力降低。从宁夏与全国对比来看，税费成本、社保缴费负担全国各地基本相当，宁夏制造业成本中除能源原材料成本略低于全国平均水平外，其他成本均高于全国平均水平，特别是制度性交易成本、企业资金成本和物流成本高加重了宁夏制造业企业成本，因此，在全区开展降成本工作中，亟需重点针对改善营商环境、降低企业资金成本、降低物流成本等短板较为明显的方面出台一系列切实可行的政策措施，有效降低制造业企业外部成本，提升经济发展活力。

宁夏、中国企业要素成本与世界主要经济体对比表

<table>
<tr><th>序号</th><th colspan="2">主要指标</th><th>美国</th><th>德国</th><th>日本</th><th>中国</th><th>俄罗斯</th><th>印度</th><th>宁夏</th></tr>
<tr><td>1</td><td colspan="2">制度性交易成本(2016全球主要国家营商环境排名)</td><td>7</td><td>15</td><td>34</td><td>84</td><td>51</td><td>130</td><td>26(全国)</td></tr>
<tr><td>2</td><td colspan="2">工资年均增长率(%)(2008—2014)</td><td>1.9</td><td>0.5(欧元区)</td><td>-0.8</td><td>13.5</td><td>11.2</td><td>10.6</td><td>14.3</td></tr>
<tr><td rowspan="2">3</td><td rowspan="2">税费成本</td><td>宏观税负水平(%)(2014)</td><td colspan="3">35左右</td><td>37.2</td><td>—</td><td>—</td><td>—</td></tr>
<tr><td>制造业增值税税率(%)</td><td>不开征</td><td>19</td><td>5</td><td>17</td><td>18</td><td>12.5</td><td>17</td></tr>
<tr><td>4</td><td colspan="2">社保缴款占财政收入比重(%)(2012)</td><td>34.9</td><td>35.5(欧元区)</td><td>1</td><td>16.7</td><td>21</td><td>0.24</td><td>—</td></tr>
<tr><td>5</td><td colspan="2">资金成本(企业贷款实际利率)(2014)</td><td>1.77</td><td><2</td><td>-0.42</td><td>7.5</td><td>3.68</td><td>6.18</td><td>9.3</td></tr>
<tr><td rowspan="2">6</td><td colspan="2">能源原材料成本</td><td>较低</td><td>较高</td><td>较高</td><td>较高</td><td>较低</td><td>较高</td><td rowspan="2">略低于全国平均水平</td></tr>
<tr><td colspan="2">工业用电价格(美元/千千瓦时)(2014)</td><td>70.140</td><td>179.250</td><td>188.12</td><td>139.433</td><td></td><td></td></tr>
<tr><td>7</td><td colspan="2">物流成本(物流成本占GDP比重)(2014)</td><td>8.3</td><td>8左右</td><td>8.5</td><td>16.6</td><td>20左右</td><td>13.5左右</td><td>24.3</td></tr>
</table>

三、降低宁夏制造业企业成本的对策与建议

从以上数据对比分析可以看出，目前，宁夏在制造业成本构成中，最有下降空间及最有可能降低的成本是税费、企业融资成本及制度性交易成本、社保和物流成本。结合2016年8月22日国务院下发的《降低实体经济企业成本工作方案》和宁夏实际，建议当前重点从以下5个方面降低制造业企业成本。

（一）切实落实各类企业减负政策

全面实施营改增减轻企业负担，继续实施差别电价、电力直接交易、通行费减征、困难企业税费减缓、社保费减缓等帮扶政策；帮助企业争取融资，降低企业融资成本，运用好产业引导基金、新型工业化担保、工业风险补偿基金等金融工具；对已经明确支持的重点产业和企业，尽早出台切实可行的扶持政策，通过提高竞争力、增加盈利空间，进一步降低成本；加快“腾笼换鸟”、转型升级，倒逼企业提高单位面积的投资强度和投入产出率，降低生产成本。

（二）切实降低制度性交易成本

进一步转变政府职能、简政放权。在创办企业、项目审批等重点领域，再取消下放一批行政审批事项，建立健全行政审批监管长效机制；清理规范中介服务，降低企业外部交易成本，为企业营造良好的营商环境。

（三）增加电力直接交易试点数目，探索电力微网运行试点

建议结合国家深化电力体制改革的意见及自治区电价相关政策，增加区内享受电力直接交易的企业数目和交易电量，降低企业用电成本。与此同时，建议自治区将石嘴山市和宁东能源化工基地作为全区试点探索园区独立电网建设，开展电力微网运行，既可降低企业用电成本，又能保障电能安全、环保、持续稳定利用。

（四）适度降低社保缴费比率，加大职业培训力度

建议在现有社保缴费政策基础上，考虑合并生育保险，合理降低失业保险费率，细化工伤保险行业费率，强化费率的浮动机制；研究减少企业养老金和医疗保险的支付比例；支持企业通过转型转产、培训转岗等，多渠道分流安置富余人员；各级财政加大对企业职工培训的资金支持力度，减轻企业人员培训经费负担。

（五）加大降低物流成本工作力度

一是加强宁夏区内陆路口岸与沿海口岸合作，通过“属地报关、口岸验放”的物流运作模式，实现出口货物陆海联运，降低物流成本。

二是给规模以上工业企业运输车辆发放费用减半通行证，根据当年企业各产品的实际运输量，年底按照减免政策一次性结算返还给企业。

三是减免自治区级以上工业园区内企业在宁夏的过路桥费，降低企业运输费用。

四是建立和完善社会化、专业化的物流服务体系，形成一批具有较强竞争力的现代物流企业，扭转“小、散、弱”的发展格局，提升产业规模和发展水平。

五是鼓励物流企业“互联网 +”，实现从网络前端到最终客户端物流全过程的协调、控制和管理，减少中间环节，降低管理成本。

参考文献

[1] 牛犁. 加强供给侧结构改革坚决打好五大歼灭战——2016 年经济形势展望[J]. 宏观经济管理,2016(2):16 ~ 21

[2]江河.深化油气税费改革促进资源节约,增强自主供给能力[J].国际石油经济,2015,23(1):31 ~ 32

[3] 王中银.发展现代煤化工存在的主要问题[J].煤炭加工与综合利用,2015(8):12 ~ 14

[4] 倘若油价反弹加税向左向右[J].中国储运,2015(3):100 ~ 101

提高企业科技创新能力的调研报告

马红波

习近平总书记在全国科技创新大会上强调："企业是科技和经济紧密结合的重要力量，应该成为技术创新决策、研发投入、科研组织、成果转化的主体。"这是今后推动企业提升科技创新能力的发展方向。

一、宁夏企业科技创新方面存在的主要问题

（一）实施创新发展战略尚未形成合力

科技创新难度大，依靠资源优势和简单投入推动经济增长的惯性思维，在政府和企业中普遍存在，对依靠科技创新驱动发展，促进供给侧结构性改革的认识不到位。如自治区知识产权局为二级局，而发达省区多为（正厅级）一级局。全区22个县（市、区）有15个将科技局并入其他部门，一定程度弱化了科技部门的职能。在工作部署上，科技与经济工作两张皮，以科技创新质量、贡献、绩效为导向的激励机制还未形成。在政策制定上，对特色优势产业发展的前瞻性和可持续性深入研究不足，结合实际制定分类施策的模式不多，如科技后补助政策对医药等研发周期较长的企业促进作用不佳。在政策执行上，有的部门对国家政策变化敏感不够，有的部门

作者简介：马红波，自治区政协经济委员会办公室主任。

间缺乏协同，有的政策宣传不到位，各方工作没有形成合力。

（二）科技创新经费投入不足，资金使用效率有待提高

一是全社会 R&D 经费投入不足（见表 1）。全社会研究和试验发展经费（R&D）呈逐年增长，但增速连年放缓。2015 年，全国 R&D 经费投入强度为 2.07%，宁夏仅为 0.88%，在全国 31 个省（自治区、直辖市）中排第 23 位。2016 年预计达到 1%以上，距宁夏到 2020 年全面建成小康社会提出的 2.0%目标差距较大。

表 1　2010—2015 年宁夏 R&D 支出统计情况

年　度	R&D 经费(亿元)	R&D 经费增长速度(%)	R&D 经费投入强度(%)
2010	11.51	10.2	0.68
2011	15.32	33.1	0.73
2012	18.23	19.0	0.78
2013	20.9	14.6	0.81
2014	23.86	14.1	0.87
2015	25.48	6.8	0.88

备注：R&D 经费投入强度：研发经费投入与国内生产总值(GDP)之比。

二是企业创新投入不足。宁夏规模以上工业企业 R&D 投入水平仍处在低位（见表 2）。2015 年，宁夏 1245 家“规上”工业企业，开展 R&D 活动的企业 154 家，占 12.4%。企业效益差、创新投入风险大、科技保险发展滞后，是导致企业在科技创新上不愿投入、不敢投入的主要因素。

表 2　宁夏规模以上工业企业 R&D 经费投入情况

指标 年度	“规上”工业企业			“规上”大、中型工业企业		
	主营业务收入（亿元）	R&D 经费（亿元）	投入强度（%）	主营业务收入（亿元）	R&D 经费（亿元）	投入强度（%）
2010	1879.99	8.64	0.46	1422.94	7.30	0.51
2011	2422.46	11.89	0.49	1911.06	10.55	0.55
2012	3024.00	14.37	0.48	2397.14	12.28	0.51
2013	3445.78	16.75	0.49	2750.54	13.89	0.50
2014	3526.51	18.65	0.53	2663.20	14.00	0.53
2015	3472.75	20.05	0.58	2516.57	15.95	0.63

三是产业引导基金作用发挥不够。设定规模 30 亿元的自治区产业引导基金，目前财政已拨付至基金管理中心 20.2 亿元，投资到子基金的只有

5.78 亿元。各类子基金目前完成区内投资项目 16 个（工业类项目 6 个），产业引导作用尚未显现。

（三）创新人才缺乏仍然是制约企业科技创新的短板

宁夏在人才引进和使用方面 “高不成低不就”现象还较普遍。从调查问卷看，企业不仅在领军型人才引进方面需要政府给予支持，而且在实用技能型人才方面同样需要支持。人才培养对产业发展的前瞻性不够，不能满足全区新兴产业发展的需求。从人才使用上看，既存在柔性引进的高层次人才有效居住时间短、作用发挥不够的问题，也有本土人才学非所用的浪费现象。对科技人才的管理仍按行政模式一刀切，企业和科研院所之间人才双向流动仍然存在障碍，主要是部门画地为牢的藩篱没有打破。企业专业技术职称和薪资待遇不挂钩，激励机制缺失导致科研技术人员纷纷追求管理岗位。

（四）企业科技平台支撑和协同创新能力有待加强

截至目前，宁夏共建设企业技术中心 72 家，其中国家级 14 家、自治区级 58 家；依托企业组建国家和自治区重点实验室 5 家、工程技术中心 22 家；建成自治区企业技术创新中心 143 家，企业牵头组建产业技术创新战略联盟 9 个。综合来看，多数企业未建立专门的研发机构，企业技术人员多数从事生产和检验工作，科技创新主体的能力不足；企业与高校科研院所协同创新能力也不足，有些企业虽与高校和科研院所建立了产学研关系，但合作多停留在技术咨询层面上，很少建立稳固、长期的技术合作联盟。科学大型仪器共享平台服务企业的作用没有充分发挥，平台中的 5 个公益性检测机构 278 件共享仪器，设备平均利用率仅为 23%。

二、对策和建议

针对以上问题，结合“五大发展理念”和宁夏产业发展实际，就增强企业科技创新能力提出如下对策建议。

（一）加强政策设计和引导，增强政策执行力

加强对科技创新工作的领导和协调，建立各级党政一把手抓科技创新责任机制，把科技进步贡献率、投入产出率和科技创新能力等指标纳入经济社会发展指标考核体系。强化各级科技计划管理部门联席会议的作用，深入研究经济发展新常态下的科技创新工作，切实解决科技创新工作中的部门不协调、政策不落地问题，有效激发企业科技创新内生动力。尽快出台《宁夏“十三五”科技创新规划》，针对宁夏技术优势和特色产业，明确“十三五”时期企业科技创新的重点项目、路线图和时间表，充分发挥政府引领和企业主导作用，坚持一届接着一届干，真正使科技型企业成为宁夏特色产业的主导力量。强化政策的执行力，对已形成的科技政策开展绩效评估和清理整合。研究完善不同行业的科技创新后补助政策，适度降低市县财政承担比例，对研发周期较长的科研项目，可按年度进展情况进行阶段性申报。加强政策宣传，积极引导企业充分用好政府支持政策。

（二）建立科技投入稳定增长的长效机制

加大科技活动经费投入，使 R&D 经费投入逐步占到 GDP 的合理比重。在科研经费使用方面，集中自治区有限的财力，重点扶持支柱产业中的龙头企业，增强其核心竞争力和带动力。支持各市、县（区）设立适合本地产业发展的创业投资基金，加快推动自治区产业引导基金落地见效，对在“新三板”新挂牌的科技型企业，可采取直投方式，给予一定数额的参股支持并进一步跟进投资。加大财政支持力度，增加科技金融专项资金规模，支持保险公司针对科技型企业扩大保险险种范围，提高科技金融风险补偿标准，通过建立助贷基金，加大科技保险费补助、科技贷款利息补助、科技担保补助、知识产权质押贷款补助等多种方式，引导银行加大金融服务支持力度，降低企业科技创新投入风险。

（三）建立健全符合宁夏实际的人才体制机制

各级人才管理部门要认真总结经验，查找不足，制定更加符合实际的人才服务政策，超前做好本地培育和引进规划。不仅要注重高端人才和科技创新团队的引进，更应做好技能型、生产型操作人才的培养和企业用工培训指导工作。制定更加灵活的人才管理政策，打破科研院所和企业之间人才流动的部门束缚，对有贡献的科技人才，不搞一刀切的到龄退休，可延期退休。进一步摸清宁夏技术人才的家底，建议自治区人社部门每年对全区工程师以上职称的人才使用情况加强调查，提出人才使用指导意见，尽可能把专业技术人才调整安排到专业技术岗位，切实激发现有专业人才的积极性，做到人尽其用。推进高校向应用技术型高校转型，围绕宁夏重点发展的新兴产业、农业特色优势产业和现代服务业，加快建立需求导向的应用型学科专业。鼓励高校探索校企合作的协同培育模式，鼓励企业参与科技人才培养，建设教育联合培养基地，开展校企联合招生、对口贯通分段培养，培育市场需要的现代工匠。

（四）推动协同创新，全面提升企业科技创新能力

政府要积极推动以龙头企业为引领的产业联盟协同创新，发挥行业协会的桥梁作用，通过战略联盟加强企业与区内外科研院所和高校的产学研合作，通过协同创新解决企业单打独斗难以解决的技术问题。鼓励龙头企业围绕主导产业或企业自身技术需求，建设专业性孵化器，为上下游小微企业提供服务。政府要加快大数据服务企业创新建设，依托互联网打造开放共享的新型科技创新平台。加快建设全区统一的网上技术交易平台和科技信息公共服务平台，为企业提供免费检索科技文献数据服务。完善自治区科学大型仪器共用平台使用办法，尽快协调解决困扰大型科学仪器共享平台的价格、票据和使用问题，使其更好地发挥服务企业、促进创新的积极作用。

（五）建立有效激发各方活力的激励机制

认真贯彻中办、国办《关于进一步完善中央财政科研项目资金管理等政策的若干意见》（中办发〔2016〕50号），从简化预算编制、提高间接费用比重、明确劳务费开支范围、完善差旅费用管理、打破出国交流限制、建立科研财务助理制度、允许科研经费跨年度结转使用、改进科研仪器设备采购等方面提出具体改进措施，尽快制定自治区科研项目资金管理实施办法。加快对科技创新收入分配机制的改革步伐，通过创新收益分配机制，让科技人员、技术能手以自己的发明创造合理合法富起来。引导企业对科技创新人才和技术骨干实施以股权激励、技术成果转化收益分成、税后利润提成等多种方式参与收益分配。推动企业技术人员的职称和薪酬待遇挂钩，允许企业及用人单位对创新型人才职称评聘有充分的独立自主权。要通过每年大张旗鼓的科技表彰活动，形成激励创新、理解创新、支持创新、推动创新的社会共识和企业行动自觉。

区域发展篇

QUYU FAZHAN PIAN

2016年银川市经济发展报告

张旭霞

2016年，面对经济下行压力加大的严峻形势和发展过程中的重重困难，银川市委、政府团结带领全市人民，认真落实“2258”工作思路，加快推进开放内涵式发展，坚持稳中求进总基调，统一思想，坚定信心，紧盯目标，超前谋划，准确研判，及时决策，狠抓重点，干在实处，走在前列，全市经济呈现“总体平稳、稳中有进、进中向好”的发展态势，结构调整和转型升级步伐加快，质量效益逐步提升。

一、2016年银川市经济运行主要特点

（一）总体经济稳中有进，结构调整持续优化

2016年，银川市各县（市、区）、各部门按照市委、政府的决策部署，牢固树立新发展理念，紧盯“高轻新”产业方向，着力“稳一、优二、提三、育新”，以经济工作项目化为主线，注重提高经济增长质量效益，全年经济总体保持健康平稳发展。初步预计，2016年，全市实现地区生产总值1580亿元，同比增长8.0%，增速比一季度、上半年分别加快1.0个百分点和0.1个百分点，与前三季度持平。其中，第一产业增加值61亿元，同比

作者简介：张旭霞，银川市统计局副调研员。

增长 5.0%；第二产业增加值 810 亿元，同比增长 7.5%；第三产业增加值 709 亿元，同比增长 9.0%，第三产业增速高于上年同期 1.4 个百分点。三次产业结构由上年同期 3.9∶52.3∶43.8 调整为 3.4∶51.8∶44.8，第三产业比重比上年同期提升 1.0 个百分点。三次产业贡献率分别为 2.2%、48.8%和 49.0%，分别拉动经济增长 0.2 个、3.9 个和 3.9 个百分点，第三产业贡献率比上年同期上升 15.0 个百分点。第三产业的增速提高、比重提升和贡献率加大，反映出银川市经济发展中产业结构调整成效明显。

（二）农业发展态势良好，特色产业优势凸显

2016 年，银川市始终坚持“三精”农业发展方向，按照“总量稳定，结构优化”原则，不断发展特色优势产业，加快推进农业供给侧结构性改革，调整优化农业生产结构，农业发展呈现良好态势。预计全年农林牧渔业总产值达到 121 亿元，同比增长 5.0%；农林牧渔业增加值达到 61 亿元，同比增长 5.0%。全年小麦总产量达到 9.66 万吨，同比增长 22.4%，比上年同期提高 27.1 个百分点。畜禽养殖规模化水平逐步提升。预计猪、牛、羊产量达到 4.65 万吨，同比增长 4.7%，比上年同期提高 3.1 个百分点。全市生猪出栏 19.33 万头，同比增长 1.9%，比上半年提高 3.1 个百分点；存栏 14.26 万头，同比增长 1.8%，比上年同期提高 16.2 个百分点。适水产业发展稳中有增。预计全市水产品产量 7.47 万吨，同比增长 5.0%，比上年同期提高 1.4 个百分点。农业产业化步伐加快。市级以上农业产业化龙头企业达到 223 家，其中，国家级龙头企业 8 家，自治区级 91 家。

（三）“规上”工业稳中显优，转型升级步伐加快

2016 年，银川市按照“去产能、去库存、去杠杆、降成本、补短板”五大任务要求，加强政策扶持力度，加快推进供给侧结构性改革，把培育壮大产业集群作为调结构、转方式的重要抓手，全面落实新出台的“工业 19 条”政策，助推全市工业经济保持平稳增长。预计全年完成规模以上工业增加值 525 亿元，同比增长 8.5%。1—11 月，全市“规上”工业完成增加值 477.4 亿元，同比增长 8.5%，增速分别高于全国、全区 2.5 个和 1.0 个百分点。

一是结构转型步伐加快。1—11 月，全市完成轻工业增加值 110.68 亿元，同比增长 12.5%；重工业增加值 366.72 亿元，同比增长 7.4%。轻重工业比为 23.2∶76.8，轻工业比重同比提升 1.4 个百分点；完成非公工业增加值 208.58 亿元，增长 11.8%，非公比重为 43.7%，同比提升 1.9 个百分点；六大高耗能行业完成增加值 234.33 亿元，同比增长 0.8%，高耗能行业比重为 49.1%，同比降低 4.4 个百分点。

二是支柱行业支撑突出。1—11 月，全市 30 个大类行业中有 20 个保持增长。其中，煤炭开采洗选业增长 32.5.5%，拉动 4.9 个百分点；石油加工炼焦业增长 12.2%，拉动 2.3 个百分点；纺织业增长 29.6%，拉动 1.8 个百分点；医药制造业增长 29.1%，拉动 0.6 个百分点。

三是高技术产业快速增长。1—11 月，“规上”工业中高技术产业同比增长 46.7%，占“规上”工业比重同比提升 1.7 个百分点。

四是新动能快速蓄积。单晶硅、多晶硅分别增长 93%和 64.9%，工业自动调节仪表与控制系统增长 20.5%，工业机器人增长 10.0%。

（四）投资保持平稳增长，民间投资作用显著

2016 年，银川市大力实施项目带动战略，坚持经济工作项目化、项目工作责任化，加大项目协调力度，发挥县（区）、园区主体作用，鼓励民间资本和民营企业投资，保证项目建设快速推进，促进全市固定资产投资保持平稳增长。预计全年完成全社会固定资产投资 1695 亿元，同比增长 10.0%。1—11 月，全市完成固定资产投资 1521.57 亿元，同比增长 10.8%，增速分别高于全国、全区 2.5 个和 1.6 个百分点。其中，完成不含厅局项目和农户投资的固定资产投资 1240.99 亿元，同比增长 12.3%。

一是二产投资增速较快。1—11 月，第一产业完成投资 27.57 亿元，同比下降 1.6%；第二产业完成投资 459.05 亿元，同比增长 34.0%；第三产业完成投资 754.37 亿元，同比增长 2.8%。

二是工业投资拉动明显。1—11 月，全市完成工业投资 457.92 亿元，同比增长 35.6%，拉动全市投资增长 10.9 个百分点。其中，采矿业完成投资 0.08 亿元，同比下降 98.4%；制造业完成投资 240.25 亿元，同比增长 28.7%；电力、热力、燃气及水生产和供应业完成投资 217.59 亿元，同比增长 49.4%。

三是民间投资贡献凸显。1—11 月，全市完成民间投资 757.33 亿元，同比增长 17.2%，占全市投资比重 61.0%，比上年同期提高 2.5 个百分点，对全市投资增长贡献率达 81.6%。

四是房地产开发投资保持较快增长。1—11 月，全市完成房地产开发投资 426.63 亿元，同比增长 18.9%。

（五）消费市场平稳向好，物价水平温和上涨

2016 年，银川市积极引资金争项目，大力实施项目带动战略，狠抓商业结构调整和"互联网 +"流通行动，积极发展商业新业态和培育电子商务新经济，着力搞活流通、扩大消费，消费市场呈现平稳有序运行态势。预计全年完成社会消费品零售总额 525 亿元，同比增长 7.5%，增速比一季度、上半年和前三季度分别提高 0.2 个百分点、0.7 个百分点和 0.5 个百分点。1—11 月，限额以上法人企业实现消费品零售额 287.44 亿元，同比增长 2.3%。从商品零售类值看，一是吃喝类呈现刚性需求。粮油食品类增长 10.4%，饮料类增长 16.5%。二是文化书报类增长快。文化办公类增长 23.2%，书报杂志类增长 15.6%。三是重点商品升温。中西医药类增长 7.0%，石油及制品类增长 6.5%，汽车类增长 4.2%。从物价水平看，1—11 月，全市居民消费价格总水平上涨 1.5%，比 1—10 月回升 0.3 个百分点。调查的八大类消费品呈现"七升一降"态势，其中食品烟酒类价格上涨 3.0%，衣着类价格上涨 2.7%，其他用品和服务类价格上涨 2.5%，医疗保健类价格上涨 2.3%，教育文化和娱乐用品类价格上涨 1.0%，生活用品及服务类上涨 0.5%，居住类价格上涨 0.4%，交通和通信类价格下降 1.4%。

（六）财政收支稳定增长，金融信贷平稳运行

2016 年，银川市认真贯彻落实中央、自治区稳增长、调结构的各项措施，积极落实结构性减税政策，深入推进供给侧、营改增和金融等各项改革，不断强化措施，持续发力，全市财政、金融保持平稳运行。预计全年完成公共财政预算收入 188.26 亿元，同比增长 10.1%。1—11 月，全市完成地方财政收入 200.57 亿元，其中，公共财政预算收入 151.42 亿元，同比增长 5.1%。全市完成地方财政支出 328.89 亿元。其中，公共财政预算支出 282.75 亿元，同比增长 14.6%。11 月末，全市金融机构人民币各项存款余额 3278.06 亿元，同比增长 7.5%；各项贷款余额 4060.15 亿元，同比增长 12.7%。

（七）居民收入增势向好，生活质量逐步提升

2016 年，银川市始终把促进居民持续增收作为民生工作的重中之重，紧紧围绕转型、跨越发展的战略目标，认真贯彻落实党的惠民富民优先方针政策，强化措施，多渠道、多途径、多领域拓展城乡居民增收空间，不断提高居民生活质量。预计全年城镇、农村居民人均可支配收入分别达到 30500 元和 12100 元，同比分别增长 8.0%和 8.5%。前三季度，城乡居民人均可支配收入分别为 21289 元和 9706 元，同比分别增长 7.2%和 7.8%，分别比上半年加快 0.8 个和 0.3 个百分点；城乡居民人均消费支出分别为 16142 元和 7770 元，同比分别增长 1.1%和 9.3%。农村居民人均消费支出快于城镇居民人均消费支出 8.2 个百分点，反映出城市居民和农村居民收入、消费差距逐步缩小，农村居民生活质量逐步得到提升。

二、2016 年银川市经济发展存在的主要问题

2016 年，银川市经济发展基本向好，随着结构调整深入推进，发展质量稳步提升，整体形势向好，但同时还存在一些突出问题，面临不少挑战。

（一）工业提质增效动力不足

一是降成本成效不明显。1—11 月，全市“规上”工业企业每百元主营业务收入中的成本为 80.35 元，虽比上年全年下降 1.36 元，但成效仍不明显。

二是企业利润持续下降。成本增加、产品价格下降等因素，导致全市“规上”工业利润逐月减少。1—11 月，全市“规上”工业实现利润总额 45.61 亿元，同比下降 11.9%，已连续 6 个月呈下降态势。

三是因市场需求不振、企业订单减少、产品价格下降、环评不达标等因素，造成部分企业停产。截至 11 月，仍有 43 家企业停产。

四是企业亏损面较大。1—10 月，全市“规上”工业企业亏损面 23%，亏损企业亏损总额达 36.62 亿元，同比增长 67.8%。

（二）投资增长压力犹存

一是企业自主投资意愿不强。由于市场需求总体偏弱，工业领域价格企业效益不佳，工业企业整体仍处在去库存阶段，自主投资意愿不强，缺乏扩大再生产的投资意愿。

二是县（区）投资发展不均衡。部分县（区）新增项目少、规模小，新增项目投资额不足以支持年度投资增长需要。

三是实际融资成本较高。经济下行时期信贷收缩明显，融资难、融资贵问题依然困扰着企业生产经营。融资成本居高不下，对中小企业以及民营企业发展造成较大影响，直接影响其投资能力。

四是地方政府及融资平台投资能力受限。受公共财政收入低速增长、土地出让收入大幅减少以及偿债高峰期等因素影响，地方政府可用于投资建设的财力明显不足，引导带动社会资本的能力较弱。

（三）消费提速难度较大

一是零售业低增长下拉“社消”增速。2016年以来，全市“限上”企业零售业零售额增速持续呈负增长，2—8月，累计增速分别下降3.9%、2.8%、3.1%、3.2%、2.6%、1.9%、0.6%，虽然9—11月回暖转正，但累计分别仅增长0.5%、1.5%和2.3%，支撑力度仍然较弱。

二是电子商务对全市传统“限上”企业零售市场造成第二波冲击。1—11月，全市快递业务进港量3958.40万件，同比增长46.1%，连续两年保持40%以上高速增长，网购对传统消费造成的分流作用明显，在很大程度上造成了购买力分散，影响传统商业企业的发展，进而对消费品市场的发展产生影响。

三是商品供给侧不适应需求侧结构问题显现。当前居民消费升级的空间十分广阔，但从节假日全市居民大量外出旅游、购物等都集中反映出商品供给与需求之间的矛盾。

（四）收入增长缓慢，形势不容忽视

一是城乡居民收入增速明显放缓。前三季度，虽然城乡居民人均可支配收入比上半年分别提高0.8个和0.3个百分点，但比上年同期分别回落1.0个百分点和1.8个百分点，与全年目标任务仍然有1.8个百分点和2.2

个百分点的较大差距，且居民收入增速放缓，对全市消费需求的提升也将产生一定的制约作用。

二是城乡居民收入增长后劲不足。近年来，虽然出台了一些增资补贴等政策，但增长因素单一致使城乡居民收入持续增长后劲不足。

三、推进银川市经济发展的对策建议

2017 年是银川市决战决胜小康社会的关键之年，也是进入“弯道超车、跨越发展”的关键时期。全市上下按照中央、自治区和市委、政府的统一部署要求，主动引领新常态，创新发展、转型追赶、扎实开局，全力抓好稳增长、调结构、促改革、惠民生等各项工作，促使全市经济实现新跨越。

（一）着力转变发展方式，推动经济实现新跨越

要实现“十三五”目标，必须继续加强和改善宏观调控，保持价格总水平基本稳定，把短期调控政策和长期发展政策结合起来，坚持实施扩大内需战略，充分挖掘银川市内需的巨大潜力，加快形成消费、投资协调拉动经济增长的新局面。同时，加快转变经济发展方式和调整经济结构。坚持走区域特色新型工业化道路，推动信息化和工业化深度融合，改造提升制造业，培育发展战略性新兴产业。按照高端化、国际化方向，加快一、二、三产融合发展，加快构筑以新兴产业为先导、高端服务业为主题、新型工业和现代都市农业为基础的现代产业体系，以产业升级版打造经济升级版，推进传统产业发展提质、结构优化、效益提升，大力推动经济实现新跨越，力争全市经济增长 8%。

（二）着力发展特色农业，推进农业现代化进程

按照“三精”农业发展思路，以加快农业现代化为目标，以转方式、提质量、增效益为主线，以农民增收、农业增效为核心，以深化农村改革为动力，加快构建现代农业产业体系，走产出高效、产品安全、资源节约、环境友好的银川特色农业现代化道路。稳定优质粮食产业，着力培育发展清真牛羊肉和葡萄酒产业两大产业集群，加快发展蔬菜、有机水稻、奶产业、适水等特色优势产业。以龙头企业带动，发展多种形式适度规模经营，

加大农产品品牌培育力度，力促优势特色产业扩规提质增效，推进区域化布局、标准化生产、产业化经营，提升农业现代化水平，力争农业增加值增长5%。

（三）着力发展新兴产业，加速新型工业化进程

以发展战略性新兴产业为重点，打造新能源新材料产业集群、现代装备制造业集群。抢抓“互联网+”发展机遇，促进新一代信息技术与制造技术融合，按照“高端化、智能化、融合化、服务化、绿色化”五化要求，巩固提升传统支柱产业，加快壮大特色主导产业，着力培育发展战略性新兴产业，限制发展产能过剩产业，着力实施园区升级、“千星培育”“两化深度”、品牌提升、战略性新兴产业突破、节能降耗对标达标六大工程，加快形成结构优化、技术先进、绿色安全、竞争力强的新型现代化工业体系。坚持差异化、特色化、集群化发展策略，不断提升产业层次，扩大产业规模，提升全市工业化水平，增强企业发展实力和核心竞争力，力争规上工业增加值增长8.5%。

（四）着力打造服务产业，扩大服务业发展规模

大力发展现代服务业和优势特色产业，进一步明确服务业发展战略定位，打造会展经济和旅游休闲产业集群，制定和完善现代服务业的发展规划，加强政策扶持和引导力度，提升生产性服务业规模和层次，打破服务行业垄断，引进市场竞争机制，提高服务业的对外开放水平，主动承接国际服务业转移。制定落实消费支持政策，优化发展传统服务业，积极创新拓展新型服务业，激活服务业发展活力。加快现代商贸流通项目带动、商贸功能区集聚平台建设，做大现代商贸物流业，全面扩大服务业发展规模，力争第三产业（服务业）增加值增长9%。

（五）着力优化投资结构，推进重点重大项目建设

继续坚持经济工作项目化，优化投资结构，提高投资效率，发挥有效投资对经济增长的拉动作用。围绕国家“互联网+”“中国制造2025”、电子商务、智慧城市等新业态，培育投资新的增长点，形成投资新需求。进一步提升产业投资特别是服务业投资的比重，鼓励、引导资本投向先进制造业、战略性新兴产业、服务业新业态新模式等领域，支持传统优势产业通过技改等方式加快产业转型升级。增加民间投资和外来投资比重，全面推进政府和社会资本合作，激发社会投资增长动力。大力推进重点重大项目建设，特别是重点做好基础设施和产业项目列入国家和自治区重点支持计划。力争固定资产投资增长8%。

（六）着力增加居民收入，不断提高群众生活质量

坚持把不断提高人民生活水平作为发展的根本出发点和落脚点，实施各项鼓励扶持政策，激励全民创业，大力提高城镇居民的经营性收入；建立健全社会保障体系，建立规范合理的转移支付机制，增加城镇居民的转移性收入；不断拓宽居民投资渠道，全面提高城镇居民的财产性收入水平；落实各项支农、惠农政策，构建促进农民增收的长效机制。加快农业新技术推广，增强农产品市场竞争力，提高农业生产效益，有效增加农民经营性收入。做大做强劳务产业，增加农民非农业收入。大力开展新型农民培训，通过提高劳动者素质，增加农民工资性收入。在经济发展的基础上努力提高城乡居民的收入水平、生活质量和幸福指数。

2016年石嘴山市经济发展报告

韩韶恩

2016年，面对严峻复杂的经济环境和不断加大的下行压力，石嘴山市委、政府坚持“五大发展理念”，深入贯彻落实中央、自治区决策部署，统筹稳增长、促改革、调结构、惠民生、防风险，着力解决经济社会发展中的困难和问题，经济社会发展总体平稳。

一、2016年石嘴山市经济运行主要特点

预计全年实现地区生产总值505亿元，同比（下同）增长7%，三次产业结构调整为5.1∶62.2∶32.7，主要呈现以下几个方面特点。

（一）工业经济稳步回升

落实自治区促进工业经济发展“新10条”，配套出台《关于促进工业经济平稳增长的意见》等扶持政策，促进重点企业增产增效、技改升级，推动大地循环、申银特钢等一批龙头骨干企业做大做强，力促工业经济提质增效。预计全市规模以上工业实现增加值203亿元，增长6.5%，比前三季度分别加快3.6个百分点、0.5个百分点和0.9个百分点，呈稳步回升态势。

作者简介：韩韶恩，石嘴山市发改委副调研员。

支撑工业经济回升的主要动因：

一是实施升级改造、增量培育、龙头带动“三个工程”和降本增效行动，重点发展装备制造、新材料、电石化工、冶金四大产业集群和新能源、生物医药、新型煤化工、现代纺织4个特色产业，“4+4”产业完成增加值占全市规模以上工业增加值比重达到46%，较上年提高1.4个百分点，推动工业向中高端迈进。

二是加大调结构促转型力度。建成投产了恒达纺织（二期）、杉杉锂电池（一期）、宁夏晶谷高效光伏组件等一批大项目、新项目，加快推进宁夏盈谷年产10吨黄金、日盛高新循环产业链等项目工程进度，完成了滨河碳化硅等99个技改项目。

三是加快循环发展。实施了昌茂祥、惠义冶金等5家企业烟气余热综合利用，淘汰落后产能25.83万吨，轻工业占比较上年提高0.4个百分点，非煤产业占比较上年提高3.5个百分点。

（二）服务业提质增效

实施现代物流业提升工程、全域旅游开发工程和消费升级行动，加快培育新产业、新业态，促进服务业增量、增速、增效。预计全年第三产业实现增加值165亿元，增长9.5%，服务业增加值占GDP比重较上年提高了2个百分点，领跑全市经济增长，成为经济增长新亮点。

支撑服务业发展的主要动因：

一是加快物流业发展。完成投资2.68亿元开工建设了石嘴山保税物流中心（B型），惠农陆路口岸发运货物量490万吨，报关1080单，货值9800万美元，重点监测的8家物流企业实现营业收入12亿元，增长25%。

二是旅游业日趋活跃。预计全年累计接待游客282.71万人次，实现旅游收入17.18亿元。

三是新产业、新业态蓬勃发展。电商产业异军突起，建成县级电子商务服务中心项目2个、孵化培训基地1个，实现农村电子商务全覆盖，电子商务企业达到600余家，预计全市电子商务产业成交额3亿元，增长20%。金融创新工作取得突破性进展，和君纵达服务外包石嘴山基地启动，引进奥马电器（钱包金服）网络贷款公司，拿到西北第一张互联网小贷牌照，引进银广汇大宗商品交易中心等一批金融机构，成立宁夏永华宝来助贷中心等3家助贷公司和一个助贷基金，全市挂牌、上市企业达到52家。

四是改造提升传统商业。建成了贺兰山商业大楼“万宝智慧城市步行街商圈”建设项目，万达广场、煤城记忆、中华奇石山等服务业重点项目进展顺利。

（三）农业产业化步伐加快

实施农业产业化水平提升工程、农业科技园区示范工程、耕地质量提升工程，带动第一产业实现增加值26亿元，增长5%。

支撑农业经济发展的主要动因：

一是国家农业科技园区建设加快推进。实施核心区建设项目38个，投资2亿元，新建永久性蔬菜基地6个、制种示范园区10个、肉羊养殖项目16个，全市粮食种植面积98.42万亩。

二是农业农村发展基础不断夯实。实施国土整治、农业综合开发等农田水利项目，改造中低产田13.89万亩，建设高标准农田10.85万亩，新增节水灌溉面积10.37万亩。

三是“企业+基地+农户”产业化发展模式不断扩大。全市龙头企业达到81家，新增新型农业经营主体61个。

（四）狠抓项目促投资

深入实施项目带动战略，抓好要素供给，提速项目审批，全力推进重点项目建设，预计全年完成固定资产投资500亿元，增长0.2%。

支撑投资增长的主要动因：

一是加大基础设施投入力度。开工建设石银高速公路石嘴山至平罗联络线、红崖子黄河公路大桥等4个自治区重点项目，银川至呼和浩特铁路客运专线、沿黄城市供热燃煤锅炉替换工程等4个“6+4”项目推进顺利。

二是加大产业项目投入力度。大生生物、宁夏格瑞化工等43个工业项目建成投产，年初确定实施的92个市级重点项目开率达到98.9%，产业投资占比达到74%，较上年提高4个百分点。

三是强化政府投资拉动作用。在年初实施79个政府投资项目基础上，围绕园区基础设施、民生保障和公共服务等方面新增实施73个政府投资项目，预计政府投资项目累计完成投资 60 亿元，较上年增长 15%。

四是全力推进基金项目建设。西夏堂枸杞产业示范园、惠发农副产品现代智能化物流园等两批 22 个基金项目全部开工建设，落实资金 12.53 亿元，完成投资 22.63 亿元，全市市属投资增速高于固定资产投资 4.2 个百分点。

五是不断优化投资结构。民间投资占比达到 62.5%，较上年提高 2.5 个百分点。

（五）发展活力不断增强

以供给侧结构性改革为重点，积极稳妥推进煤炭、钢铁、煤电去产能和高耗能行业兼并重组，推进房地产去库存，采取政府统筹房源、居民自主选购和货币化直接补偿方式，促进企业降成本，推进电力直接交易、输配电价改革，重点工业企业减少基本电价支出 6.37 亿元。建立并公布政府部门“两个清单”，推进建设项目并联审批和网上审批，项目在线审批平台投入使用。出台《关于深化农村综合改革的实施意见》，全面完成农村土地承包经营权确权登记颁证，在全区率先开展设施农业用地使用证颁证工作，平罗县农村“两权”抵押贷款等改革经验在全国、全区交流。出台《关于加快开放石嘴山建设的实施意见》，在阿联酋迪拜成功举办“中阿现代物流发展论坛”，开通石嘴山至中亚哈萨克斯坦国际货运班列，与周边地区和 14 个友好城市广泛开展经贸、科技、人才、文化等交流合作，参与宁夏中沙产业园、杜古姆中国产业园建设，引进了马来西亚生物科技产品研发生产、挪威球化剂及孕育剂、台湾客商放电等离子烧结研发及产业化等项目。预计全年招商引资到位资金 400 亿元，增长 13.6%。

（六）城乡建设协调推进

扎实推进空间规划及“多规融合”试点改革，完成土地资源、水资源、环境资源 3 个资源承载力评价报告。完成投资 65.6 亿元，组织实施了交通及市政基础设施项目 114 个，城市地下综合管廊开工建设，城区景观亮化工程、老旧小区改造、城市供水水质提标改造等项目顺利推进，金水路连接线西段道路、五岳路延伸段道路及星海镇经济区金水路等交通项目建成通车。改造老旧住宅小区 81.7 万平方米，完成棚户区改造任务 522 户，建成一棵树新苑、金域华府棚户区和宁夏理工学院、御河城公租房 3084 套，建设美丽小城镇 2 个、美丽村庄 11 个。加强开发区基础设施建设，推进园区循环化改造，实施国家专项资金支持循环化改造项目 51 个，经济技术开发区和宁夏精细化工基地污水处理厂项目基本建成，生态经济开发区综合固体废弃物处置场进展顺利，开发区功能进一步完善。

（七）民生保障取得新进展

全市财政投入民生领域资金达 34.25 亿元（市本级），占财政预算支出的 73.9%。大力实施精准扶贫，整合投入各类资金 1.2 亿元，脱贫攻坚项目稳步推进，瓜菜、草畜、林果、生态旅游等 16 个产业项目进展顺利，3261 名贫困人口实现稳定就业，易地扶贫搬迁安置 328 户 1590 人。实施居民收入倍增计划，稳定扩大就业，鼓励引导创业，培育石嘴山市“e+”青年电子商务创业孵化园、惠农电商创业创新基地等 20 个“双创”示范基地，新增众创空间 25 个，城镇新增就业 20246 人，城镇登记失业率为 3.8%。社保覆盖面不断扩大，城乡居民养老保险和城乡居民医疗保险参保人数分别达到 3.07 万、23.6 万，完成年度目标任务。教育、医疗、文化等社会事业稳步推进。

二、石嘴山市经济发展存在的问题

作为资源枯竭型城市和老工业基地，石嘴山市产业转型升级和结构调整任务艰巨，科技创新能力不强，高耗能等传统产业比重仍然较高，新产业、新业态培育不足，产业发展层次低的问题尚未根本改变。投资增长后劲不足，经济社会协调发展压力大，企业吸纳就业能力减弱，转岗再就业矛盾突出，稳定就业压力较大，城乡居民收入增长放缓。城乡发展不平衡，基础设施建设、公共服务保障还存在不少薄弱环节，财政收支矛盾凸显，保障和改善民生的任务依然十分艰巨。

三、2017 年石嘴山市经济工作重点及对策建议

2017 年是实施“十三五”规划承上启下的关键之年。全市经济工作要深入贯彻落实石嘴山市第十次党代会精神，以新发展理念为统领，紧紧围

绕“四个宁夏”建设，大力实施创新驱动、协调联动、绿色发展、开放带动、共建共享五大战略，打造石嘴山经济升级版，打响“山水园林·尚工逸城”城市品牌，转型发展走新路，全面振兴创新业，持之以恒推进“三大转型”和“四个石嘴山”建设，努力实现经济繁荣、民族团结、环境优美、人民富裕，为决胜全面小康而不懈奋斗。

根据上述发展要求，要努力实现地区生产总值增长7%左右，固定资产投资增长8%左右，社会消费品零售总额增长6%，公共财政预算收入增长3%以上，城镇和农村常住居民人均可支配收入分别增长7%和8%，万元生产总值综合能耗、主要污染物排放总量等约束性指标控制在自治区下达的目标范围内。

（一）突出抓好两大重点任务

一是坚持发展第一要务，聚力优势再造和弯道超车，打造石嘴山经济升级版。突出工业主导地位，重点围绕传统产业改造提升，做好“有中生新”文章，培育全区乃至全国具有较强竞争优势的产业集群和特色产业。瞄准战略性新兴产业发展方向和新经济新业态发展趋势，做好“无中生有”文章，大力培育发展新产业新业态，打造经济发展新引擎。

二是坚持民生为本，聚焦提升品质和补齐短板，打造“山水园林·尚工逸城”城市品牌。深化生态建设，加强环境保护，把好山好水好风光更好地融入城市，持续改善城市外在形象，着力建设人与自然和谐共处的美丽石嘴山，为美丽宁夏增光添彩。立足工业城市特色，培育现代工业城市文化特色，提升城市的内在品质和文化“软实力”，增添城市魅力与活力，着力建设宜居宜业宜游的和谐石嘴山。

（二）重点抓好七个方面工作

1.抓项目促投资，全力以赴稳增长

坚持在建项目抓进度、签约项目抓落地、建成项目抓投产，重点抓好大唐火电、大地轮胎二期、红崖子黄河大桥等100个重点项目，力促投资快速回升。围绕国家、自治区重大战略，再谋划储备一批项目；突出抓好工商联专项招商引资工作，引进建设一批项目，增强经济发展后劲。抓好经济运行，加强和改进服务企业工作，力促全市经济保持平稳增长。

2.坚持两手抓，加快产业转型升级和结构调整

一手抓传统产业改造升级，在延链、补链、强链、融链上下功夫，加快老企业技术改造、兼并重组、装备升级，建设新材料、先进制造业、现代能源化工基地，提升传统产业发展层次和竞争力。一手抓新产业、新业态培育发展，大力培育发展现代物流、全域旅游、电子商务、科技金融、健康养老等新产业、新业态，促进现代服务业发展提速、比重提高、水平提升。实施现代物流提升工程，建设中阿物流园，高标准建设石嘴山保税物流中心（B型）；实施全域旅游工程，建设大沙湖旅游区；实施电子商务推进工程，促进电商快速发展；实施科技金融培育工程，加快建设科技金融广场，创建科技金融应用示范城市，培育新的经济增长点。

3.抓改革开放、创新驱动，增强发展新动能

推进供给侧结构性改革，落实好“三去一降一补”五大任务。深化行政审批制度、市属国有企业、商事制度等重点领域和关键环节改革，取得新的突破。深化农村改革，全面推开自治区部署的六项改革，重点推进平罗县宅基地制度改革等国家级改革试点。进一步扩大开放，借助中阿博览会平台，支持企业参与宁夏中沙产业园、杜古姆中国产业园建设。实施开放强园工程，优化产业布局，完善服务功能，推动开发区差异化、特色化发展。实施创新驱动战略，办好科技成果转化服务中心，发挥稀有金属特种材料国家重点实验室等科研机构作用，推进以科技创新为核心的全面创新。

4.抓保障和改善民生，提高城乡居民生活质量

实施居民增收计划，确保贫困群众收入增幅高于全市农民收入增幅，农民收入增幅高于城镇居民收入增幅。推进全国小微企业创业创新基地示范城市建设，以创业就业促居民增收。大力实施脱贫攻坚和帮扶解困两个行动计划，坚决完成脱贫攻坚年度目标任务。抓好教育、医疗卫生、社会保障等民生和社会事业，不断提高社会保障水平。实施健康促进行动，加快健康石嘴山建设。

5.抓生态环境建设，提升环境质量

持续做好造林绿化、城市美化、水系优化“三篇文章”，努力改善城市

外在形象。狠抓污染防治，打响大气、水体、土壤、固废污染防治“四大战役”，突出抓好贺兰山自然保护区清理整治，持续改善环境质量；实施循环发展引领计划，推进资源综合利用“双百工程”，促进节能降耗。

6.抓“六城联创”，提升城市品质和竞争力

深入推进以创建全国文明城市为龙头的“六城联创”，积极争创国家生态园林城市，不断提升城市品质和市民素质。落实《宁夏空间发展战略规划》，推进空间规划（多规合一）试点，实施“双城双港，同城对接”空间策略，提高城市建设和管理水平。统筹城乡一体化发展，推进新型城镇化试点，促进基本公共服务均等化，建设美丽乡村。

7.抓社会治理、平安建设，促进社会和谐稳定

加快依法治市进程，力争跨入全国法治先进城市行列。推进城乡社区网格化管理和社会化服务，提高社会治理能力，积极创建全国社会治安综合治理优秀城市。严格落实安全生产责任制，完善安全责任体系，保障人民群众生命财产安全。做好民族宗教工作，巩固和发展石嘴山市民族团结、宗教和顺、社会和谐稳定的局面，争创全国民族团结进步示范市。

2016年吴忠市经济发展报告

王凤全

2016年，面对经济增长内生动力不足、下行压力加大的不利局面，吴忠市委、政府以新状态适应新常态、以新作风推动新发展，全力稳增长、抓转型、促改革、惠民生、防风险，坚持问题导向，精准施策，及时化解经济运行中的不利因素。全市经济运行呈现低开高走、持续向好发展态势。预计全年实现地区生产总值436亿元，增长8%以上。

一、农业生产稳步推进，特色优势逐步凸显

坚持用工业化理念抓农业，出台“农业十条”政策。预计全年完成农业总产值114.3亿元，增长5%。

（一）种植结构调整优化

实施百万亩高效节水示范工程，发展高效节灌面积32.6万亩，实现从“以需用水”向“以水定需”转变。压减籽粒玉米33万亩，新增枸杞2万亩、酿酒葡萄1.1万亩、中药材1.3万亩，分别达到14.5万亩、20.7万亩和50万亩。全市粮食面积稳定在320万亩，预计全年粮食产量稳定在90万吨以上。

作者简介：王凤全，吴忠市统计局副局长，统计师。

（二）畜牧业生产稳中有增

新建万头牧场3个，标准化规模牧场达到103个，奶牛存栏21万头，规模化率为95.4%，高于全国平均水平45.4个百分点；在原奶收购价格回升和规模化养殖的带动下，奶产业实现了质量和效益双提升。肉牛、肉羊饲养量分别达到65万头和645万只；新建东阿阿胶等肉驴养殖场6个，存栏6380头。

（三）新兴业态有序发展

全市累计发展健康食品加工企业743家，形成药食滋补、保健饮料等七大类产品，年产值达88亿元。发展硒产品加工企业27家，创建富硒农产品基地13个，吴忠市被中国营养学会授予“中国塞上硒都”称号。

（四）品牌价值不断凸显

品牌价值不断聚集。“天香红”等29个商标被认定为第十届宁夏著名商标，御马葡萄酒、同心圆枣等7个商标获中国驰名商标，吴忠牛乳等21个农产品获中国地理标志品牌，同心有机枸杞通过美国、日本、欧盟认证，全市累计认证“三品一标”农产品244个。实施特色产品“挺进大中城市”战略，北京、上海、厦门等15个展示展销中心投入运营。盐池滩羊肉走上G20杭州峰会餐桌，农业品牌价值不断凸显。

二、工业经济逐月向好，质量效益不断提升

1—11月，全市规模以上工业实现增加值156.7亿元，同比增长9.3%，比2015年同期提高1.3个百分点；增速比全区平均水平和全国平均水平分别高1.8个百分点和3.3个百分点。规模以上工业增加值增速连续4个月保持在9%及以上，预计全年规模以上工业实现增加值167亿元，增长9%以上。

（一）轻重工业协同增长

1—11月，全市规模以上重工业实现增加值109.7亿元，占全部规模以上工业的70%，同比增长8%，对规模以上工业增长的贡献率为61.7%，拉动规模以上工业增长5.7个百分点；轻工业实现增加值47亿元，占全部规模以上工业的30%，同比增长12.5%。

（二）主要行业贡献突出

1—11月，全市规模以上工业涵盖的30个行业大类中，有21个行业大类同比实现增长，增长面为70%。增加值总量前十位的行业中有9个行业增加值增长，其中，煤炭开采和洗选业增加值14.4亿元，增长14%；农副食品加工业增加值6.1亿元，增长7.1%；食品制造业增加值9.2亿元，增长30.7%；烟草制品业增加值13.7亿元，增长7.6%；纺织业增加值10.8亿元，增长10.5%；石油加工炼焦业增加值16.7亿元，增长27.1%；化学原料和化学制品制造业增加值9.7亿元，增长21.6%；非金属矿物制品业增加值6.6亿元，增长10.6%；电力热力生产和供应业增加值42亿元，占全部规模以上工业的26.8%，增长4.4%。

（三）非公经济发展良好

1—11月，全市规模以上工业非公有制经济实现增加值70.1亿元，占全部规模以上工业的44.7%，同比增长14.1%，增速高于全市平均水平4.8个百分点，对全部规模以上工业增长的贡献率为63.8%，拉动规模以上工业增长5.9个百分点，其中，私营企业增加值44.0亿元，同比增长15.9%。

（四）地方工业拉动强劲

在一系列组合政策持续作用及部分大宗产品价格上涨的影响下，全市规模以上中央及区属工业经济稳步回暖。1—11月，规模以上中央及区属工业增加值在连续22个月负增长后首次转正，实现赢利62.7亿元，占全部规模以上工业的40%，同比增长1.6%；规模以上地方工业实现增加值94亿元，占全部规模以上工业的60%，同比增长15.4%。

（五）新建企业拉动作用明显

规模以上工业总量持续壮大，为全市工业经济持续增长注入了新的动力，拉动作用明显。1—11月，宁夏长明天然气开发有限公司、中民新能同心有限公司、吴忠恒和织造科技有限公司、宁夏天利丰能源利用有限公司、宁夏宝众帮化工有限公司、吴忠市恒利民族服饰有限公司等20家新建投产规模以上工业企业实现增加值5.1亿元，占全部规模以上工业的3.3%，拉动规模以上工业增长2.4个百分点。

（六）主要产品多数增长，产销率回升

1—11 月，在全市重点监测的 10 种产品产量中，有 7 种产品产量保持增长，其中，发电量增长 3.4%，乳制品增长 30.5%，原煤增长 113%，水泥增长 13.6%，电石增长 10.1%，铁合金增长 0.7%，工业自动调节仪表与控制系统增长 57.4%。1—11 月，全市规模以上工业产品累计产销率为 95.8%，比 1—10 月提高 0.3 个百分点。

（七）能源消费平稳回落

1—11 月，全市规模以上工业能源消费量为 487.2 万吨标准煤，单位工业增加值能耗同比下降 4.7%。

三、固定资产投资增速较快，发展基础更加牢靠

全市固定资产投资保持了较快的增长态势，1—11 月达到了 715.2 亿元，同比增长 15.9%，预计全年完成固定资产投资 770 亿元，增长 12%以上。

（一）大项目投资进展好、增速快

1—11 月，全市计划 5000 万元及以上大投资项目有 293 个，占全市总项目的 34.4%，完成固定资产投资 577.8 亿元，同比增长 21.1%，占全市固定资产投资的 80.8%，比全市投资增速高 5.2 个百分点。在 5000 万及以上投资项目中，计划亿元以上项目有 211 个，占总项目数的 24.8%，完成固定资产投资 469 亿元，同比增长 17.6%，占全市投资总量的 65.6%，其中，完成亿元以上投资项目有 116 个，完成固定资产投资 426.7 亿元，同比增长 19.3%，占全市投资总量的 59.8%。

（二）民间投资持续走高

前三季度，民间投资完成 435.7 亿元，同比增长 29%，比上年同期高 14.2 个百分点，占投资总量的 70%，比上年同期提高 5.6 个百分点，民间投资占据全市投资七成，主体地位凸显，直接拉动全市投资快速增长。

（三）房地产开发投资和商品房销售双双高位增长

1—11 月，全市房地产开发投资完成 57.8 亿元，同比增长 43.3%，比全市投资增速高 27.4 个百分点，直接拉动全市固定资产投资 2.8 个百分点。1—11 月，全市商品房销售面积 129.8 万平方米，同比增长 52.7%，其中商

品住宅销售面积111.8万平方米，同比增长59%。

四、城乡山川统筹发展，城市内涵显著提升

坚持以城带乡、以川济山，全市共实施城乡建设项目171个，完成投资136.7亿元，城镇化率达到55.3%。

（一）服务功能更加完善

银西高铁（吴忠段）、吴忠至中卫城际铁路、京藏高速改扩建（吴忠段）等项目稳步推进。吴忠热电联产项目供热热力网先期接入720万平方米，市人民医院建成投入使用，黄河文体会展中心加快推进。加快发展市区特色商业街区，积极打造清真餐饮特色小吃街、贺兰山东麓葡萄酒风土街等6条特色街区。

（二）美丽村镇加快建设

出台《关于落实绿色发展理念，加快美丽吴忠建设的实施意见》，开工建设美丽小城镇6个、美丽村庄示范点40个；农村危房改造累计开工建设5613户，竣工4822户。

（三）生态建设深入推进

坚持生态立市战略，扎实推进国家生态文明建设示范市创建工作。启动城市绿道项目，市区绿地面积达到24140平方米，实现300米见绿、500米见园，城市建成区绿地率40%，绿化覆盖率41%，人均公园绿地面积20平方米。

五、三产升级提速，市场趋向活跃

全市把第三产业作为转型发展的重要抓手，创新服务业态和商业模式，推动服务业跨产业、跨行业、跨领域融合发展。全年第三产业预计实现增加值135亿元，同比增长9%以上。

（一）传统服务业持续发力

出台“房地产市场十条”“十大市场十条”政策，以及打造特色商业街区的政策措施，推动传统服务业全部实现正增长。“十大市场”主营业态达到80%以上。

(二)现代服务业稳步发展

实施“互联网+商贸”行动，建成县级电商服务中心6个、村级服务站223个，回回集市、绿金在线等电商平台投入运营，线上和线下两个市场互动，盐池县、同心县、红寺堡区、青铜峡市先后进入国家电商进农村示范县行列。全市电商交易额达到9.8亿元。投资12亿元的万达广场开工，建设集购物、餐饮、休闲、商务等功能于一体的智慧生活广场。大力培育通航产业，盐池县成功举办全国跳伞锦标赛，红寺堡区、同心县通用机场前期工作正在推进。预计全年完成社会消费品零售总额104亿元，同比增长7.5%。

(三)文化旅游业深度融合

实施“旅游+”工程，制定出台《吴忠市促进旅游业发展优惠政策》《吴忠市促进旅游投资和消费推进全域旅游创建工作实施方案》，推动景点旅游向全域旅游转变。加快建设沿黄河文化旅游产业带，青铜峡市全域旅游黄河文化旅游带、利通区穆民庄园及乡村自驾游等4个项目入选《2016全国优选旅游项目名录》。盐池县举办沿长城全国自行车邀请赛、长城徒步赛，同心县在北京民族文化宫举办“同心共筑中国梦”脱贫攻坚历程展，红色旅游掀起高潮。2016年全国沙滩排球巡回赛成功举办，第五届黄河金岸国际马拉松赛央视五套全程直播，阿迪力高空跨越黄河大峡谷打破吉尼斯世界纪录，极大地提高了吴忠的知名度、美誉度。全年接待游客564万人次，实现旅游收入29.4亿元，同比分别增长39%、34%。

六、财政收支增长稳定，金融信贷运行平稳

1—11月，全市一般公共预算收入29.7亿元，增长3.1%，剔除营改增等体制调整因素，比上年同期同口径增长12.8%。全市一般公共预算支出154.2亿元，同比增长12.8%，

截止到11月末，全市金融机构存款余额617.3亿元，同比增长17.4%。其中，住户存款356.2亿元，同比增长17%；金融机构贷款余额486.3亿元，同比增长6.2%。金融机构贷款余额中，中长期贷款余额208.6亿元，同比增长4.6%；短期贷款264.3亿元，同比增长5.1%。

七、城乡居民收入增加，对外开放稳步推进

全市加大出台、落实各项惠民政策，促进城乡居民收入稳步提高。预计全年城镇居民人均可支配收入23270元，同比增长8%；农村居民人均可支配收入9880元，同比增长8%。

实施开放吴忠建设十大行动，积极推动对外开放取得实效。深入推行PPP合作模式，先后在国家发改委网站推介吴忠市PPP项目两批22个，不断深化“引银入吴”行动。分别与交通银行宁夏分行、华夏银行银川分行签订了银政战略合作协议。与中国人寿、东北证券、海通证券、华龙证券就开展项目合作、股权融资等资本市场建设工作进行了多次协商接洽，积极争取与上述金融机构在股权、债券和担保等多种融资方式上取得实质性突破。全面实施“挺进大中城市战略”。大力举办特色商品展、民俗文化节、休闲旅游节等促销活动。

八、吴忠市2017年经济发展的建议

2017年是实施“十三五”规划、推动供给侧结构性改革的关键之年，吴忠经济社会发展工作要以绿色发展、转型升级为主题，以提高经济发展质量效益为中心，要大力发扬“不到长城非好汉”的宁夏精神，咬定发展不放松，卯足干劲、积极作为，真抓实干、争先进位，建议抓好以下工作。

（一）坚持提质增效，壮大特色产业，加速推进农业“接二连三”

围绕农业增效、农民增收，着力构建现代农业产业体系、生产体系、经营体系，不断转方式、调结构、促改革、惠民生，促进一、二、三产业融合互动发展。

一是推进种养结构转型。大力发展“绿色、生态、有机、富硒”农业，着力稳定水稻、小麦种植规模，压减籽粒玉米，大力发展草畜、酿酒葡萄、枸杞等优势产业，支持发展蔬菜、中药材、小杂粮等特色种植业。鼓励养殖园区接纳散养奶牛“出户入场”，增加奶牛养殖综合效益。依托清真品牌优势，引进安格斯、夏洛肉牛改良繁育生产体系，扩大基础母畜群，提高肉牛羊规模化养殖率。

二是加快新兴产业发展。积极培育健康产业，加快引进生物科技龙头企业，全力打造“中国塞上硒都”，完善富硒农产品检测体系，启动建设富硒农产品检验检测中心项目。

三是提升市场竞争水平。持续做亮“盐池滩羊”“同心圆枣”“马兴西瓜”“刘湾葡萄”“孙家滩瓜菜”等地理标志产品品牌，培育发展自主品牌，延长农业产业链条。鼓励龙头企业与国内外大型企业组建产业联合集团，推动产业转型升级。加强“三品一标”认证，农产品监测实现全覆盖。

（二）巩固扩大优势，加快转型升级，着力增强工业发展后劲

大力实施工业强市战略，围绕《吴忠市加快走出去融入“一路一带”建设三年行动方案》和《吴忠市工业转型升级行动计划》，着力优化产业结构，促进工业前伸后延。

一是推进企业健康发展稳增长。切实加强对重点产业、重点园区和规模以上企业的运行监测，提高运行调控的时效性和针对性。积极争取国家、自治区基金、信贷、直供电、运力等指标，着力帮助企业化解生产、销售、运输等方面的困难，努力实现要素增量。完善规模以上企业持续培育机制，建立规模以下工业企业信息库，着力帮助规模以下成长型企业做大规模。

二是改造提升传统产业促转型。全面推行能源化工企业进行绿色改造，加大先进环保技术应用，加强自主创新能力，提高能源资源利用率，形成循环产业链，实现绿色精细发展。通过网络销售扩张国内市场，发展餐饮娱乐、物流配送、检修服务等业务，逐步实现多元融合提升。

三是培育发展新兴产业增后劲。示范推广塔式风光发电、微电网储能储热、光伏多晶板为主的新能源配套产业，逐步形成新能源产业生产、储能、维修一体化的发展模式。按照“重中之重、装备制造”的原则，重点培育一批制造智能化、技术高端化、产品优质化、管理数字化的智能制造企业。

四是深入推进节能降耗求成效。全面推行清洁生产审核，开展绿色企业创建，鼓励一批骨干企业创建低碳环保示范企业，坚决淘汰落后企业。

（三）扩大投资总量，注重投资效益，不断夯实经济发展基础

进一步加大项目在谋划储备、引进上争、开工建设等环节的工作力度，力争在数量规模、质量效益、梯次配置等方面取得实效。

一是增加项目储备深度。抢抓“一带一路”、内陆开放型经济试验区建设等重大战略机遇，立足吴忠全局发展，围绕国家专项建设基金投资方向及清真用品、生态纺织、健康休闲、道路交通、重点流域治理、生态修复等重大产业和基础领域谋划储备项目。

二是加大上争资金力度。紧盯国家在推进供给侧结构性改革、推动传统产业升级和新兴产业发展方面的利好政策，重点在供给侧改革推动现代农业发展、制造业高端智能化、服务业转型升级等领域，努力争取更多的项目落户吴忠、更多的资金支持吴忠。

三是加强招商引资准度。着力推动“被动招商”向“主动选商”转变，明确产业招商方向、目标地区及目标企业，进行点对点专题招商。以全国工商联十一届十次常委会议暨民营企业助推宁夏创新发展大会为契机，开展精准招商。

（四）加快补齐短板，促进跨界发展，努力实现服务业繁荣活跃

积极抢抓“互联网+”发展机遇，搞活商贸流通，扩大市场内需，加快对外开放，积极努力培育新的经济增长点。

一是做大电子商务。全面推进“互联网+商贸”行动，在全市实施电子商务进农村、进社区、进企业“三进工程”。

二是做优现代物流。加快物流业基础设施建设，逐步完善城市、农村和工业三大物流体系。充分利用顺丰、中通等公司的网络优势，加快同城配送、冷链物流、快递业发展步伐，建立现代物流综合服务平台。积极培育发展以第三方物流为代表的物流业态。

三是做活商贸服务。以“十大市场”为主体，优化商业网点布局，大力引进连锁店、品牌店、旗舰店等新型商业业态，做大专业市场。推进特色商业街区建设，大力发展同城电商平台，推动传统商贸转型升级。制定吴忠清真餐饮“走出去”扶持政策，助推吴忠清真餐饮在全国各大城市建立“吴忠清真餐厅”实体店或连锁经营店。

四是做强文化旅游。深化“旅游+”行动，推进全域旅游示范市创建。积极引导民间资本投资参与旅游开发建设，鼓励发展汽车旅馆、自驾车房车营地、低空旅游等新业态项目。加大旅游宣传营销力度，全面提升“黄河金岸、丝路回乡、水韵吴忠”知名度。加快旅游相关产业联动发展，积极打造特色旅游街区、特色旅游购物店、特色产业示范村，做强“吃住行游购娱”旅游产业链条，提升旅游服务质量和水平，着力打造全域旅游特色目的地城市。

（五）立足宜居宜业，突出提质增容，全面统筹城乡协调发展

坚持“五位一体”，加快推进城乡一体化建设进程，努力形成布局合理、功能互补、协同发展的城市格局。

一是强化城市规划引领。创新空间规划编制管理制度，主动融入大银川都市区建设，大力实施“东扩西移南融北展”战略，加快“利青一体”“银吴同城”，打造银吴半小时经济圈，提升中心城区吸纳容载力和影响带动力。

二是持续完善城市功能，让城市更加宜居宜业。

三是加快建设美丽村镇。深入实施美丽乡村“七大行动计划”，完善基础设施，挖掘历史内涵，改善景观风貌，增强集聚效应和服务功能。

（六）采取有效措施，使城乡居民收入增长

一是坚决打好精准脱贫攻坚战。积极整合各类资金，重点实施特色种植养殖、农村公路、危房改造、小型水利等到户产业项目、“双到”扶贫项目和贫困人口“脱贫保”项目，带动贫困人口实现产业增收。扎实推进金融、光伏、基础设施等扶贫行动，突出增收抓落实，不断拓宽贫困群众发展增收渠道。

二是全面推进大众创业、万众创新。重点建设大学生创业园、返乡农民工转移就业创业园、电子商务创业园和创意创业街区等创业服务平台，扩大创业贷款担保基金，支持城乡劳动者自主创业。大力开展企业职工岗位技能提升培训，做好化解过剩产业企业职工转岗就业工作，促进企业职工稳岗就业。

三是积极落实城镇居民增收政策。根据经济发展水平，探索建立机关事业单位工资稳步增长机制，提高干部职工工资收入水平。进一步完善政策措施，促进企业建立与经营效益、物价水平相挂钩的企业职工稳定增长和支付保障机制，完善企业工资指导线和劳动力市场工资指导价位制度。

2016年固原市经济发展报告

计发斌

2016年以来，面对错综复杂的宏观经济发展环境，固原市委、政府坚持以“五大发展理念”为引领，以扶贫攻坚为抓手，以改善民生为重点，在工业徘徊、投资不稳、服务业结构单一且动力不足的情况下，紧盯目标任务，强化宏观指导，落实项目责任，采取应对措施，积极作为，奋发有为，攻坚克难，牢牢把握经济发展趋势，确保了全市经济运行态势处在合理区间，推动了全市经济稳步发展。

一、固原市经济运行情况

2016年，固原市经济呈现高开低走的运行态势，经济增长由一季度的8.8%回落到上半年和三季度的8.1%，经济运行更趋平稳。预计，全年实现生产总值240亿元，同比增长8%左右。其中，第一产业47亿元，增长4.5%；第二产业67亿元，增长9.5%；第三产业126亿元，增长8.5%。具体呈现以下特点：

（一）农业经济平稳增长

2016年，全市农业形势不容乐观，农作物生长早期出现低温，后期持

作者简介：计发斌，固原市统计局。

续干旱，部分地方发生冰雹灾害，造成夏粮减产，秋粮也受到一定影响。全市完成农作物播种面积590.7万亩，其中粮食作物413.4万亩，经济作物面积121.3万亩，饲草作物种植56万亩。2016年，全市夏粮播种面积比上年减少5.8万亩，下降6.3%，夏粮总产量11.6万吨，比上年减产25.2%；预计秋粮平收。畜牧业继续呈现稳步发展势头。牛饲养量和羊饲养量均实现增长，生猪饲养量下降。全市苗木产业和特色经济林总面积达到64.4万亩。2016年，全市把农业同乡村游、生态休闲游、农家乐等结合起来，成为农民增收的新亮点。预计全年实现农业增加值51.2亿元，同比增长4.6%。

（二）工业经济徘徊不前

全市“规上”工业增速从2月到6月呈逐渐上升趋势，从6月到10月呈下降趋势，11月又有所回升，工业生产不稳定。1—11月，全市规模以上工业实现增加值14.6亿元，同比增长2.2%，比上年同期下降6.8个百分点。其主要特点：

一是县（区）工业整体低迷。原州区实现工业增加值6.6亿元，占全市“规上”工业增加值的45.2%，增长3.3%；西吉县实现工业增加值1.4亿元，占全市“规上”工业增加值的9.6%，下降3.6%；隆德县实现工业增加值1.1亿元，占全市“规上”工业增加值的7.5%，增长4.9%；泾源县实现工业增加值0.9亿元，占全市“规上”工业增加值的6.2%，增长3.5%；彭阳县实现工业增加值4.7亿元，占全市“规上”工业增加值的32.2%，增长2.2%。全市“规上”工业与上年同期相比，整体低迷，分化严重，低速徘徊，后劲乏力。

二是重点行业继续回落，淀粉企业大幅下降。电力行业在固原市工业中，占据举足轻重的位置，占全市“规上”工业的20.1%，比上年同期占比减少1.6个百分点，同比下降8.9%，下拉全市规模以上工业增速1.9个百分点。淀粉制造行业是固原市的支柱产业，每年从10月开始生产，也是四季度工业的增长点，但受环保政策的影响，淀粉企业存在生产时间短、原料供应不足以及市场需求影响等问题，致使10月没有实现全面开工，企业不能全负荷生产。目前，全市有淀粉企业12家，其中2家停产，8家下降，只有2家生产略有增长。淀粉行业占“规上”工业的8.9%，同比下降

31.1%。

三是停产、减产企业居高不下。1—11月，全市停产企业6家，减产企业25家。减产企业分布在太阳能发电、淀粉制造、水泥制造、中药饮片加工、牲畜屠宰、肉制品加工等行业，涵盖全市大多数行业。由此分析预计，全年“规上”工业不会出现较大幅度增长，全市工业主要依靠规模以下工业拉动，全年有望实现增加值33.5亿元，增长7%。

(三) 固定资产投资增长较快

1—11月，全市累计完成固定资产投资352.5亿元，比上年同期增长12.2%，比1—10月提高0.6个百分点，位于全区第二。截至11月底，5000万元以上项目累计入库96个（其中亿元以上项目66个），500万~5000万元项目累计入库426个，房地产项目62个。投资运行主要呈现三个主要特点：

一是项目主体均有增长。1—11月，厅局投资完成67.7亿元，占全社会投资总额的19.2%，增长0.8%，比1—10月回升4.4个百分点，对全社会投资贡献率为1.4%，拉动全社会投资增速0.2个百分点；全市地方项目完成投资200.7亿元，占全社会投资总额的57%，增长12.1%，比1—10月回升1.7个百分点，对全社会投资贡献率为56.3%，拉动全社会投资增速6.8个百分点；房地产完成投资84.1亿元，占全社会投资总额的23.8%，增长24%，比1—10月回升0.3个百分点，对全社会投资贡献率为42.3%，拉动全社会投资增速5.2个百分点。

二是产业投资两增一降。第一产完成投资24.5亿元，增长38.4%，比1—10月提高14.3个百分点，占地方投资的12.2%，对地方投资贡献率为31.4%，拉动地方投资增长3.8个百分点；第二产完成投资63.2亿元，下降4.2%，比1—10月回落14个百分点，占地方投资的31.5%，对地方投资贡献率为-12.9%，下拉地方增长1.6个百分点；第三产投资113亿元，增长18.5%，比1—10月回落9.5个百分点，占地方投资的56.3%，对地方投资贡献率为81.5%，拉动地方投资增长9.9个百分点。

三是县（区）投资增幅差距较大。原州完成投资150.1亿元，增长10.8%，比1—10月提高6.7个百分点；西吉完成投资52.6亿元，增长

21.1%，比 1—10 月回落 4.4 个百分点；隆德完成投资 50.6 亿元，增长 16.1%，比 1—10 月回落 11.3 个百分点；泾源完成投资 44.3 亿元，增长 15.1%，比 1—10 月回落 4 个百分点；彭阳完成投资 54.8 亿元，增长 3.5%，比 1—10 月回落 2.5 个百分点。目前，固原市已进入冬季封冻时期，年度投资已到收尾阶段，后期只有少量的室内和安装工程工作量，对全年投资影响不大。考虑到 2016 年固原市精准扶贫攻坚力度加大，农户投资将有一个较好的增长，拉动全年投资增幅提高。总之，完成全年 13%的投资增长目标有一定的困难。

（四）消费品市场逐步回暖

2016 年，全市消费品市场是一个逐步回暖的走势，居民消费稳步提高。预计全年实现社会消费品零售总额 65.06 亿元，同比增长 8.5%，比上年回升 0.9 个百分点。其主要特点：一是城镇的消费仍占市场主导。城镇实现零售额占全社会消费品零售总额的 82%，同比增长 8.7%；农村实现零售额占社会消费品零售总额的 18%，增长 7.4%。二是住宿餐饮业增长较快。批发业实现零售额同比增长 5.4%，零售业增长 7.5%，住宿业增长 17.4%，餐饮业增长 12%。

（五）财政收入可比增幅实现快速增长

2016 年，受营改增和车辆购置税变动等政策因素影响，税收收入同比下降，依靠非税收入带动，财政一般公共预算收入同比勉强实现增长，增幅持续回落。1—11 月，全市完成地方财政一般公共预算收入 13.88 亿元，同比增长 1.6%，环比回落 1 个百分点。其中，税收收入 9.17 亿元，同比下降 4.9%；非税收入 4.71 亿元，同比增长 17.1%。剔除营改增等不可比因素，全市地方财政一般公共预算收入可比实际增长 19.5%；全市地方财政一般公共预算支出 188.38 亿元，同比增长 13.5%。民生投入加大，增幅达到 12.4%。

（六）金融存贷款快速增长

11 月末，全市金融机构各项存款余额达到 459.82 亿元，同比增长 35%，增幅环比回落 0.7 个百分点；贷款余额达 268.32 亿元，增长 30.2%，增幅环比提高 5.6 个百分点。金融机构存贷比 58.4%，同比回落 6.9 个百分点，环比提高 2 个百分点。

（七）城乡居民收入增速放缓

从前三季度看，全市城乡居民可支配收入平稳增长，增幅均低于预期。预计全年城镇居民人均可支配收入 22730 元，同比增长 7.5%；农村居民人均可支配收入 7597 元，同比增长 8.5%。

二、2016 年主要工作措施及存在的问题

（一）抓实精准脱贫规划

一是实施劳动力素质提升工程。整合各类培训资源，实施技能培训 3 万人，其中 1.8 万人取得国家职业资格证书。每个县（区）发展 10 个技能培训示范村，创建 1 个有规模、带动力强的创业孵化园。转移农村劳动力 30 万人以上，创收 53 亿元。

二是实施“两个带头人”工程。每个县（区）发展 2 个示范乡镇、15 个示范村，每个村培育 3～5 名增收致富典型，发挥引领示范作用。

三是实施民生改善工程。认真办理自治区民生计划和固原市 10 项 20 件民生实事。全面完成“十二五”县外移民任务，启动“十三五”生态移民工作。加快固原八中建设，完成固原二中和 30 所幼儿园改扩建工程，改组并扩建五原中学。争取在贫困村实行学前三年教育“双补”试点。完成 530 所标准化村卫生室温暖工程。新建 4 个乡镇文化站，扶持发展 20 家示范文化大院。建成固原市养老服务中心及信息平台，新建“老饭桌”151 个。实行城乡居民大病保险扩面提标，全面落实被征地农民养老保险制度。推进低保政策与扶贫政策有效衔接。

四是实施金融扶贫工程。整合建立扶贫产业担保和风险补偿基金 5.6 亿元，撬动银行贷款 30 亿元。争取中央专项基金 20 亿元、国开行和农发行等棚改项目贷款 40 亿元，利用 PPP 模式融资 15 亿元。积极协调宁夏银行在县（区）设立分支机构，引进区内外银行发起设立村镇银行，消除金融服务农村“空白点”。

（二）抓实产业提质增效

统筹安排 1 亿元产业引导扶持资金，建基地、引龙头、创品牌，加速

产业提质增效。

一是草畜产业突出抓点示范、节本增效，发展万头以上肉牛养殖示范乡镇5个、千头以上肉牛养殖示范村10个，开工建设万家灯火现代草畜产业及光伏扶贫等项目，肉牛饲养量达到108万头。

二是林业林下经济坚持因地制宜、规模发展，建设油用牡丹基地6万亩、林业产业示范点20个，发展特色经果林8.8万亩、苗木1万亩、林下种植6万亩、林下养殖19.6万只。扶持发展高效绿色农业，建立高原冷凉蔬菜标准化示范基地25个，蔬菜种植面积达到60万亩；创建万亩标准化种薯示范基地10个，种薯繁育26.5万亩；中药材达到18万亩。

三是旅游产业围绕整合资源、完善体制，推进智慧旅游建设，实施六盘山国际旅游休闲度假区暨狩猎场、六盘山红军长征纪念馆改造提升，固原至张易、张易至隆德、西吉至火石寨、老龙潭至凉殿峡4条旅游环线和泾源县城至老龙潭20公里旅游精品线路等项目。开工建设固原公益性农产品批发市场，扶持发展电子商务、邮政快递等新业态。

四是工业重点理顺市区工业园区管理体制，完善“一区五园”基础配套。实施金昱元盐化工产业链、华电风力发电、新中天特色农产品加工等项目。

（三）抓实重点项目建设

全年计划实施500万元以上项目460个，总投资1200亿元，当年投资450亿元，突出抓好9个重大工程包30个重点项目。加快推进土地报批、征地拆迁、招投标等前期工作。全年计划争取各级财政安排的项目资金100亿元，金融机构贷款和社会资本135亿元，招商引资到位资金165亿元，保障项目建设顺利推进。交通方面，建成东毛、固西高速和彭阳至高寨塬等8条公路，实现县县通高速。争取开工建设S70线彭阳至麻子沟圈、S25线泾源至双疙瘩梁高速断头路和轻工产业园至硝口一级公路。新（改）建农村公路500公里。积极做好宝中铁路扩能改造和兰州经定西、固原、平凉至庆阳快速铁路等项目前期工作。水利方面，中庄水库调试供水，改造新建沈家河、寺口子等中小型水库20座；启动固原市高效节水示范区建设，实施抗旱应急水源工程19处；开工建设清水河固原城区段治理工程，治理小流域15条312平方公里。生态方面，推进水源涵养区、生态修复区、退耕还林区等区域造林绿化33.4万亩。实施中庄水库流域环境综合治理等工程。争取立项建设六盘山生态功能区保护工程。完成城乡大环境绿化2万亩、道路及沿线绿化200公里，建成3000亩以上集中绿化点5个。做好污染防治工作，改善环境质量。信息化方面，建设智慧固原，与自治区同步建成“八朵云”。推进“宽带中国”示范城市建设，完成624个贫困村农村宽带网建设，4G网络信号实现全覆盖。实施“互联网+农村扶贫电子商务”工程，提升5个县级电商配送中心，建成220个农村电商服务站。

（四）抓实旧城改造任务

完成《老城区修建性详规》，实施棚户区改造、市政设施提升、老旧小区整治、古城风貌恢复、绿化亮化、综合管理六大任务。改造棚户区8600户110万平方米，改造提升老旧小区20个16万平方米，新改建道路18条20公里，配建排水、集污管网31条31公里。开工建设古城墙遗址公园、固原文化产业城和清水河国家湿地公园，完成九龙公园、会议中心周边等市区绿化100万平方米。实施西吉县中科广场、隆德县市政基础设施、泾源县商贸综合体、彭阳县茹河大街延伸段等工程，提升城市承载力。建设黄铎堡、将台、杨河、泾河源、古城5个中心镇和15个美丽村庄。改造农村危房危窑1.7万户。

（五）抓实发展环境优化

深化重点领域改革，扩大开放合作，创新社会治理，打造“两优”环境，建设服务政府。深化行政审批和执法改革，组建市级行政审批局，探索建立综合执法局。出台人才培养引进意见，推动人才工作、基层组织和村干部队伍建设。改革市区、旅游、工业园区等管理体制。落实与平凉、庆阳等周边地区合作协议。推动安全生产和公共安全标准化信息化建设，开通“网上信访大厅”，推广基层矛盾纠纷排查调处“134”模式和诉前调解机制。加强道路交通、森林防火、食品药品等重点领域、重点行业的安全隐患排查和整治。

（六）经济发展存在的主要问题

农业方面：畜牧业增长点较弱。主要是基础母牛等畜牧业投入较大，短期效益不明显，而且生产费用增加，产出减少，甚至出现“倒挂”，影响农民收入和生产效益。

工业方面：工业经济总量小，结构单一，发展层次低。工业经济占全市经济总量不到15%，主要以电力、煤炭和农副产品加工为主，规模以上工业56家，占全区的4.5%，电力、煤炭行业占全市“规上”工业近一半，缺乏装备制造业和高科技产业。

投资方面：区属投资增长微弱，地方投资支撑能力减弱。自治区厅局投资仅增长0.8%，地方投资增长12.1%，增幅呈回落趋势，全市投资仅依靠房地产难以实现较大幅度增长。服务业结构性问题突出。固原市服务业比重已经超过50%，过重地依赖非营利性服务业来拉动服务业增长已出现后劲不足的现实问题，高增长背后的不可持续性非常明显。结构不均衡、不合理是主因。

三、2017年主要目标任务

按照市委四届一次全会部署要求，深入学习贯彻习近平总书记系列重要讲话精神和治国理政新理念新思想新战略，统筹推进“五位一体”总体布局和协调推进“四个全面”战略布局，牢固树立创新、协调、绿色、开放、共享的发展理念，以扶贫攻坚为统领，以保障和改善民生为根本，以改革开放和科技创新为动力，以提高人的素质为核心，夯实交通、水利、教育、生态、城镇化、信息化“六个基础”，实施劳动力素质提升、两个带头人、产业提质增效、民生改善、旧城改造、金融扶贫“六大工程”，坚持项目带动，加强依法治理，维护社会稳定，巩固民族团结，全面从严治党，坚决打赢扶贫攻坚战，加快小康社会进程。2017年，实现地区生产总值增长8%，全社会固定资产投资增长13%，地方公共财政一般预算收入可比增长10%，城乡居民人均可支配收入分别增长8%和9%，社会消费品零售总额增长8%。

四、对策建议

（一）增强创新发展驱动能力

一是搭建科技创新平台。加快产品创新、品牌创新、产业组织创新、管理创新、商业模式创新体系建设，形成创新的产业链。建立政府、企业和科研机构相结合的机制，支持龙头企业建立研发中心和重点实验室，推动农业、农副产品精深加工、新能源材料等方面的技术创新和成果转化。围绕高效节水技术、优良品种引进农业机械化等领域，建立现代农业科技创新平台。支持企业加强自主创新，开展新产品、新工艺研发，创造新供给，开拓新市场。

二是构建创新保障机制。健全以扶贫开发、产业发展、生态建设和改善民生为重点的考核奖惩机制，强化目标责任管理；健全经济社会发展综合评价机制，加强经济运行分析研判，强化重大决策、重点项目、重要工作跟踪督察。加快培育一批急需的创新创业领军人才，大力引进高层次专业技术人才、经营管理人才；搭建各类“双创”平台，创建示范基地。

三是创建产业新模式。着力健全结构优化、清洁低碳、带动力强、附加值高的“3+X”产业体系。现代生态农业要围绕健全产业体系、生产体系、经营体系，推动五河流域特色农业发展。打造全国安格斯肉牛繁育基地、马铃薯种薯生产基地、冷凉蔬菜产业基地。大力发展花卉、中药材、生态养殖等林下经济。引进龙头企业，培育壮大新型农业经营主体，形成生产、加工、销售一体的农业产业链，打响六盘山生态农产品品牌。旅游产业要按照全域发展模式，引进大型企业整合开发旅游资源，建成六盘山国际旅游休闲度假区、国际滑雪场，以旅游环线盒精品线路衔接联通 4 个重点景区、特色旅游小镇、精品旅游村、自驾营地和梯田公园，为游客创造丰富而难忘的旅游体验，让“天高云淡六盘山”生态旅游品牌驰名全国。推进旅游与扶贫、产业、文化等深度融合发展，促进从“门票经济”向旅游券产业链转型。加快商贸物流业发展，把固原打造成丝绸之路经济带上重要的物流节点；推动金融、电子商务、养生、家政、教育培训、文化体育等新业态向专业化、高端化发展。新型工业要坚持生态、环保、节水优先的发展理念，采取市县共建共享机制，促进工业园区扩容升级、错位发展，重点发展农副产品价格和劳动密集型产业，选择发展新能源新材料产业，打造特色农产品加工业集群和能源新材料产业集群。依托盐化工产业链，打造继宁东能源化工基地之后宁夏又一重要的国家级盐化工产业基地。

（二）建设宜居宜业美丽家园

一是统筹城乡发展。加快推进旧城改造，加强历史文化遗迹保护，彰显城市文化底蕴，再现丝路回城风貌。建设丝路公园、九龙公园、下沉式绿地和道路绿化带，打造黄土高原干旱半干旱地区海绵城市建设示范区。

二是促进产城融合。发挥特色街区、公园园区、五河流域城镇的资源优势，积极发展现代服务业、商贸物流、农产品精深加工、连锁经营等业态，不断提高城市的辐射带动功能。实现城区、园区有机相连，产业与就业同步发展。加快特色城镇从单一的居住型向生产、服务、居住、消费等多点支撑转型。

三是加强精细管理。建设“智慧固原”，实现电子围栏全覆盖和城市管理信息化、基础设施智能化和社会治理精细化。进一步理顺城市管理体制，制定主次干道、背街小巷保洁和公园广场管理标准。提高市民文明素质，营造“人民城市人民管”的良好局面。开展“五城联创”，创建自治区文明城市，积极增创国家森林城市、卫生城市和文明城市。

（三）营造青山绿水生态优势

一是践行绿色理念。优化生态、产业和城镇空间布局，划定生态红线，引导和约束开发行为。倡导绿色消费，推广绿色建筑，大力发展循环经济，推动生活方式绿色化，促进生产方式低碳化。加快节水型社会建设，强化全民节水意识，实行最严格的水资源管理制度和阶梯水价，加强中南部城乡饮水安全工程运行管理。

二是织牢绿色屏障。围绕构建“三屏五带”生态安全格局、打造西部重要生态屏障，坚持不懈开展全域绿化行动，实施天然草原与湿地保护、荒山造林、绿色廊道、移民迁出区生态修复等生态重点工程。实施清水河城市段综合治理、沈家河湿地保护等项目，打造城市生态绿心。加强水源涵养保护和禁牧封育，巩固生态建设成果，创建西北生态文明示范区。

三是护好绿色家园。开展蓝天碧水绿色城乡专项行动，实施五河流域水环境综合治理工程；推进大气污染联防联控，彻底淘汰燃煤茶浴炉；深入推进农村环境综合整治，完善农村垃圾污水处理设施系统；实施五河流域综合治理，实现出境水质稳定达标。

四是发挥绿色优势。争取建立六盘山跨省生态补偿机制，打好生态牌，引进新理念、新技术和大企业，做强做优以生态为核心的特色农业、旅游休闲、健康养老等业态，形成绿色生态产业集聚区，让绿色资源释放“生态红利”，走出一条生产发展、生活富裕、生态良好的路子。

（四）拓展跨越发展合作领域

一是优化发展环境。深化行政审批制度改革，市、县、乡权利清单、责任清单全覆盖；加强电子政务建设，大力推广“互联网＋政务”，全面推行网上审批和并联审批。推动农村、土地“三权分置”、财政金融、城镇化、社会保障体制、文化体制、社会管理体制等重点领域改革，全面优化发展环境。

二是建设开放通道。打通连接庆阳、宝鸡、兰州等高速断头路，改造提升省道、县道、农村公路，构建“两纵三横”高速公路、“五纵五横”普通公路、旅游环线公路网络总骨架。实施宝中铁路扩能改造和固原火车站改扩建，争取建设兰州—固原—平凉—庆阳快速铁路，开通固原至石嘴山城际铁路。改扩建六盘山机场，加密、开通更多航线。深入实施“互联网＋”行动计划，建设“宽带中国”示范城市，构建全区信息高速公路和民生智慧平台。

三是搭建合作平台。主动融入丝绸之路经济带战略支点建设，以六盘山国际旅游休闲度假区为窗口，拓展与阿拉伯国家的开放合作；鼓励支持骨干企业走出去，建设境外产业园区和经贸合作区；加强与西兰银省会城市在商贸物流、文化旅游、交通建设等领域的对接合作，不断提升区位优势。借助全国工商联宁夏创新发展大会，开展产业精准招商、园区特色招商、主题推介招商。

2016年中卫市经济发展报告

陆　升

2016年，面对严峻复杂的国内外经济形势和改革发展稳定的繁重任务，中卫市上下按照市委、政府的决策部署和市三届人大五次会议审议批准的发展计划，坚持稳中求进的工作总基调，积极主动适应经济发展新常态，改革创新、积极进取，着力推进稳增长、调结构、惠民生、防风险的各项工作举措，保持了经济社会发展的良好态势。

一、经济运行总体平稳

预计到年底，全市地区生产总值达到340亿元，增长7%；全社会固定资产投资累计完成380亿元，增长8%；地方公共财政预算收入达到23.5亿元，增长10%；全社会消费零售总额达到65.8亿元，增长8.4%；全市城镇常住居民人均可支配收入达到23285元，增长7%；农村常住居民人均可支配收入达到8642元，增长8%。三次产业结构比为17.4∶42.9∶39.7。

二、投资结构逐步优化

围绕积极增加合理有效投资，加强交通、水利、电力等公共基础设施，

作者简介：陆升，中卫市发展和改革委员会办公室主任。

云计算、医疗服务、养老、旅游等现代服务业及现代农业方面的投资，着力优化投资结构，增加合理有效投资，取得了明显成效。吴忠至中卫城际铁路、沙坡头750输变电站、黄河二期防洪治理工程、同海一级公路建设等自治区属投资项目加快推进；万齐公司农村产业融合发展示范园区、阜民丰公司奶牛养殖、香山峡门水库输水工程等农业项目进展较快，投资增势强劲；宁钢集团高速线材、天元锰业电解金属锰技改等工业项目顺利推进，发展基础进一步夯实；高庙历史文化旅游街区改造、西部云基地大型数据中心、智慧中卫云应用等三产项目加快推进，发展活力进一步增强。全市60个重点项目开工率达到90%，完成投资280亿元，占总投资额的75.7%。

三、产业发展更趋合理

工业转型势头良好。认真落实自治区工业稳增长“10条”政策，实施“3+4”工作方案，出台12项具体措施，加快新型工业化步伐。天元锰业60万吨电解金属锰技改、紫光天化蛋氨酸二期、华润30WM风电等一批项目建成投产，今飞公司汽车轮毂、隆基公司单晶制造、锦江巨科高精铝板带箔技改提升等项目加快推进。加快发展战略性新兴产业。云计算产业蓬勃发展。亚马逊AWS、云创两个超大型新一代数据中心已布设服务器1.7万台，中国移动数据中心开工建设，中卫云中心建成投运，环保云、医疗云等“互联网+”云应用项目进展顺利。旅游业加速发展。全国全域旅游推进会在中卫召开，中卫市列入全国首批全域旅游示范市创建单位。实施了高庙历史文化街区改造、旅游新镇续建、沙坡头水镇续建、腾格里旅游度假区建设等全域旅游重点项目，打造了以高庙、沙坡头水镇、黄河宫为核心的三大城市文化旅游板块。预计全市接待游客550万人次，旅游收入42.3亿元，分别增长27.9%和27.8%。物流基础设施逐步加强。中阿国际货运班列实现常态化运营。中宁陆路口岸投入运营，中物流中卫物流园、中宁星火物流园建设加快推进，干武二线、黑海高速正式通车，吴忠至中卫城际铁路、海同高速等项目正在建设，中卫至兰州客专、乌玛高速项目获批，物流业发展基础得到加强。淘宝特色中宁馆、北京元辰云农场等国内知名电商平台入驻中宁电商孵化中心。农业产业化步伐加快。围绕打造“四区七带”农业产业布局，粮食、枸杞、硒砂瓜、草畜等优势产业特色更趋明显。全市粮食产量增长 0.8%；新增枸杞 3.1 万亩、优质苹果 1.2 万亩，种植优质蔬菜 41 万亩，打造硒砂瓜品质品牌核心保护区 40 万亩。全市奶牛、肉牛、羊只、生猪、家禽存栏数分别达到 6.05 万头、17.8 万头、146.93 只、47.52 万头、462.99 万只。新增高效节水灌溉 8.4 万亩。新建沙坡头、海原农产品加工园区，改造提升中宁新水农产品加工园，全市农产品加工业产值增长 10.1%。新增市级以上农业龙头企业 15 家，全通、万齐等企业在“新三板”挂牌。供给侧结构性改革积极推进。工业去产能成效明显，关闭退出煤矿 6 家，完成自治区下达中卫市的煤炭去产能任务 32 万吨。关停 82 千安电解铝槽 62 台 5 万吨、铁合金矿热炉 5 台 6.4 万吨、陶瓷生产线 1000 万平方米。去杠杆积极推进，设立转贷过桥资金池、“四主一化”产业专项基金，缓解企业发展资金压力，企业资产负债率稳步下降。房地产去库存效果显现，各类存量房增速均实现放缓。全市商品房待售面积降为 100 万平方米。

四、人民生活得到改善

全力抓好精准脱贫。认真落实中央“六个精准”“五个一批”等措施，将行政公用经费压缩 5%用于脱贫攻坚，因地制宜做好“有土”“离土”两篇文章。以建档立卡户为重点，引导贫困群众因地制宜发展硒砂瓜、马铃薯、中药材等特色种植业 104 万亩，3.1 万贫困户实现稳定增收。制定出台离土脱贫扶持政策，加快培育劳务输出、交通运输、剪纸刺绣、清真餐饮四大特色品牌，切实提高贫困地区农民现金收入。着力保障和改善民生。坚持将新增财力的 70%用于改善民生，年初确定的 15 件民生实事顺利推进。开工建设新墩、双桥等棚户区改造项目，改造棚户区 1.48 万户。新建各类保障性住房 150 万平方米，改造老旧小区 53 个、农村危房 3309 户。中南部饮水连通海原总管工程及三大片区供水项目建成通水。社会事业全面发展。实施了中卫十一小、海原四中、中宁宋营完小及农村薄弱学校改造、中小学标准化运动场改造等教育建设项目，有效改善办学条件。新建敬老院、关爱护理院、老年人活动中心7所，建成中卫市残疾人康复中心。建成宁夏医学院附属医院中宁分院，市人民医院医技楼、市疾控中心及宣和、东园、镇罗等5所乡镇卫生院项目进展顺利。社会保障工作全面提标，全市医保参保率达到94.4%，城乡居民养老保险参保任务完成率101.8%，城镇职工居民养老保险参保任务完成率达105.6%。

五、生态建设明显加强

巩固环保整治成果。环保部挂牌督办的29个问题全部摘牌，开工建设了市第一污水处理厂提标改造、第二污水处理厂中水回用等工程，建成宁钢、茂烨、跃鑫等公司余热余气发电等节能减排循环经济项目，环保基础设施不断完善，基本实现了废气即时监测、固废妥善管理、污水达标排放和水资源循环利用。加强生态环境建设。完善生态补偿和修复机制，实施新老城区绿化提升、中卫工业园区环境综合整治、黄河卫宁城市过境段综合治理及生态保护等项目，加大沙区治理、退耕还林和移民迁出区生态修复力度，加强湿地保护与修复，着力构筑绿色生态屏障。城市绿地率和绿化覆盖率分别达35.14%和37.04%，跻身国家园林城市名列。加快建设美丽城乡。实施城乡环境综合治理工程，新建续建美丽小城镇5个、美丽村庄23个，海原大县城建设和沙坡头区、中宁县旧城改造项目顺利推进。推动“以克论净”向乡村延伸，在40个集镇、65个村庄推行“5个3”农村保洁机制，城乡面貌明显改观。

六、改革事项深入推进

始终坚持把改革创新贯穿于经济社会发展全领域、全过程，依靠改革创新激发活力、推动发展。深化体制机制改革。理顺沙坡头区管理体制，实现以市辖区模式独立运转。在中宁探索国、地税联合共建实体办税服务厅，“进一家门办两家事”做法在全区推广。成立市金融工作局、第三产业服务中心。深化要素市场改革。在中卫、中宁工业园区组建两个能源服务公司，鼓励社会资本在用电聚集区开展增量配电业务，推进直供电改革。推进重点用能企业天然气直供改革，中卫工业园区大用户天然气价格由

2.06 元 / 立方米降至 1.65 元 / 立方米。全面深化投融资体制机制改革，设立民间借贷登记中心、“四主一化”产业资金、扶贫担保基金、产业发展基金，有效缓解企业发展资金压力，助推经济发展。深化农村产权改革。农村土地承包经营权确权登记颁证工作通过自治区评估验收。沙坡头区、中宁县农村产权流转服务中心启动运营，发放“两权”抵押贷款 800 多万元。积极推进村集体经济组织股份制改革试点，沙坡头区南关村“资产变股权、村民变股民”发展模式在全区交流。深化社会领域改革。在市县行政单位全面推行公务用车制度改革，顺利完成了保留车辆移交、取消车辆封存、车补发放、公车处置等工作，应急公务用车得到有效保障，公务活动正常开展。深化行政审批改革。建立“51311”行政审批制度体系，在中卫工业园区试点推行行政审批告知承诺制。完成市级部门权责清单编制公示工作，行政审批事项规范为 170 项。落实自治区空间规划改革试点任务，制订空间规划（多规合一）改革实施方案，初步实现投资项目在线审批。

在充分肯定经济社会发展取得成绩的同时，发展中还存在一些不容忽视的问题，主要表现为：

一是以能源原材料产业主导的冶金、能源、化工等重化工业占比过高，单位能耗水平居高不下，企业生产废水等主要污染物处理和达标排放难度很大，智能制造、节能环保等战略性新兴产业发展滞后，工业转型困难。

二是农业产业组织化程度低，产业链延伸不足，一、二、三产业融合发展滞后，农民增收困难。

三是交通和水利等基础设施依然薄弱，部分群众出行和用水困难。

四是现代金融、信息产业、创意设计、规划咨询、电子商务等现代服务业发展较慢，资本、技术、人才等战略性要素短缺，现代服务业做大做强困难。

五是山川发展差距较大，山区经济基础差、基本公共服务保障水平低，全面建成小康社会困难较大。

2017 年是全面落实“十三五”规划、加快建成全面小康社会、实现贫困地区脱贫摘帽的关键一年，做好全年经济社会发展工作意义重大。要深入贯彻落实市第四次党代会精神，牢牢把握“转型追赶、弯道超车”主题，以提高经济增长质量和效益为中心，稳中求进，开拓创新，进一步深化改革，加大经济结构战略性调整力度，着力保障和改善民生，增强经济发展的内生活力和动力，保持物价总水平基本稳定，实现经济持续健康发展和社会和谐稳定。按照上述要求，2017 年经济社会发展的主要预期目标为：经济保持平稳增长，国内生产总值增长 7%左右，地方公共财政预算收入增长 8%，全社会消费零售总额增长 8%。投资保持稳定增长，全社会固定资产投资增长 8%。生态环境逐步改善，全面完成节能减排控制性指标。

实现全年经济社会发展目标，要着力抓好以下几个方面工作。

（一）加快推进产业转型升级，培植发展新动能

加快发展新型工业。加快推进紫光 10 万吨蛋氨酸三期等新型工业化项目，大力实施兴尔泰 24 万吨合成氨扩能改造、锦宁碳素煅烧炉烟气脱硫改造等项目，改造提升传统产业。认真落实去产能政策措施，坚决淘汰落后产能。切实提升现代农业。稳定发展粮食生产，优化“四区七带”产业布局。加强农业基础设施建设，突出抓好西线引水工程、黄河卫宁段综合治理、沙坡头区第四排水沟排灌分离等项目建设，大力发展高效节水农业。积极发展农产品加工流通，培育壮大中宁新水农产品加工园，规划建设沙坡头、海原农产品加工园，扶持万齐、早康、夏华等农业龙头企业做大做强，实现农村产业融合发展。壮大云计算信息产业。加快数据中心建设和服务器布局，积极引进商业、政府数据集聚中卫。推进达天飞艇产业基地、新一代云呼叫中心等项目建设，大力推动军民融合产业发展。加快推进全域旅游示范市创建。加快景区提质扩容进度，实施沙坡头南岸半岛、旅游新镇游客分流中心等项目。实施“旅游 +”行动计划，推动旅游与新型工业、特色农业、文化体育、信息技术等产业融合发展。提振发展现代物流业。实施中卫铁路口岸项目，推动货物通关、商检一体化运作。加快实施吴忠至中卫城际铁路、乌玛高速中卫段工程、国道 338 线、中卫至兰州客专、沙坡头水利枢纽至白马段航道等项目建设。积极推进镇罗铁路物流中心等物流园区建设，推动现代物流业快速发展。

（二）着力保障和改善民生，促进社会和谐

坚决打赢脱贫攻坚战。因地制宜推进“有土”脱贫，大力发展枸杞、硒砂瓜、草畜、马铃薯等特色产业，扩规模提效益、创品牌促增收。因人制宜推进“离土”脱贫，大力发展劳务输出、汽车运输、清真餐饮、剪纸刺绣等“离土”产业，提高贫困群众自我发展能力。办好人民满意的教育。坚持教育优先发展，加大经费投入和保障力度，推进教育基础设施建设，缩小区域、城乡、校际差距。加快推进国家级现代职业技能公共实训中心项目，加快构建产教融合、校企合作的现代职业教育体系。加快发展文化产业。推动传统文化产业转型升级，依托中卫云天产业园，发挥云计算和大数据产业优势，加快培育文化创意、数字动漫、影视创作等新型文化业态。加快发展卫生与健康事业。大力实施医疗设施保障、医护人员能力“两项提升计划”。推进标准化村卫生室和社区卫生服务中心全覆盖。持续推进城市公立医院综合改革，市县二级以上医院全部实行药品零差率销售。提高社会保障水平。继续实施社会保障扩面提标工程，织密织牢民生保障网。扩大社会保险覆盖面，稳步提高城乡居民基本养老金标准。加大社会救助力度，健全城乡低保、农村五保、灾害救助、医疗救助等救助体系，实现从制度覆盖转向人群覆盖。着力扩大就业创业。落实就业援助、技能培训、贴息贷款、援企稳岗等措施，加强对灵活就业、新就业形态的扶持，鼓励多渠道就业。

（三）切实加强生态文明建设，打造美丽中卫

加快新型城镇化进程。扎实推进“多规合一”改革试点，做到“一本规划、一张蓝图”管全局。坚持产业连城、生态连城、水系连城、交通连城，推进沙坡头区和中宁县城相向发展。持续推进美丽城市“九大工程”，提升“以克论净”深度保洁、亮化美化水平，规范城市秩序。着力构筑生态屏障。持续推进大六盘生态林、水源涵养林、生态经济林、北部防护林和农田林网建设。加大沙区综合治理、移民迁出区生态修复力度。实施城市绿化美化工程，建设市民休闲森林公园，扩大城市绿地面积。全力抓好节能减排。落实能源资源消耗、建设用地等总量与强度双控行动，提高节能准入标准，限制高耗能、高排放行业发展。全面推行合同能源管理，落实能效提升计划。积极发展节能低碳和清洁生产可再生能源产业。大力加强环境保护。突出抓好工业污染整治，提高项目环评准入门槛，严格落实国家区域限批、行业限批等规定，强力推进污染治理。全面落实重点企业在线监测、IC卡管理等措施，加大“三废”治理力度，切实改善环境质量。

（四）深化改革创新，增强转型发展新活力

突出投融资改革，进一步完善金融服务体系，做强市建设投资公司等国有投融资公司，形成多元化投融资机制，发挥产业基金引导作用和融资担保作用，提升投资质量和效益。综合推进电力、天然气等能源要素市场改革，打造低成本工业园区。深入推进供给侧结构性改革，抓好60万吨以下煤矿关闭退出工作，全面落实自治区下达的煤炭去产能任务。加快农业农村改革，完成供销社、国有林场改革，积极推进土地所有权、承包权、经营权分置管理，分类推进农村集体资产确权到户和股份合作制改革，活化农村产权要素。推进水权制度改革，加快建设节水型社会。深化行政审批制度改革，进一步转变政府职能，简政放权，推动行政审批制度改革从减少审批向放权、监督、服务并重转变。全面推行投资项目在线审批，继续深入推进民商事制度改革，实现网上审批、网上注册、网上办事全覆盖。启动市县事业单位及国有企业公务用车制度改革。

附

2016年宁夏经济大事记

王愿如

1月

8日　银川iBi育成中心智慧物联科技基地项目正式开园，123家互联网企业入驻。中阿卫星服务产业示范园、中阿青年创业园、中国信息安全认证中心、智慧生态农业、航空装备制造、宁夏航空货运服务等项目也正式落户园区。

13日　第十二届中国会展经济国际合作论坛在银川开幕，论坛发布了《中国展览经济发展报告2015》，报告称2015年展览会总体规模继续扩张，但增长率仅为1.2%。

15日　首列“中阿号”国际货运班列由银川南站出发，经阿拉山口口岸出境，最终抵达哈萨克斯坦曼格斯塔乌州曼格什拉克站。“中阿号”国际货运班列的开行，使宁夏有了首条直达境外的铁路货运通道，标志着宁夏连接中亚的现代物流圈正在加速形成。

同日　十一届宁夏回族自治区人大常委会第五次会议确定宁夏“十三五”规划纲要在指标设置体系上，比国家多设置了6项预期性指标，分别

作者简介：王愿如，宁夏社会科学院综合经济所实习研究员，经济学硕士。

是人均地区生产总值、地方公共财政预算收入、全社会固定资产投资、社会消费品零售总额、对外开放和非公经济占GDP的比重。

20日　宁夏金久生物工程公司与美国美中酒业集团在银川市iBi育成中心举行签约仪式，2016年美国美中酒业集团将采购金久公司生产的600吨、价值2000万美元的枸杞金酒，这标志着宁夏枸杞金酒迈出进军美国市场的第一步。

27日　自治区政府常务会议研究并通过了《关于创新财政支农方式加快发展农业特色优势产业的实施意见（送审稿）》，提出要聚焦农业优势特色产业，把分散的、零散的资金集中起来用好用活，用到刀刃上，推动农业提质增效、农民持续增收。

同日　总投资约为30亿元的隆基硅3GW单晶硅棒切片项目，在银川经济技术开发区开工建设。该项目建成后将推动银川经济技术开发区成为全球最大的单晶硅切片生产基地，同时进一步拉升银川开发区新兴能源产业链，使宁夏拥有了首个光伏材料的全产业链。

30日　宁夏餐饮品牌走向全国的发展战略正式启动。该战略启动后，将在北京、上海等地建立终端餐饮体验店，形成一站式消费体验终端平台，并延伸至社区，依托餐饮店面及线上平台实现餐饮与特产联动，同时保证90%原材料来自宁夏。

2月

13日　工商银行宁夏分行成功办理宁夏首笔对阿拉伯国家资本项下跨境人民币业务，为宁夏后续从阿拉伯引入更多资金做出有益尝试。

19日　宁夏国土部门出台了《国土资源工作支持和服务贫困地区脱贫攻坚政策措施》，七条新政力助贫困地区脱贫攻坚。

22日　财政部、国家税务总局、住房和城乡建设部关于调整房地产交易环节契税营业税优惠政策开始执行。

27日　中阿技术转移项目签约仪式在银川举行。中国阿拉伯国家技术转移中心、中阿（迪拜）技术转移中心、中阿（约旦）技术转移中心等3家技术转移机构，以及中国热带农业科学院椰子研究所、宁夏大学两家科研院所，棕榈园林、西部电子商务、西部光彩生物等5家中阿企业参与了签约。

28日　中宁县启动枸杞境外注册程序，以进一步开拓中宁枸杞品牌国际市场竞争力。

3月

2日　“开放的中国：从宁夏到世界”外交部省区市全球推介活动首场推介会在外交部举行。外交部的“宁夏日”，是服务宁夏发展、加强中外合作的新举措。

5日　上海宁夏商会成立大会暨第一届会员大会在上海市举行。

7日　宁夏“巾帼脱贫”行动在银川全面启动。宁夏围绕立志脱贫、创业脱贫、巧手脱贫、爱心脱贫、健康脱贫、互助脱贫、能力脱贫七大任务，引领带动更多农村妇女实现脱贫致富。

18日　自治区政府审议并通过了《关于开展全区土地管理专项整治实施方案》。宁夏以市、县（区）政府自查整改为主，整治土地利用总体规划执行不严格等8个方面问题。

20日　中国农业银行宁夏分行出台《宁夏分行2016—2018年金融扶贫工作方案》，计划新增扶贫贷款35亿元，其中，2016年新增扶贫贷款10亿元，后两年每年递增10%，实现对建档立卡贫困户金融服务的全覆盖。

23日　第七届（2016）亚洲葡萄酒质量大赛结果正式揭晓，宁夏贺兰山东麓产区共获得40个奖项，其中金奖9个。

25日　宁夏经济金融（中阿金融）领域重要课题合作研究座谈会召开，自治区人大财经委、政协经济委、政府研究室、发改委、经信委、宁夏大学等24家相关单位负责人就建立合作研究常态化机制、联席会议制度进行交流发言。

28日　以色列耐特菲姆公司银川国际工厂在银川经济技术开发区投产试运营。该项目将有效带动宁夏节水灌溉技术及产品升级换代。同时，耐特菲姆公司承诺全套输出水肥一体化、智能控制及低流量技术等配套技术。

同日　中国—阿曼（杜古姆）产业园和中国—沙特吉赞产业园同时被

纳入 2016 年国家发改委重点推动建设的 20 个国际产能合作示范区中，成为我国对阿拉伯国家开展国际产能合作的重点内容，标志着宁夏境外产业园区建设上升到了国家高度。

29 日　闽宁协作座谈会在银川召开，共商闽宁对口扶贫协作 20 周年系列活动。

30 日　宁夏产区葡萄酒（北京）文化交流中心在北京正式挂牌成立。这是宁夏在国内一线城市成立的首家葡萄酒展示展销中心。

同日　投资 1.3 亿元的西部首家智能化饲料生产线在银川开发区正式上线投产。该生产线年产各种畜禽饲料 18 万吨，将满足宁夏发展 100 万只蛋鸡、10 万头奶牛、10 万头肉牛、200 万只肉羊的产业发展规划。

4 月

1 日　推进 2015 中阿博览会合作成果落实工作会议在银川召开。会议通报了 2015 中阿博览会签约项目进展情况，并对推进合作成果落实做了再动员、再部署。

同日　举行自治区第五批科技创新团队授牌仪式，对在攻克重大技术难题中做出突出贡献的“特种钢丝绳研发”“钽铌新材料研发”“宁夏电网智能化研究”科技创新团队予以表彰奖励，奖励金额共计 400 万元。

5 日　自治区政协召开全区部分国有企业经济运行座谈会。会议听取中石油宁夏石化公司等 12 家国有企业经济运行情况汇报，并就企业急需解决的问题进行座谈，提出意见建议。

6 日　智慧城市（银川模式）新闻发布暨项目签约仪式在深圳召开，银川市联合中兴通讯发布了“智慧城市”银川模式建设成果。同时，TMF（国际电信论坛）宣布“2016 年度全球智慧城市峰会”将在银川举办，签订了 LED 照明设备制造、新能源汽车、太阳能智能环保箱等 9 个项目。

同日　东道·宁创品牌创意创新中心正式落户银川 iBi 育成中心，该中心将借助东道集团的品牌管理优势，为宁夏打造更多龙头企业和知名品牌，有效补充宁夏文化创意产业发展中存在的短板，进一步完善全区文化产业链，助力宁夏服务外包产业加快发展，成为丝绸之路经济带上的品牌服务大使，促进宁夏文化创意产业更快发展，进一步开启宁夏现代服务领域的产学研协同发展的新局面。

8日　宁夏银监局向宝塔石化集团财务有限公司颁发了金融许可证，这标志着宁夏首家企业集团财务公司正式成立，此举不仅填补了宁夏非银行金融机构空白，而且降低了宁夏区域经济资金成本，推动了宁夏经济金融发展。

同日　由中美共同合作的银川国龙医院新院及健康园项目在银川开工，这是宁夏首家由民营医院引进美国高端管理公司及医疗专家共同构建的医院，项目投资7亿元，将实现宁夏群众在家门口享受到国际化医疗服务。

9日　银川首批19家“吴忠特色餐饮店”正式挂牌，此举标志着吴忠市清真餐饮“走出去”和挺进大城市战略正式启动。

12日　宁夏跨境电子商务进口统一版正式上市，可与广州等11个城市实现同步切换，此举标志着宁夏跨境电子商务零售出口与进口统一版落地上线。

14日　宁夏首个“互联网+建材”网络平台在银川上线。市民不仅在此网络上享受免息装修贷款，还可以在该网站挑选心仪的装修材料。

16日　全国第一座智能化被动式建筑落户银川望远工业园。据悉，该项目还是全国第一家“创业有导师、项目有资金，只需注册、免费创业”的双创体验项目。

17日　宁夏中小企业新三板战略投资研讨会在银川举行，宁夏中小微企业、券商和投资公司的上百名代表参会，就新三板市场给宁夏中小微企业带来的战略机遇进行深入探讨。

21日　以“中阿共建命运共同体——政党使命”为主题的中国—阿拉伯国家政党对话会在银川开幕。

26日　宁夏首个《中阿清真产业园发展规划（2016—2030年）》经审议通过实施。

27日　宁夏枸杞加工流通和品牌提升研讨会在银川举行，围绕宁夏枸杞产业发展现状及宁夏枸杞十大品牌推介等内容，与会专家和学者们进行了深入研讨。

28日　自治区国税局对所有涉及营改增的国、地税代开发票系统和企业自开发票系统进行模拟测试，全部顺利通过，确保了5月1日平稳实现税制转换。

29日　第八届中国西部（银川）房·车博览会在银川国际会展中心启幕，本届展会为期7天，除国内外名车展示、新车发布、精品楼盘展示外，还有美术书法大赛、模特秀场、公益拍卖、旅游专题展示推介等活动。

5月

3日　阿联酋航空迪拜—银川—郑州航线首航，银川成为阿联酋航空在中国内地继北京、上海、广州后的第四个、中西部地区第一个通航点。

4日　银川市出台了《关于促进工业经济平稳发展的意见》，为企业送上了19条政策"礼包"，助力企业转型脱困、破茧化蝶。

5日　自治区人社厅与石嘴山银行举行宁夏"外语+"复合型人才回乡创业"千百十"行动计划合作协议签约仪式。石嘴山银行对宁夏"外语+"复合型人才回乡创业给予贷款支持，财政部门对个人贷款给予据实全额贴息，对企业贷款按基准利率的50%给予贴息贷款。

同日　西部担保2016商业模式实践高峰论坛在银川举行，论坛就商业模式和税务筹划等展开了学术对话。

6日　宁夏特色优质农产品（厦门）推介展销系列活动在福建厦门国际会议展览中心启幕，本次推介展销活动是闽宁两省区对口扶贫协作20周年系列活动的重要内容。

10日　宁夏再担保集团公司正式挂牌成立。集团成立后，将建立完善全区再担保服务体系，积极拓展担保、再担保、融资租赁、小额信贷等业务，构建综合融资服务平台，不断创新再担保合作领域。对接落实自治区、市、县（区、市）风险补偿基金，建立担保机构、再担保机构及银行、各级政府分担分险机制，实现再担保集团、担保机构、金融机构、中小微企业合作共赢的良好局面。

12日　宁夏首个出口农产品质量安全示范县、GAP认证示范县在中宁县正式启动，为宁夏农产品扩大出口再添助力。

16 日　由银川综合保税区开发有限公司和美国太平洋航空资源科技有限公司共同投资的银川综保区航空产业基地项目举行签约仪式。

18 日　宁夏森淼葡萄酒国际示范酒庄正式建成。作为宁夏首家全产业链示范酒庄，森淼国际酒庄集葡萄种植、酿造、展销、旅游为一体，是搭建贺兰山东麓葡萄酒展示、推介、交易的综合性平台。

21 日　中汽西北（银川）汽车配件集散交易中心项目开工奠基仪式在银川德胜工业园区举行。该中心的开工建设，对把贺兰县建成西北地区重要的汽车产品集散交易中心、汽车产品信息中心具有决定性意义，将对宁夏现代工业产业全面转型升级发挥积极的示范带动作用。

22 日　全国首个枸杞电子交易所在中宁县成立，该平台将通过建立规范、公正、方便快捷的第三方枸杞电子交易平台，带动国内枸杞行业电子商务的发展。

23 日　宁夏首台外币自助兑换机落户河东机场，可兑换美元、欧元、日元，汇率 1 天多价，半小时更新 1 次。

同日　举行银川与阿拉善盟行政公署共建乌力吉口岸的合作签约仪式。银阿双方将共同致力于打造银川、阿拉善盟向北出境的国际物流通道，加强乌力吉口岸及阿盟敖伦布拉格国际保税物流园配套基础设施的合作建设，将乌力吉口岸打造成国家“一带一路”向北开放的桥头堡。

24 日　自治区政协就积极推进银川电力体制改革、降低企业综合经营成本召开专题协商会议。

同日　2016（首届）中国·银川“一带一路”沿线国家商品交易会在银川国际会展中心圆满闭幕。此次交易会于 5 月 12 日开幕，共计 12 天。来自“一带一路”沿线 10 多个国家和地区的 500 多家参展商聚集银川，引来近 10 万人次进馆选购商品，现场成交额超过千万元。

30 日　中国—阿曼（杜古姆）产业园签约暨揭牌仪式在阿曼首都马斯喀特成功举行，中阿产业园对助力“一带一路”建设，进一步扩大中阿务实合作具有重要作用。中阿产业园将以企业运作为主，由部分在中阿产业园投资企业成立中阿万方投资管理有限公司对园区进行规划、建设和运营。

同日　2016 中阿博览会走进埃及活动——中国（宁夏）埃及投资贸易

洽谈会在开罗举行。2016中阿博览会走进埃及活动以“共建一带一路 深化中埃合作”为主题，举行走进埃及综合展、中国（宁夏）埃及投资贸易洽谈会、“美丽中国·神奇宁夏”（埃及）旅游推介会、“丝路梦·回乡情”文化演出、走进埃及医疗绿色健康行等5项活动。

31日　宁夏丝路通公司与埃及信息技术服务有限公司共建“中阿网上丝绸之路”项目合作签约仪式在开罗举行。双方合作内容涉及中埃互认的HALAL标准认证、中埃贸易信息技术服务平台、互联网跨境支付平台及中国名特优商品海外物流仓储和集散中心等多个实质性项目，对促进中阿跨境电子商务贸易发展具有积极意义，标志着中阿跨境贸易信息平台互联互通迈出关键性一步。

6月

4日　阿根廷英肃德集团、北京科佳矿业公司与宁夏农牧厅签订了中国（宁夏）阿根廷安格斯牛引进及生产基地建设战略合作协议，计划用3—5年时间，建成集肉牛繁育、生产、加工、销售为一体的安格斯肉牛全产业链生产经营体系，打造清真牛肉中高端产品，带动宁夏肉牛产业发展，增加农民收入。

13日　宁夏回族自治区空间规划（多规合一）改革试点工作推进会在银川市召开。

同日　宁夏红宝·养生之源——2016宁夏枸杞专场推介会在上海举办。自治区林业厅、宁夏枸杞协会和宁夏21家枸杞企业向上海100多家企业介绍、展示了宁夏红宝。

16日　宁夏民营企业科技创新联盟成立大会在银川召开，共有142家企业入选成为初始会员。

17日　石嘴山市研究通过了《关于促进工业经济平稳增长的意见》，在强化经济运行、推进项目投产达效、促进企业扩大销售等方面，提出11条针对性措施，帮助企业降成本，制定有效措施，最大限度减轻企业负担，确保工业平稳增长。

18日　银川阅海经济发展论坛暨2016银川阅海湾中央商务区白皮书

首发式在宁夏国际会堂举行。白皮书通过“水、韵、势、缘、融”五大板块，归纳总结了阅海湾地块经济、人文、政商、外交、景观价值，以深度论述勾勒阅海湾未来经济发展趋势。

19日　全国中小企业股份转让系统正式公布了“新三板”创新层名单，宁夏有11家企业入围“新三板”创新层。

20日　首届西部地区水产饲料实用技术论坛在石嘴山市举办，7名国内知名水产和饲料领域的专家学者共同研讨交流先进经验与实用技术。

同日　中国水产学会石嘴山服务工作站正式挂牌，将为宁夏水产业发展提供饲料生产、养殖技术等方面的服务。

22日　中卫市与迪拜多种商品交易中心举行战略合作协议签约仪式。根据协议，双方将依托该中心资源和贸易优势，探讨新模式、新途径，推动该中心与中卫贸易合作。该协议的签订，将极大地促进中国—阿拉伯丝绸之路沿线贸易。

24日　宁夏粮油产销衔接洽谈会在银川举行，河南、陕西、云南、广西等省（区）粮食局与自治区粮食局签订了省区间粮食产销合作协议，40多家来自区内外的粮食流通加工企业间签订了粮食购销协议28份，签约粮食达41.1万吨。

同日　中国（宁夏）奶业转型升级研讨会暨中国（宁夏）婴幼儿配方奶粉研发中心揭牌仪式在银川召开，与会代表围绕“优质奶源、精品高端”两个目标，就推进宁夏奶业转型升级的战略性思路和措施、婴幼儿配方奶粉等精深加工产品主攻方向等展开深入的研讨。

同日　上海股权托管交易中心银川iBi育成中心企业挂牌孵化基地正式挂牌，这标志着上海股权托管交易中心正式进驻宁夏，帮助宁夏中小企业破解融资等难题。

27日　宁夏供销合作社综合改革推进会、宁夏供销集团有限公司成立揭牌仪式在银川举行。集团成立后，将通过实施企业集团化战略，推动系统资源整合与网络体系建设，搭建集资本运营与股权投融资、商品经营服务与涉农综合服务于一体的综合平台，将着重在农资供应、农产品流通、农村商贸服务业、农业社会化服务、再生资源回收利用等领域拓展业务。

28日　银川获批第二批国家促进科技和金融结合试点城市，将获得科技部等部门在科技投入方式与机制创新、企业融资渠道创新、金融机构政策创新等方面先行先试的政策支持。

30日　中国水权交易所揭牌仪式举行，中宁县与京能集团的代表通过协议转让的方式签约，将农业节余的219万余立方米黄河水使用权转向工业，标志着中国水权交易所正式启动营业。

7月

4日　2016年“一带一路”开发区合作发展对接会在银川召开。

14日　《宁夏回族自治区小额贷款公司管理暂行办法》(以下简称《办法》)正式颁布，《办法》从总则、股权设置、经营规则、监督管理、风险控制等7个方面提出加强小贷公司管理的52条措施，明确了小贷公司按照监管评级等级享受的一系列差异化监管政策，从8月1日起实施。

17日　浙江百家企业特色商品“一带一路”宁夏行活动在宁夏银川市贺兰县宁浙电商创业园举行，活动依托“一带一路”沿线国家商品馆及国内地市馆展示近万种特色商品，并邀请国内外专业采购商等参加，打通线上线下采购渠道，挖掘宁浙两地特色商品优势。

18日　自治区金融工作局与上海证券交易所、深圳证券交易所、宁夏证监局联合签署《公司债券业务合作备忘录》，共同推动宁夏公司债券健康快速发展。

同日　中共中央总书记、国家主席、中央军委主席习近平在宁夏调研考察。习近平在宁夏考察时强调要解放思想、真抓实干、奋力前进，确保与全国同步建成全面小康社会。

20日　中共中央总书记、国家主席、中央军委主席习近平在银川主持召开东西部扶贫协作座谈会并发表重要讲话。他强调，东西部扶贫协作和对口支援，是推动区域协调发展、协同发展、共同发展的大战略，是加强区域合作、优化产业布局、拓展对内对外开放新空间的大布局，是实现先富帮后富、最终实现共同富裕目标的大举措，必须认清形势、聚焦精准、深化帮扶、确保实效，切实提高工作水平，全面打赢脱贫攻坚战。

21 日　闽宁互学互助对口扶贫协作第二十次联席会议在银川召开，会议全面回顾总结了闽宁对口扶贫协作 20 年来开展的工作和取得的成效，对“十三五”时期和 2016、2017 年的工作做了研究部署。

29 日　2016 中国国际房车旅游大会高峰论坛在银川滨河新区举行，来自中国汽车工业协会、中国旅游车船协会自驾游与露营房车分会、21 世纪房车网，以及德国、美国的房车专家代表和房车露营联盟成员、旅游企业共 200 余人参加了论坛。

同日　“一带一路”战略政策宣讲会在银川举行，同时启动“中阿走出去企业护航行动计划”。国家税务总局国际税管理专家以及自治区商务厅、外汇管理局等，从税收、商务、外汇、国外产业园区等方面讲解“走出去”政策。全区 40 家重点“走出去”企业代表领受 9 条“护航行动计划”及《中阿走出去护航行动税收服务手册》。

同日　总投资 4.5 亿元的银川市兴庆区大众创业创新基地在中国穆斯林国际商贸城揭牌，200 家企业及创客入驻该基地。

同日　金融科技驱动银行转型高峰论坛在银川举行，近 200 名电子银行界的高管和专家齐聚银川，深入探讨金融科技的现状和发展趋势。

30 日，宁夏贺兰山东麓产区葡萄酒（广州）展销展示中心在广州挂牌成立，宁夏葡萄酒将借助水上丝绸之路走向世界。

8 月

2 日　由自治区发改委和宁夏社科院共同举办的宁夏实施创新驱动战略研讨会在银川召开。会议学习贯彻习近平总书记视察宁夏时的重要讲话精神和国家创新驱动发展战略，来自中国科学院、自治区发改委、宁夏社科院、自治区党委政研室等 8 个单位和部门的专家学者做了主题发言。

4 日　银川 TMT 育成中心正式揭牌，银川 TMT 育成中心以科技、媒体、电信等新兴产业为主，入驻的 95 家企业涵盖科技研发、智能硬件、软件开发、物联网、VR 虚拟现实技术、无人机等领域。

15 日　自治区政府办公厅印发了《全区煤矿关闭退出工作实施方案》，《方案》明确了宁夏将淘汰关闭使用落后采煤方法、工艺且未按要求实施整合改造的小煤矿，引导地质条件差、亏损严重的煤矿有序退出，实现煤炭行业扭亏脱困升级和健康发展。

16日　南京金龙宁夏新能源汽车制造出口产业基地项目投资签约仪式在银川举行。协议签订后，双方将整合资源优势，打造出具有规模和经济效益的宁夏新能源汽车研发、制造产业集群，借助灵武临港产业园区这一开放平台，将该产业基地培育成出口中东国家的金龙汽车产业总部生产出口基地。

18日　宁夏金河科技股份有限公司正式挂牌“新三板”，成为宁夏乳制品行业首家上市公司。金河科技将借此实现企业整体转型升级，由过去传统的乳制品生产企业转型为覆盖全产业链的互联网科技企业。

19日　自治区财政厅拨付外经贸专项资金1093.4万元，对银川市、吴忠市等7个市县的19家涉外企业给予资金补贴，为促进宁夏外贸经济回稳向好、提质增效，推动区内企业“走出去”开展跨国经营提供资金支持。

23日　宁夏渔业转方式调结构促增收现场推进会在银川召开，总结交流渔业发展经验，研究部署今后一个时期全区渔业发展工作。

24日　自治区政府与西北农林科技大学在银川签署合作协议，落实创新驱动发展战略，共同促进宁夏农业农村发展。

25日　银川至西安高速铁路陕西段正式开工，标志着宁夏接入我国高铁网。

同日　中国（宁夏）—以色列农业技术培训中心、中国（宁夏）—以色列现代农业技术合作示范基地在宁夏农垦平吉堡现代农业示范园区揭牌成立。

30日　宁夏中小企业发展局正式挂牌成立，此举将进一步理顺中小微企业管理体制，有利于直接争取国家层面扶持中小微企业的各类政策项目，促进中小企业改革发展再上新台阶，实现更高层次、更宽领域、更大范围的交流合作。

31日　“携手合作、面向未来：连通‘沙特愿景2030’与‘一带一路’倡议”论坛在北京举行。论坛上，宁夏与沙特阿拉伯共同签署了70万吨/年煤基烯烃及新材料示范项目以及在沙特吉赞经济城组建合资公司项目，标志着中阿务实合作再添新成果。

同日　海峡两岸（宁夏）电子信息产业对接会在银川开幕。对接会对进一步深化宁台经贸交流和友好往来、推动电子信息产业领域的务实合作、促进两地共同发展具有重要作用。

9月

1日　人民银行银川中心支行组织宁夏辖区各级人民银行、各银行机构及各支付机构在全区范围内开展“金融知识普及月”宣传活动。此次宣传活动以其实际所需要的金融知识为指导，以小微企业、农民、城镇低收入群体、贫困人群、残疾人、老年人六类特殊群体为宣传对象，引导其正确运用金融知识，增强风险和责任意识，共创和谐金融环境。

8日　全球规模最大的智慧城市峰会——2016全球（银川）TMF智慧城市峰会在银川召开。来自全球50多个国家、100多个海外城市的300多位嘉宾，国内各省市自治区数百位政府要员、商界精英、知名专家学者等齐聚银川，共同分享体验“智慧银川”的建设成果，探讨全球智慧城市发展趋势与实践。

9日　全区中部干旱带高效节水特色农业综合生产技术示范推广观摩座谈会在银川召开，会议总结综合生产技术试点实施情况，安排部署下一步示范推广工作。

18日　宁夏首座110千伏模块化智能变电站全面竣工，其关键技术体现在建构筑物工厂化预制、二次设备模块化组合，建设效率大幅度提高。

19日　甘肃、宁夏两省区建立重大交通基础设施项目合作协商机制，以进一步促进两省区在交通基础设施建设方面的合作发展和交流协作，加快区域一体化发展，实现互利共赢。

24日　宁夏银行联合深圳前海微众银行（简称“微众银行”）正式推出“如意微联贷”业务，对进一步拓展互联网金融平台和发展空间，加快创新个人贷款运营模式，对充分弥补传统银行服务的短板具有重要意义。

26日　宁夏服装中小企业孵化园正式开园运营，成为贺兰县“大众创业、万众创新”的新舞台，标志着贺兰县打造千亿级生态纺织产业链迈出新步伐。

27日　2016中国（宁夏）“一带一路”信用论坛在银川开幕，论坛以中国—阿拉伯国家博览会为依托，旨在研究创建“一带一路”信用体系，切实深化沿线国家务实合作。

同日　自治区小微企业贷款风险补偿业务启动仪式在银川举行，宁夏通过建立政府风险补偿机制，发挥政府资金在增信和风险补偿中的功能作用，提高银行等金融机构的风险承担能力，加大对小微企业的信贷支持力度。

29日　由中国社会科学院与宁夏回族自治区人民政府联合主办，宁夏社会科学院以及宁夏博览局、中国中东学会等单位承办的中阿博览会理论研讨会暨第二届中阿智库论坛在银川市开幕。论坛开展了关于中国与阿拉伯国家战略对接、“一带一路”战略与中阿经贸关系、供给侧结构性改革与中阿国际产能合作、中阿博览会与“一带一路”沿线国家经贸合作4个主题的分组研讨。

30日　宁夏社会科学院与固原市人民政府等单位联合举办了中阿智库论坛六盘山分论坛——“一带一路”与区域减贫理论研讨会。

10月

16日　自治区财政厅整合资金5000万元设立“创新创业投资基金”，该基金主要支持企业投资于创新型企业及处于种子期、初创期的企业，引导资金流向战略性新兴产业，实现产业结构转型，加快形成具有地方特色的创新型经济。

20日　自治区农牧、发改、林业等11个部门联合出台《宁夏特色产业精准扶贫规划（2016—2020年）》。《规划》明确，到2020年，通过支持贫困县区特色产业发展实现30万人脱贫，贫困县（区）农民人均特色产业收入达到4950元，占农村居民可支配收入的45%。

21日　2016中国东西协作（闽宁）高峰论坛在永宁县开幕，本次论坛以“同心共筑中国梦”为主题，旨在通过深度剖析东西对口扶贫协作的闽宁经验，为各级政府和企业搭建产业链项目对接和区域联动平台。

26日　海峡两岸（宁夏）现代农业对接会在银川召开，对接会以“发挥两岸特色优势，打造现代精品农业”为主题，自治区农牧厅与4家台湾企业签署了农业合作意向书，宁夏5家企业与台湾企业签署了农业合作协议。

27日 “智造宁夏——2016智能制造装备高端论坛”在银川开幕，装备制造研究方面的专家、企业负责人围绕宁夏装备制造业智能制造发展亟须解决的关键共性问题，展开深入探讨与交流。

同日 海原县农村产权交易中心正式挂牌成立，该交易中心成立后，海原县将探索实现农村土地承包经营权、农民宅基地使用权、农民房屋所有权、农村集体建设用地使用权、农村林权、农村小型水利工程使用权等7类规范交易，逐步吸纳农村各类产权规范交易。

28日 “跨港通杯”中国电商讲师大赛（2016）西北区域选拔赛暨宁夏首届农村电商创新创业大赛新闻发布会在银川市举行，为优秀电商人才提供展示自我的国家级舞台。

31日 宁夏召开通信精准扶贫与“互联网＋精准扶贫”战略合作启动大会，为全面改善贫困地区通信服务水平和互联网应用水平，助推打赢脱贫攻坚战工作正式拉开序幕。

11月

2日 银川市启动农业特色优势产业及银会合作贷款担保基金，合作金融机构将按照不低于贷款担保基金7倍的比例，对农业生产经营主体进行贷款担保，助推特色农业发展。

3日 第十六届中国西部国际博览会暨第八届中国西部国家合作论坛在四川省成都市开幕，来自银川、石嘴山、吴忠、中卫、固原五市近百家企业，集中展示了宁夏名优特产、风土人情及经济发展情况，让更多的人了解宁夏。

4日 中阿物流园（平罗铁路综合货场）开工暨中亚国际货运班列石嘴山—哈萨克斯坦开行仪式在平罗县火车站货场举行。

5日 第十四届中国国际农产品交易会在云南昆明国际会展中心开幕，宁夏40家农业龙头企业携“宁”字品牌产品精彩亮相。

7日 宁夏新组建5家国有投资运营集团公司成立大会在银川举行，

新成立的5家公司分别是宁夏建设投资集团公司、宁夏旅游投资集团公司、宁夏交通投资集团公司、宁夏农业投资集团公司、宁夏国有资产投资控股集团公司。此举标志着自治区深化国有企业改革迈出实质性步伐。

9日　宁夏—浙江经济合作交流座谈会在杭州市召开，宁夏4个市县（区）、银川综合保税区与浙江企业签订了总额为105.8亿元的意向性合作协议。

11日　宁夏—上海经济技术合作交流座谈会在上海市召开，宁夏有关市县（区）、部门、企业与上海企业签订了36.2亿元意向性合作协议。

13日　宁东能源化工基地管委会与汉能控股集团在银川签署合作协议，双方将在宁东基地共同投资建设全球首个移动能源产业园，该项目将率先实现砷化镓及铜铟镓硒薄膜电池在国内的大规模量产，对我国发展薄膜发电及移动能源产业具有重要战略意义。

14日　自治区财政厅出台了《政府和社会资本合作（PPP）项目以奖代补资金管理暂行办法》，规定10亿元以上（含10亿元）的社会资本合作项目将获得500万元的奖励。

20日　宁夏内陆开放型经济试验区体制机制创新课题研究研讨会在银川召开，沪宁两地专家学者就课题报告进行了深入研讨。

22日　自治区人民政府与中国电信集团公司在银川签订深入推进“互联网+”行动合作框架协议。“十三五”期间中国电信将投资50亿元，建成覆盖宁夏城乡、国内一流的光纤高速有线宽带网络和“4G+”高速无线宽带网络。实现在政务、医疗、教育、农业、旅游、社区云等领域“互联网+”重大项目的落地及西部云基地的合作推进，提升宁夏作为“一带一路”战略通道的信息化水平。

24日　亚太经济合作组织智慧农业发展与应用研讨会在银川开幕，本次研讨会旨在通过交流探讨智慧农业的相关技术和研究方法，为亚太经济合作组织经济体和国际组织间交流智慧农业问题提供渠道与平台，进一步缩小各成员之间农业科技水平和应用能力的差距，推动各成员体智慧农业发展。

26日　宁夏贺兰山东麓葡萄酒产区（上海）展销展示中心揭牌，标志着宁夏建立了宁夏葡萄酒借助国际大都市上海走向世界的平台。

30日　宁夏中小企业融资创新服务平台及“股贷保”产品上线启动并现场放款，宁夏第一单企业“股权 + 保险”融资上线签约，这种融合股权质押、保证保险、信用贷款的融资新模式打破了投融资壁垒，在全国尚属首创。

12月

13日　全区第三次全国农业普查工作会议在银川召开。

14日　宁夏·广东经济技术合作交流会在广州市举行。

17日　2016中国·宁夏糖酒商品博览会在银川国际会展中心开幕。

18日　宁夏枸杞品牌战略发布会暨宁夏枸杞品牌建设高峰论坛在北京举办。

19日　国企改革与城投转型——银川模式解析峰会在银川召开，来自全国省会（地级）城市国资委、城投公司、投资公司等60余家单位与企业的200余名代表出席会议。

22日　自治区党委十一届九次全会与自治区经济工作会议合并召开，对贯彻中央经济工作会议精神、做好2017年工作进行了部署。

28日　全球单套规模最大的煤制油项目神华宁煤集团400万吨/年煤炭间接液化示范项目正式投产，习近平总书记代表党中央对项目建成投产表示祝贺并做出重要指示。